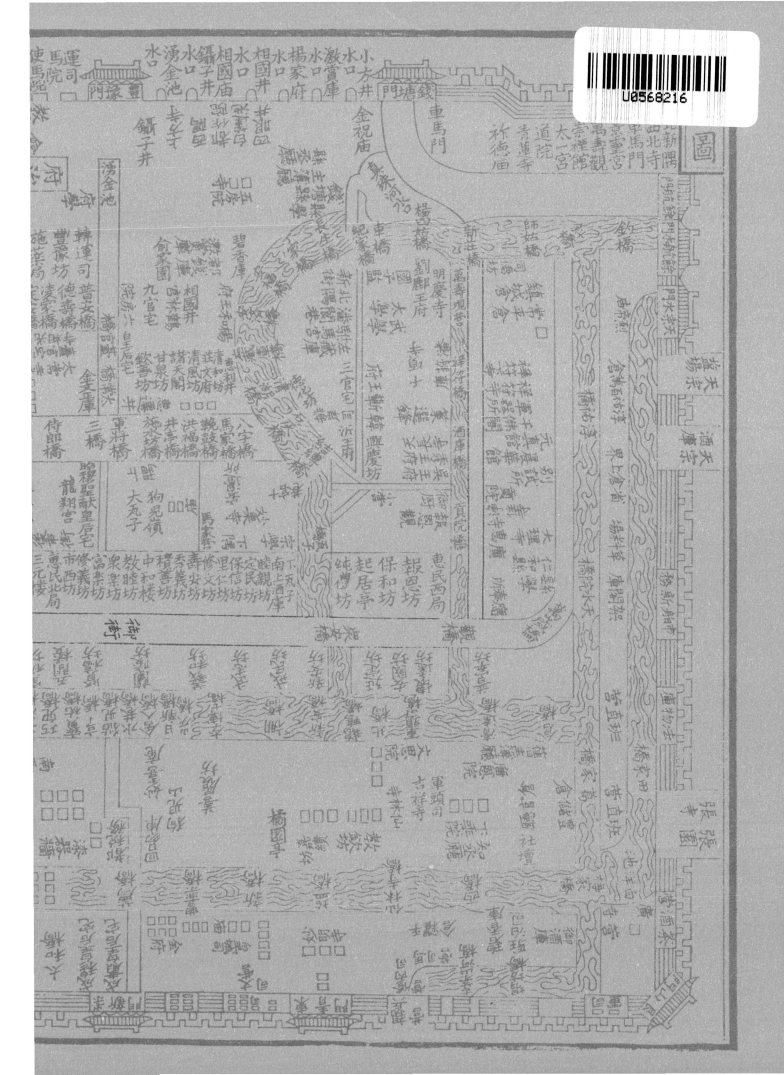

本书的出版得到
国家重点文物保护专项补助经费资助

临安城遗址考古发掘报告

南宋御街遗址

上

杭州市文物考古所 编著

文物出版社

封面设计　张希广
责任编辑　谷艳雪　杨冠华
责任印制　陆　联

图书在版编目（CIP）数据

南宋御街遗址 / 杭州市文物考古所编著. —— 北京：
文物出版社，2013.1
　　ISBN 978-7-5010-2286-1

　　Ⅰ．①南…　Ⅱ．①杭…　Ⅲ．①街道－文化遗址－发掘
报告－杭州市－南宋　Ⅳ．①K878.45

　　中国版本图书馆CIP数据核字(2013)第008666号

南 宋 御 街 遗 址

杭州市文物考古所　编著

*

文 物 出 版 社 出 版 发 行
（北京东直门内北小街2号楼）
http://www.wenwu.com
E-mail:web@wenwu.com
北京圣彩虹制版印刷技术有限公司印刷
新 华 书 店 经 销
889×1194　1/16　印张：35.5　插页：5
2013年1月第1版　2013年1月第1次印刷
ISBN 978-7-5010-2286-1　　（全二册）定价：680.00元

Report on Archaeological Excavation to the Site of Lin'an City

The Site of the Imperial Avenue of the Southern Song Dynasty

I

(With Abstracts in English and Japanese)

by

Hangzhou Municipal Institute of Cultural Relics and Archaeology

Cultural Relics Press

Beijing · 2013

前　言

南宋临安城遗址位于浙江省杭州市上城区和下城区。2001年6月，经国务院批准，公布为第五批全国重点文物保护单位。2005年，又被国家文物局列入"十一五"文物保护专项规划库百处重点大遗址之一。由于特殊的历史原因和特定的地理环境，临安城以其特有的南方都城形制令世人瞩目，临安城的考古工作也因近年来屡有重要发现令世人关注。

一

杭州第一次建造州城是在距今1400多年的隋朝。据文献记载，隋开皇九年(589年)，废钱唐郡，置杭州。十一年（591年），移州治于柳浦西，依山筑城，"周围三十六里九十步"①。五代吴越国时期，杭州成为偏居一隅的小国都城，免于兵戈之扰，经几度扩建，其周围城垣达到七十里，"富庶盛于东南"②。至北宋时，杭州被誉为"东南第一州"③，声名远扬。南宋建炎三年（1129年）高宗升杭州为临安府，绍兴八年（1138年）正式定都临安。④至此，杭州（临安）一跃成为南宋的政治、经济和文化中心，前后近140年。

南宋临安城包括皇城和外城。与北方平原方正的城市形态迥然不同，临安城襟江带湖，依山就势，是南方山水城市的典型代表。由于城市南部和西南部为地势较高的丘陵地带，北部和东南部为平原水网地带，加上历史上形成的传统城市行政中心所在，以及南渡之初政局的动荡，故南宋皇城也建于地势较高的凤凰山东麓，从而形成了中国古代城市制度中别具特色的南宫北城的城市布局。

南宋皇城也即宫城、大内，其总体布局按照北宋汴京大内规划，但规模不及。它依托凤凰山，围绕回峰（今馒头山），利用自然地形布置宫殿、园囿和亭阁。宫殿布局因山就势，气势浑成，是中国古代利用地形组织建筑群的优秀例证。外朝的大庆殿和垂拱殿均位于皇城的南部，太子宫即东宫位于东部的回峰。一般宫殿、寝殿及后宫都在北部，后苑建在西北部，基本符合"前朝后寝"的惯例。皇城南门丽正门虽为正门，但由于皇城位于整个临安城的南端，只有在行郊祀大礼等特殊的时候，文武高官才允许经此门出入。而皇城北门和宁门成为事实上的正门，官员上下朝即出此门进退，杭人称之为"倒骑龙"。在今望仙桥东，另建有专为高宗、孝宗禅位后安度晚年的德寿宫，形成南内（皇城）与北内（德寿宫）并置的特殊格局。

外城即罗城，平面近似长方形，南北两面的城墙较短，东西两面城墙长而曲折。它南跨吴山，北到武林门，东南靠钱塘江，西临西湖。城四周筑有高大的城墙，高三丈余，基广三丈，厚丈余，并环以宽阔的护城河。城四周开有钱湖门、清波门等13个城门及5个水门。⑤

临安城以一条纵贯南北的大道（即御街、"天街"，今中山路）为中轴线。在

① [宋]周淙《乾道临安志》卷二《城社》，见《南宋临安两志》，浙江人民出版社，1983年版。

② [宋]袁枢《通鉴纪事本末》卷三十九上《钱氏据吴越》，中华书局标点本，1964年版。

③ [宋]祝穆《方舆胜览》卷一《临安府》，中华书局标点本，2004年版。

④ [宋]潜说友《咸淳临安志》卷一《行在所录·驻跸次第》，道光庚寅钱唐振绮堂汪氏仿宋本重雕，江苏广陵古籍刻印社，1986年版。

⑤ [宋]吴自牧《梦粱录》卷七《杭州》，知不足斋丛书本，浙江人民出版社，1984年版。

皇城至朝天门（今鼓楼）一带的御街沿线有太庙以及三省六部、枢密院、五府等重要机构，其中和宁门至六步桥路口一段实际上具有外朝的性质，是元旦和冬至大朝会时的会集排班之所。城市的中、北部是居民区和商业区。城内虽设有九厢以利管理，但官署与居民的坊巷间杂，如御史台在清河坊（今河坊街）之西，秘书省在天井巷（今小井巷）之东，五寺、三监、六院等均分布在临安城内各坊巷间。⑥

临安城的礼制性建筑也不像北宋汴京城那样在御街两侧对称设置。如赵氏祖庙——太庙位于城南中山南路的西侧，而景灵宫则在临安城西北的新庄桥，以刘光世、韩世忠旧宅改建而成。景灵宫附近还建有供奉昊天上帝和圣祖、太祖以下皇帝的万寿观，以及供奉五福太乙神的东太乙宫。⑦

临安城内河渠众多，有盐桥运河（也称大河，即今中河）、茅山河、市河、清湖河等，除了御街外，还有四条大的横街，横街之间是东西向的小巷，共同构成了纵街横巷、水陆并行的街网布局，是中国自宋代以来形成的长方形"纵街横巷式"城市布局的典型代表。

宋亡以后，南宋皇宫先遭火焚，后被改为佛寺。元朝为示一统天下，禁止修筑城墙，临安城墙与城门也逐渐被夷平。至元末，张士诚割据两浙，以杭州为据点，于元至正十九年（1359年）改筑杭城，东城向外拓展三里，西北改曲为直，南城则内缩，将原南宋皇宫所在地块截于城外；废南宋钱湖门、东便门、保安门、嘉会门等四座旱城门，新建凤山门⑨；又更换了一些城门名称，如新开门改称永昌门，崇新门改为清泰门，东青门改称庆春门等，从而奠定了明清杭州城的基本格局。⑧辛亥革命后，杭州城门相继拆除，独留至正十九年建造的凤山水门。（图一）所谓"宋朝宫殿元朝寺，废址秋风感黍离"⑩，繁华一时的临安城如今已为现代城市所覆盖。

⑥ [宋]潜说友《咸淳临安志》卷一《行在所录·皇城图》，道光庚寅钱唐振绮堂汪氏仿宋本重雕，江苏广陵古籍刻印社，1986年版。

⑦ [宋]潜说友《咸淳临安志》卷三《行在所录·郊庙》，道光庚寅钱唐振绮堂汪氏仿宋本重雕，江苏广陵古籍刻印社，1986年版。

⑧ [明]田汝成《西湖游览志》卷七《南山胜迹》，浙江人民出版社，1980年版。

⑨ 凤山门包括一座旱门和一座水门。

⑩ [明]释宗泐《全室外集》卷七《七言绝句·秋日钱塘杂兴》，台北商务印书馆，1983年版。

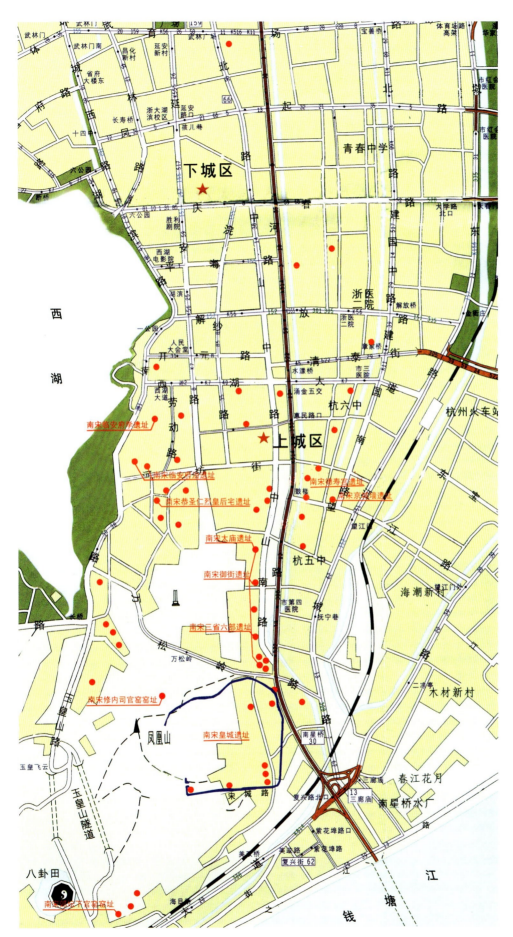

南宋临安府治遗址
可南宋临安府治遗址
南宋恭圣仁烈皇后宅遗址
南宋太庙遗址
南宋御街遗址
南宋三省六部遗址
南宋修内司官窑窑址
南宋皇城遗址
南宋德寿宫遗址
南宋京城城墙遗址
南宋郊坛下官窑窑址

图二
临安城遗址考古调查与发掘
地点分布图

二

临安城考古工作始于20世纪50年代。1956年，浙江省文物管理委员会对乌龟山南宋官窑首次进行考古发掘。1983年秋，由中国社会科学院考古研究所、浙江省文物考古研究所和杭州市文物管理委员会办公室联合组成的临安城考古队，在队长徐苹芳先生的主持下，正式开始了对南宋临安城尤其是皇城遗址的调查、钻探与试掘工作。1984年，在杭州市文物管理委员会办公室的基础上，杭州市组建杭州市文物考古所，在积极参与临安城考古队调查与勘探工作的同时，开始独立开展配合基建的抢救性考古发掘工作。1993年以后，临安城考古队因故暂停工作，杭州市文物考古所主动承担了南宋临安城的考古调查与发掘工作。二十多年来，在国家文物局、浙江省文物局、中国社会科学院考古研究所、浙江省文物考古研究所等单位及徐苹芳先生等众多考古前辈的关心下，在杭州市园林文物局的直接领导下，杭州市的考古工作者坚持"保护为主，抢救第一，合理利用，加强管理"的方针，积极配合城市基本建设进行考古发掘，发现了包括皇城、德寿宫、太庙、官署、御街、皇后宅第、官窑等在内的大量与南宋临安城有关的重要遗址，使深埋地下的临安城遗址的轮廓逐渐清晰。其中，南宋太庙遗址（1995年）、南宋临安府治遗址（2000年）、老虎洞南宋窑址（2001年）、南宋恭圣仁烈皇后宅遗址（2001年）、严官巷南宋临安城御街遗址（2004年）等五项考古发现在"全国十大考古新发现"评选活动中榜上有名。2004年，为配合临安城遗址——皇城遗址保护规划的编制，在浙江省文物局的积极协调下，中国社会科学院考古研究所、浙江省文物考古研究所和杭州市文物考古所组建新的临安城考古队，由安家瑶任队长，重新启动了南宋皇城遗址的考古勘探工作。（图二）

图三　南宋皇城北城墙

图四　凤凰山东麓宋高宗楷书石刻题记

（一）初步探明南宋皇城的四至范围及主要宫殿的位置所在

南宋皇城位于杭州市西南的凤凰山东麓，是宋高宗赵构于建炎三年（1129年）以临安为行在后、在北宋州治基础上扩建而成。元时皇城失火，宫室焚毁过半，又有恶僧杨琏真伽在此大兴寺庙，至明代渐成废墟。现皇城为单位和民居所覆盖，仅在馒头山东麓及万松岭路南市中药材仓库的西侧地表尚存小部分城墙。（图三）凤凰山东麓尚有宋高宗楷书"忠实"（图四）、南宋淳熙五年（1187年）王大通书

"凤山"及"皇宫墙"等石刻题记。

20世纪80年代，临安城考古队每年都有计划地对南宋皇城进行考古调查与钻探，并在万松岭、馒头山、南星桥、梵天寺东侧、宋城路一带几个关键部位进行试掘，确定皇城东城墙和北城墙的位置，同时探明了城墙的夯筑方法。[11]20世纪80年代后期以来，杭州市文物考古所对南宋皇城遗址进行了多次考古调查与发掘，为了解皇城的范围、宫内格局等方面提供了大量的实物资料，比较重要的有：1988年凤凰山小学发现砖砌道路及大型夯土台基；1989年市中药材仓库发现大型建筑遗址；1993年在馒头山上的市气象局基建工地清理一处南宋遗迹；1996年省军区后勤部仓库招待所发现南北向砖砌道路及夯土台基。临安城考古队也于1991年底及1992年初在省军区后勤部仓库内、市射击俱乐部南侧发现大型夯土台基及城墙遗迹。[12]2004年，新组建的临安城考古队在皇城四至范围的确定、文化层堆积与遗物的认识等方面又取得突破性进展。

目前，已探明南宋皇城的四至范围大致是：东起馒头山东麓，西至凤凰山，南临宋城路，北至万松岭路南。其中，皇城南城墙外有城壕，北城墙和西城墙采用人工夯筑与自然山体相结合的建造方式，充分利用自然条件构筑皇城的防御设施。皇城的东西直线距离最长处约800米，南北直线距离最长处约600米，呈不规则长方形，面积近50万平方米。皇城宫殿区主要位于省军区后勤部仓库一带。考古调查还发现，皇城南门——丽正门与皇城北门——和宁门不在同一条直线上，表明南宋皇城没有一条纵贯南北的中轴线。西城墙发现宽18米的缺口，可能与皇城西门有关。

（二）"北内"——德寿宫遗址的轮廓日渐清晰

德寿宫原系奸相秦桧旧第，后收归官有，改筑新宫，成为高宗赵构禅位于孝宗后颐养天年的地方。孝宗为表孝敬，曾将德寿宫一再扩建，其规模堪比南宋皇城。因此，当时的德寿宫又有"北内"之称。淳熙十六年（1189年），孝宗仿效高宗内禅，并退居德寿宫安享晚年，将德寿宫改称重华宫。此后，德寿宫又数易其主，名称几经变更，并随着南宋的衰败而逐渐被荒废。[13]今地面建筑无存。经过多次考古调查和发掘，德寿宫遗址的轮廓已日渐清晰。

1984年，为配合中河综合治理工程，临安城考古队在望仙桥至新宫桥之间的中河东侧发现一条南宋时期的南北向砖砌道路。该道路宽2米，砌筑整齐，路基厚达0.4米，距中河约15米，很可能与德寿宫遗址有关。

2001年9月至12月，为配合望江路拓宽工程，杭州市文物考古所对望江路北侧地块进行抢救性考古发掘，发现了德寿宫的东宫墙、南宫墙及部分宫内建筑遗迹。东宫墙呈南北向，揭露长度约3.8米，系夯土墙外侧包砖而成。在其西侧还发现一条长11.7米、残宽2.3米的砖道遗迹，直通南宫墙东端的便门。这次发现的东宫墙虽破坏严重，但它紧邻吉祥巷西侧，其位置与明田汝成《西湖游览志》卷十三《南山分脉城内胜迹·夹墙巷》中"夹墙巷（今吉祥巷），宋时德寿宫墙外委巷也"的记载相吻合。南宫墙位于望江路北侧，揭露长度31米，墙体通宽2米，残高0.83米，以砖包砌，拐角以石加固。宫内建筑遗迹可分为两组，由大型夯土台基、排水沟、过道、廊及散水等遗迹组成，规模宏大，营建考究。

⑪ 《杭州市南宋临安城考察》，《中国考古学年鉴·1985年》，文物出版社，1985年版；《南宋临安城遗址》，《中国考古学年鉴·1986年》，文物出版社，1988年版。

⑫ 《南宋临安城皇城遗址》，《中国考古学年鉴·1993年》，文物出版社，1995年版。

⑬ [元]脱脱等《宋史》卷一百五十四《舆服六·宫室制度》，中华书局标点本，1977年版。

2005年11月至2006年4月，为配合望江地区改造建设工程，杭州市文物考古所又对杭州工具厂地块进行了抢救性考古发掘，发现了西宫墙与便门、水渠（图五）、水闸与水池、砖铺路面、柱础基础、墙基、大型夯土台基、水井等与南宋德寿宫有关的重要遗迹。西宫墙呈南北走向，已揭露长度为9米，墙基宽2.2米，残高0.7米，墙体由黄黏土夯筑而成，两侧局部还残留长方砖和"香糕砖"错缝平砌而成的包砖痕迹。随着西宫墙的发现，德寿宫的西界由此确定。结合之前发现的南宫墙、东宫墙，德寿宫的范围更加清晰。同时发现的以曲折的水渠、水池、假山等为代表的园林建筑遗迹，规模宏大，构思精巧，为一窥南宋时期的皇家园林风貌、研究其布局与造园技术提供了宝贵的实物资料。

图五　南宋德寿宫遗址之大型水渠遗迹（西—东）

（三）御街——南宋临安城的中轴线

南宋御街又称"天街"，它南起皇宫北门——和宁门外（今万松岭南侧的凤凰山脚路口），经由朝天门（今鼓楼），往北到达今武林路一带，是南宋临安城的中轴线，在临安城的城市布局中起着重要作用。⑭自1988年起，杭州市文物考古所曾先后四次发现南宋御街遗迹。

1988年，杭州卷烟厂基建工地首次发现南宋御街。御街为南北走向，其中保存较好的残长26.65米，宽约3.85米，由"香糕砖"横向错缝侧砌而成，两侧以砖包边，做工考究。

1995年，紫阳山东麓发现了南宋太庙的东围墙及建筑基址，在东围墙外侧揭露了部分南宋御街遗迹，探明南北长约80米，揭露最宽处3.5米。其中太庙东围墙的部分墙体直接砌筑于御街之上。由于太庙营建于绍兴四年（1134年），该发现为探讨南宋御街的始建时间提供了重要的实物资料。

2004年，为配合万松岭隧道东接线严官巷段的道路建设，杭州市文物考古所对该地段进行了考古发掘，在严官巷东段北侧第三次发现南宋御街遗迹。该遗迹紧靠中山南路，南北走向，其东、南、北三面尚压在地层中，揭露部分南北长9.3米，东西宽2.5米。路面用"香糕砖"横向错缝侧砌，外侧用大砖包边，御街南端还发现了沟渠等遗迹。御街西侧另发现一砖砌的东西向通道，揭露长度为6.95米，宽8.5米，其主体可分为南北向并列的三段，每段宽度均在2米以上。（图六）

2008年，为配合中山路综合保护与有机更新工程的实施，杭州市文物考古所在中山中路112号进行考古发掘，发现上下叠压的两层御街遗迹及其排水沟，其中上层御街为石板铺筑，下层为香糕砖横向侧砌，宽度均为11.6米。

图六　严官巷南宋御街（南—北）

随着南宋御街的四度发现，基本可以确定南宋临安城的中轴线大部分位于今天的中山路一带并与之重合，中山路是由南宋御街逐步演变而来并一直延用到现在。中山中路112号发现的上下叠压的两层御街，表明南宋御街经过了由砖砌到石板铺筑的营建方式的转变，关于南宋御街的砖、石之争也因此得以解决。

（四）东城墙的发现，确定了临安城的东至

德祐二年（1276年），南宋灭亡。元朝下令拆毁诸州城墙，临安城墙也逐渐被夷为平地。⑮昔日的高墙深壕已为现代道路所覆盖，只留下"城头巷"、"金鸡（京畿的讹称）岭"等与之相关的地名。

图七
临安城东城墙基础遗迹
（南—北）

1984年春开始，为配合中东河综合治理工程，临安城考古队在江城中学西围墙外，中山南路25号至31号地段的中河东侧，老吊桥的东北角，抢救发掘出一段南宋城墙基础，距地表深2—2.4米，残长18米，残高2.4米，残宽9.5米，是一段南北走向、全部用红黏土和石块分层夯筑而成的墙基。在城墙西段的夯土层中间部分，还发现一条由西逐渐向东倾斜的砖砌券顶排水涵洞，通长11米，高约0.8米，宽1米左右，基本用双层条砖砌筑而成，保存较为完好。

2006年3月，为配合望江地区改造工程建设，杭州市文物考古所对望江路与吉祥巷交界处东侧地块（原杭州家具厂）进行抢救性考古发掘，发现南宋、北宋、五代等三个时期依次叠压的城墙基础遗迹。其中南宋城墙基础距地表2.3—2.5米，揭露南北长34.5米，东西宽15.65米，残高1.5—2米。（图七）经解剖发现，墙基主体部分宽9.7米，残高2米，系用大小不一的石块和粉沙土填筑而成，墙基东侧用石块包砌规整，外侧再打入一排排列整齐的松木桩加固墙基。墙基的东边为一宽6米的护基，由大小不一的石块和黄黏土堆砌而成，护基外侧另有两排木桩加固。城墙砖规格40.5×20×9.5厘米，一侧模印"嘉熙"，系南宋理宗年号（1237—1240年）。

两次发掘对研究五代、北宋、南宋三个时期城墙的结构和砌筑方法及杭州城市

④ [宋]潜说友《咸淳临安志》卷二十一《疆域六·御街》，道光庚寅钱唐振绮堂汪氏仿宋本重雕，江苏广陵古籍刻印社，1986年版。

⑤ [明]田汝成《西湖游览志》卷十四《南山分脉城内胜迹》，浙江人民出版社，1980年版。

图八
南宋太庙遗址之东围墙遗迹
（西北—东南）

的变迁提供了重要的实物资料，也为全国重点文保单位——南宋临安城遗址保护范围的划定提供了重要依据。

（五）太庙等系列重要建筑遗址——南宋官式建筑的实证

二十多年来，考古工作者在配合城市建设所进行的考古发掘中，陆续发现了许多南宋时期的宗庙、中央官署、地方行政机构等重要建筑遗迹，使人们对临安城这座深埋于地下的城市的印象与认识逐渐丰满起来，也为南宋官式建筑以及临安城城市布局的研究提供了重要的实物资料。

1．太庙遗址

太庙是帝王祭祀祖先的祖庙，也是临安城最重要的礼制性建筑之一。它始建于宋高宗绍兴四年（1134年），曾屡经扩建与修缮。1995年9月，杭州市文物考古所在城南紫阳山东麓发现了太庙东围墙、东门门址及房屋基址等遗迹。东围墙揭露长度为80米，厚1.7米，残高1.4-1.5米，全部用规则条石错缝砌成，墙内用石块及黄黏土充填。（图八）围墙内侧置散水，外侧为南宋御街。东门位于围墙中段，宽4.8米。房屋基址均建在用黄黏土夯筑而成的夯土基础上。该遗址规模宏大，营造考究，充分展示了明以前太庙的建筑格局及风貌。⑯

2．三省六部遗址

宋代中央行政机构实行三省六部制。三省即中书省、门下省和尚书省，是国家最高政务机构。六部则是尚书省的组成部分，是吏、户、礼、兵、刑、工各部的总称。1984年，临安城考古队在杭州卷烟厂发现规模较大的建筑遗迹及排水设施。1987年，杭州市文物考古所在中山南路的杭州东风酿造厂发现一处南宋建筑遗址，根据其位置以及方砖上模印"官"字等情况分析，这里应该是一处重要的南宋三省六部官衙用房遗址。1994年至1995年期间，杭州市文物考古所又在以大马厂巷为中心的杭州卷烟厂基建工地发现了大型房基、水沟、窨井等与三省六部

图九
南宋恭圣仁烈皇后宅遗址水池
遗迹（东北—西南）

有关的重要遗迹。⑰

3．恭圣仁烈皇后宅遗址

2001年5月至9月，为配合四宜路旧城改造工程，杭州市文物考古所在中大吴庄基建工地进行的考古发掘中，发现了南宋恭圣仁烈皇后宅遗址主体建筑一处，包括正房、后房、东西两庑、庭院和夹道遗迹。正房、后房和两庑均建在夯土台基上，台基周围用砖包砌成台壁，地面全部用砖铺成。庭院和夹道均有完善的排水设施。正房面宽七间，进深三间，柱础石为水成岩，东西两庑面宽亦达七间。庭院的中部和北部保留有水池与太湖石垒砌的假山、砖砌的假山过道，规模十分宏大。⑱（图九）

4．临安府治遗址

临安府治是南宋京城临安的地方最高行政机构所在地，系在五代净因寺基础上扩建而成。⑲2000年8月，杭州市文物考古所在河坊街荷花池头发现南宋临安府治中轴线上的一组建筑，这是一组以厅堂为中心、前有庭院、后有天井、周围有厢房和回廊环绕的封闭式建筑群遗址。⑳（图一〇）

5．临安府学遗址

宋代统治者汲取唐末武官专权的教训，大兴文人政治，文化教育事业兴旺发达。南宋时期，京城临安更是全国文化教育的中心，教育机构林立，分工细致。府学便是临安府设立的最高教育机构。2003年10月，杭州市文物考古所在荷花池头（新民村）发现一处与南宋府学相关的建筑遗迹，包括夯土地面、砖砌夹道、砖墙、散水、廊庑、天井等。

综观这些考古发现的南宋时期重要建筑遗迹，具有以下特点：

规模宏大，营建考究。建筑的主体一般位于大型夯土台基上，由黄黏土分层夯筑。如临安府治遗址、恭圣仁烈皇后宅的夯土台基均高50—80厘米以上。台基外

⑯ 杭州市文物考古所《杭州发现南宋临安城太庙遗址》，《中国文物报》，1995年12月31日。

⑰ 杭州市文物考古所《杭州发现南宋六部官衙遗址》，《杭州考古》1995年12月。

⑱ 《杭州吴庄发现南宋恭圣仁烈皇后宅遗址》，《2001年中国重要考古发现》，文物出版社，2002年版。

⑲ [宋]潜说友《咸淳临安志》卷五十二《府治》，道光庚寅钱唐振绮堂汪氏仿宋本重雕，江苏广陵古籍刻印社，1986年版。

⑳ 杭州市文物考古所《杭州南宋临安府衙署遗址》，《文物》2002年10期。

侧包砖，压阑石及柱础为灰白色水成岩。室内以长方砖或方砖墁地，临安府治遗址发现的方砖上还模印精美的花纹。室外地面和路面常用制作规整的"香糕砖"错缝侧砌。严官巷遗址发现的瓦当直径达23厘米，为临安城历年考古发现的瓦当之最。

设计巧妙、设施齐全。以排水设施为例：太庙遗址东围墙内侧有长方砖铺筑的散水，围墙底部有由内而外、穿墙而过的排水沟。临安府治遗址北区天井的内侧

图一〇
南宋临安府治遗址之西廊房及散水遗迹（北—南）

设置曲折形砖砌散水，并通过石构壸门与厅堂底部暗沟相通。恭圣仁烈皇后宅其东西两庑的廊檐下各有一南北向排水沟，正房和后房的廊檐下各有一东西向的排水沟，与庭院东北角、东庑台基下一砖砌暗沟相连。庭院中部设置长方形水池，其西壁压阑石上凿有溢水槽，其立面呈倒"凸"字形，分上下两部分。

园林建筑发达，造园技术高超。南宋临安城园林数量之多甲于天下，奢侈之风不亚于汴京旧都。帝王之宫，叠石如飞来峰，鉴池似小西湖；贵戚豪吏之园囿，或占地半湖，或纵横数里。在园林设计上具有"因其自然，辅以雅趣"[20]，山水风光与建筑空间交融的风格，在我国园林史上留下了重要的一页。在"北内"德寿宫遗址、恭圣仁烈皇后宅、白马庙巷制药遗址都发现大量的以太湖石砌筑的假山遗迹；砖砌道路的两旁经常发现砖砌的花坛；德寿宫遗址以大型曲折形水渠，引水入宫。这都为研究中国古代南方园林尤其是南宋时期的园林布局和营造技术提供了重要的实物资料。

（六）官窑窑址与制药作坊——南宋手工业遗存的发现

南宋临安城内的手工业经济相当发达。手工作坊作为手工业经济发展的必然产物，也是南宋都城临安城市经济发达的标志。据文献记载，南宋时每一类商品都有其专门的制造作坊，仅《梦粱录》卷十三《团行》条所记载的就有二十二种之多，

且产品大部分是日常生活所需的各种物品。[⑳]按照经营者的不同，这些手工业作坊可以分为官营和民营两大类，而在官营手工业中则云集了全国最优秀的工匠。

1. 南宋官窑窑址

宋代是中国制瓷业发展十分兴盛的一个时期，出现了"官、哥、汝、定、钧"五大名窑，官窑瓷器在用料上不惜工本，造型与工艺精益求精，反映了当时制瓷业的最高水平。据史书记载，南宋在都城临安先后建有两座官窑，即修内司官窑与郊坛下官窑。[㉓]经过考古工作者多年的努力，郊坛下官窑与修内司官窑之谜已先后被破解。

图一一　老虎洞南宋官窑窑址之瓷片坑堆积

（1）乌龟山官窑窑址

位于杭州闸口乌龟山南麓，发现于20世纪20年代。1956年，当时的浙江省文管会曾在窑址南部进行首次局部发掘；[㉔]1985年，临安城考古队进行正式发掘，发现龙窑、素烧炉、练泥池、釉料缸、辘轳坑、堆料坑、素烧坯堆积、房基、排水沟及道路等遗迹，出土大量的碗、盘、壶等器物残片及鬲式炉、琮式瓶等仿古器物。其产品以深灰胎为主，胎质细腻；釉色以粉青和米黄色为正，但以灰青、黄褐、土黄色居多。按照胎、釉厚度的不同，其产品主要分为厚胎薄釉和薄胎厚釉两大类。除部分器物的外壁装饰有莲瓣纹外，大多是素面。此外，还发现了匣钵、支烧具和垫烧具等窑具。经研究考证，乌龟山窑址正是南宋两大官窑之一的郊坛下官窑。[㉕]

（2）老虎洞官窑窑址

位于杭州市凤凰山与九华山之间一条长约700米的狭长溪沟的西端，距南宋皇城北城墙不足百米。1996年因雨水冲刷而发现，经过杭州市文物考古所三次较大规模的考古调查与发掘，发现龙窑、素烧炉、采矿坑、练泥池、釉料缸、辘轳坑、房基等一大批制瓷遗迹，出土了大量造型规整、釉色莹澈的南宋时期瓷片。（图一一）目前已复原出数千件瓷器，有碗、盘、洗、盏托、套盒、盆、罐、壶、瓶及各式炉、尊、觚等二十余类，对系统研究宋代的制瓷工艺有极高的价值，也为深入研究南宋时期官营手工业的生产、经营和管理等问题提供了详实的资料。根据地望及产品特征，特别是"修内司窑"铭荡箍的发现，证实老虎洞南宋窑址就是文献记载的南宋修内司官窑。[㉖]

2. 南宋制药作坊遗址

南宋时期的社会医疗保障体系已达到了比较完善的程度。绍兴六年（1136年），朝廷于临安设熟药所四处。绍兴十八年（1148年）又改熟药所为"太平惠民局"。[㉗]熟药所的设立及相关制度的制定与实施，使成药使用有所普及，给民众医治疾病带来了便利，在中国医药学史上有其积极意义。此外，民间的药坊也十分兴盛，如当

⑳ [宋]叶绍翁《四朝闻见录》《戊集·阅古南园》，知不足斋丛书本，中华书局，1989年版。

㉒ [宋]吴自牧《梦粱录》卷十三《团行》，知不足斋丛书本，浙江人民出版社，1984年版。

㉓ [宋]顾文荐《负暄杂录》见元陶宗仪《说郛》卷一八，商务印书馆，1937年版，[宋]叶寘《坦斋笔衡》见《说郛》卷二九，中华书局，1959年版。

㉔ 浙江省博物馆《三十年来浙江文物考古工作》，载《文物考古工作三十年（1949年–1979年）》，文物出版社，1981年版。

㉕ 中国社会科学院考古研究所、浙江省文物考古研究所、杭州市园林文物局《南宋官窑》，中国大百科全书出版社，1996年版。

㉖ 杭州市文物考古所《杭州老虎洞南宋官窑址》，《文物》2002年10期。

㉗ [宋]王应麟《玉海》卷六十三《熙宁太医局》，据光绪九年浙江书局刊本影印，扬州广陵书社，2003年版。

图一二
白马庙巷制药遗址出土的
植物果核

时在惠民路一带有"杨将领药铺"等，在太庙前有"陈妈妈泥面具风药铺、大佛寺
疟药铺、保和大师乌梅药铺"等。㉘

（1）惠民路制药遗址

1996年，杭州市文物考古所在惠民路中段距地表深约3米处发现一作坊遗址，
为一座三开间的房屋，坐北朝南，用方形或长方形的砖砌墙或铺地。中间房内发
现2个口沿与室内地面平齐的大陶缸，直径分别为0.87米和0.97米，深为0.95米和
1.05米。遗迹以西的堆积层中发现与制药有关的大量"韩瓶"及其残片、石碾轮、
石砧等。根据实物及地理位置推测，该处遗迹可能与私营制药作坊有关。

（2）白马庙巷制药遗址

2005年6月，杭州市文物考古所在白马庙巷西侧发现一处南宋制药遗迹，包括用
于中药材浸泡、漂洗及去果肉的水缸和水槽，用于药材晾晒的天井以及粉碎果核的石
质药碾子等。水缸中出土了大量具有药用价值的植物内核，包括乌梅核、甜瓜籽、樱
桃核、青果核等。（图一二）据胡庆余堂中药博物馆的专家介绍，这些果核均可入
药，具有保健养生之功效。其中乌梅可用于"肺虚久咳，久痢滑肠，虚热消渴，呕吐
腹痛"，现在也还常用。据《船窗夜话》记载："孝宗尝患痢，德寿忧之。过宫，偶
见小药局，遣使宣之。至，语以食湖蟹多故至此。医曰：'此冷痢也。用新米藕节热
酒调服。'数服而愈，德寿乃大喜。以金杵臼赐之，乃命以官。至今呼为金杵臼严防
御家。"㉙该制药作坊遗迹的位置临近严官巷，且建筑规格较高，很可能与"金杵臼
严防御家"有关，它的发现为我国中药发展史的研究提供了珍贵的实物资料。

三

南宋临安城是一个被现代城市完全叠压的古代城址，又地处民居众多，人口密

㉘ [宋]吴自牧《梦粱录》卷十三《铺
席》，知不足斋丛书本，浙江人民
出版社，1984年版。

㉙ [清]丁丙《武林坊巷志》第二册《丰
下坊一·严官巷》，浙江人民出版
社，1990年版。

集的旧城区，在此条件下进行古城址的考察和保护工作，其困难之大是其他城址所无法相比的。

1. 发掘项目的不可预见性

城市考古工作的主要任务是配合基建的抢救性发掘，因而与城市基本建设的周期密切相关。城市建设大发展时期，考古发掘项目就多；而当城市建设处于相对稳定时，考古发掘项目就少，甚至空白。这种项目的不可预见性给发掘工作带来许多不确定因素，如发掘工作无计划、发掘时间受限制等，致使发掘资料零散。

2. 文物遗迹叠压关系的复杂性

杭州是一座重叠型城市，现代城市与古代城址基本重叠，各个时期的文物遗迹依次叠压，特别是南宋临安城遗址地处杭州旧城区，现在的许多道路就是由南宋逐渐演变而来，如现在的中山路就是在南宋御街的基础上，历经元、明、清、民国等时期逐渐演变成为现代城市的主要道路。元灭宋，临安城城墙被拆毁，其原址如今也已变成道路，考古勘探工作难度极大。

3. 发掘面积的局限性

由于城市考古主要是配合基建进行的考古发掘，在21世纪之前，受发掘经费及当时文物保护意识的限制，发掘面积不能随工作的需要拓展，许多重要遗迹不能较全面的揭露，留下不少遗憾；进入21世纪，考古工作又面临几多无奈，随着大规模旧城改造的结束，到处都是钢筋混凝土结构的建筑，考古勘探与发掘的空间日益减小。

4. 遗址保护与展示的复杂性

杭州旧城区地下水位普遍较高，1米以下地层就出水。而临安城遗址的许多重要遗迹往往在地下2—3米深处，保护和展示的难度非常大。同时，随着近年来国民经济的持续高速发展，能源和原材料消耗大幅增加，杭州已成为全国重酸雨污染的城市之一，以二氧化硫为主造成的酸雨危害已对遗址的保护与展示构成威胁，必须引起足够重视。

在城市建设日新月异的新形势下，如何面对困难，积极探索临安城考古工作的新方法和新思路，继续开展临安城遗址的考古工作，已成为杭州考古工作者必须面对的新课题。

1. 结合文献及现地名，见缝插针，探明南宋临安城的范围及其平面布局

杭州的历史地名遗存以南宋时期的为最多，杭州历史地名中的坊名和巷名，就是从南宋时期开始的，而且大都沿用到今天。这些与杭州城市历史变迁有着紧密渊源关系的地名，为临安城遗址的考古工作提供了重要的线索。收集相关信息，加强考古调查，普遍钻探和重点试掘相结合，逐步探明临安城遗址的范围和平面布局，是今后临安城考古的重要途径和主要任务之一。

2. 抓紧历年发掘资料的整理和研究，逐步建立临安城遗址资料库

由于临安城遗址占地面积大，遗址上部为元、明、清及近现代杭州城市所叠压，地层堆积异常复杂，要完全搞清其内涵，涉及几代考古工作者的辛勤工作，考古资料的保存和积累就显得非常重要。要调整工作重点，利用主动调查和配合基建发掘的间隙，集中力量，抓紧历年积累的发掘资料的整理和研究，还清旧帐。详尽

收集与临安城有关的历史文献资料，逐步建立集历史文献和考古资料为一体的临安城资料库。

3．增强课题意识，开展多学科合作研究

临安城遗址是典型的南方山水城市，南宋皇帝又偏爱湖山水榭，城内沟渠纵横，池苑众多。在这些沟渠、池苑的淤积层内，往往包含有比较丰富的动植物遗骸及花粉、孢子等，为深入研究南宋时期的自然环境提供了丰富的实物资料。同时，临安城是南宋的经济中心，官营和民营手工业非常发达，种类繁多，分工细致。陶瓷业、制药业、丝绸业等手工经济的发展，为开展多学科合作研究提供了广阔的前景。

4．考古发掘和文物保护并重

遗址的保护和展示要坚持面对现实、实事求是的原则。对于在城市基本建设中发现的重要文物遗迹，本着对文物的尊重和宽容，该保护的要坚决保护。文物遗迹的展示不能勉强，根据遗迹性质的不同，遗迹本体的大小，展示的方式也应有所区别。对于文物本体较大的展示，建立相应的遗址博物馆是一种很好的方法，新近建成并对外开放的严官巷南宋遗址陈列馆就是很好的实例；而文物本体较小的遗迹展示，可采取局部展示，适当复原的方式，以达到展示功能和效果的最大化。

四

南宋是中国历史上经济文化高度发展的时期，南宋临安城是这一时期社会经济文化繁荣发展的代表。因此，有关临安城遗址考古资料的整理和研究工作具有十分重要的意义。

经过文物考古工作者的不懈努力，临安城遗址的考古工作取得了明显的成果。作为考古工作的重要组成部分，考古资料的整理和报告出版工作也一直是临安城考古工作者的主要任务之一。20世纪80年代前期，临安城遗址的考古工作主要集中在对皇城遗址的调查和勘探上，受发掘条件（经费、面积等）及城市考古本身的局限，考古工作大多见缝插针，选取几个关键部位进行钻探和试掘，发掘资料尚处于逐步积累的阶段，初步整理成果已在《中国考古学年鉴》上发表。考古资料的整理和研究工作，加深了对临安城皇城遗址的范围及总体布局的认识。20世纪80年代后期，乌龟山南宋官窑经过第二次大规模发掘，积累了大量珍贵的实物资料。在相关单位和部门的多方支持下，临安城考古队组织人员，克服场地、经费等困难，经过朱伯谦、李德金、蒋忠义、陈元甫和姚桂芳诸位先生的共同努力，编写出版了临安城遗址的第一本发掘报告《南宋官窑》。报告通过对主要器物的类型学研究，提出南宋官窑瓷器可分为前后两期，根据出土的南宋晚期典型器物推断出窑场建于南宋初年定都临安前后，停烧于南宋灭亡时的观点。报告的出版使南宋官窑的研究进入一个新的阶段。

进入20世纪90年代，随着杭州城市大规模旧城改造的进行，杭州市文物考古所承担了大量配合基建的发掘任务。特别是2000年以后，随着文物保护意识的增强，为妥善处理文物保护与基本建设的关系，杭州市政府审时度势，要求文物部门加强对临安城遗址范围所在的旧城区内基本建设项目的监管和控制，并划定地下文物重点保护

区，规定在保护区内的基建项目，必须履行"先考古发掘，后建设"的原则。在时间紧、任务重、人员少的情况下，杭州市的考古工作者放弃节假日的休息，长年奋战在考古工作第一线，在推土机和挖掘机下，抢救了一大批重要文物遗迹。为及时将发掘资料公布于众，考古工作者利用考古发掘的间隙，先后整理编写出版了部分简报或图录，如《杭州老虎洞南宋官窑址》、《杭州南宋临安府衙署遗址》、《杭州卷烟厂南宋船坞遗迹发掘报告》[30]、《杭州严官巷南宋御街遗址发掘简报》[31]、《杭州白马庙巷南宋制药作坊遗址》[32]、《杭州老虎洞南宋官窑瓷器精选》[33]、《南宋御街》[34]等。

为了及早将多年来积累的临安城遗址考古发掘资料整理出版，自2006年起，在国家文物局和浙江省文物局的关心和支持下，杭州市园林文物局决定组织专业人员全力以赴开展历年发掘资料的整理工作，并在项目统筹、经费保障、人员调配、时间安排等方面给予全力支持。杭州市文物考古所及时调整工作重点，倾全所之力，专门成立历年考古发掘资料整理小组。在中国社会科学院考古研究所、浙江省文物考古研究所和文物出版社的大力支持下，杭州市文物考古所制定了详细的整理工作计划，力争在4年内完成历年考古资料的整理出版。目前《南宋太庙遗址》发掘报告已于2007年出版，其他发掘报告也将陆续完成。

临安城遗址占地面积大，考古工作大多呈点状分布，所揭露的遗迹现象既有相对的独立性，又有相互联系的地方。报告的编写将采取重点报告、部分组合的方法，力求全面、系统和客观地公布发掘资料。如太庙遗址、皇城遗址、德寿宫遗址、恭圣仁烈皇后宅遗址等将单独编写报告，而南宋御街遗址在杭州卷烟厂（1988年）、太庙巷（1995和1997年）、严官巷（2004年）和中山中路（2008年）均有发现和发掘，为保证发掘资料的完整性和系统性，《南宋御街遗址》将四地发现的御街遗迹集中在一本报告中。临安府治与府学均为南宋临安府的重要机构，两个遗址地点临近，故合编为《南宋临安府治与府学遗址》。南宋皇城遗址的考古工作起步早，所做工作较多，报告力争将历次考古资料均收集在内。

临安城遗址的保护和展示也是今后必须面对的问题。近年来，杭州市为此进行了一些有益的尝试和探索，如南宋官窑两座窑址的保护和展示、太庙遗址广场的建成、严官巷南宋遗址陈列馆的开放等，均取得了良好的社会效益，报告附录部分将收录相关遗址的保护材料。

部分考古项目由于历史的原因，存在资料不完整、图片质量差等情况，但考虑到资料的珍贵和对付出心血的前辈们的尊重，我们也将客观、真实地予以整理并编入相关报告中。由于临安城遗址的大部分考古项目属于配合基本建设的考古发掘，受工程量大、时间紧和发掘面积的局限，造成部分信息的不完整甚至缺失，失误之处也在所难免。希望通过资料整理和报告的编写，及时总结经验教训，对今后的工作有所改进和提高。

总之，临安城遗址的内涵极其丰富，许多不解之谜尚待通过考古这一特殊手段去解决。作为当今城市考古的重要组成部分，南宋临安城遗址的考古工作任重而道远。临安城的考古工作凝聚了国家、省、市众多文物考古工作者的心血和努力，也得到了各级政府及社会各界的关心和支持，编者在此谨代表杭州市文物考古所的全体同仁向各方表示衷心的感谢。

[30] 梁宝华《杭州卷烟厂南宋船坞遗迹发掘报告》，《杭州文博》第2辑，杭州出版社，2005年版。
[31] 李蜀蕾《杭州严官巷南宋御街遗址发掘简报》，《杭州文博》第3辑，杭州出版社，2006年版。
[32] 李蜀蕾《杭州白马庙巷南宋制药作坊遗址》，《杭州文博》第6辑，杭州出版社，2007年版。
[33] 杜正贤主编《杭州老虎洞南宋官窑瓷器精选》，文物出版社，2002年版。
[34] 张建庭主编《南宋御街》，浙江人民出版社，2006年版。

目　录

插 图 目 录

 概述

第一章　御街的沿革

杭州地处东南沿海，为浙江省会所在地，不仅是我国七大古都之一，也是国务院首批公布的历史文化名城之一，有着深厚的历史文化积淀。自隋开皇十一年（591年）杨素迁州治于柳浦以西、凤凰山以东，营建杭州城以来，杭州城市建设虽历千年变迁，空间范围此消彼长，但城市与湖山相依、一轴纵贯南北的基本格局被代代沿用与发展，直至改革开放前。而作为南宋都城临安的一百余年，在杭州城建史上写下了浓墨重彩的一笔。

南宋建炎三年（1129年），宋高宗升杭州为临安府，称"行在所"。绍兴八年（1138年）定为行都。有别于都城"坐北朝南"的传统布局，南宋临安继承了前朝的杭州城市发展思路，在西湖以东因地制宜地形成了"南宫北城"的独特格局。城市内分布着宫阙、宗庙、寺观、衙署、府第、坊市、学校、园囿等不同功能建筑，并着重强化了商业经济功能。一时之间，"杭城之外城，南西东北各数十里，人烟生聚，民物阜蕃，市井坊陌，铺席骈盛，数日经行不尽，各可比外路一州郡，足见杭城繁盛矣"①。

在临安城中有一条特殊的街道，被时人冠以"御街"、"大街"、"天街"、"禁街"等名。它南起皇城北门（即和宁门），北达景灵宫，纵贯临安城南北。御街之于临安城意义非常重要，它不仅是城市规划、空间布局的中轴线，杭州方志文献中对于临安城布局的介绍无不以御街为主线展开；也是皇家重要礼仪活动场所，无论是元旦和冬至大朝会，还是"四孟"驾出朝献景灵宫，很多重要的皇家祭祀与巡游活动，御街都是必经之路，尤以靠近皇城、三省六部、玉牒所、五府、太庙的御街南段为甚；御街沿线密集分布的商铺，也形成了临安城最为繁华的商业核心区，御街"自和宁门权子外至观桥下，无一家不买卖者"，"自大街及诸坊巷，大小铺席，连门俱是，即无虚空之屋"②；御街一带也是南宋京城市井生活、社会风貌的最集中体现者，元宵赏灯、中秋赏月、八月观潮等旧时临安风俗无不与御街密切相关，例如中秋，"此夜天街卖买，直至五鼓，玩月游人，婆娑于市，至晓不绝"③。

从南宋潜说友撰写的《咸淳临安志》所附《京城图》中可以看到，"四孟"驾出的起点——和宁门，位于临安城的南部，而目的地——景灵宫，以及东太乙宫、万寿观等，均

---

① ［宋］吴自牧《梦粱录》卷十九《塌房》，知不足斋丛书本，浙江人民出版社，1984年版。
② ［宋］吴自牧《梦粱录》卷十三《团行》、《铺席》，知不足斋丛书本，浙江人民出版社，1984年版。
③ ［宋］吴自牧《梦粱录》卷四《中秋》，知不足斋丛书本，浙江人民出版社，1984年版。

位于临安城的西北角（东侧有清湖河由南而北流经）。学界通常认为，自和宁门直北经朝天门、众安桥至观桥的这段大街为四孟驾出仪仗的必经之路，即为御街的一部分，有《京城图》上对该路段所标识的"御街"二字为证。

对于御街北行至观桥后的走向，《京城图》交代得不甚明朗。明代田汝成关于御街的记述对学界观点产生了重要影响，他写道："中正桥，俗称斜桥，自此而南，至正阳门，为宋时御街"①。据《京城图》所绘，斜桥横跨清湖河两侧，与景灵宫的距离较近，因此有学者认为，御街过观桥后应继续北行，经万岁桥转西至斜桥，桥对岸即为景灵宫等。

相对于明人记述，成书年代更早的文献、特别是宋人撰志具有更高的可信度。据南宋晚期临安知府潜说友主修的《咸淳临安志》记载："同德坊，祥符寺西，俗呼灯芯巷，在御街北"②。从《京城图》上可以看到，同德坊在由万岁桥西通斜桥这条道路以南。根据同德坊"在御街北"，由观桥直北、经万岁桥折西至斜桥的这条道路显然不是御街。关于御街走向可在宋人吴自牧撰《梦粱录》中找到更直接的证据。吴自牧在提及市河（即小河）上的桥梁及附近道路时写道："其众安与观桥皆平坦，与御街同，盖四孟车驾经由此两桥转西礼部贡院路，一直过新庄桥，诣景灵宫行孟飨礼也"③，明确地指出御街过观桥北后应折西，沿市河西支流以北道路西行，经新庄桥到达景灵宫。这也与同德坊"在御街北"的说法相吻合。新庄桥位于观桥以西，斜桥以南，横跨清湖河东西。正因为新庄桥的特殊性，宋人撰志中关于景灵宫等重要建置方位的表述多以该桥为参照物。如《梦粱录》记载："景灵宫在新庄桥"、万寿观"在新庄桥西"、东太乙宫"在新庄桥南。……车驾遇四孟朝飨，尝亲诣焉"④；《乾道临安志》记载："景灵宫，在新庄桥之西"，"太一宫，在新庄桥之南"，"万寿观，在新庄桥之西"⑤。

综上所述，御街在南宋临安城中的具体走向为：南起和宁门，直北经朝天门，略转西直北经众安桥、观桥，过观桥北后折西，一路西行，经新庄桥到达景灵宫。（图Ⅰ—1）

自20世纪80年代以来，南宋临安城一直是杭州考古工作的重点。特别是南宋临安城被列入全国重点文物保护单位后，亟待考古工作者摸清遗址的保护范围、平面布局，并据以编制保护规划，推进临安城大遗址保护工作。鉴于南宋御街所包涵的特殊政治、经济、社会意义，更重要的是它在临安城空间布局中所起到的中轴线作用，围绕御街开展考察研究、摸清御街与现代城市的相对位置关系就成为临安城考古工作的重要突破口。

由于杭州是一座典型的古今层叠型城市，南宋临安城被现代杭州完全叠压，御街宽度有限，走向略有曲折，线路较为绵长，所涉及地段现在均为交通主干道、繁华商业区，使

① [明]田汝成《西湖游览志》卷二十《北山分脉城内胜迹·衢巷河桥》，光绪二十二年丁丙嘉惠堂重刻本，浙江人民出版社，1980年版。
② [宋]潜说友《咸淳临安志》卷十九《志·疆域四·坊巷·府城·右二厢》，道光庚寅钱唐振绮堂汪氏仿宋本重雕，江苏广陵古籍刻印社，1986年版。
③ [宋]吴自牧《梦粱录》卷七《小河桥道》，知不足斋丛书本，浙江人民出版社，1984年版。
④ [宋]吴自牧《梦粱录》卷八《景灵宫》、《万寿观》、《东太乙宫》，知不足斋丛书本，浙江人民出版社，1984年版。
⑤ [宋]周淙《乾道临安志》卷第一《行在所·宗庙》、《行在所·宫观》，嘉惠堂《武林掌故丛编》本，《南宋临安两志》，浙江人民出版社，1983年版。

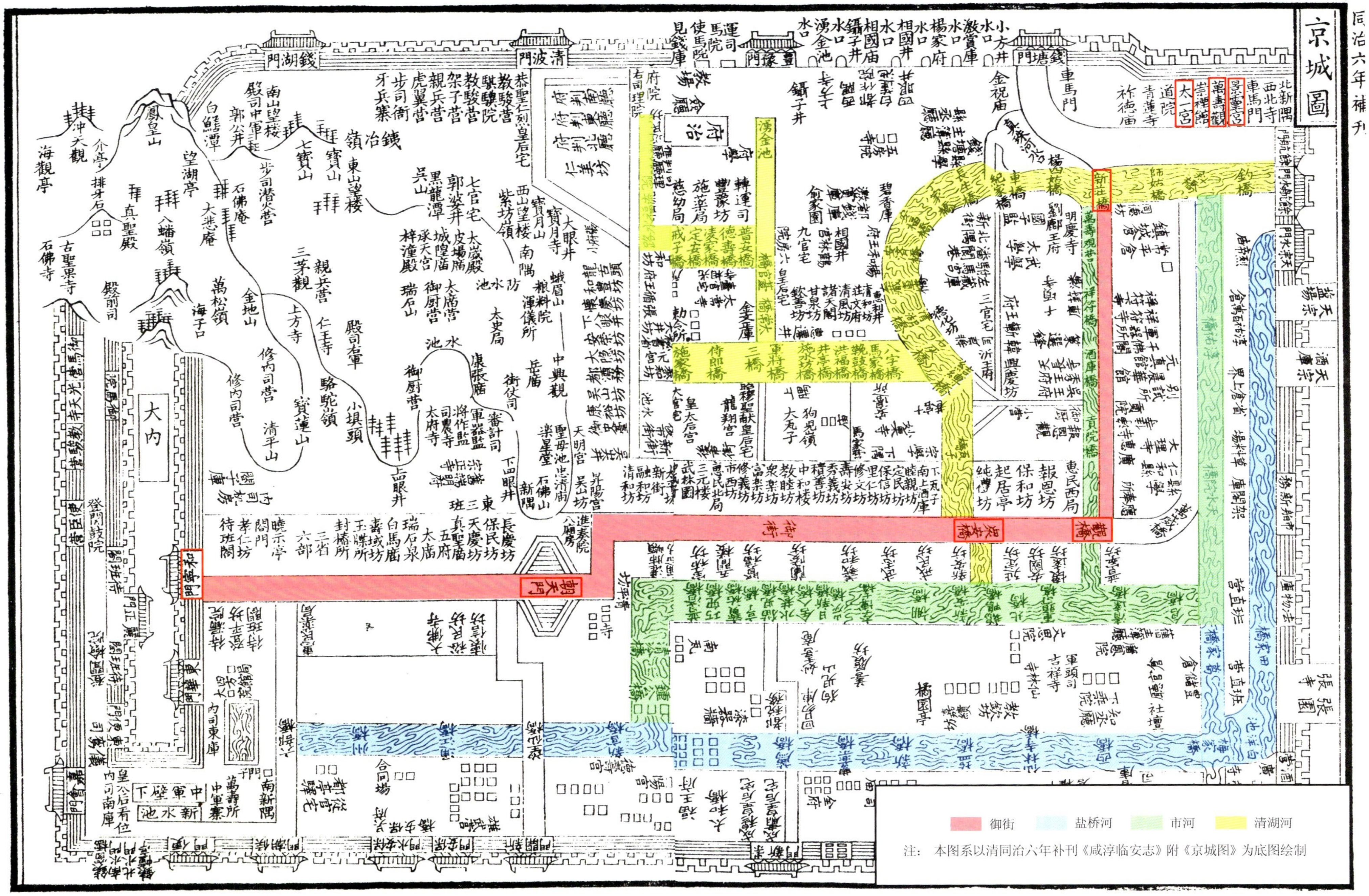

京城圖

図1-1 御街在南宋临安城中的走向示意图

清湖河
市河
盐桥河
御街

注：本图系以清同治八年补刊《咸淳临安志》附《京城图》为底图绘制

得相关考古工作无法通过大面积揭露或考古钻探的传统手段展开。因此，我们采取了"考察分析现代城市中所遗留的古代城市痕迹"①来复原御街的方法，通过方志文献记载、古今地名变迁、古今地图对照等，寻找和辨识现代城市中所遗留的与南宋御街相关的痕迹，如河桥、街巷、大型建置等，局部结合考古实证，来梳理南宋御街发展演变轨迹，大致框定出南宋御街在现代杭州城市中所处的位置。

自南宋以来的历朝历代都有官家、私家著书，专门记述杭州城市改扩建、街巷河渠湖桥变迁等情况，较具代表性的如宋代潜说友撰《咸淳临安志》、吴自牧撰《梦粱录》、周密撰《武林旧事》、周淙撰《乾道临安志》、施谔撰《淳祐临安志》，明代田汝成撰《西湖游览志》，清代丁丙撰《武林坊巷志》，以及明清不同时期撰修的《杭州府志》等。现今保留下了大量记录杭州城市发展演变轨迹的古旧地图，较具代表性的有南宋《咸淳临安志》附《京城图》、《皇城图》，明代《西湖游览志》附《今朝郡城图》，清末民国时期《浙江省城图》、《浙江省城全图》、《最近实测杭州市街图》、《杭州西湖地图》，解放初期《杭州西湖图》等，一并收录在《杭州古旧地图集中》②。另有《杭州都图地图集（1931~1934）》③，书中收录了大量民国时期的地图，集中展示了当时杭州的城市状况。而1982年由杭州地名委员会编制的《杭州市地名志附图》中，有不少大幅面的现代杭州城区街巷地名图，从中可以发现不少街道巷陌、河流桥梁仍保留着旧时的地名。这些都为摸清南宋御街与现代城市的相对位置关系提供了重要资料。

临安城道路体系的特点之一就是河路并行，以南宋御街表现最为突出，这在《京城图》上有清楚的反映。从和宁门到朝天门的这段南北向御街，其东有盐桥河与之并行；从鼓楼经众安桥至观桥的这段南北向御街，其东有市河与之并行；而从观桥折西、经新庄桥的这段东西向御街，其南也有市河与之相依。因此，河流就成为寻找御街的线索之一。

南宋临安城内的盐桥河、市河、清湖河虽长期受官民侵占、河道淤塞之困，但历朝疏浚不歇、治理不止，直至清代晚期依然发挥着重要作用，走向未有大的变更，只是换了名称。在据光绪十八年（1892年）浙江舆图局《浙江省城图》再版的清宣统二年（1910年）《浙江省城图》（以下简称《浙省图》）上，清楚地标示出了中河、小河、满营河等三条清末杭城主要河流的走向。据该图编者称，"图内中河即盐桥河，以居城之中得名，又名大河"。中河上有多座桥梁，不少仍保留着南宋盐桥河时名称，如六部桥、通江桥、望仙桥等；有的虽名称有变，但仍可依据文献记载找出它们与南宋盐桥河的联系，如稽接骨桥即南宋盐桥河上的州桥。编者又称，在图中中河之西有"市河，名小河"。小河上的祥符桥、观桥、北桥、李博士桥、日新桥、钟公桥等多座桥梁沿用了南宋市河时旧称；另有部分桥梁虽名称有变，但其历史也可追溯到南宋，如小河西端的回龙桥即南宋市河西端的小新庄桥，阔板桥即南宋酒库桥，宝带桥即南宋贡院桥，和合桥即南宋鹅鸭桥。同时，编者

① 徐苹芳《现代城市中的古代城市遗痕》，《远望集——陕西省考古研究所华诞四十周年纪念文集》，陕西人民美术出版社，1998年版。
② 杭州市档案馆《杭州古旧地图集》，浙江古籍出版社，2007年版。
③ 杭州市档案馆《杭州都图地图集（1931~1934）》，浙江古籍出版社，2008年版。

还指出"清湖河即今之满营河"。对照该图与《京城图》可以发现，该河上的众安桥、车桥、斜桥等名也保留了南宋清湖河时旧称；有的桥梁在南宋就存在，只是名称有变，如教场桥即南宋新庄桥，狮虎桥即南宋师姑桥，长寿桥即杨四姑桥。简而言之，清末杭城的中河、小河、满营河的前身分别就是南宋临安城的盐桥河、市河、清湖河。

在《浙省图》上可以看到，凤山水门至望仙桥的中河西侧有一条与之大致平行的南北向道路，它南起凤山门、北至鼓楼，路西有东西向的严官巷、白马庙巷、太庙巷等与之垂直相交。其中，严官巷之名在南宋时已有，因巷中有"金杵臼严防御家"而得名，"宋之玉牒所、封桩所故址"也在巷中①；白马庙巷因南宋时巷中有白马庙而得名；太庙巷因南宋太庙在此而得名。据《京城图》，南宋玉牒所、封桩所、白马庙、太庙并在御街西侧。鼓楼初名朝天门，为吴越国钱弘俶所建，南宋时曾扩建，沿用朝天门之名，是南宋御街的重要节点之一，后曾经数次损毁又原址重建，几易其名。因此，根据与中河、西侧巷道的相对位置关系，这条南起凤山门、北至鼓楼的南北向道路，其前身可追溯到与盐桥河平行的南宋御街南段。

在熙春桥至清远桥的小河西侧，也有一条与之大致平行且距离非常近的南北向道路，它南起鼓楼，北过观桥，路西有太平坊巷、积善坊巷、东平巷、孩儿巷等与之垂直相交。太平坊巷在宋时为太平坊所在地；积善坊巷为南宋积善坊；东平巷为南宋秀义坊所在地，东平巷之名始于明代；孩儿巷一带为宋保和坊。据《京城图》，太平坊、积善坊、秀义坊、保和坊等均沿御街西侧分布。因此，这条南起鼓楼、北过观桥的南北向道路，正是由位于南北向市河西侧的南宋御街一段发展而来。

在观桥至回龙桥的小河北侧，有一条与之大致平行且距离非常近的东西向道路，它东起观桥北，西至教场桥，北有灯芯巷、祥符寺等。教场桥的前身即为南宋新庄桥。灯芯巷之名早在南宋有之，也名同德坊，"在御街北"②。祥符寺在《京城图》上就标注，位于御街之北。因此，这条东起观桥北、西至教场桥的东西向道路应该就是《京城图》上位于市河西支流北侧的南宋御街西段发展而来。

可见，直至清末的杭城仍有道路沿着南宋御街的走向行进，该路南起凤山门，北经鼓楼、众安桥、观桥后折西达教场桥。（图Ⅰ-2）

民国时期，该路的走向依旧没变，只是被分段赋予了不同的名称（表Ⅰ-1）。如凤山门至鼓楼段，自南而北被分段命名为大学士牌楼、仓桥直街、太庙巷直街、察院前直街、水师前直街；鼓楼至众安桥段，自南而北被分段命名为清河坊、太平、保佑坊、三元坊、寿安坊、里仁坊、弼教坊；众安桥至观桥北段，自南而北被分段命名为同春坊、小学前、贯桥街；观桥北至教场桥段，自东向西被称为宝极观巷、龙兴寺街。

解放初期，凤山门至鼓楼段被统称为中山南路，鼓楼至众安桥段被统称为中山中路，而众安桥至观桥北段成为了中山北路的南段，只有观桥北至教场桥段名称基本未变。

---

① [清]丁丙《武林坊巷志》第二册《丰下坊一·严官巷》，丁丙稿本，浙江人民出版社，1990年版。
② [宋]潜说友《咸淳临安志》卷十九《志·疆域四·坊巷·府城·右二厢》，道光庚寅钱唐振绮堂汪氏仿宋本重雕，江苏广陵古籍刻印社，1986年版。

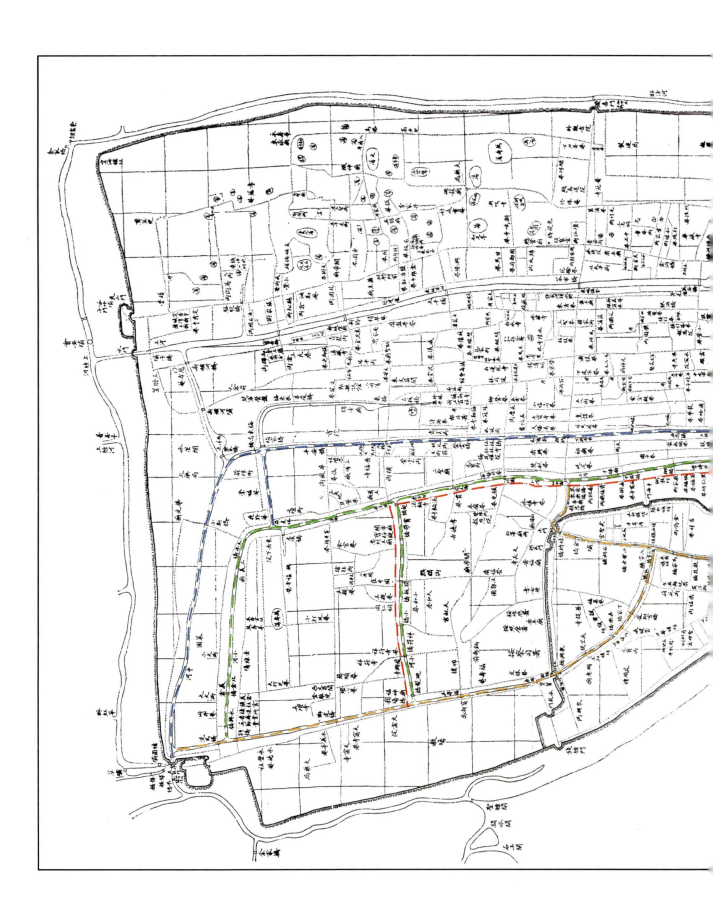

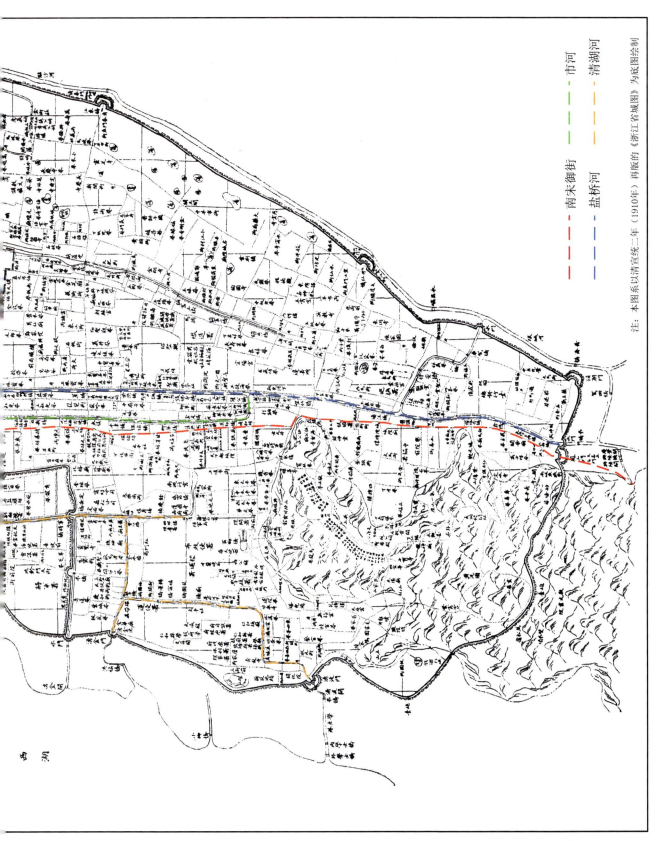

图 1-2 南宋御街与清末杭城的位置关系示意图

表 1—1　清末至现代南宋御街相关路段地理沿革一览表

编号	地图名称	凤山门——鼓楼（南北向）	鼓楼——众安桥（南北向）	众安桥——观桥北（南北向）	观桥北——教场桥（东西向）	出版时间
1	浙江省城图	凤山门—鼓楼	鼓楼—众安桥	众安桥—观桥北	观桥北—教场桥	1910年据1892年《浙江省城图》再版
2	浙江省城全图	凤山门—镇海楼	镇海楼—众安桥	大街的南段	贯桥北—教场桥	20世纪10年代
3	新测杭州西湖全图	察院前直街—水师前街	清和坊—大平坊—保佑坊—三元坊—寿安坊—里仁坊—弼教坊	同春坊—小学前—贯桥街	宝极观巷（西至教场桥止）	民国十八年（1929年）
4	最近实测杭州市街图	大学士牌楼—仓桥直街—接骨桥直街—察院前直街—水师前直街	清河坊—大平坊—保佑坊—三元坊—寿安坊—里仁坊—弼教坊	同上	宝极观巷—小桥头—龙兴寺街（至教场桥止）	民国十九年（1930年）
5	杭州市第一都全图（城区）等	江墅路		同春坊—小学前—贯桥直街	宝极观巷—凤起路（西至凤起桥止）	1931～1934年
6	最新杭州市街西湖全图	察院前直街	清河坊—大平坊—保佑坊—三元坊—寿安坊—里仁坊—弼教坊	同春坊—小学前—桥直街	宝极观巷—龙兴路	20世纪30年代
7	最新实测杭州市街图	大学士牌楼—仓桥直街—太庙巷直街—察院前直街	清河坊—大平坊—保佑坊—三元坊—寿安坊—里仁坊—弼教坊	同春坊—小学前—贯桥街	宝极观巷—龙兴寺街（西至凤起桥止）	20世纪30年代
8	最新杭州市地图·西湖全图	察院前直街	清和坊—大平坊—保佑坊—三元坊—寿安坊—里仁坊—弼教坊	同上	同上	民国三十五年（1946年）
9	杭州全图	仓桥直街—察院前直街—水师前直街	清河坊—大平坊—保佑坊—三元坊—寿安坊—里仁坊—弼教坊	同上	同上	1949年
10	杭州西湖图	同上/统称中山南路	同上/统称中山中路	同春坊/中山北路的南段	同上	1954年
11	杭州主要街道图，上城区、下城区、江干区街巷地名图	中山南路的北段（凤山门—鼓楼段）	中山中路	中山北路的南段（庆春路至凤起路段）	凤起路的东段（中山北路—凤起桥河下段）	1982年
12	杭州旅游生活总揽	同上	同上	同上	同上	1991年

注：①第1、2、4、6～10项地图均收录在《杭州古旧地图集》中；第3、11项收录在《杭州市地名志附图》中；第5项收录在《杭州都市地图集（1931～1934）》中。
②第2项中，明确标注为"大街"的路段为南起众安桥，经观桥北，天汉洲桥后折西至中正桥。
③第10项中，中山北路已过贯桥，延伸至那稣堂东以北。
④第11项中，中山南路已过凤山门，兴隆巷东口，南延至万松岭路东口，中山北路已延至环城北路以北，凤起路东起中山北路，西延至环城西路。
⑤第3项中的宝极观巷，4、7～10项中的龙兴寺街，5项中的龙兴路，6项中的凤起路，5项中的宝极观巷，西与万寿亭直街（或方寿大街，或凤起桥）垂直相交。

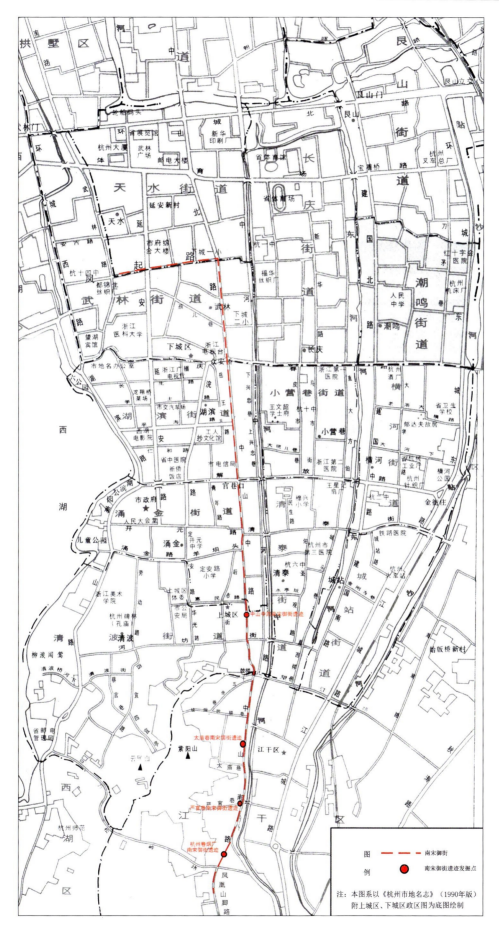

图 I－3　南宋御街与现代杭州位置关系示意图

改革开放后，中山路南延至万松岭路东端，中山路的众安桥处已建成了东西向庆春路，原宝极观巷与龙兴寺街也已更名为凤起路并西延至环城西路。

由于南宋皇宫在元灭南宋后遭到毁灭性破坏，城墙被毁，而元末张士诚重筑杭州城墙，凤山门是其南门，南宋皇宫被彻底隔绝在城市之外，长期荒废，因此，关于南宋皇城的具体范围、宫殿、宫门与宫内道路等，均缺乏详细可靠的文献记载，而南宋御街的南端——和宁门的踪迹自然也无从找寻。20世纪80年代以来，临安城考古工作队开展了一系列的南宋皇城遗址调查工作。其调查成果表明，皇城北墙位于万松岭路南，东墙位于馒头山东麓①。由此可以推测，和宁门的位置约在今万松岭路以南的凤凰山脚路北段附近。

这样，通过对数百年间南宋御街相关路段地理沿革的由早及晚层层梳理，我们大致摸清了南宋御街与现代城市相对位置关系：南宋御街南起于今万松岭路以南的凤凰山脚路北段附近，北经严官巷前、太庙巷前中山路，过鼓楼，沿中山中路，经中山北路，至凤起路口折西，沿凤起路至凤起桥河下南口（原凤起桥所在）。简言之，御街与今天的中山路、凤起路有着密切关系。（图 Ⅰ-3）

---

① 国家文物局 《2004中国重要考古发现》，文物出版社，2005年版。

第二章 报告编写说明

基于以上考证，我们在实际考古工作中一直对中山路、凤起路及其周边区域密切关注，利用配合基建所进行的考古发掘，尽可能的积累御街实物资料，还原历史真实，先后四次发现了南宋御街遗迹。其中，前三次发现都集中于中山南路，第四次发现位于中山中路。

本报告是南宋御街考古1988~2008年阶段性成果汇编，详细介绍了四次考古发现的南宋御街遗迹。报告也将在发现御街过程中所揭露的大量其他建筑遗迹收录其中，它们看似相互独立，却又因御街而相互关联。为了突出每次发掘工作的独立性与客观性，本报告将每次发现的御街、其他建筑遗迹与遗物独立成篇，按发掘时间的先后顺序逐一介绍，每篇末尾对该篇遗迹年代与性质作单独讨论。报告最后综合四次发掘成果，对南宋御街的长度、宽度、结构、用材等问题做了一些有益探讨。

南宋御街遗址出土了大量的遗物，包括陶、瓷、铜、石等不同质地，其中瓷器数量大、窑口多、釉色器形丰富。根据标本复原情况和残存程度从中选出800余件典型标本作分类介绍。（附表一）

本次出土遗物的介绍以地层为单位进行，为便于了解和把握出土遗物的整体情况，在具体介绍遗物标本以前，先介绍出土遗物的概况，选取出土数量较多、造型或装饰多样的器物作为典型器物，并先行确定典型器物型式划分的标准和原则，在各层具体标本示例时，直接介绍其类别和型式，而不再叙述其分类的理由和标准。需要说明的是，对典型器物的型式划分是在考虑质地、釉色、窑口、器类等因素的前提下进行的。

陶器的类型：
其典型器物主要是作为建筑构件的砖、瓦和瓦当。

砖 砖形态的不同主要体现在其最大面的形状以及长宽比例上，包括香糕砖、长方砖、弧形砖和方砖。

香糕砖 最大面呈窄长方形，长度在28~30厘米之间，宽8~10厘米左右，厚4~5厘米，用料细腻，色呈青灰，加工规整，形如杭州地方小吃"香糕"，俗称"香糕砖"。与南宋临安城考古中发现的其他官式建筑一样，这种砖主要用于路面铺设，使用方法为侧砌，有时也用于砌筑墙体。

长方砖 较长条砖宽大，最大面呈长方形，略显扁薄。此类砖有多种规格，用途各异。最大的长方砖规格为37×17×6～7厘米，主要用于大型砖砌道路的包边。最常见的规格为30×15×5厘米，主要用于夯土台基外侧包砖、散水与水沟的砌筑，还用于路面、台基与天井地面铺砖甚至构筑水井。规格为35×15×5厘米的长方砖常被用作地面铺砖。规格为35×18×8厘米的长方砖则被用于构筑水井井栏。

弧形砖　最大面呈弧形，发现较少，用于砌筑水井。

方砖　最大面呈方形，规格为30×30×5厘米，用于房屋建筑室内铺地砖。

瓦　有板瓦和筒瓦，其中板瓦有单唇板瓦和重唇板瓦两种。

单唇板瓦　即普通板瓦，主要用于覆盖屋面。

重唇板瓦　是一种用于檐口的特殊板瓦，较之单唇板瓦多了带折沿的唇边，唇面往往装饰有各种花纹，因此，这种板瓦也兼具装饰功能。

瓦当　瓦当并非独立的瓦件，而是作为专用于檐口的花头筒瓦（也称勾头瓦）的一部分而存在，花头筒瓦的装饰功能正是通过纹样富于变化的瓦当来体现。按照当面装饰纹样的不同对瓦当定名。包括龙纹瓦当、莲花纹瓦当、牡丹纹瓦当、菊花纹瓦当和芙蓉纹瓦当。

瓷器的类型

1. 青瓷器

（1）龙泉窑青瓷器

典型器物包括碗、盘、洗等。

碗　有莲瓣碗、敞口碗、侈口碗、花口碗和唇口碗。

莲瓣碗　特指外腹壁以莲瓣纹作为装饰的碗。根据整体造型与莲瓣纹的特点可分四型：

A型　侈口，垂腹，内底平，圈足；外腹壁刻莲瓣纹，单层，瓣间稀疏，瓣面宽扁，饰以密集的纵向篦划纹，上缘弧圆，无瓣脊，有平面装饰效果；内腹壁刻划对称的蕉叶纹或类似花纹。

B型　敞口，斜曲腹，内底略平，圈足；外腹壁刻莲瓣纹，多为双层，瓣面较宽，上缘较尖，瓣脊挺拔，有半浮雕装饰效果；内壁绝大多数素面，仅个别内底印花。

C型　敞口，曲腹，内圜底，圈足；外腹壁刻莲瓣纹，分层不明显，花瓣细密窄长，上缘较尖，瓣脊挺拔，有半浮雕装饰效果；内壁素面。

D型　敞口，垂腹，内底平，圈足；外腹壁刻莲瓣纹，单层，瓣间稀疏，瓣面宽扁，上缘弧圆，无瓣脊，有平面装饰效果；内底印花。

敞口碗　其特征为敞口。根据腹部造型及装饰特征可分为三型：

A型　斜曲腹，素面。

B型　斜曲腹，腹壁刻划花纹。

C型　曲腹，内圜底。

侈口碗　其特征为侈口。根据腹部造型特征可分为三型：

A型　斜曲腹，素面。

B型　曲腹，腹壁刻划花纹。

C型　垂腹。

花口碗　其特征为花口。根据腹部造型特征可分为四型：

A型　敞口微敛，斜曲腹。内底常有"河滨遗范"款。

B型　敞口，曲腹，腹较深。

C型　敞口，上腹斜直，下腹弧收。

D型　侈口，垂腹。

唇口碗　其特征为唇口，曲腹，圈足。

盘　有莲瓣盘、敞口盘、侈口盘、折沿盘。

莲瓣盘　特指外腹壁以莲瓣纹作为装饰纹样的盘。据口、腹、足部造型特征可分为三型：

A型　敞口，曲腹，大圈足。

B型　敞口，斜曲腹，小圈足。

C型　折沿，斜曲腹，圈足。

敞口盘　根据腹足造型特征可分四型：

A型　折腹，平底。

B型　斜直腹，平底。

C型　斜曲腹，小圈足。

D型　曲腹，大圈足。

侈口盘　根据腹足造型特征可分为三型：

A型　斜曲腹，小圈足。

B型　曲腹，大圈足。

C型　折腹，圈足。

折沿盘　折沿、圈足。

洗　有莲瓣洗、敞口洗、侈口洗、蔗段洗和折沿洗。

莲瓣洗　侈口，曲腹，外腹壁刻莲瓣纹，大圈足。

敞口洗　敞口，斜腹、隐圈足。

侈口洗　侈口，斜直腹，圈足。

蔗段洗　敞口，斜腹，隐圈足，外腹壁多模印成蔗段状。

折沿洗　折沿。

（2）未定窑口青瓷器

典型器物主要是碗、盘、盏、碟等。

碗　有敛口碗、敞口碗和侈口碗。

敛口碗　敛口，圈足。

敞口碗　敞口，圈足。根据其腹足造型特征可分为四型：

A型　斜直腹，圈足略大。

B型　斜腹微曲，圈足较小。

C型　曲腹，小圈足。

D型　垂腹，圈足。

侈口碗　侈口，圈足。根据口腹造型特征可分为三型：

A型　上腹微向内弧曲，下腹微外弧。

B型　口沿下方微束，曲腹。

C型　垂腹。

盘　有敞口曲腹盘、敞口斜腹盘、敞口折腹盘、侈口曲腹盘、侈口斜腹盘和折沿盘。

敞口曲腹盘　敞口，曲腹。

敞口斜腹盘　敞口，斜腹。

敞口折腹盘　敞口，折腹，平底。

侈口曲腹盘　侈口，曲腹。

侈口斜腹盘　侈口，斜直腹。

折沿盘　折沿，曲腹。

盏　有斜腹盏、曲腹盏、折腹盏和束口盏。

斜腹盏　斜直腹。

曲腹盏　曲腹。

折腹盏　折腹。

束口盏　束口，斜腹。

2.青白瓷器

（1）景德镇窑青白瓷器

典型器物包括盘与器盖。

盘　有曲腹盘、折腹盘、折沿盘和平底盘。

曲腹盘　曲腹，圈足。

折腹盘　折腹，圈足。

折沿盘　折沿，斜曲腹，饼足。

平底盘　斜直腹，大平底。

器盖　有子口器盖和母口器盖。

（2）未定窑口青白瓷器

典型器物包括盘

盘　有曲腹盘和折腹盘。

曲腹盘　曲腹，圈足。

折腹盘　折腹，圈足。

 杭州卷烟厂

　　杭州市卷烟厂位于杭州市上城区中山南路77号，东邻中山南路、中河，西依清平山、云居山，南靠万松岭路，北接高士坊巷。

　　1988年8～11月，为配合杭州卷烟厂制丝车间基建工程，杭州市文物考古所对该车间建设地块进行了抢救性考古发掘。整个发掘工作分两阶段进行。

　　1. 第一阶段

　　从8月25日至10月5日，总发掘面积180平方米。本次发掘采用了探沟发掘法，共布设三条探沟，其中，T1为南北向，规格为30×3米；T2为东西向，规格为14×3米；T3为东西向，规格为16×3米。通过该阶段的发掘，发现两条上下叠压的南宋时期的砖砌道路遗迹，其中上层砖砌道路走向为北偏东15°，路面的保存状况较好。鉴于发掘面积有限，为了进一步了解砖砌道路的规模、结构、延伸等问题，经与基建单位协商，并报上级主管部门同意，决定下一阶段将重点对该道路遗迹扩大面积揭露。

　　2. 第二阶段

　　从10月5日至11月15日，总发掘面积250平方米。本阶段仍采用探沟发掘法，沿着已发现的南宋砖砌道路遗迹的走向，通过将之前所布设的T1扩方并与T2、T3连通的方式，尽可能地对道路遗迹进行最大范围的揭露。鉴于道路遗迹仍有向南延伸的趋势，发掘后期又在距T1南端约30米处，布东西向探沟T4，规格为14×3米。截至本次发掘结束，该道路遗迹已揭露部分长达26.65米，并继续向南延伸，方向为北偏东15°，路面全部用规整划一的"香糕砖"侧砌而成，保存情况较好。

　　发掘结束后，有关单位对该段遗迹作了原址回填处理，之后在地面建成了杭州卷烟厂制丝车间。

　　本次考古发掘领队由姚桂芳担任，参与发掘的工作人员有高峰、梁宝华、孔灿兴。

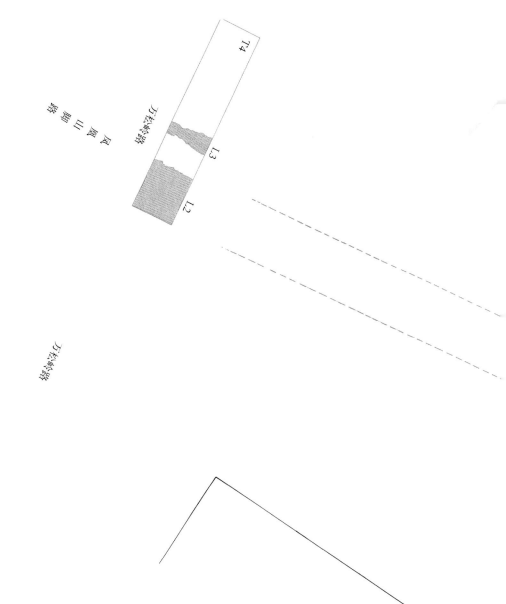

图Ⅱ—1　1988HY探沟及遗迹分布平面图

万松岭路

凤凰山脚路

万松岭路

T4
L3
L2

0 ⌐———⌐———⌐ 5米

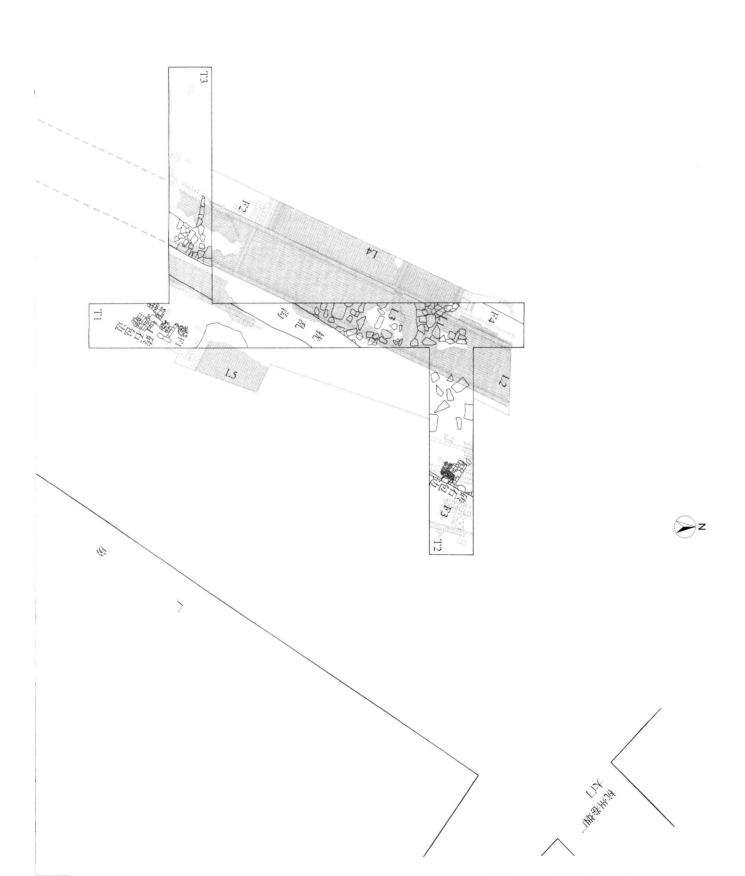

第一章　探方分布与地层堆积

第一节　探方分布

发掘区位于杭州卷烟厂中部偏南。发掘初期共布探沟3条，编号1988HYT1～T3（行文中省称为T1～T3，遗迹编号也用省称）。T1南北向，30×3米，T2东西向，14×3米，T3东西向，16×3米。发掘过程中，在T1第3层下发现石板道路遗迹L1，L1下又发现了砖砌道路遗迹L2和L3。为探明L2和L3的规模及走向，沿T1东西两侧向外扩方，在扩方范围内另发现L4和L5，而L2和L3仍有向南延伸之趋势，于是在距T1南端约30米处布探沟T4，规格为14×3米，在T4中相继发现L2和L3向南延伸的砖砌路面。（图Ⅱ－1；彩版Ⅱ－1）

此次发掘发现的主要遗迹有石板道路遗迹1处（L1），砖砌道路遗迹4处（L2～L5），房屋建筑遗迹四处（F1～F4）。遗迹分布于整个发掘区。

第二节　地层堆积

现将T1、T2、T4三条探沟的地层堆积情况介绍如下。

1．T1

T1地层堆积可分为3层。现以西壁为例加以说明（图Ⅱ－2）：

第1层　厚20～165厘米。土色灰黄，土质较硬。出土近现代砖瓦等遗物。

第2层　距地表深20～165厘米，厚10～210厘米。土色灰黑，土质松软。出土遗物以明清青花瓷片为主。

第3层　距地表深130～275厘米，厚0～125厘米。土色黄褐，土质较硬。出土遗物以龙泉窑青瓷为主。此层下发现石板道路遗迹L1，L1自南而北又分别叠压F1、L3、L2、L4和F4。

2．T2

T2地层堆积可分为4层。现以南壁为例加以说明（图Ⅱ－3）：

第1层　厚55～130厘米。土色灰黄，土质较硬。出土近现代砖瓦等。

第2层　距地表深55～130厘米，厚26～145厘米。土色灰黑，土质松软。出土遗物以明

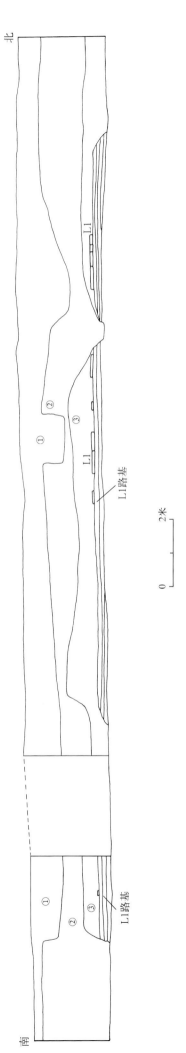

图Ⅱ-2 1988HYT1西壁地层剖面图

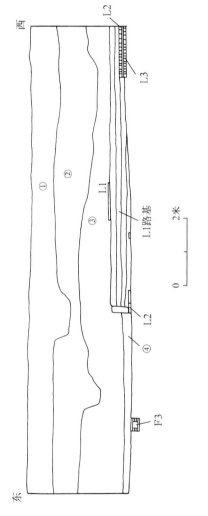

图Ⅱ-3 1988HYT2南壁地层剖面图

清青花瓷片为主。

第3层 距地表深140～235厘米，厚45～145厘米。土色黄褐，土质较硬。出土遗物以龙泉窑青瓷为主。第3层下发现石板道路遗迹L1，由东而西分别叠压在F3和L2之上。

第4层 距地表深270～305厘米，厚12～26厘米。土色青灰泛黄，土质略显松软。主要分布于石板道路遗迹L1以东。出土遗物亦以龙泉青瓷为主。第4层下发现房屋建筑基址F3。

3.T4

T4地层堆积可分为3层（图Ⅱ—4）。现以T4北壁为例加以说明：

第1层 厚30～195厘米。土色灰黄，土质较硬。出土近现代砖瓦等遗物。

第2层 距地表深30～100厘米，厚60～110厘米。土色灰黑，土质松软。出土遗物以明清青花瓷片为主。

第3层 距地表深140～160厘米，厚10～75厘米。土色黄褐，土质较硬。出土遗物以龙泉窑青瓷为主。第3层下发现石板道路遗迹L1的路基。路基东部叠压L2、中部压在L3之上。

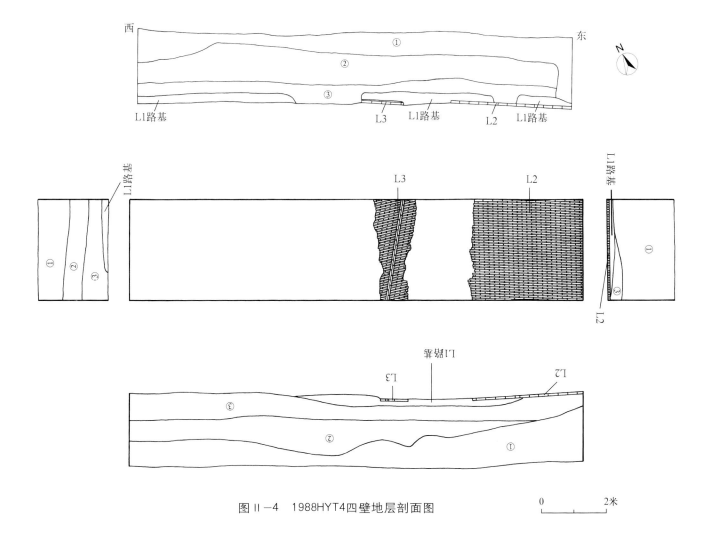

图Ⅱ—4 1988HYT4四壁地层剖面图

第二章　主要遗迹

在第3层下和第4层下发现了丰富的遗迹现象，主要有石板道路遗迹L1、砖砌道路遗迹L2、L3、L4、L5和房屋建筑遗迹F1、F2、F3、F4。下面分别予以介绍。

第一节　道路遗迹

一　石板道路遗迹L1

1处，编号为L1。

L1位于T1～T3、T1扩方中部及T4内，叠压在第3层下。大致呈南北走向，方向为北偏东15°，揭露长度为20.75、宽度为11.25米，包括石板路面和夯筑路基两部分，T1～T3、T1扩内保存略好，而T4内仅存L1路基。（图Ⅱ-5）

（一）石板路面

L1路面主体用紫砂岩石板铺筑而成，保存情况较差，石板大多残破，厚度约5厘米。石板道路中部有一条长14、宽1.8米的扰乱沟。道路东边以砖石混合结构包边，包边部分残存两处：一处位于T2东部，砖面部分破坏严重，铺筑方法有平铺有侧砌，砖面外侧用不规则石块砌筑，石块高出砖面约0.25米。完整的砖常见40×15×5厘米和35×15×5厘米两种规格。另一处位于T1南端，为一块砖砌路面，砖块大多残破，规格不明，仅中部一块石板保存较为完好，规格为90×40×5厘米。

（二）路基

路基厚25～60厘米，用红褐色土和灰砂石分层夯筑，致密坚硬。从探沟壁和解剖的断面上观察，路基最多夯筑4层，每层厚度5～15厘米不等：东侧较厚，最厚处约有60厘米，夯筑4层；西侧近中部处略薄，夯筑3层；中部最薄，夯筑2层，两层总厚25厘米左右。因原有地表高度不等，这种夯筑方式利用夯层的差异使石板道路L1保持水平。T4内L1的路基破坏较严重，局部直接露出L2、L3砖砌路面。

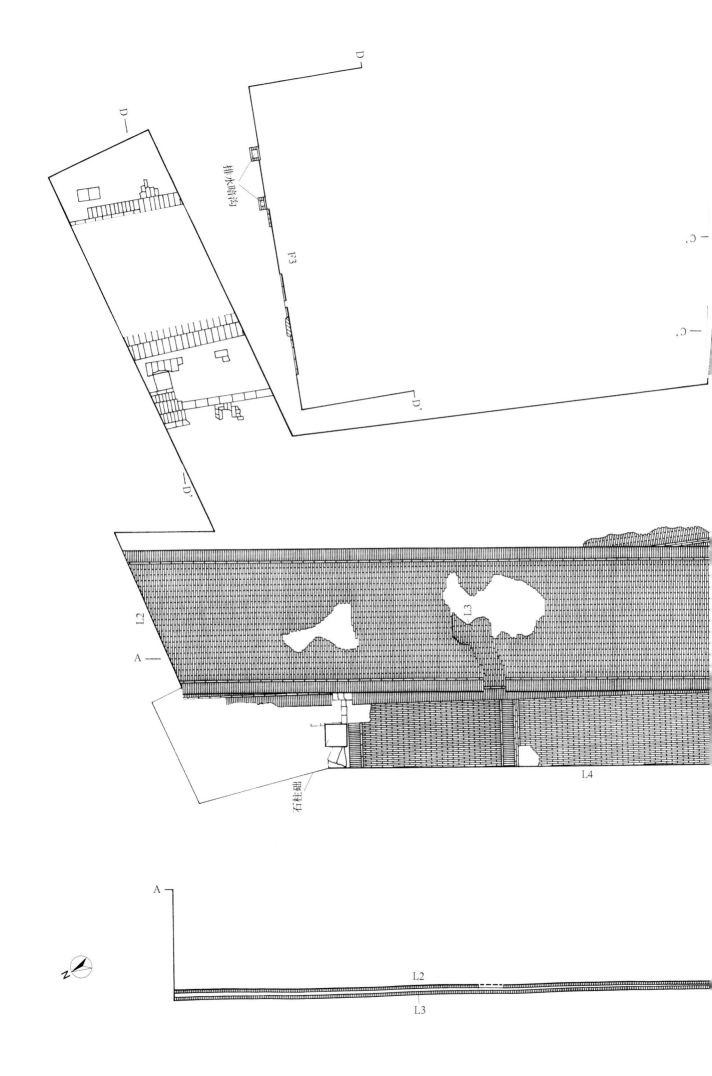

排水暗沟

F3

D

D'

D'

D'

C'

C'

L2

L3

A

L4

础柱石

A

L2

L3

N

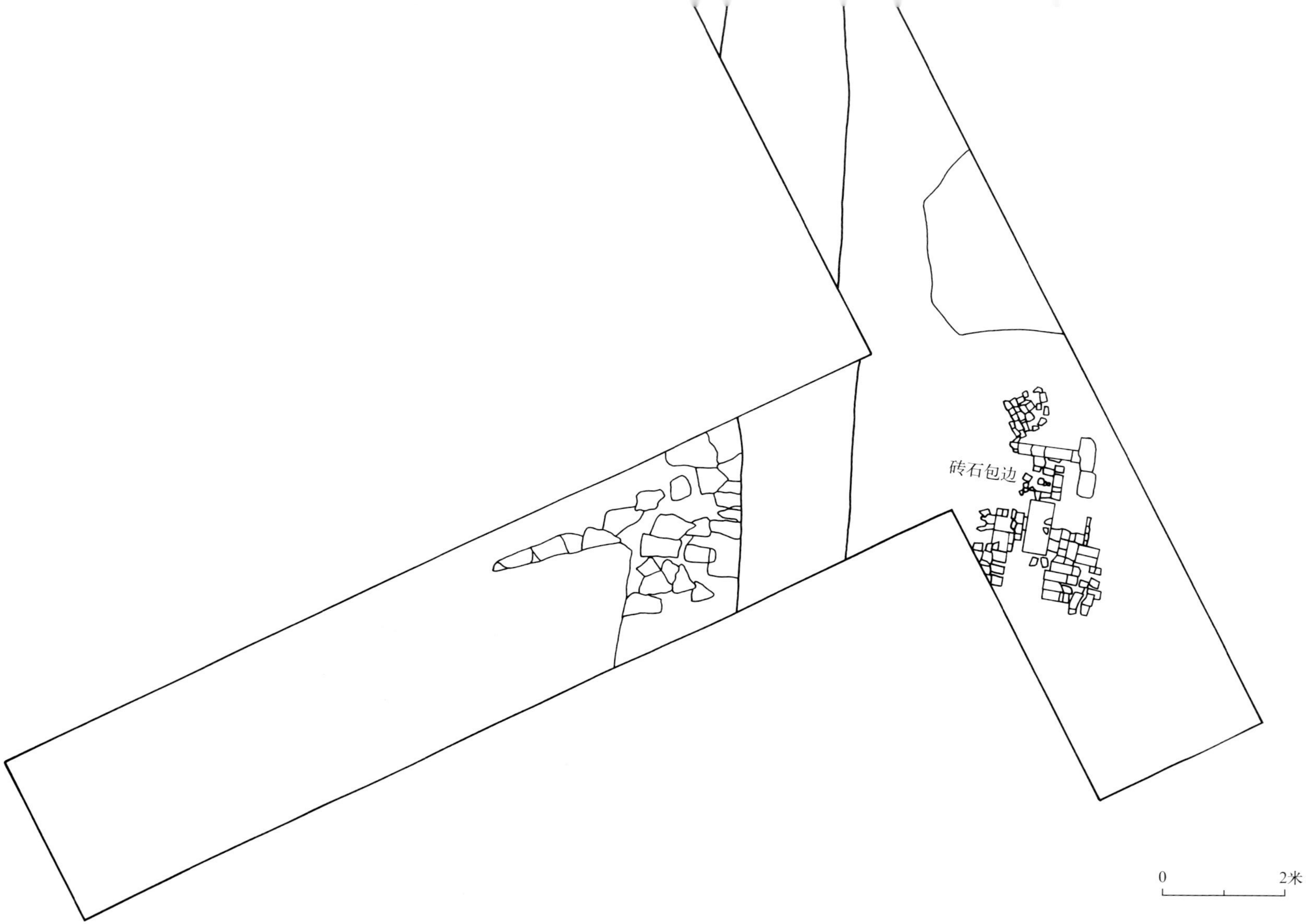

砖石包边

0 ____ ____ 2米

图Ⅱ—5 1988HYT1～T3内石板道路遗迹L1平剖面图

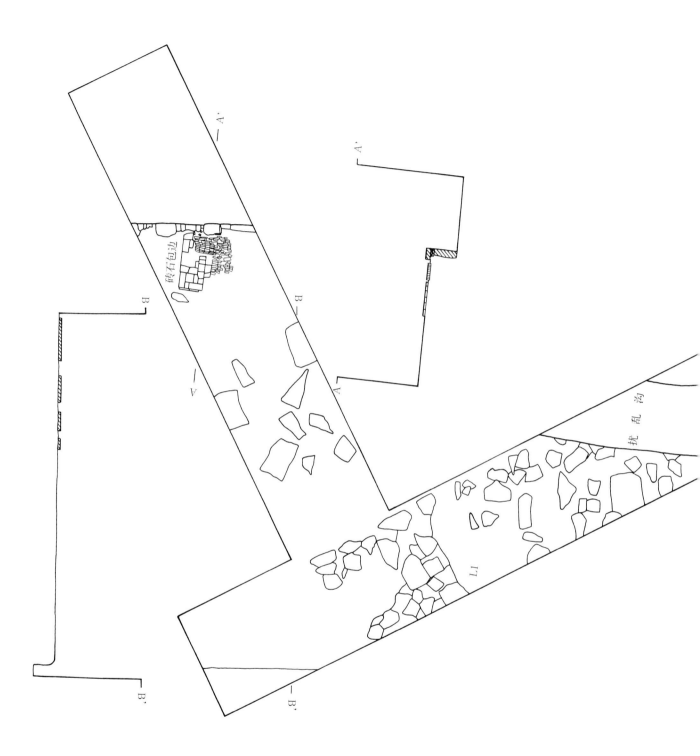

砖石包边

扰乱沟

L1

A'

A'

B

A

A

B

B'

B'

N

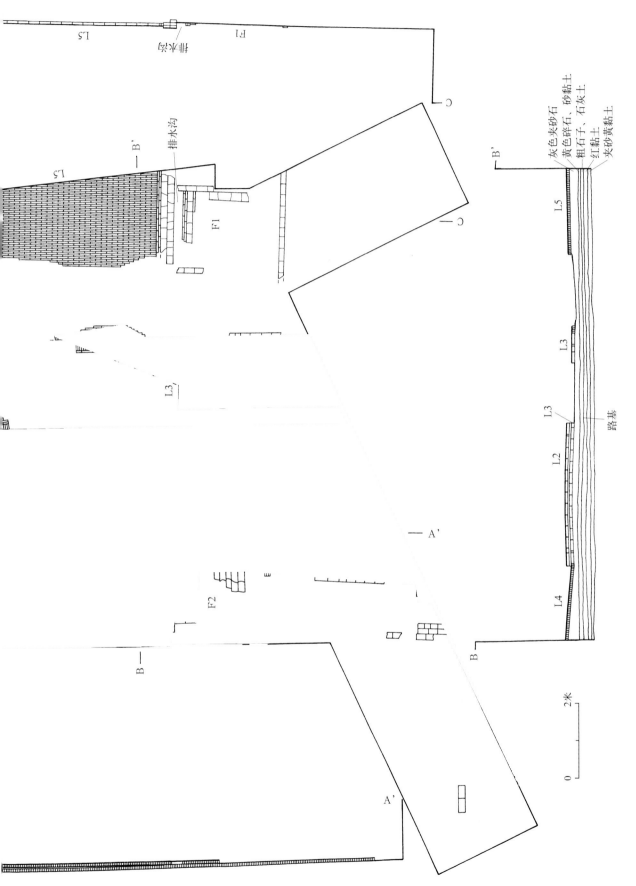

图 II—6 1988HYT1～T3内砖砌道路遗迹L2～L5和建筑遗迹F1～F4平剖面图

二 砖砌道路遗迹L2

位于T1~T3、T1扩方及T4内，叠压在石板道路遗迹L1下。方向为北偏东15°，整条道路南高北低，坡度为4°，是所发现的砖砌道路遗迹中保存较好的一处。（图Ⅱ-6，Ⅱ-7；彩版Ⅱ-1~Ⅱ-4）

在T1~T3、T1扩方内揭露长度26.65米，揭露宽度3.85米。路面主体用香糕砖横向错缝侧砌，两侧纵向侧砌一列香糕砖再横向侧砌香糕砖包边。路南段纵向侧砌香糕砖作为道路的分段。所用香糕砖规格皆为30×8×5厘米。道路中部略微隆起，两旁较低，断面呈龟背状，这样设计是便于散水。该砖砌道路中部、南部均有不同程度的破坏，暴露出L3的部分砖面，两路面高差约13厘米，中间夹杂5厘米厚的黄黏土。

T4东部发现了L2向南延伸的部分砖砌路面，揭露长度2米，揭露宽度（砖面宽度）3.6米。也用规格30×8×5厘米的香糕砖横向错缝侧砌而成。（图Ⅱ-7；彩版Ⅱ-1；2）

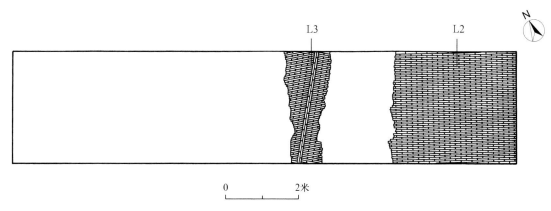

图Ⅱ-7 1988HYT4内砖砌道路遗迹L2、L3

三 砖砌道路遗迹L3

分布于T1~T3、T1扩方和T4内，南北走向。T1~T3、T1扩方内揭露长度27.25米、揭露宽度6.35米。（图Ⅱ-6，Ⅱ-7；彩版Ⅱ-1~Ⅱ-4）

大部分砖面叠压在L2之下，露出部分显示有分幅。东侧一幅揭露长度7.3米，宽度1.9米。路面主体用香糕砖横向错缝侧砌，内侧用两列香糕砖纵向侧砌分幅，外侧先纵向侧砌一列香糕砖再横向侧砌香糕砖包边。所用香糕砖规格皆为30×8×5厘米。

L3中部遭破坏处露出夯筑的路基。经局部解剖发现，该路基由5层组成，由上而下分别为：灰色夹砂石，厚10~25厘米；黄色碎石、砂黏土，厚5~11厘米；粗石子、石灰土，厚5~15厘米；红黏土，厚7~15厘米；夹砂黄黏土，厚5~13厘米。总厚度在45~70厘米之间。

T4中部发现少量破坏较为严重的砖砌路面，大致呈南北走向，揭露长度2米，揭露最宽处1.25米，最窄0.75米，用相同规格的香糕砖横向错缝侧砌，路面中部以香糕砖纵向错缝侧砌两列作为分隔。从地层及结构看，该砖砌路面应为L3的向南延伸段。（彩版Ⅱ-1；2）

四 砖砌道路遗迹L4

位于L3西侧，东西向，揭露长度1.95米，揭露宽度14.8米。路面主体用香糕砖横向错缝侧砌，外侧先纵向侧砌一列香糕砖、再横向侧砌香糕砖包边。内侧先纵向侧砌三列香糕砖、再横向侧砌香糕砖、再纵向侧砌一列香糕砖将道路分为南北两幅，南边一幅宽10.25米，北边一幅宽4.55米。所用香糕砖规格皆为30×8×5厘米。（图Ⅱ-6；彩版Ⅱ-1：1，Ⅱ-2，Ⅱ-3，Ⅱ-4：2、3）

五 砖砌道路遗迹L5

位于L3东侧，东西向，揭露长度4.5米，揭露宽度4.6米，其贴近L3西侧处宽约1.5米的部分破坏严重，裸露出粉沙土地面，但向东延伸部分保存较好。这部分主体用香糕砖横向错缝侧砌，外侧纵向错缝侧砌两列香糕砖包边。所用香糕砖规格皆为30×8×5厘米。（图Ⅱ-6；彩版Ⅱ-1：1，Ⅱ-2，Ⅱ-3，Ⅱ-4：3）

第二节 房屋建筑遗迹

发现房屋建筑遗迹4处，编号为F1、F2、F3、F4。（图Ⅱ-6）

一 房屋建筑遗迹F1

F1位于T1和T1扩方的南端，叠压在石板道路遗迹L1之下。西面与L3东侧一幅相连，相连的部分呈曲尺形，用规格35×15×5厘米的长方砖平铺而成，砖块大多残破。北边紧贴L5平铺一行规格为30×15×5厘米的长方砖，在此之南接一条东西向排水沟，该排水沟宽0.25米，两壁结构略有不同，北壁用规格30×15×5厘米的长方砖横向平铺三层，南壁用30×8×5厘米的香糕砖横向侧砌两行。排水沟之南亦平铺一层规格为30×15×5厘米的长方砖。西边、南边各残留一列长方砖平铺的建筑地面，砖规格为30×15×5厘米。东边残留两列砖铺地面，其中一列宽度为0.2米，砖块大多残破，另一列用规格为30×15×5厘米的长方砖铺砌。（图Ⅱ-6）

二 房屋建筑遗迹F2

F2位于T1扩方部分的西南和T3西部，叠压在石板道路遗迹L1下。破坏较为严重。贴近L4南边的部分保存较好，先横向铺砌一行长方砖，再纵向铺砌一列长方砖，向南再横向平铺两行长方砖，砖规格皆为30×15×5厘米。再南有一长1.4、宽0.7米的长方砖平铺的地面，砖块大多残破，可见的宽度约为20厘米。贴近L3西边的一部分，揭露长度3米，揭露宽度0.55米，先在近L3主道部分横向平铺长方砖，再于其西纵向平铺一列长方砖，砖规格皆为35×15×5厘米。（图Ⅱ-6）

三　房屋建筑遗迹F3

F3主要位于T2东部，叠压在第4层下。破坏较为严重。西部平铺一列规格35×15×5厘米的长方砖，中部残存两列平铺的长方砖，其中一列保存较为完整，砖规格为35×15×6厘米。东部为一2米见方的砖铺地面，该砖铺地面两侧设砖砌排水暗沟，沟宽0.18米，两壁砌两层规格为30×8×5厘米的香糕砖，再于其上盖35×15×5的长方砖，两排水沟之间的地面用规格为30×30×5厘米的方砖拼花铺地。（图Ⅱ－6）

四　房屋建筑遗迹F4

F4位于T1的北端，叠压在石板道路遗迹L1之下。发地石柱础及一条排水沟。石柱础平面呈正方形，边长60厘米。排水沟位于石柱础东侧，南北向，沟壁用长方砖平砌，沟宽0.2米，西壁残长0.9米，东壁残长4米。（图Ⅱ－6；彩版Ⅱ－3）

第三章　出土遗物

　　此次发掘所见遗物主要有陶器、瓷器、铜钱和石器。陶器主要为建筑构件，另有少量陶罐、灯等日用陶器。建筑构件以筒瓦和瓦当居多，质料多为泥质灰陶。瓷器出土丰富，有南宋官窑、龙泉窑、越窑、景德镇窑、定窑、建窑等窑口的瓷片，以龙泉窑为多见，另有大量青花瓷。器形以碗和盘为主。铜钱共出土50余枚，时代由唐至清。石器仅见数枚石球。以下按地层予以介绍。

第一节　第4层出土遗物

　　包括瓷器和铜钱两类，数量较少。

（一）瓷器

　　瓷器按釉色可分为青瓷、青白瓷和白瓷等，分属南宋官窑、龙泉窑、越窑、景德镇窑及定窑等。

1.南宋官窑青瓷器

仅见残腹片，器形不明。

标本T1④：15，腹片。胎色灰黑，胎质略粗。灰青釉，乳浊失透，釉层较厚，通体开片。残宽5.5厘米。（图Ⅱ-8：1；彩版Ⅱ-5：1）

2.龙泉窑青瓷器

器形有碗、盘和鸟食罐，另有少量不明器形残件。

莲瓣碗

B型

标本T1④：12，可复原。圆唇，挖足较浅。胎色灰黑，胎质较细，胎体较厚。青釉略泛黄。外壁刻划双层莲瓣纹，花瓣较宽，瓣脊挺拔。足底及外底无釉。口径12.4、足径3.9、高5.1厘米。（图Ⅱ-8：2；彩版Ⅱ-5：2）

折沿盘

标本T1④：16，残片。圆唇，敞口。胎色灰白，胎质较粗。釉色青黄，釉层透明有玻

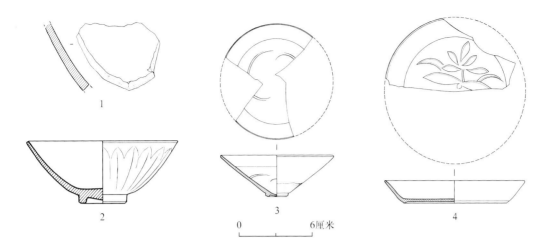

图Ⅱ-8　1988HY第4层出土南宋官窑、龙泉窑、越窑、定窑瓷器
1.南宋官窑青瓷残件T1④：15　2.龙泉窑青瓷莲瓣碗B型T1④：12　3.越窑青瓷盏T1④：8　4.定窑白瓷碟T1④：4

璃质感，通体开片。足底无釉。复原口径17.4、足径9.8、高4.8厘米。（彩版Ⅱ-5：4）

鸟食罐

标本T1④：35，残片。圆唇，敛口，一侧带把，腹中有一圈接痕。灰白胎。釉色青绿。口径2.3、残高3.9厘米。（彩版Ⅱ-5：3）

3.越窑青瓷器

盏

标本T1④：8，可复原。圆唇，敞口，斜直腹，小圈足，挖足浅。灰胎，胎质较细腻。釉色青灰泛黄，内外壁有细碎开片。内壁有篦划纹。外壁施釉不及底。口径9.3、足径1.8、高3.3厘米。（图Ⅱ-8：3；彩版Ⅱ-6：1）

4.景德镇窑青白瓷器

炉

标本T1④：6，腹片。胎色灰白，胎质较细密。釉色青白。外壁印有花卉图案。残高7.6厘米。（彩版Ⅱ-6：2）

标本T1④：14，兽足。胎色灰白，胎质较细密。釉色白中闪青。残高4.2厘米。（彩版Ⅱ-6：4）

5.定窑白瓷器

碟

标本T1④：4，可复原。芒口，尖唇，敞口，斜直腹，平底，隐圈足。胎色较白，胎质较细腻，胎体较薄。釉色黄白。内底饰有花卉纹。口径11.8、足径8.6、高1.8厘米。（烟Ⅱ-8：4；彩版Ⅱ-6：3）

（二）铜钱

有开元通宝、至道元宝、皇宋通宝和治平通宝四种铜钱。

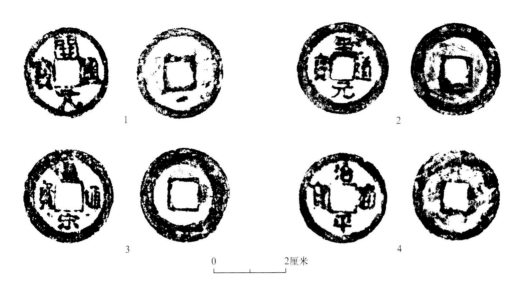

图 II-9　1988HY第4层出土铜钱拓本

1.开元通宝T1④：36　2.至道元宝T4④：43　3.皇宋通宝T1④：40　4.治平通宝T1④：32

开元通宝

标本T1④：36，完整。对读。唐高宗武德四年（621年）始铸。直径2.3厘米。（图Ⅱ-9：1）

至道元宝

标本T4④：43，完整。旋读。宋太宗至道年间（995~997年）铸。直径2.5厘米。（图Ⅱ-9：2）

皇宋通宝

标本T1④：40，完整。对读。宋仁宗宝元二年（1039年）始铸。直径2.5厘米。（图Ⅱ-9：3）

治平通宝

标本T1④：32，完整。对读。宋英宗治平年间（1064~1067年）铸。直径2.4厘米。（图Ⅱ-9：4）

第二节　第3层出土遗物

包括陶器、瓷器和铜钱三类，以瓷器为最多。

（一）陶器

1.陶质建筑构件

有筒瓦和瓦当等建筑构件及陶罐、灯。

筒瓦

标本T1③：143,稍残，泥质灰陶。长36、宽16.8、高9.0、厚1.5、唇部长4厘米。

（图Ⅱ-10：1；彩版Ⅱ-7：1）

牡丹纹瓦当

标本T1③：34，稍残。圆形，宽平缘。缘面近当心处饰一周凹弦纹，当心饰牡丹纹。当径13.5、厚2.0厘米。（图Ⅱ-10：2；彩版Ⅱ-7：2）

2.其他陶器

有罐和灯。

罐

标本T1③：121，完整。泥质灰陶。敞口，圆唇，短颈，筒腹，平底。口径6.3、底径6.2、高15.5厘米。（图Ⅱ-10：3；彩版Ⅱ-7：3）

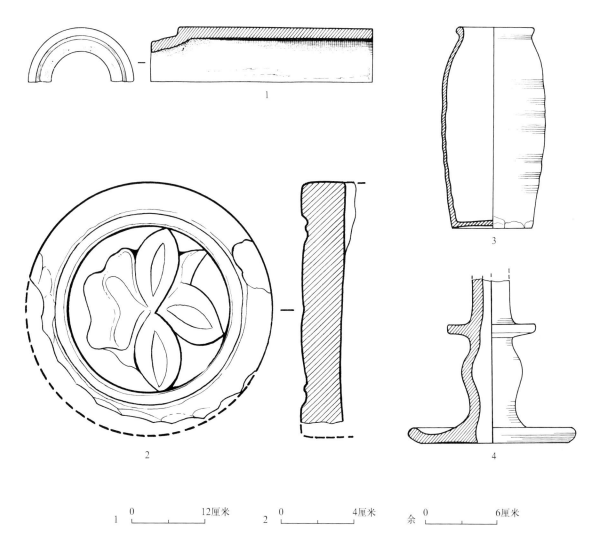

图Ⅱ-10　1988HY第3层出土陶筒瓦、瓦当及罐、灯

1.筒瓦T1③：143　2.牡丹纹瓦当T1③：34　3.罐T1③：121　4.灯T2③：90

灯

有泥质红陶和泥质灰陶两种。

标本T2③：90，残件。泥质红陶。仅有圆柱形柄及底座，圆柱形柄中空，外以圆饼装饰。残高14厘米。（图Ⅱ-10：4）

标本T1③：84，残件。泥质灰陶。仅存圆柱形柄部分，中空，自上而下以三个圆饼装饰，圆饼大部分残缺。残高14.4厘米。（彩版Ⅱ-7：4）

（二）瓷器

按釉色可分为青瓷、青白瓷、白瓷、黑釉瓷等，分属龙泉窑、老虎洞窑、越窑、耀州窑、铁店窑、景德镇窑、定窑、建窑等窑口，以龙泉窑和景德镇窑产品为多见，部分瓷器产地不明。

1.龙泉窑青瓷器

数量较多。器形有碗、盘、洗、杯、炉、瓶和渣斗等，其中碗的数量最多。

敞口碗

B型

标本T2③：20，可复原。圆唇，圈足，挖足较深。胎色灰白，胎质较粗，胎体较厚重。釉色青绿偏黄，有开片。内壁刻有条状纹饰，外壁近口沿处饰弦纹，腹部饰篦划纹。施釉不及底，内底及足底皆有装烧痕。口径17.7、足径6.0、高7.6厘米。（图Ⅱ-11：1；彩版Ⅱ-8：1）

侈口碗

B型

标本T1③：8，可复原。圆唇，圈足，挖足较浅。胎色灰白，胎质较细，胎体较厚。釉色青绿，外壁有开片。底足及外底无釉。口径19.7、足径6.2、高7.5厘米。（图Ⅱ-11：2；彩版Ⅱ-8：2）

标本T1③：13，可复原。灰胎，胎质较细腻，胎体厚重。釉色青灰。内壁饰有刻划花卉纹及篦划纹，外壁有篦划纹。足底大部分和外底无釉。口径20.6、足径7.2、高8.4厘米。（图Ⅱ-11：3；彩版Ⅱ-9：1）

C型

标本T1③：11，可复原。圆唇，圈足。胎色灰白，胎质极粗，胎体厚重。釉色黄绿，内外皆有开片。内底心有一道弦纹。足底局部和外底无釉。口径16.4、足径4.3、高6.9厘米。（图Ⅱ-11：4；彩版Ⅱ-9：2）

唇口碗

标本T2③：8，可复原。深灰色胎，胎质较粗，胎体较厚。釉色青绿泛灰，釉面有开片。内底心涩胎，有叠烧痕迹，外底无釉。口径15.1、足径5.6、高7.2厘米。（图Ⅱ-11：5；彩版Ⅱ-9：3）

花口碗

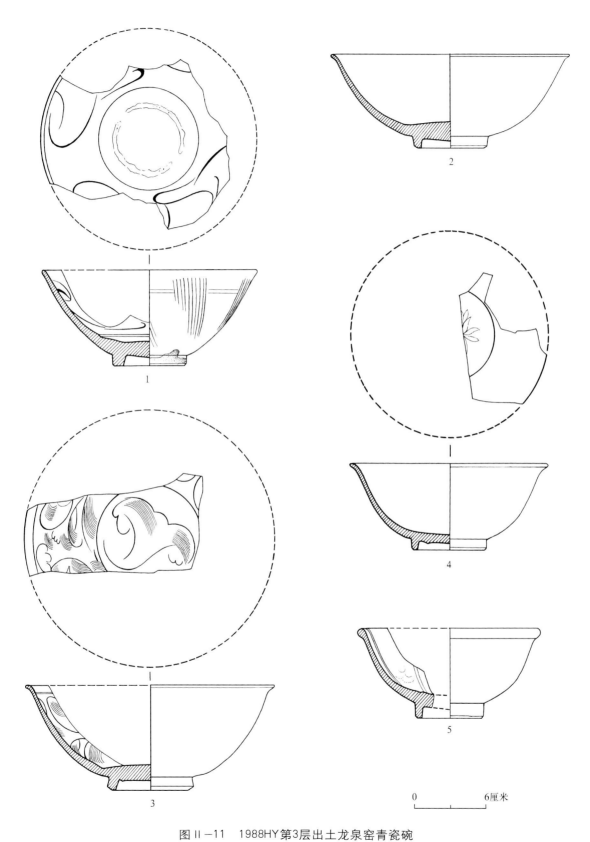

图 Ⅱ−11　1988HY第3层出土龙泉窑青瓷碗

1.敞口碗B型T2③：20　2.侈口碗B型T1③：8　3.侈口碗B型T1③：13　4.侈口碗C型T1③：11　5.唇口碗T2③：8

D型

标本T2③：9，可复原。圆唇，圈足，挖足较浅。灰胎，胎质较细，胎体较厚。釉色青绿。外底有垫饼装烧痕。口径12.7、足径4.8、高5.7厘米。（图Ⅱ-12：1；彩版Ⅱ-10：1）

标本T2③：2，可复原。胎色灰白，胎质较细密，胎体较厚。釉色青绿，有细碎开片。内壁模印莲花纹，外壁口沿处饰折线弦纹，外壁近底处划双线莲瓣纹。足底及外底大部分无釉，呈火石红色。口径20.5、足径7.4、高8.8厘米。（图Ⅱ-12：2；彩版Ⅱ-10：2）

碗残件

标本T1③：43，口腹残片。圆唇，敞口。胎色灰白，胎质较细腻。釉色青灰。内壁饰有刻划花卉纹，内口沿有一道弦纹，外壁近圈足处有一圈弦纹。复原口径18.3、残高5.6厘米。（彩版Ⅱ-11：1）

标本T1③：60，碗底残片。斜曲腹，圈足。胎色灰白，胎质略粗，胎体厚重。釉色青灰。内壁饰有刻划花卉纹及篦划纹，外壁有篦划纹。足底及外底无釉。足径6.0、残高4.9厘米。（彩版Ⅱ-11：2）

标本T1③：67，碗底残片。灰胎，胎质略粗。釉色青绿泛灰。内壁饰有刻划花卉纹及篦划纹。足底及外底无釉。足径6.4、残高4.3厘米。（彩版Ⅱ-11：3）

莲瓣盘

A型

标本T1③：4，可复原。圆唇。胎色灰白，胎质细密，胎体较厚。釉色粉青，通体开片，釉层较厚。外腹饰双层莲瓣纹，花瓣较宽，瓣脊微挺。足底无釉。口径22.1、足径12.2、高5.1厘米。（图Ⅱ-13：1；彩版Ⅱ-12：1）

敞口盘

A型

标本T1③：2，可复原。圆唇。灰胎，胎质较细，胎体较厚。釉色青绿。内底有刻划花卉，花瓣内填篦纹。底部无釉。口径13.8、底径3.8、高3.4厘米。（图Ⅱ-13：2；彩版Ⅱ-12：2）

C型

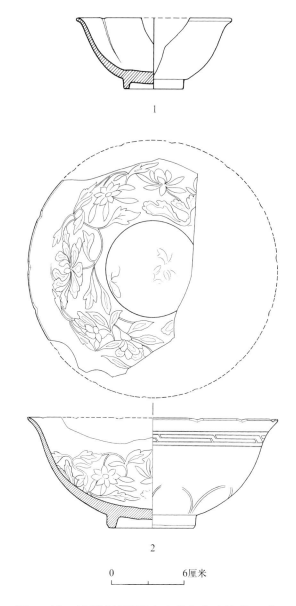

1

2

0   6厘米

图Ⅱ-12　1988HY第3层出土龙泉窑青瓷花口碗
1.D型T2③：9　2.D型T2③：2

　　标本T2③：6，可复原。圆唇。灰胎，胎质较粗，胎体较厚。釉色青绿，有开片。外壁口沿处划折线弦纹，外壁近底部有划花。足底无釉。口径16.9、足径5.6、高4.5厘米。（图Ⅱ−13：3；彩版Ⅱ−13：1）

　　侈口盘

　　A型

　　标本T2③：22，可复原。圆唇。胎色灰白。釉色青绿。内底模印花卉，以弦纹为框。外底心刮釉一周。口径16、足径6、高3.7厘米。（图Ⅱ−13：4；彩版Ⅱ−13：2）

　　B型

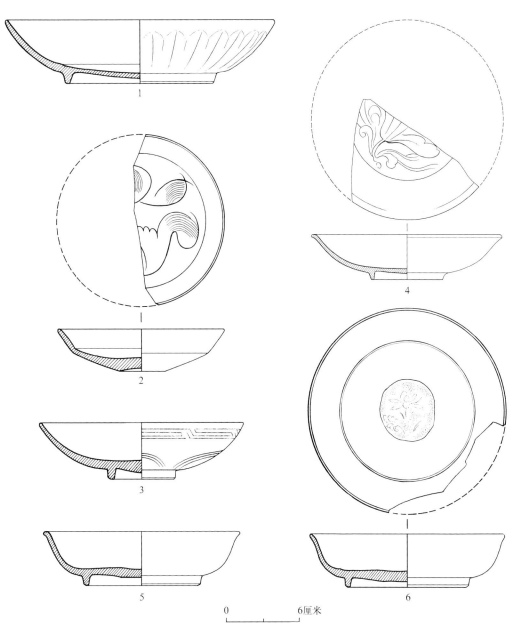

0　　　　　　6厘米

图Ⅱ−13　1988HY第3层出土龙泉窑青瓷盘

1.莲瓣盘A型T1③：4　2.敞口盘A型T1③：2　3.敞口盘C型T2③：6　4.侈口盘A型T2③：22　5.侈口盘B型T1③：19　6.侈口盘B型T1③：120

标本T1③：19，可复原。圆唇。胎色灰白，胎质较细，胎体较厚。釉色青绿，通体细碎开片。内底心露胎花卉。外底心无釉露紫红胎。口径16.0、足径9.6、高4.3厘米。（图Ⅱ-13，5；彩版Ⅱ-14：1）

标本T1③：120，可复原。胎色灰白，胎质较细。釉色青绿，釉层较厚，通体细碎开片。内底心露胎荷花。外底有垫饼垫烧痕。口径16.2、足径10.4、高4.3厘米。（图Ⅱ-13：6）

敞口洗

标本T3③：58，可复原。圆唇。胎色灰白，胎体较厚，胎质细密。釉色青绿。外壁近底处饰有弦纹。足底无釉。口径11.7、足径6.3、高3.8厘米。（图Ⅱ-14：1；彩版Ⅱ-14：2）

高足杯

标本T2③：15，可复原。圆唇，侈口，曲腹，高圈足外撇。灰白胎。釉色青黄。足底无釉。口径11.5、足径4.0、高8.3、足高3.8厘米。（图Ⅱ-14：3；彩版Ⅱ-15：1）

标本T2③：1，残件。灰白胎，胎质较粗。釉色粉青，釉层较厚。足底无釉。足径4.0、残高6.6厘米。（彩版Ⅱ-15：2）

樽式炉

标本T1③：117，残件，仅存一蹄足及底一部分，底下带圈足。胎色灰白，胎体较粗。青绿釉。内底涩胎，圈足底无釉。足径5.8、残高2.5厘米。（图Ⅱ-14：2；彩版Ⅱ-15：3）

标本T1③：106，口腹残片。圆唇内折。灰白胎。粉青釉较厚，釉面有小开片。外腹饰三组弦纹。残高7.5厘米。（彩版Ⅱ-15：4）

标本T3③：43，残件。胎灰白，胎质较粗。青绿色釉，外底有缩釉现象。足底无釉。足径4.4、残高3.0厘米。（彩版Ⅱ-15：5）

簋式炉

标本T2③：24，残件。垂腹，高圈足稍外撇，腹部有龙形双耳。灰白胎，胎质较细。青绿色釉，釉层较厚，有开片。足底无釉。足径10.2、残高7.5厘米。（图Ⅱ-14：4；彩版Ⅱ-16：1）

八卦炉

标本T1③：100，口腹残片。圆唇内折。灰白胎，胎质略粗。釉色淡青，釉层薄。外壁饰八卦纹饰。内壁仅口沿下施釉，其余露胎。口径9.2、残高3.0厘米。（彩版Ⅱ-16：2）

鬲式炉

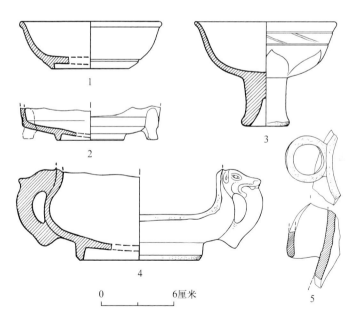

图Ⅱ-14　1988HY第3层出土龙泉窑青瓷洗、高足杯、炉、瓶
1.敞口洗T3③：58　2.樽式炉T1③：117　3.高足杯T2③：15　4.簋式炉T2③：24　5.贯耳瓶T1③：104

标本T3③：71，残片。胎灰白，胎质细腻，胎体较厚。釉色粉青。足外侧有三角形凸棱。足底无釉。残高6.0厘米。（彩版Ⅱ－16：3）

贯耳瓶

标本T1③：104，残片。胎色灰白，胎质细腻。粉青厚釉。残高6.3厘米。（图Ⅱ－14：5；彩版Ⅱ－16：4）

渣斗

标本T1③：36，残件。直颈，扁圆腹，大圈足较高。灰白胎。粉青釉较厚，内外釉面均有开片。足底无釉。足径9.8、残高6.8厘米。（彩版Ⅱ－16：5）

2.老虎洞窑青瓷器

器形有盏和洗。

花口盏

标本T3③：75，残片。尖唇，花口，曲腹，圈足规整，挖足较深。胎灰黄，胎质较粗。釉色灰褐，有大量气泡及开片。足底无釉。复原口径7.8、足径3.4、高3.8厘米。（彩版Ⅱ－17：1）

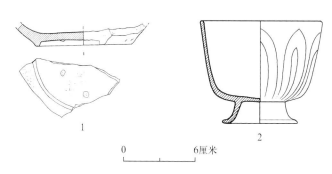

图Ⅱ－15　1988HY第3层出土老虎洞窑洗及越窑青瓷杯
1.老虎洞窑洗T3③：65　2.越窑青瓷杯T3③：52

洗

标本T3③：65，残底。大平底，隐圈足。灰黄胎，胎质较粗。釉色灰褐，有大量气泡及开片。外底残存两枚椭圆形支钉痕。残高2.1厘米。（图Ⅱ－15：1；彩版Ⅱ－17：2）

3.越窑青瓷器

有碗、盘残片和杯。

碗

标本T2③：44，碗底残件。曲腹，平底略凹，圈足稍外撇。灰胎，胎质较细腻。釉色青黄。足底满釉，外底残露四个泥点痕。足径7.4、残高3.2厘米。（彩版Ⅱ－18：1）

盘

标本T3③：55，盘底残件。大平底，矮圈足。灰胎，胎质较细腻。青绿釉泛灰。内底刻划植物花卉和篦划纹。足底满釉，外底有垫烧痕。足径4.9、残高1.6厘米。（彩版Ⅱ－18：2）

杯

标本T3③：52，可复原。圆唇，直口，垂腹，高圈足外撇。胎色灰黄，胎质较细腻。釉色青黄，内外壁皆有细碎开片。外壁刻有莲瓣纹。足底有五个泥点痕。口径10.1、足径6.0、高8.2、足高1.8厘米。（图Ⅱ－15：2；彩版Ⅱ－17：3）

4.耀州窑青瓷器

均为残片，器形不可辨。

标本T3③：61，残片。灰胎。釉色青绿，内含气泡。内壁模印花卉纹，外壁有竖道纹。残宽5.8厘米。（彩版Ⅱ-18：3）

5.铁店窑钧釉瓷器

数量少，均为不可复原残片，可辨有碗。

碗

标本T3③：22，碗底残片。圈足。胎色灰红，胎质较细腻。内外壁皆有蓝紫色窑变，乳浊感强，有细碎开片，近足部有缩釉现象。施釉不及底。内底和足底均有装烧痕。足径7.0、残高3.5厘米。（彩版Ⅱ-18：4）

6.未定窑口青瓷器

器形有碗、盘、盏和钵等。

敛口碗

标本T1③：5，可复原。黄褐色胎，胎质较粗，胎体厚重。釉色黄褐。内壁饰有篦划纹，外壁划有竖道纹。足底及外底无釉。口径16.5、足径5.4、高6.6厘米。（图Ⅱ-16：1；彩版Ⅱ-19：1）

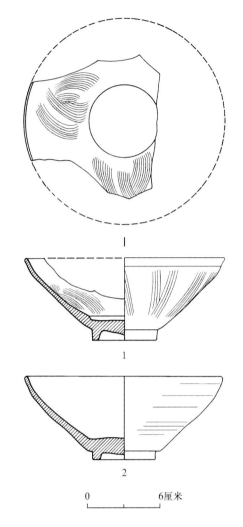

图Ⅱ-16　1988HY第3层出土未定窑口青瓷敛口碗
1.T1③：5　2.T2③：19

标本T2③：19，可复原。圆唇，曲腹。红褐色胎，胎质极粗。黄褐色釉，内外壁皆有开片。内壁近口沿处有一道弦纹。外壁施釉不及底，内底心有装烧痕。口径16.2、足径5.2、高6.6厘米。（图Ⅱ-16：2；彩版Ⅱ-19：2）

敞口碗

A型

标本T1③：6，可复原。圆唇。灰胎较粗。釉色青黄。外壁施釉不及底，内底有叠烧痕迹。口径18、足径8.3、高6.9厘米。（图Ⅱ-17：1；彩版Ⅱ-20：1）

标本T3③：3，可复原。胎色灰褐，胎质较细。釉色黄褐。外壁施釉不及底，内底有叠烧痕迹。口径18.5、足径9.1、高5.7厘米。（图Ⅱ-17：2；彩版Ⅱ-20：2）

标本T3③：8，可复原。红褐色胎，胎质较粗。黄褐色釉，釉层较薄。施釉不及底。口径18.6、足径8.6、高5.6厘米。（图Ⅱ-17：3；彩版Ⅱ-20：3）

标本T1③：17，可复原。灰胎，胎质略粗。釉色青黄。外壁施釉不及底，内底有叠烧痕迹。口径15.0、足径6.9、高6.1厘米。（图Ⅱ-17：4）

标本T1③：28，可复原。小唇口。红褐色胎，胎质较粗。黄褐色釉，外壁局部露胎，内

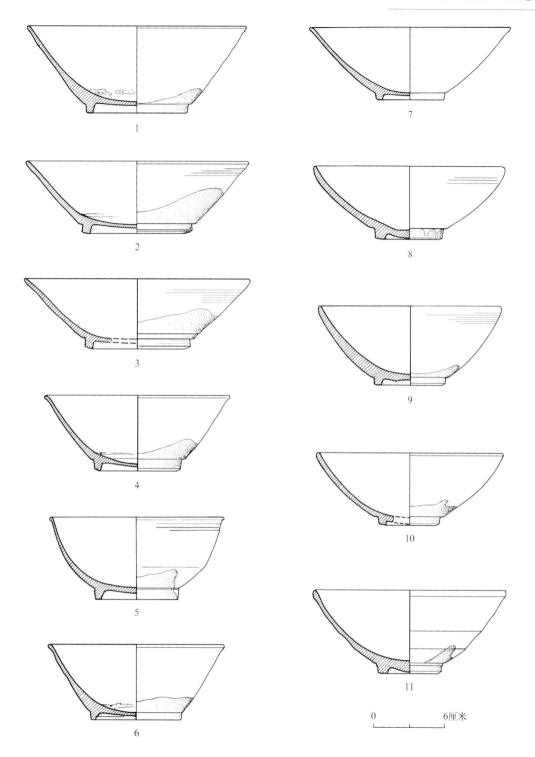

图Ⅱ-17 1988HY第3层出土未定窑口青瓷敞口碗

1. A型T1③：6 2. A型T3③：3 3. A型T3③：8 4. A型T1③：17 5. A型T1③：28 6. A型T1③：31
7. B型T3③：29 8. C型T1③：23 9. C型T2③：11 10. C型T2③：49 11. C型T3③：2

底及足底均有装烧痕。口径14.2、足径6.8、高6.6厘米。（图Ⅱ-17：5；彩版Ⅱ-20：4）

标本T1③：31，可复原。小唇口。胎色红褐，胎质较粗。釉色黄褐，薄釉。外壁施釉不及底，内底及足底均有装烧痕。口径14.4、足径7.5、高6.0厘米。（图Ⅱ-17：6；

彩版Ⅱ—21：1)

B型

标本T3③：29，可复原。尖唇。胎色灰白，胎质略粗。釉色青中泛黄色。外底施釉不及底。口径16.6、足径5.7、高5.8厘米。（图Ⅱ—17：7；彩版Ⅱ—21：2)

C型

标本T1③：23，可复原。圆唇。灰胎。釉色青中泛灰白色。外壁施釉不及底。口径16、足径5.6、高5.8厘米。（图Ⅱ—17：8；彩版Ⅱ—21：3)

标本T2③：11，可复原。尖唇。胎色灰白，胎质较粗，胎体较厚。釉色青中泛灰白。外壁施釉不及底。口径15.3、足径6.0、高6.3厘米。（图Ⅱ—17：9；彩版Ⅱ—21：4)

标本T2③：49，可复原。圆唇。胎色灰白，胎质较粗，胎体较厚。釉色青中泛白。外壁施釉不及底。口径15.7、足径5.2、高5.9厘米。（图Ⅱ—17：10；彩版Ⅱ—22：1)

标本T3③：2，可复原。胎色灰黄，胎质极粗，胎体厚重。釉色青中泛灰黄。外壁施釉不及底。口径16.1、足径5.4、高6.7厘米。（图Ⅱ—17：11；彩版Ⅱ—22：2)

侈口碗

A型

标本T1③：25，可复原。圆唇。胎色灰黄，胎质较粗。釉黄褐色。内壁刻有弦纹及花卉纹样。内底心有涩圈，外壁施釉不及底。口径17.2、足径7.6、高6.4厘米。（图Ⅱ—18：1；彩版Ⅱ—22：3)

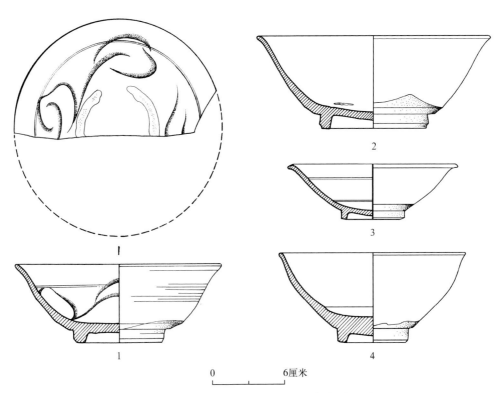

图Ⅱ—18　1988HY第3层出土未定窑口青瓷侈口碗

1. A型T1③：25　2. A型T3③：4　3. A型T1③：26　4. B型T2③：23

标本T3③：4，可复原。胎灰色，胎质略粗，胎体厚重。釉色青绿偏黄，内外壁皆有细碎开片。外壁施釉不及底。口径19.3、足径9.0、高7.4厘米。（图Ⅱ—18：2；彩版Ⅱ—23：1）

标本T1③：26，可复原。尖唇。胎色灰白，胎质较粗。釉色青中泛灰白，内外壁皆有开片。内壁划两道弦纹。外壁施釉不及底。口径14、足径5.2、高4.4厘米。（图Ⅱ—18：3；彩版Ⅱ—23：2）

B 型

标本T2③：23，可复原。圆唇。灰胎。釉色青黄，施釉不及底。口径15.6、足径5.8、高7.1厘米。（图Ⅱ—18：4；彩版Ⅱ—23：3）

侈口斜腹盘

标本T1③：14，可复原。圆唇，圈足，挖足较浅。胎色灰黑，胎质较粗。釉色青褐。外壁施釉不及底，内底有叠烧痕。口径14.8、足径5.2、高3.6厘米。（图Ⅱ—19：1；彩版Ⅱ—24：1）

侈口曲腹盘

标本T1③：15，可复原。圆唇，圈足，挖足较浅。灰胎，胎体较厚，胎质较粗。釉色青绿偏黄，有细碎开片，外壁有缩釉现象。足底无釉。口径13.1、足径4.0、高4.0厘米。（图Ⅱ—19：2；彩版Ⅱ—24：2）

标本T2③：10，可复原。灰黄胎，胎质较粗。釉黄褐色，内外皆有开片。内底心有一道弦纹。施釉不及底。口径13.0、足径4.3、高3.7厘米。（图Ⅱ—19：3）

斜腹盏

标本T3③：5，可复原。圆唇，敞口，小圈足。胎色灰白，胎质细腻。釉色青中泛灰白。内底有一周凹弦纹。外壁施釉不及底。口径11.8、足径4.2、高3.4厘米。（图Ⅱ—19：4；彩版Ⅱ—24：3）

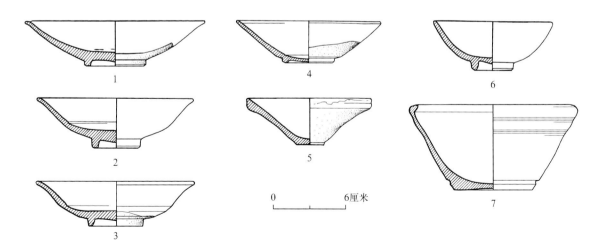

图Ⅱ—19　1988HY第3层出土未定窑口青瓷盘、盏、钵

1.侈口斜腹盘T1③：14　2.侈口曲腹盘T1③：15　3.侈口曲腹盘T2③：10　4.斜腹盏T3③：5　5.斜腹盏T3③：9

6.曲腹盏T3③：1　7.钵T1③：1

标本T3③：9，可复原。圆唇，敞口，饼足。胎色灰白，胎质较粗。釉褐色。外壁施釉仅至口沿处。口径10.3、足径2.2、高3.7厘米。（图Ⅱ—19：5；彩版Ⅱ—25：1）

曲腹盏

标本T3③：1，可复原。圆唇，敞口，小圈足。灰白胎。釉色青黄。外底无釉。口径10、足径3.5、高3.9厘米。（图Ⅱ—19：6）

钵

标本T1③：1，可复原。尖唇，敛口，曲腹，平底。胎色灰黄，胎质较粗，胎体较厚。釉色黄褐。外壁近底处刻有一道深弦纹。口沿内壁及外底皆无釉。口径14、底径7.2、高6.8厘米。（图Ⅱ—19：7；彩版Ⅱ—25：2）

7.景德镇窑青白瓷器

器形有碗、盘、杯、盒、炉、灯和器盖等，其中杯、盒、器盖残碎。

碗

标本T2③：25，可复原。圆唇，敞口，曲腹，圈足，鸡心底。灰白胎。釉色青白。内壁饰单弦纹和篦划纹。外壁施釉不及底。口径12.1、足径4.0、高4.3厘米。（图Ⅱ—20：1；彩版Ⅱ—26：1）

曲腹盘

标本T3③：11，可复原。尖唇，敞口，芒口。白胎，胎质细腻。釉色青白，近圈足积釉处泛青。内壁近口沿处模印一周回纹，内壁腹部模印花卉纹。足底及外底无釉。口径16.8、足径6.1、高4.6厘米。（图Ⅱ—20：3；彩版Ⅱ—27：1）

标本T3③：37，可复原。圆唇，侈口，芒口，挖足较浅。胎色灰白，胎质细腻。釉色青白。口沿、底足及外底无釉露胎，呈火石红。口径11.1、足径3.3、高2.8厘米。（图Ⅱ—20：4；彩版Ⅱ—27：2）

折腹盘

标本T3③：7，可复原。圆唇，侈口。白胎，胎质较细。釉色青白，积釉处闪青。足底及外底无釉。口径21.8、足径7.6、高5.3厘米。（图Ⅱ—20：5；彩版Ⅱ—28：1）

标本T3③：69，可复原。圆唇，敞口。胎色灰白，胎质较粗。釉色白中闪青。足底及外底无釉。口径11.2、足径3.9、高2.9厘米。（图Ⅱ—20：6；彩版Ⅱ—28：2）

三足炉

标本T3③：36，残片。仅剩两兽足。胎色灰白，胎质较粗。釉色青白，内外壁皆有釉。外底心内凹，有一脐底。残高4.0厘米。（图Ⅱ—20：7；彩版Ⅱ—29：1）

灯

标本T1③：18，稍残。盏中立圆管形灯柱，下承高圈足外撇。灰白胎，胎质较细腻。釉色白中闪青。腹部饰有一圈莲瓣纹，圈足外侧印有一圈竖道纹。上口沿处无釉，外壁施釉不及底。口径6.0、足径5.4、高3.5厘米。（彩版Ⅱ—29：2）

8.景德镇窑卵白釉瓷器

曲腹盘

图Ⅱ-20　1988HY第3层出土景德镇窑青白瓷碗、盘、炉及卵白釉瓷盘

1.青白瓷碗T2③：25　2.卵白釉瓷曲腹盘T3③：10　3.青白瓷曲腹盘T3③：11　4.青白瓷曲腹盘T3③：37　5.青白瓷折腹盘T3③：7　6.青白瓷折腹盘T3③：69　7.青白瓷三足炉T3③：36

　　标本T3③：10，可复原。圆唇，敞口，圈足较高。白胎，胎质较细腻，胎体较厚。釉色青白。内底印有花卉纹饰，印纹模糊。足底及外底无釉。口径19、足径5.8、高5.7厘米。（图Ⅱ-20：2；彩版Ⅱ-26：2）

9.定窑白瓷器

　　碗

标本T1③：7，圆唇，直口，芒口，垂腹，圈足。胎白，较细腻。釉色黄白，外壁有流釉现象。外壁刻划卷草纹。足底无釉。足径7.0、高7.9厘米。

10.建窑黑釉瓷器

盏

标本T1③：27，可复原。圆唇，侈口。黄褐色胎，胎质较粗。黑釉，近口沿处呈棕色。外壁施釉不及底。口径12.4、足径3.1、高5.1厘米。（图Ⅱ—21：1；彩版Ⅱ—30：1）

11.未定窑口黑釉瓷器

盏

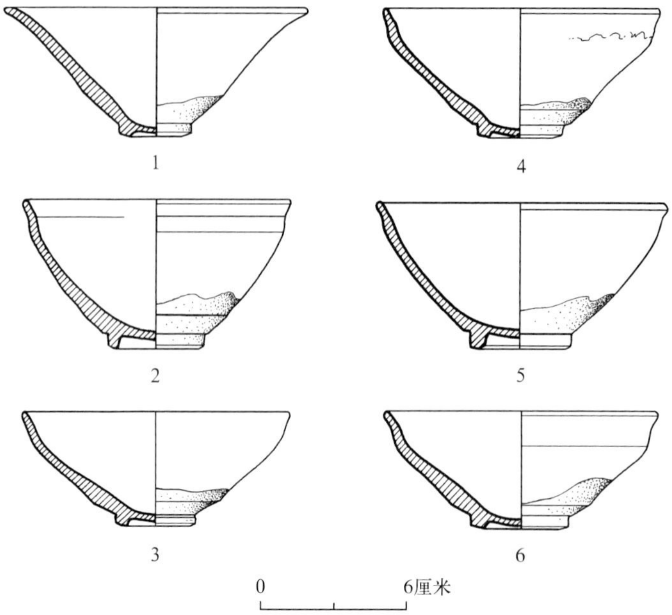

标本T1③：30，可复原。圆

图Ⅱ—21 1988HY第3层出土建窑及未定窑口黑釉瓷盏
1.建窑T1③：27 2.未定窑口T1③：30 3.未定窑口T1③：32 4.未定窑口T2③：16 5.未定窑口T2③：17 6.未定窑口T3③：6

唇，上敞口，下微束，斜腹，圈足，内底心有一尖状突起。褐色胎，胎质较粗。黑釉，近口沿处呈棕色。外壁施釉不及底。口径11、足径3.9、高6.0厘米。（图Ⅱ—21：2；彩版Ⅱ—30：2）

标本T1③：32，可复原。尖唇。灰褐色胎，胎质稍粗。黑釉，近口沿处呈棕色，口沿内壁有兔毫纹。外壁施釉不及底。口径11.0、足径3.4、高4.6厘米。（图Ⅱ—21：3；彩版Ⅱ—30：3）

标本T2③：16，可复原。尖唇，挖足较浅。黄褐色胎，胎质较粗。黑釉，近口沿处呈棕色，内外壁有兔毫纹。外壁施釉不及底。口径11.3、足径3.6、高5.1厘米。（图Ⅱ—21：4；彩版Ⅱ—31：1）

标本T2③：17，可复原。圆唇，微束口，斜腹，圈足。黄褐色胎，胎质较粗。黑釉。外壁施釉不及底。口径11.8、足径4.0、高5.8厘米。（图Ⅱ—21：5；彩版Ⅱ—31：2）

标本T2③：18，可复原。挖足较浅。黄褐色胎，胎质较粗。深褐色釉，近口沿处呈棕色。外壁施釉不及底。口径11、足径3.5、高5.5厘米。（彩版Ⅱ—31：3）

标本T3③：6，可复原。黄褐色胎，较粗。黑釉，近口沿处呈棕色。外壁施釉不及底。口径11.1、足径4.0、高4.7厘米。（图Ⅱ—21：6；彩版Ⅱ—31：4）

（三）铜钱

有咸平元宝、景德元宝、嘉祐元宝、熙宁重宝、元丰通宝、绍圣元宝、政和通宝、绍兴通宝和嘉泰通宝九种铜钱。

咸平元宝

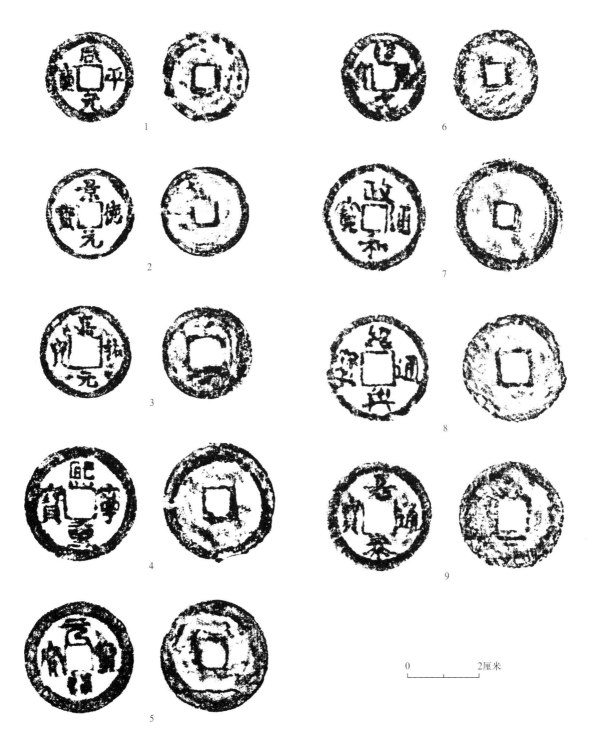

图Ⅱ-22 1988HY第3层出土铜钱拓本

1.咸平元宝T4③：54 2.景德元宝T2③：68 3.嘉祐元宝T4③：50 4.熙宁重宝T3③：78 5.元丰通宝T1③：99 6.绍圣元宝
T1③：97 7.政和通宝T1③：93 8.绍兴通宝T1③：89 9.嘉泰通宝T2③：66

　　标本T4③：54，完整。旋读。宋真宗咸平年间（998～1003年）铸。直径2.4厘米。
（图Ⅱ-22：1）

　　景德元宝

标本T2③：68，完整。旋读。宋真宗景德年间（1004～1007年）铸。直径2.4厘米。（图Ⅱ-22：2）

嘉祐元宝

标本T4③：50，完整。旋读。宋仁宗嘉祐年间（1056～1063年）铸。直径2.4厘米。（图Ⅱ-22：3）

熙宁重宝

标本T3③：78，完整。旋读。宋神宗熙宁年间（1068～1077年）铸。直径3.0厘米。（图Ⅱ-22：4）

元丰通宝

标本T1③：99，完整。旋读。宋神宗元丰年间（1078～1085年）铸。直径3.0厘米。（图Ⅱ-22：5）

绍圣元宝

标本T1③：97，完整。旋读。宋哲宗绍圣年间（1094～1097年）铸。直径2.3厘米。（图Ⅱ-22：6）

政和通宝

标本T1③：93，完整。对读。宋徽宗政和年间（1111～1117年）铸。直径2.8厘米。（图Ⅱ-22：7）

绍兴通宝

标本T1③：89，完整。对读。宋高宗绍兴年间（1131～1162年）铸。直径2.8厘米。（图Ⅱ-22：8）

嘉泰通宝

标本T2③：66，完整。对读，背记"二"。宋宁宗嘉泰年间（1201～1204年）铸。直径2.9厘米。（图Ⅱ-22：9）

第三节　第2层出土遗物

有瓷器、石器、铜钱等，瓷器出土最多。

（一）瓷器

有青瓷、青白瓷和青花瓷等，分属于龙泉窑和景德镇窑，以景德镇窑青花瓷出土最多。

1.龙泉窑青瓷器

器形有碗、盘、杯、洗和炉。

侈口碗

B型

标本T2②：51，可复原。圆唇，圈足。灰胎，胎质略粗。釉灰青色，内外壁皆有开片。内壁有一道弦纹，外壁近圈足处有一周斜线纹。足底及外底无釉，内底涩圈，有叠

烧痕迹。口径12.2、足径4.3、高4.4厘米。（图Ⅱ—23：1；彩版Ⅱ—32：1）

侈口盘

A型

标本T1②：6，可复原。圆唇。灰胎，胎质较粗，胎体较厚。釉色青绿，通体开片。内壁有数道竖凹弦纹，外壁有凸弦纹。外壁施釉不及底。内底有叠烧痕。口径12.2、足径4.6、高3.1厘米。（图Ⅱ—23：3；彩版Ⅱ—32：2）

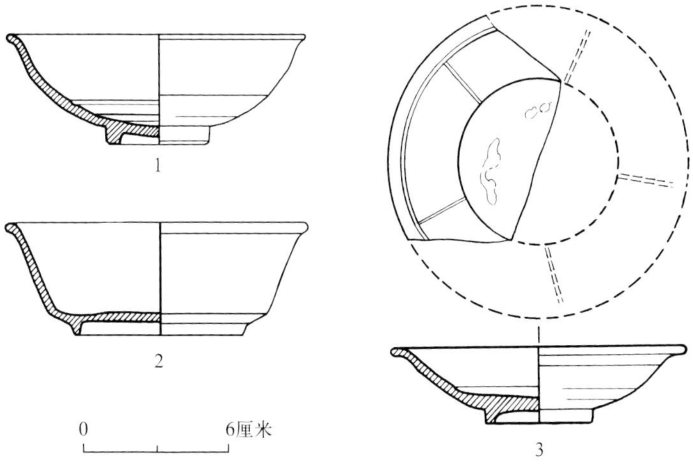

侈口洗

标本T1②：14，可复原。圆唇。灰胎。釉色青绿，足底无釉露胎，呈火石红色。口径12.4、足径7.0、高4.5厘米。（图Ⅱ—23：2；彩版Ⅱ—33：1）

高足杯

标本T2②：46，口腹残片。圆唇，侈口，曲腹较深。灰白胎。釉色青绿。残高6.3厘米。（彩版Ⅱ—33：2）

鬲式炉

标本T1②：22，残片。白胎，胎质较细腻。青绿色釉，釉层较厚。足外侧有凸棱。足底无釉。残高5.5厘米。（彩版Ⅱ—33：3）

图Ⅱ—23　1988HY第2层出土龙泉窑青瓷碗、盘、洗

1.侈口碗B型T2②：51　2.侈口洗T1②：14　3.侈口盘A型T1②：6

2.景德镇仿哥釉瓷器

炉

标本T3②：21，底部残片。平底，仅存一蹄足。灰胎，胎质较粗。釉色青灰，通体细碎开片。残高3.8厘米。（彩版Ⅱ—33：4）

3.未定窑口青瓷器

器形有碗、盘和盏。

敞口碗

A型

标本T2②：22，可复原。圆唇。灰胎。釉色青绿泛灰。足底无釉。内底心涩胎，有叠烧痕迹。口径12.4、足径6.4、高4.6厘米。（图Ⅱ—24：1；彩版Ⅱ—34：1）

敞口斜腹盘

标本T2②：14，可复原。尖唇。胎色灰白，胎质较细腻。釉色青灰。口径12.1、足径6.6、高2.2厘米。（图Ⅱ—24：2；彩版Ⅱ—34：2）

标本T2②：30，可复原。圆唇，圈足。胎色灰白，胎质较细腻。釉色青灰，内外壁皆

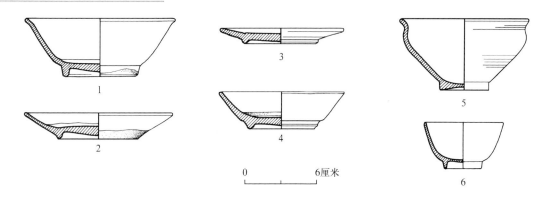

图Ⅱ-24　1988HY第2层出土未定窑口青瓷碗、盘、盏及景德镇窑仿龙泉青瓷杯

1.未定窑口敞口碗A型T2②：22　2.未定窑口敞口斜腹盘T2②：14　3.未定窑口敞口斜腹盘T2②：30　4.未定窑口敞口斜腹盘T2②：20　5.未定窑口束口盏T2②：1　6.景德镇窑仿龙泉青瓷杯T2②：15

有开片。内外底皆露胎，呈火石红。口径10.2、足径6.2、高1.2厘米。（图Ⅱ-24：3；彩版Ⅱ-35：1）

标本T2②：20，可复原。胎色灰白，胎质较细腻。釉色青灰。内底心有叠烧痕迹，外底有火石红。口径10.5、足径5.6、高3.0厘米。（图Ⅱ-24：4）

束口盏

标本T2②：1，可复原。圆唇，饼足内凹。胎红褐色，胎质较粗。黄褐色釉。足底无釉。口径10.4、足径4.0、高5.6厘米。（图Ⅱ-24，5；彩版Ⅱ-35：3）

4.景德镇窑仿龙泉青瓷器

杯

标本T2②：15，可复原。圆唇，敞口，曲腹，圈足。白胎，胎质较细腻。釉色青白。足底无釉。口径6.6、足径3.1、高3.7厘米。（图Ⅱ-24：6；彩版Ⅱ-35：2）

5.景德镇窑青花瓷器

数量较多，器形以碗、盘、碟为最多，另有杯、盒、器盖等。现择少量标本作介绍。

碗

标本T1②：13，可复原。圆唇，曲腹，圈足。胎灰白，较粗。釉色白中泛灰，青花发色灰暗。内底心绘一点状纹饰，以弦纹为框，外壁绘有花草纹，近圈足处饰双弦纹，外底心亦草绘纹样。足底无釉。口径14.4、足径6.7、高6.5厘米。（彩版Ⅱ-36：1）

标本T2②：31，可复原。尖唇，斜直腹，圈足。胎白，较细密。釉白中闪青。外壁口沿及圈足处饰弦纹，外壁纹饰分三部分，中间绘缠枝花卉纹，上下分饰卷草纹。足底无釉。口径10.6、足径4.4、高6.2厘米。（彩版Ⅱ-36：2）

标本T2②：23，可复原。尖唇，曲腹，圈足。胎灰白，较细密。釉色白中闪青。口沿饰弦纹，内壁绘有图案，外壁绘有荷叶纹。足底无釉。口径14.3、足径5.6、高6.5厘米。（彩版Ⅱ-36：3）

标本T3②：7，可复原。圆唇，曲腹，圈足。胎灰白，较细密。釉色白中闪青。内壁口沿及内底饰双弦纹，外壁绘有水波莲花纹。口径16.1、足径7.1、高6.0厘米。（彩版

Ⅱ－36：4）

标本T3②：16，可复原。圆唇，敞口，曲腹，圈足。白胎，胎体较细密。釉色白中闪青。内外口沿饰双弦纹，内底心绘花卉纹，以双弦纹为框，外壁绘花卉纹，圈足饰三弦纹，外底心圆形双框内有方形印记。足底无釉。口径10.9、足径4.6、高4.9厘米。（彩版Ⅱ－37：1）

标本T3②：9，可复原。圆唇，侈口，曲腹，圈足。胎色灰白，胎质较细密。釉色白中闪青。内壁口沿处饰双弦纹，内底心绘有图案，以双弦纹为框，外壁近口沿处饰双弦纹，外腹壁绘花卉纹，下有蕉叶纹，圈足画三道弦纹，外底画双弦纹。足底无釉。口径11.6、足径4.4、高5.5厘米。（彩版Ⅱ－36：5）

盘

标本T3②：1，可复原。圆唇，敞口，曲腹，圈足。胎色灰白，胎质较细密。釉色白中闪青。内壁及内底心绘云龙纹，外壁绘四爪龙纹，外底心圆形双框内有方形印记。足底无釉。口径16.5、足径10.0、高3.5厘米。（彩版Ⅱ－37：2）

碟

标本T1②：12，可复原。圆唇，敞口，曲腹，圈足。白胎，胎质较细。釉色白中闪青，釉面多气泡。内壁绘缠枝花卉纹，外壁口沿处及圈足均饰弦纹，外腹部绘有花草纹饰，外底心有一方形印记。足底无釉。口径8.9、足径4.8、高3.0厘米。（彩版Ⅱ－38：1）

标本T2②：4，可复原。敞口，圆唇，曲腹，圈足。胎灰白，细密。釉色白中闪青，釉面光亮。内壁饰山水纹，外底心圆形双框内饰不明纹饰。足底无釉。口径13.5、足径6.9、高4.9厘米。（彩版Ⅱ－38：2）

杯

标本T3②：5，可复原。圆唇，直口，斜直腹，圈足。胎色灰白，胎质较细密。釉色白中闪青，青花发色灰暗。外壁绘八卦纹。足底无釉。口径8.7、足径4.2、高5.6厘米。（彩版Ⅱ－38：3）

（二）石器

石球

标本T2②：18，稍残。馒头形，底部较平，顶部中心有圆孔。孔深1.6、孔径1.0、底径8.0厘米。（图Ⅱ－25：1）

标本T2②：19，完整。馒头形，底部较平，顶部中心有圆孔。孔深1.4、孔径1.2、底径6.5厘米。（图Ⅱ－25：2）

（三）铜钱

有乾隆通宝和道光通宝两种。

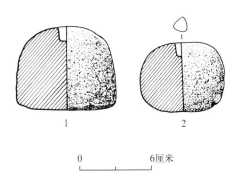

图Ⅱ－25　1988HY第2层出土石球
1.T2②：18　2.T2②：19

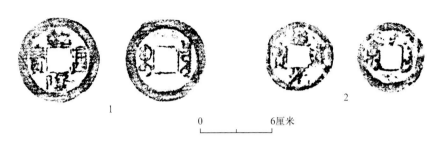

图Ⅱ-26　1988HY第2层出土铜钱
1.乾隆通宝T1②：38　2.道光通宝T2②：58

乾隆通宝

标本T1②：38，完整。对读。清高宗乾隆年间（1736~1795年）铸。直径2.1厘米。（图Ⅱ-26：1）

道光通宝

标本T2②：58，完整。对读。清宣宗道光年间（1821~1850年）铸。直径1.8厘米。（图Ⅱ-26：2）

第四章　年代与性质

第一节　地层年代分析

根据地层内出土遗物的年代，可大致推断地层堆积的年代。

第1层堆积内多见近现代建筑垃圾，发现遗迹也多为近现代建筑遗迹。

第2层堆积内多出土明清时期的青花瓷片，有的还有年款，如"永乐年制"等，该层也常见建筑倒塌所形成的瓦砾层堆积，而这些瓦砾多为明清时期的建筑材料。此外，该层亦见有民国时期的青花瓷片。

第3层堆积内多出土龙泉窑青瓷器，也有少量景德镇窑青白瓷器、老虎洞窑青瓷器等：

（1）该层出土的龙泉窑青瓷器大多具有元代龙泉窑青瓷的特点。如该层出土的碗、盘等器物，外壁口沿常见折线弦纹的装饰手法，而折线弦纹出现并盛于元代。标本T2③：6敞口盘就是一件采用折线弦纹装饰的典型器物，该标本为斜曲腹，小圈足，外壁口沿饰折线弦纹，其造型、纹饰特征与龙泉窑东区四型Ⅱ式盘[1]非常接近，时代应为元代中期。标本T2③：15高足杯，侈口，圆唇，曲腹，高圈足，圈足外撇，胎色灰白，釉色黄绿，足底无釉，该件标本在造型与装烧工艺上与1983年浙江省泰顺县孙坪村窖藏[2]出土的元代高足杯极为相似，因此，其时代也应为元代。

该层还出土有少量北宋晚期龙泉窑青瓷。如标本T1③：2敞口盘，圆唇，敞口，折腹，小平底略内凹，盘面刻划花卉，这件标本与龙泉窑东区一型Ⅱ式盘[3]造型、装饰基本相同。

（2）该层也出土少量景德镇窑青白瓷器。标本T3③：11曲腹盘，尖唇，敞口，芒口，斜曲腹，圈足，白胎胎质细腻，釉色青白，近圈足积釉处泛青，内壁近口沿处模印一周回纹，内壁腹部模印花卉纹，外底无釉，这件标本在造型及装烧方法上与四川省遂宁市金鱼村窖藏出土的景德镇窑青白瓷印花双凤纹碗[4]较为接近，也应为南宋时期的产品。

---

① 浙江省文物考古研究所《龙泉东区窑址发掘报告》，彩版三九，文物出版社，2005年版。
② 朱伯谦《龙泉窑青瓷》，图版198，艺术家出版社，1998年版。
③ 浙江省文物考古研究所《龙泉东区窑址发掘报告》，彩版二九，文物出版社，2005年版。
④ 中国国家博物馆、遂宁市博物馆、彭州市博物馆《宋韵——四川窖藏文物辑粹》，第73页，中国社会科学出版社，2006年版。

（3）该层还出土老虎洞窑瓷器。标本T3③：75为一件花口盏残器，标本T3③：65为洗残底，釉色皆为米黄色，釉面有大量气泡及开片，这两件标本从胎釉的特征看，均与老虎洞窑元代层瓷片相同。

第3层虽出土众多窑口不同时期的瓷器，但其中大宗仍为元代龙泉窑青瓷，未见有晚于元代的。

第4层出土瓷器以龙泉窑青瓷器为主，亦有少量定窑白瓷和南宋官窑瓷器等：

（1）此层出土的龙泉窑莲瓣碗具有南宋龙泉窑莲瓣碗的典型特征，即瓣面较为丰满，瓣脊凸起，浮雕感强。如标本T1④：12，敞口，圆唇，斜曲腹，小圈足，外壁刻双层莲瓣，瓣面丰满，与四川省遂宁市金鱼村窖藏[①]出土南宋莲瓣碗在整体造型及纹饰上较为接近，其时代应为南宋。

（2）此层出土的定窑瓷器，如标本T1④：4白瓷碟，尖唇，敞口，平底，隐圈足，胎色较白，胎质较细腻，胎体较薄，釉色黄白，内底心划花卉纹，无论从装饰技法还是烧造方法看，都具有于金代定窑产品特征。

（3）此层出土的南宋官窑瓷器，如标本T1④：15，灰黑色胎，青绿色釉，通体开片，虽是残片，但仍可看出其具有南宋官窑的典型特征。

第4层出土瓷片数量虽不多，但皆具有较明显的南宋时期的特征，未见有晚于南宋的。

综合以上对地层堆积包含遗物的分析，可以判定：

第4层堆积的年代为南宋；

第3层堆积的年代为元代；

第2层堆积的年代为明清至民国；

第1层为近现代扰乱层。

第二节　遗迹年代分析

在第3层下和第4层下发现了丰富的遗迹现象，主要有石板道路遗迹L1、砖砌道路遗迹L2～L5、房屋建筑遗迹F1～F4。

这些遗迹现象与地层之间的叠压或打破关系为：

```
            ┌─→ ④ → F3
①→②→③ → L1 → L2 → L3、L4、L5
            └─→ F1、F2、F4
```

由以上的分析，我们可以得到几点认识：

---

① 中国国家博物馆、遂宁市博物馆、彭州市博物馆《宋韵——四川窖藏文物辑粹》，第27页，中国社会科学出版社，2006年版。

L1发现于第3层之下，而第3层为元代层，所以其修筑年代应不晚于元代。

F3发现于第4层之下，其年代应不晚于南宋。F1、F2、F4、L3、L4、L5与F3在同一个平面上，应为同时共存的一组遗迹，该组遗迹的年代应不晚于南宋。

砖砌道路遗迹L2，从遗迹的叠压情况看，其时间略晚于L3，但其与L3的走向基本一致，主体亦用相同规格的"香糕砖"横向错缝侧砌，并以"香糕砖"纵向侧砌包边，在建筑用材及道路结构上均与L3相同。因此，推测该段道路应是L3在使用并严重损毁后重新铺筑的。

石板道路遗迹L1晚于砖砌道路遗迹L2。

第三节　关于砖砌道路L2～L5的性质

我们将从建筑规制、地理位置方面考察L2～L5的性质。

1.建筑规制

从建筑用材看，砖砌道路L2～L5路面均采用规格为30×8×5厘米的"香糕砖"砌筑，这种规格的"香糕砖"是南宋时期官式建筑最为常见的建筑用砖。在此后发现的南宋太庙、南宋临安府治[1]等遗址中，在道路的用材上都是采用的类似规格的"香糕砖"。

从道路的构筑方式看，L2～L5路面主体均采用"香糕砖"横向错缝侧砌，道路包边也用相同规格的"香糕砖"纵向错缝侧砌，其构筑方式与历年来临安城遗址发现的南宋时期道路遗迹的特征是吻合的，如南宋太庙遗址[2]、严官巷南宋御街遗址[3]以及南宋皇城遗址核心区域[4]内，发现的南宋砖砌道路都采用类似的结构。

2.地理位置

首先，此次发现的南宋砖砌道路遗迹L2和L3在地缘上接近南宋皇城北城墙。遗迹所在地东邻中山南路，西依清平山，南靠万松岭路，北接高士坊巷。经过多年的考古勘探与发掘，南宋皇城的四至范围已基本探明。其中皇城北城墙长约710米，位于万松岭路南和凤凰山北侧余脉的山脊之上，在万松岭路南、市中药材仓库西墙外，现地面上尚有部分残存，而南宋皇城北门和宁门就在凤凰山脚路与北城墙相交之处，此次发掘的L2和L3，南北走向，即正对此交叉路口。

其次，此次发掘地的西侧为大马厂巷。1994～1995年，杭州文物考古所在大马厂巷发现了南宋三省六部的大型官衙基址及水沟、暗井和砖砌道路等遗迹，出土了南宋官窑、龙泉窑、越窑等瓷片及"官（押）"字款铭文砖、双鹿纹砖、筒瓦等遗物。据《咸淳临安

---

① 杭州市文物考古所《杭州南宋临安府衙署遗址》，《文物》2002年10期。
② 杭州市文物考古所《南宋太庙遗址》，文物出版社，2007年版。
③ 张建庭主编《南宋御街》，浙江人民出版社，2006年版。
④ 杭州市文物考古所内部资料。

志》所附《皇城图》^①，南宋御街西侧即为三省六部官署。

3.性质

综上所述，杭州卷烟厂发现的砖砌道路遗迹L2和L3，正对南宋皇城北门和宁门，且其西侧又发现南宋三省六部官署遗迹，与文献记载的南宋御街最南端的一段的位置正好吻合，应该是南宋时临近皇城和宁门的一段御街。

经局部解剖发现，御街路基是以沙、石、灰、黏土等材料层层夯筑而成，厚度约0.45～0.7米。路基是路面的支承结构，对路面的性能有重要的影响。南宋御街夯筑厚逾半米的沙石混和结构的路基，应正为满足皇帝庞大的仪仗队伍通行而筑。

L4、L5的砌筑方法和建筑用材与L3相同，并与之垂直相交。由于御街"为乘舆所经之路"，臣庶车马禁止往来，御街两侧又有众多官署，因此，L4、L5应是特意设置的通向两侧官署的东西向通道。

此外，在L3与L4、L5交叉处皆有房屋遗迹，从房屋遗迹F1、F2、F3、F4与L3在平面上的关系看，应是同一时期修建。由于该地临近皇城北门和宁门，这些建筑可能与和宁门外的官署机构有关。

第四节　关于石板道路L1的性质

石板道路L1揭露长度为20.75米，揭露宽度为11.25米，走向与被其叠压的砖砌道路遗迹基本一致，路面用厚约5厘米的石板砌筑而成，中部破坏较严重，有一条长14、宽1.8米的扰乱沟。但据现存遗迹现象仍能看出该石板道路的部分结构：其主体用大石板砌筑，东部包边部分用较小的石板和砖块混合砌筑，西部结构不明，应是与东部对称的。这与《马可波罗游记》记载的杭州城道路的特征基本相符。《马可波罗游记》第二卷第七十七章载："首先必须注意的是，杭州（Kin—Sai京师）的一切街道全部是用石头和砖块铺成……该城的大街用石块和砖块铺砌而成。街道两边各宽十步，中间铺沙砾，并且有拱形的排水沟设备，便于将雨水导入邻近的运河中去，所以街道保持着干燥。"^②

东部路面在用材及砌筑方式上与主体明显不同，推测该部分可能为主道东侧的一幅，因为分担不同的功能而采用了不同的砌筑方法。该处发现的砖块大多较为凌乱，明显有修补的痕迹，显示该处路面经过多次修整，使用时间可能较长。

从地理位置分析，自南宋为元所灭，临安由一国之都降为地方城市，昔日的皇宫归于沉寂，被胡僧改建为五座佛寺。地处城南的杭州卷烟厂附近，并没有必要修筑如此宽的石板道路。因此，该石板道路的始筑年代应早于元代。

从地层情况来看，L1发现于第3层之下，又直接叠压在南宋御街L2和L3之上，而且第4层堆积在T2内直接贴着L1东侧包边石材的东壁，此处未见在第3层下挖槽筑基的痕迹，由

① ［宋］潜说友《咸淳临安志》卷一，道光庚寅钱唐振绮堂汪氏仿宋本重雕，江苏广陵古籍刻印社，1986年版。
② 马可波罗《马可波罗游记》第二卷第七十七章，第181页，福建科学技术出版社，1981年版。

此，可将L1的始筑年代上溯至南宋。

关于南宋御街的结构由砖砌改为石板铺筑的时间，历史文献中未见有明确的记载。据《咸淳临安志》卷二十一载："御街，自和宁门外至景灵宫前，为乘舆所经之路，岁久弗治。咸淳七年安抚潜说友奉朝命缮修，内六部桥路口至太庙北，遇大礼别除冶外，袤一万三千五百尺有奇。旧铺以石，衡纵为幅，三万五千三百有奇，易其阙坏者凡二万。跸道坦平，走毂结轸，若流水行地上，经涂九轨，于是为称。"①该文献表明，至南宋咸淳七年（1271年），南宋御街已经用石板铺筑，并已使用相当一段时间，导致其中的两万块石板损坏。因此，L1的砌筑时间上限最迟可推至南宋晚期。

综合文献记载及遗迹现象，石板砌筑的道路L1应为南宋晚期或者更早的御街，元代继续沿用。

---

① ［宋］潜说友《咸淳临安志》卷二十一《疆域六·御街》，道光庚寅钱唐振绮堂汪氏仿宋本重雕，江苏广陵古籍刻印社，1986年版。

㊂ 太庙巷

1995年至1998年间，为配合上城区紫阳街道旧城改造工程建设，杭州市文物考古所对位于紫阳山以东、中山南路以西、太庙巷以北、察院前巷以南区域（即今天的南宋太庙遗址公园）进行了抢救性考古发掘。本次考古工作分三阶段进行：

1. 第一阶段

1995年初，对建设涉及范围进行考古勘察，初步确定遗址性质与工作重点。

2. 第二阶段

1995年5月20日至9月20日进行正式发掘。采用探沟发掘法，共布设探沟12条（1995TMT1～T12），总发掘面积约1000平方米。除发现南宋太庙的东围墙、东门门址及大型夯土台基等重要遗迹外，还在东围墙东侧局部发现了由整齐的"香糕砖"侧砌而成的砖砌道路遗迹，此即南宋御街。

3. 第三阶段

1997年底至1998年2月进行补充发掘。仍采用探沟发掘法，共布设探沟3条（1997TMT13～T15），总发掘面积近200平方米，除发现南宋太庙的相关遗迹外，对于太庙东围墙东侧的南宋御街遗迹的清理范围也有所扩大。

本次考古发掘领队由杜正贤担任，参与发掘工作人员有唐俊杰、张玉兰、梁宝华、沈国良。

第一章　探方分布与地层堆积

第一节　探方分布

1995年5～9月，杭州市文物考古所在今太庙巷北侧首次发现并发掘了南宋太庙遗址，1997年底至1998年2月，又对该遗址进行了第二次发掘。共布探沟15条，发掘总面积近1200平方米。

两次发掘除了发现南宋太庙遗址的东围墙Q1、东门门址M1及夯土基础等遗迹外，还在Q1东侧发现保存较好的砖砌道路遗迹L3及被Q1叠压的砖砌道路遗迹L4。

砖砌道路遗迹L3位于发掘区东部，南宋太庙东围墙Q1东侧，现中山南路西侧。推测其为南宋御街遗迹。这里仅介绍该遗迹及T13出土的主要遗物，其他遗迹和遗物参见发掘报告《南宋太庙遗址》[①]。

第二节　地层堆积

现以1995TMT8北壁和1997TMT13东壁为例作如下介绍。

1.T8北壁（图Ⅲ-1）

第1层　厚125～170厘米。土色较杂，土质较硬。土中含较多砖瓦、石块、水泥块等。分布于整条探沟。

第2层　距地表深125～170厘米，厚40～105厘米。灰褐色土，局部显黑灰，土质较松。土中含大量碎砖瓦及青花瓷片。分布于整条探沟。

第3层　距地表深195～250厘米，厚5～70厘米。灰黄色土，土质较硬。土中包含少量砖瓦及各类瓷片。该层主要位于南宋太庙东围墙Q1的东西两侧，直接叠压于围墙内散水遗迹S1之上。砖砌道路遗迹L4叠压在此层下。

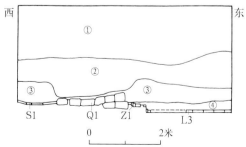

图Ⅲ-1　1995TMT8北壁地层剖面图

① 杭州市文物考古所《南宋太庙遗址》，文物出版社，2007年版。

第4层　距地表深235～280厘米，厚0～25厘米。青灰色粉沙土，土质较纯。包含物较少，出少量瓷片及碎砖瓦。分布于南宋太庙东围墙Q1的东侧。砖砌道路遗迹L3、砖砌结构Z1叠压在该层下。

2.T13东壁（图Ⅲ-2）

第1层　厚135～208厘米。土色杂乱，土质较硬。土中含较多砖瓦、石块及水泥块。分布于整条探沟，总体上东侧地层厚于西侧。

第2层　距地表深135～205厘米，厚15～70厘米。灰褐色土，土质较松。土中含大量碎砖瓦及青花瓷片。在整条探沟内均有分布，整个地层的西半部分较东半部分厚。水池遗迹C2开口在该层下。

第3层　距地表深205～225厘米，厚30～50厘米。灰黄色土，土质较硬。土中包含少量砖瓦及各类瓷片。该层主要位于南宋太庙东围墙Q1的东西两侧。东围墙Q1内侧散水遗迹S1叠压在此层下。

第4层　距地表深250～260厘米，厚20～30厘米。青灰色粉沙土，土质较纯。土中包含少量瓷片及碎砖瓦。分布于探沟的东半侧。砖砌道路遗迹L3叠压在此层下。

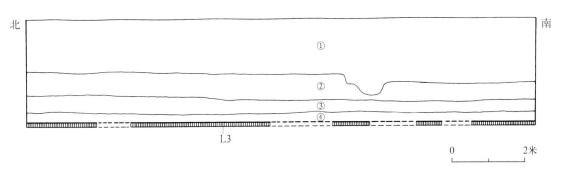

图Ⅲ-2　1995TMT13东壁地层剖面图

第二章　砖砌道路遗迹L3

位于南宋太庙东围墙Q1东侧，距地表深2.8米左右，南北向，主要分布于T3、T15、T8、T9、T11、T11扩、T12、T13、T10和T10扩内（图Ⅲ-3～Ⅲ-8；彩版Ⅲ-1，Ⅲ-2）。经发掘后已探明长度约80米，且分别向南、北两个方向延伸，揭露宽度最宽处达3.5米。

大部分路面直接叠压于第4层下，发现于T10、T10扩内的Q1向东突出的方形石砌结构部分直接叠压在L3之上。

路面全部以香糕砖横向错缝侧砌而成，砖的规格为28～30×8～10×4～4.5厘米。西侧用长方砖包边，包边部分宽约0.46米，结构为：先纵向侧砌两列长方砖后，再横向侧砌一列长方砖，砖的规格为34×16×6厘米，部分横向侧砌长方砖的包边部分被破坏。

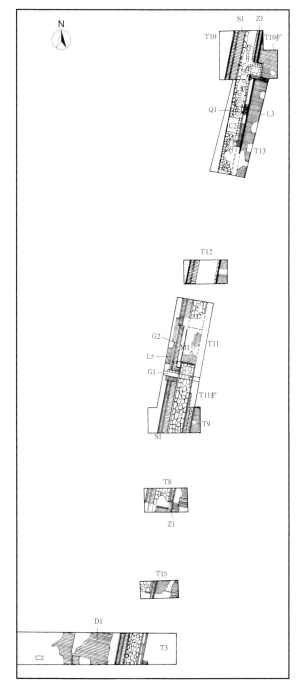

0　　　　　　10米

图Ⅲ-3　1995～1998TM砖砌道路L3分布图

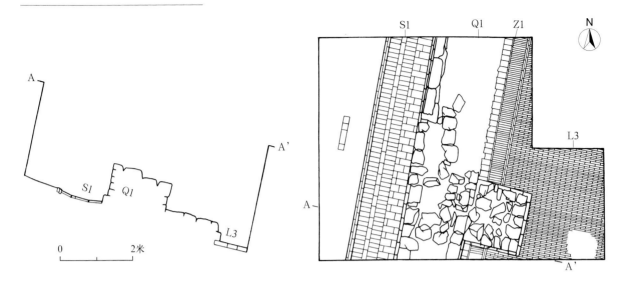

图Ⅲ-4　1995TMT10、T10扩内L3平剖面图

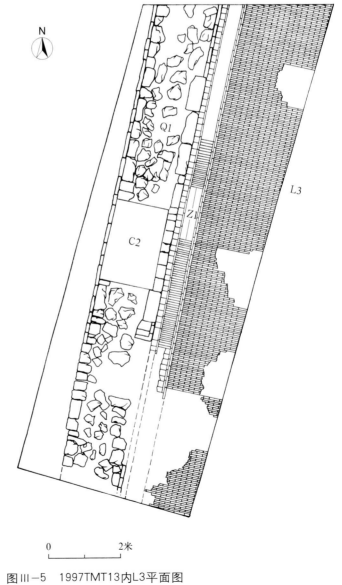

图Ⅲ-5　1997TMT13内L3平面图

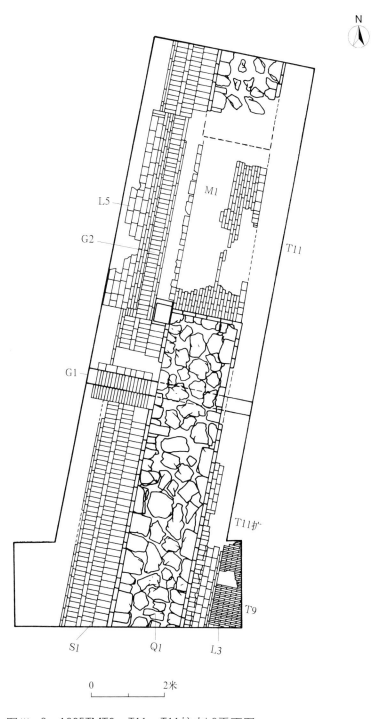

N

图Ⅲ−6 1995TMT9、T11、T11扩内L3平面图

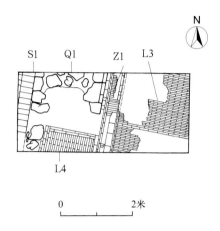

图Ⅲ-7　1995TMT8内L3平面图

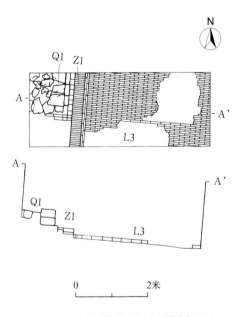

图Ⅲ-8　1997TMT15内L3平剖面图

第三章　出土遗物

因为L3在T13内保留最多，本章只介绍T13各地层中出土的遗物。较全面的遗物介绍请参见《南宋太庙遗址》。

第一节　第4层出土遗物

包括瓷器和铜钱两类，数量较少。

（一）瓷器

依釉色可分为青瓷、青白瓷、白瓷和黑釉瓷器。所属的窑口有龙泉窑、景德镇窑和定窑等。

1.龙泉窑青瓷器

器形有盘和器盖。

莲瓣盘

A型

标本T13④：4，可复原。口微敛，圆唇，曲腹，圈足。浅灰胎，质细，欠致密。青绿色釉，釉层厚，釉面有开片。外壁饰莲瓣纹，瓣脊突起，瓣尖明显。足底无釉，呈火石红色。口径13.2、足径7.7、高4.7厘米。（图Ⅲ-9：1；彩版Ⅲ-3：1）

子口器盖

标本T13④：2，可复原。子口，小圆纽，盖面隆起，盖沿平折。灰胎，质细密。青绿色釉。盖面饰莲瓣纹，瓣缘清晰，相互有重叠，瓣脊明显，瓣尖略显圆润。内沿无釉呈火石红色。直径13.0、子口口径10.1、高3.0厘米。（图Ⅲ-9：2；彩版Ⅲ-3：2）

2.景德镇窑青白瓷器

斗笠碗

标本T13④：3，可复原。敞口，尖唇，斜直腹，小内底，浅圈足。胎细白。釉色浅青，透亮。内壁有划花装饰，线条流畅。外底无釉。口沿处有镶釦痕迹。口径12.3、足径3.2、高4.4厘米。（图Ⅲ-9：3；彩版Ⅲ-3：3）

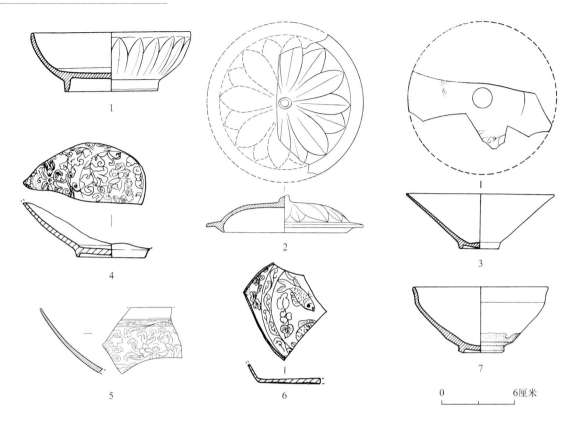

图Ⅲ-9　1997TMT13④出土龙泉窑、景德镇窑、定窑及未定窑口瓷器

1.龙泉窑青瓷莲瓣盘A型T13④：4　2.龙泉窑青瓷器盖T13④：2　3.景德镇窑青白瓷斗笠碗T13④：3　4.定窑白瓷碗
T13④：6　5.定窑白瓷碗T13④：7　6.定窑白瓷洗T13④：1　7.未定窑口黑釉瓷束口盏T13④：5

3.定窑白瓷器

器形有碗和洗，均为残片。

碗

标本T13④：6，腹底残片。斜曲腹，平底，矮圈足。白胎，胎质较细。釉色白中闪黄，透亮有光泽。内壁印缠枝牡丹纹。足底无釉。足径5.4、残高4.3厘米。（图Ⅲ-9：4；彩版Ⅲ-4：1）

标本T13④：7，口沿残片。芒口。胎细白且薄。釉色白中闪黄。内壁印缠枝牡丹纹，近口沿处饰一周卷草纹。残高5.0厘米。（图Ⅲ-9：5；彩版Ⅲ-4：2）

洗

标本T13④：1，腹底残片。斜直腹，平底。白胎，胎质较细。釉色白，底部积釉处微闪青，釉面晶莹透亮。内底心印游鱼纹，周围饰一周卷草纹，内壁印缠枝花纹，上饰一周弦纹。残高1.5厘米。（图Ⅲ-9：6；彩版Ⅲ-4：3）

4.未定窑口黑釉瓷器

束口盏

标本T13④：5，可复原。腹上部稍内折，向下斜收，内底下凹，浅圈足。胎质较粗，口唇和上腹部胎呈灰色，下腹部及底部胎呈砖红色。黑釉，口沿处呈铁锈色。施釉不及底。口径11.2、足径3.8、高5.3厘米。（图Ⅲ-9：7；彩版Ⅲ-4：4）

（二）铜钱

有祥符通宝和景定元宝。

祥符通宝

标本T13④：8，完整。旋读。北宋真宗大中祥符元年（1008年）始铸。直径2.5厘米。（图Ⅲ-10：1）

景定元宝

标本T13④：9，完整。对读。背文"元"。南宋理宗景定元年（1260年）始铸。直径2.9厘米。（图Ⅲ-10：2）

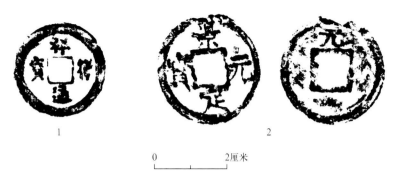

0　　　2厘米

图Ⅲ-10　1997TMT13④出土铜钱
1.祥符通宝T13④：8　2.景定元宝T13④：9

第二节　第3层出土遗物

包括陶器和瓷器两类，主要为瓷器。

（一）陶器

灯

标本T13③：40，残。灰黑色，泥质陶。柄中空。残高13.6厘米。（图Ⅲ-11）

（二）瓷器

按釉色有青瓷、青白瓷、白瓷、白地黑花瓷和黑釉瓷器，所属窑口有龙泉窑、越窑、景德镇窑、定窑、磁州窑和建窑等，部分瓷器产地不明。

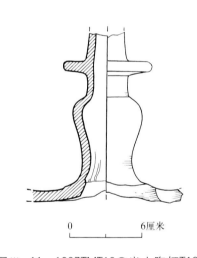

0　　　6厘米

图Ⅲ-11　1997TMT13③出土陶灯T13③：40

1.龙泉窑青瓷器

数量较多。器形有碗、盘、盏、钵和洗等。

莲瓣碗

标本T13③：26，口沿残片。浅灰胎。青绿色釉，釉面有开片。外壁饰莲瓣纹。口径21.6、残高5.4厘米。（彩版Ⅲ-5：1）

敞口碗

A型

标本T13③：16，可复原。圆唇，斜曲腹，小内底，圈足。灰胎，胎体厚重，胎质较细密。青绿色釉，釉面光滑，通体有开片。外底无釉。口径14.4、足径5.2、高5.9厘米。

（图Ⅲ－12：1；彩版Ⅲ－5：2）

侈口碗

B型

标本T13③：15，可复原。圆唇，曲腹，内底向上凸起，圈足较矮。灰胎。青黄色釉，通体有开片。内壁刻划游鸭戏荷纹间篦纹，内底刻划侧立荷叶，外壁刻折扇纹。外底无釉。口径19.0、足径5.7、高8.3厘米。（图Ⅲ－12：4；彩版Ⅲ－5：3）

C型

标本T13③：2，可复原。圆唇，垂腹，平底，圈足。浅灰胎，胎体粗厚。青绿色釉。内底心戳印菊花纹，以弦纹为框，内壁划花，外壁近口沿处划卷草纹，近足处划数道弦纹。外底无釉呈火石红色。口径19.0、足径7.2、高8.5厘米。（图Ⅲ－12：5；彩版Ⅲ－6：1）

碗残件

标本T13③：25，碗底残片。斜曲腹，圈足。灰胎，胎质略粗。灰青釉。内壁刻划花卉

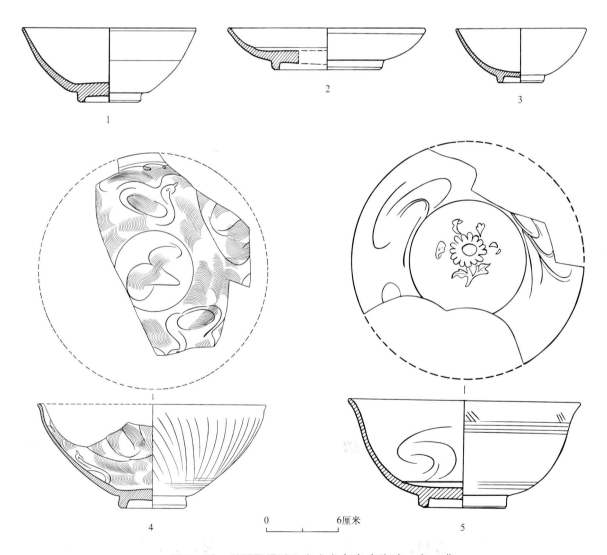

0   6厘米

图Ⅲ－12　1997TMT13③出土龙泉窑青瓷碗、盘、盏

1.敞口碗A型T13③：16　2.敞口盘D型T13③：1　3.盏T13③：4　4.侈口碗B型T13③：15　5.侈口碗C型T13③：2

和箆纹，外壁刻折扇纹。外底无釉。足径5.6、残高6.2厘米。（彩版Ⅲ-6：2）

敞口盘

D型

标本T13③：1，可复原。圆唇，曲腹，大圈足。灰胎，胎质较粗。青绿色釉，有乳浊感。口径16.1、足径9.0、高3.3厘米。（图Ⅲ-12：2；彩版Ⅲ-7：1）

盘残件

标本T13③：27，盘底残片。圈足。浅灰胎。青绿色釉。外底无釉呈火石红色。外底有墨书"杜□"。足径5.5、残高3.2厘米。（彩版Ⅲ-7：2）

盏

标本T13③：4，可复原。敞口，圆唇，曲腹，圈足。灰胎，胎质欠细密，胎体较厚。青绿釉偏灰，莹润有光泽，通体有疏朗开片。外底无釉。口径10.7、足径3.8、高4.4厘米。（图Ⅲ-12：3；彩版Ⅲ-7：3）

钵

标本T13③：28，腹底残片。斜直腹，平底。灰胎。青绿色釉。外壁箆划莲瓣纹。外底无釉。足径3.6、残高3.2厘米。（彩版Ⅲ-8：1）

洗

标本T13③：24，腹底残片。斜直腹，圈足。浅灰胎。粉青釉。足底无釉呈火石红色。足径17.2、残高5.0厘米。（彩版Ⅲ-8：2）

2. 越窑青瓷器

瓜形残件

标本T13③：20，残片。整器作南瓜状，上部贴饰叶片并开一小孔。灰胎。青绿色釉。内壁无釉。残高4.3厘米。（图Ⅲ-13；彩版Ⅲ-8：3）

3. 未定窑口青瓷器

器形有碗、盘、盏、碟、炉和灯。

敞口碗

C型

标本T13③：9，可复原。灰胎，胎质较粗。釉色青灰，内外壁皆有开片。外底无釉。高6.3厘米。（图Ⅲ-14：1）

D型

标本T13③：11，可复原。尖唇，曲腹，圈足。灰胎，胎质较粗。青褐色釉。外壁施釉不及底。内底有垫圈垫烧痕。口径13.9、足径6.0、高5.8厘米。（图Ⅲ-14：2；彩版Ⅲ-9：1）

侈口碗

C型

标本T13③：18，可复原。圆唇，垂腹，圈足。灰胎，底部胎体较厚，呈灰黄色，胎质

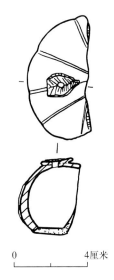

图Ⅲ-13　1997TMT13③
出土越窑青瓷瓜形残件
T13③：20

0　　　　4厘米

较粗疏。青釉偏灰。外壁可见轮旋痕。内外均施釉不及底。口径15.6、足径5.9、高6.8厘米。（图Ⅲ-14：3；彩版Ⅲ-9：2）

碗残件

标本T13③：5，口腹残片。侈口，斜曲腹。深灰胎。青黄色釉。内壁划莲纹和篦纹，外壁刻折扇纹。口径17.6、残高6.3厘米。（图Ⅲ-14：4；彩版Ⅲ-10：1）

侈口曲腹盘

标本T13③：38，可复原。圆唇，曲腹，小圈足。灰褐色胎，胎质较粗。青褐色釉。外壁施釉不及底。口径11.7、足径4.4、高3.4厘米。（图Ⅲ-14：5；彩版Ⅲ-11：1）

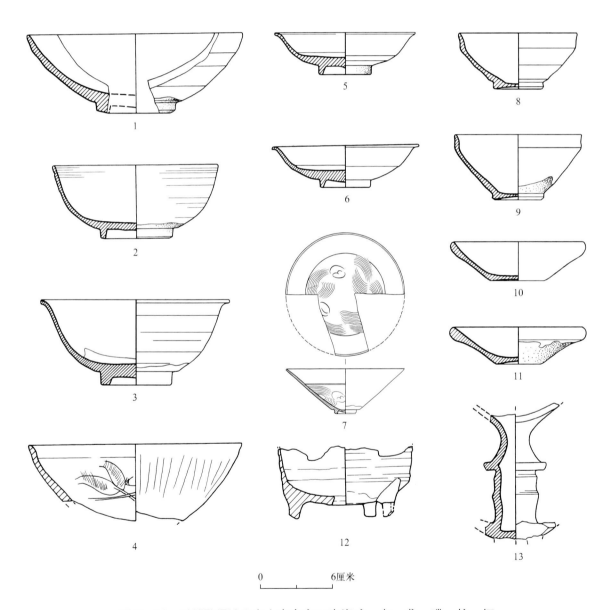

0   6厘米

图Ⅲ-14 1997TMT13③出土未定窑口青瓷碗、盘、盏、碟、炉、灯

1.敞口碗C型T13③：9 2.敞口碗D型T13③：11 3.侈口碗C型T13③：18 4.碗残件T13③：5 5.侈口曲腹盘T13③：38 6.折沿盘
T13③：17 7.斜腹盏T13③：13 8.束口盏T13③：7 9.束口盏T13③：8 10.平底碟T13③：14 11.平底碟T13③：42 12.樽式炉
T13③：21 13.灯残件T13③：10

折沿盘

标本T13③：17，可复原。圆唇，曲腹，圈足。深灰胎，质较细密，器底部胎体较厚。青褐色釉，腹部外壁透亮，光泽较好，内壁暗淡无光泽。腹部外壁可见凸弦纹。外底无釉。口径12.1、足径4.1、高3.3厘米。（图Ⅲ—14：6；彩版Ⅲ—10：3）

标本T13③：19，可复原。圆唇，曲腹，圈足。深灰胎，胎质欠细密。青褐色釉，施釉不及底。口径11.2、足径4.6、高2.6厘米。（彩版Ⅲ—10：2）

斜腹盏

标本T13③：13，可复原。敞口，斜直腹，鸡心底，小圈足。灰胎。青黄色釉。内壁篦划水波纹。圈足外侧近腹处有一圈刀削痕。施釉不及底。口径9.7、足径1.8、高3.6厘米。（图Ⅲ—14：7；彩版Ⅲ—11：2）

束口盏

标本T13③：7，可复原。尖唇，曲腹，饼足内凹。黄褐色胎，胎质较粗。灰绿色釉。施釉不及底。口径9.7、足径4.0、高4.5厘米。（图Ⅲ—14：8；彩版Ⅲ—12：1）

标本T13③：8，可复原。尖唇，斜直腹，饼足内凹。灰黄胎，胎质较粗。蓝紫色窑变釉，有乳浊感，口沿处呈褐色。施釉不及底。口径10.3、足径4.2、高5.2厘米。（图Ⅲ—14：9；彩版Ⅲ—12：2）

平底碟

标本T13③：14，可复原。圆唇，敞口，斜直腹，平底略内凹。灰胎，胎质较粗。内壁釉色青灰，外壁釉色青褐。口径10.9、底径4.3、高3.1厘米。（图Ⅲ—14：10；彩版Ⅲ—13：1）

标本T13③：42，可复原。灰褐胎，胎质较粗。青褐色釉，釉层薄。施釉不及底。口径11.2、底径3.4、高2.9厘米。（图Ⅲ—14：11；彩版Ⅲ—13：2）

樽式炉

标本T13③：21，残，仅存底、足和部分下腹部。筒腹，直壁，凹底中部镂孔，三兽蹄形足。薄胎薄釉。浅灰色胎，胎质偏松。青黄色釉，釉面光滑透亮，施釉处开片极细。内、外底均无釉。残高5.5厘米。（图Ⅲ—14：12；彩版Ⅲ—12：3）

灯

标本T13③：10，残件。灰胎，胎质略粗。青褐色釉。残高10.8厘米。（图Ⅲ—14：13；彩版Ⅲ—13：3）

4.景德镇窑青白瓷器

器形有碗、盒、罐和瓷塑。

碗

标本T13③：32，碗底残片。浅圈足。白胎，胎质细腻。釉色青白。内底心刻划牡丹纹和篦纹。外底无釉。外底有垫烧痕。足径5.6、残高2.3厘米。（彩版Ⅲ—14：1）

粉盒盖

标本T13③：22，可复原。母口。盖面弧鼓，盖壁直。白胎，胎质细腻。外壁施釉，釉色白中闪青，凹处积釉较多，明显泛青。盖面饰一仰莲。整个内壁仅中心处有釉，盖沿处

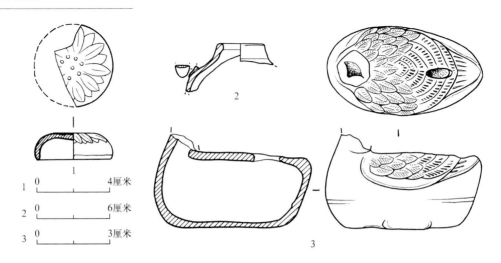

图Ⅲ-15 1997TMT13③出土景德镇窑青白瓷器盖、罐、鸭形塑像

1.粉盒盖T13③：22 2.罐T13③：23 3.鸭形塑像T13③：36

无釉。口径4.8、高1.5厘米。（图Ⅲ-15：1；彩版Ⅲ-14：2）

罐

标本T13③：23，口肩部残片。敛口，矮领，圆肩，仅一系残存。灰白色胎，胎质略粗欠细密。釉色青中闪白，领下部积釉处泛青，光泽莹润，开片细密。口沿处无釉。口径约3.9、残高3.8厘米。（图Ⅲ-15：2）

鸭形塑像

标本T13③：36，残。鸭形，鸭身翅膀汇集处有一孔。白胎，胎质较细。釉色青白。长6.4、宽3.6、残高3.8厘米。（图Ⅲ-15：3；彩版Ⅲ-15）

5.定窑白瓷器

碗

标本T13③：3，底部残件。圈足，鸡心底。白胎，胎质细腻，胎体较薄。釉色白中闪黄，有细碎开片。内底心模印双游鱼纹。足径6.1、残高1.3厘米。（彩版Ⅲ-16：1）

6.磁州窑白地黑花瓷器

器盖

标本T13③：34，残。子口。黄胎，胎质略粗，施化妆土。釉色黄白且薄。盖顶有褐彩装饰。直径4.9、残高2.5厘米。（彩版Ⅲ-16：2）

7.未定窑口白地黑花瓷器

碗

标本T13③：35，残底。圈足，鸡心底。黄褐色胎，胎质较粗，施化妆土。黄釉。内壁绘有黑彩花卉纹饰。外壁施釉不及底，圈足底部呈紫色。内底有支烧痕。足径6.0、残高2.8厘米。（图Ⅲ-16；彩版Ⅲ-16：3）

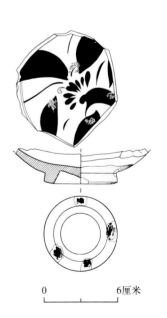

图Ⅲ-16 1997TMT13③出土未定窑口白地黑花瓷碗T13③：35

8.建窑黑釉瓷器

束口盏

标本T13③：12，可复原。圆唇，斜腹，浅圈足。深灰胎。黑釉，釉面有兔毫斑，釉层较厚，近口沿处呈棕色，施釉不及底。口径12.8、足径4.3、高6.6厘米。（图Ⅲ—17：1；彩版Ⅲ—16：4）

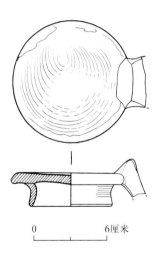

图Ⅲ—17　1997TMT13③出土建窑及未定窑口黑釉瓷盏
1.建窑黑釉瓷束口盏T13③：12　2.未定窑口黑釉瓷束口盏T13③：37

9.未定窑口黑釉瓷器

束口盏

标本T13③：37，可复原。圆唇，斜直腹，小圈足。灰胎，胎质较粗。黑釉，口沿处呈棕色。外壁施釉不及底。口径10.4、足径3.2、高5.3厘米。（图Ⅲ—17：2；彩版Ⅲ—16：5）

第三节　第2层出土遗物

包括陶器和瓷器两类，以瓷器为主。

（一）陶器

器盖

标本T13②：54，残。盖面平，沿部微卷，子口外撇，一侧有柄。深灰色，细泥质。盖面直径9.8、子口口径6.8、高1.9厘米。（图Ⅲ—18；彩版Ⅲ—17：1）

珠

标本T13②：55，完整。圆球形。红褐色，细泥质。直径2.3厘米。（彩版Ⅲ—17：2）

图Ⅲ—18　1997TMT13②
出土陶器盖T13②：54

（二）瓷器

按釉色可分为青瓷、青白瓷、白地黑花瓷、黑釉瓷和青花瓷器，以青瓷为多见。所属的窑口有龙泉窑、景德镇窑、磁州窑、吉州窑和建窑等，部分瓷器窑口不明。

1.龙泉窑青瓷器

器形有碗、盘、洗、炉、鸟食罐、罐和灯等，另有少量不明器形的残片。

莲瓣碗

B型

标本T13②：1，可复原。口微侈，圆唇，斜直腹，平底，圈足。灰胎，胎质较细，欠致密。青黄色釉，釉面光滑，釉层玻璃质感强。外壁刻双层莲瓣纹。外底无釉。口径

17.1、足径5.3、高7.5厘米。（图Ⅲ—19：1；彩版Ⅲ—17：3）

C型

标本T13②：7，可复原。敞口，尖唇，斜曲腹，凹底，圈足矮直。深灰色胎，胎质细，欠致密。青绿色釉。外壁刻划莲瓣纹，花瓣窄长，形似菊瓣。足底无釉呈火石红色。口径17.7、足径4.8、高7.4厘米。（图Ⅲ—19：2；彩版Ⅲ—17：4）

敞口碗

A型

标本T13②：2，可复原。圆唇，斜曲腹，圈足，底心微弧鼓，印一方形戳记。浅灰胎，胎质较细密。青绿色釉。腹部外壁有轮制留下的弦纹。外底无釉。口径15.8、足径5.2、高5.4厘米。（图Ⅲ—19：3；彩版Ⅲ—18：1）

C型

标本T13②：5，可复原。圆唇，曲腹，圈足稍内收。浅灰胎，胎质较细较松。青绿色釉，釉面光亮。外壁下腹部纹饰似蒲公英，其上有数圈平行细线纹。足底无釉呈火石红色。口径17.7、足径4.7、高7.5厘米。（图Ⅲ—19：4；彩版Ⅲ—18：2）

侈口碗

C型

标本T13②：10，可复原。圆唇，垂腹，底较平，圈足。深灰胎，胎体较厚，胎质较粗松。青灰色釉，釉面有开片。外底一圈无釉。口径16.5、足径6.2、高6.5厘米。（图Ⅲ—19：5；彩版Ⅲ—19：1）

莲瓣盘

B型

标本T13②：4，可复原。敞口，圆唇，斜曲腹，底较平，圈足。灰胎。青黄色釉，釉面有开片，玻璃质感强。腹外壁饰莲瓣纹。外底无釉。口径14.8、足径5.6、高3.9厘米。（图Ⅲ—19：6；彩版Ⅲ—19：2）

敞口盘

D型

标本T13②：44，可复原。圆唇，曲腹，大圈足。灰胎，胎质较粗。青绿色釉，有乳浊感。内外底心皆有垫饼垫烧痕。口径12.7、足径7.2、高3.2厘米。（图Ⅲ—19：7；彩版Ⅲ—20：1）

标本T13②：8，可复原。圆唇，垂腹，腹较浅，大圈足。灰白胎，胎质细密。青绿色釉。内底心涩胎，外底无釉。口径12.4、足径7.2、高3.0厘米。（图Ⅲ—19：8；彩版Ⅲ—20：2）

侈口盘

B型

标本T13②：24，可复原。圆唇，曲腹，圈足。灰胎，胎质较粗。浅青绿色釉。内底印莲花纹。外底无釉。口径12.3、足径5.7、高3.8厘米。（图Ⅲ—19：9；彩版Ⅲ—21：1）

图Ⅲ－19 1997TMT13②出土龙泉窑青瓷碗、盘、洗、炉、罐、灯

1.莲瓣碗B型T13②:1 2.莲瓣碗C型T13②:7 3.敞口碗A型T13②:2 4.敞口碗C型T13②:5 5.侈口碗C型T13②:10 6.莲瓣盘B型
T13②:4 7.敞口盘D型T13②:44 8.敞口盘D型T13②:8 9.侈口盘B型T13②:24 10.侈口盘C型T13②:6 11.侈口洗T13②:9 12.
樽式炉T13②:13 13.缠枝花炉T13②:15 14.缠枝花炉T13②:16 15.鸟食罐T13②:17 16.罐T13②:30 17.灯T13②:12

C型

标本T13②：6，可复原。花口，折腹，内底平，圈足稍内收。浅灰胎，胎质略粗。青绿色釉。内壁刻划缠枝纹。外底刮釉一周，露胎处呈火石红色。口径12.8、足径5.3、高3.0厘米。（图Ⅲ-19：10；彩版Ⅲ-21：3）

侈口洗

标本T13②：9，可复原。侈口，斜直腹向下折收，圈足。灰胎，胎体较薄。青绿色釉。足底无釉。口径9.0、足径4.1、高3.1厘米。（图Ⅲ-19：11；彩版Ⅲ-21：2）

樽式炉

标本T13②：13，口腹残片。直口，宽唇内折，唇面下凹，筒腹。灰白胎，胎质较粗。浅青绿色釉，有细碎开片。外壁有凸弦纹。口径14.4、残高6.0厘米。（图Ⅲ-19：12；彩版Ⅲ-22：1）

缠枝花炉

标本T13②：15，口沿残片。灰白胎，胎质较粗。深青绿色釉。内壁堆贴莲花，外壁堆贴草叶。复原口径17.6、残高4.1厘米。（图Ⅲ-19：13；彩版Ⅲ-22：2）

标本T13②：16，口腹残片。灰白胎，胎质较粗，有杂质。青绿色釉。外壁堆贴花卉。残高6.8厘米。（图Ⅲ-19：14；彩版Ⅲ-22：3）

鸟食罐

标本T13②：17，残片。灰胎。青绿色釉。残高3.8厘米。（图Ⅲ-19：15；彩版Ⅲ-22：4）

罐

标本T13②：30，口肩残片。方唇，宽平沿，直领，圆肩。灰胎，胎质较粗。青黄色釉。口径13.6、残高5.8厘米。（图Ⅲ-19：16；彩版Ⅲ-22：5）

灯

标本T13②：12，灯座残件。灰胎，胎质较粗。青绿色釉，有开片。残高10.2厘米。（图Ⅲ-19：17；彩版Ⅲ-22：6）

2.未定窑口青瓷器

器形有碗、盘、盏、灯盏、器盖、盒、钵和炉等，另有少量不明器形的残片。

敞口碗

B型

标本T13②：43，可复原。圆唇，曲腹，圈足。灰胎，胎质略粗。青黄色釉，内外壁皆有开片。内壁有刻划纹样。外底无釉。口径17.8、足径5.8、高5.6厘米。（图Ⅲ-20：1；彩版Ⅲ-23：1）

侈口碗

A型

标本T13②：41，可复原。尖唇。胎色灰白，胎质较粗。釉色青灰。内壁有刻划纹饰。足底及外底无釉。口径14.2、足径5.8、高4.2厘米。（图Ⅲ-20：2；彩版Ⅲ-23：2）

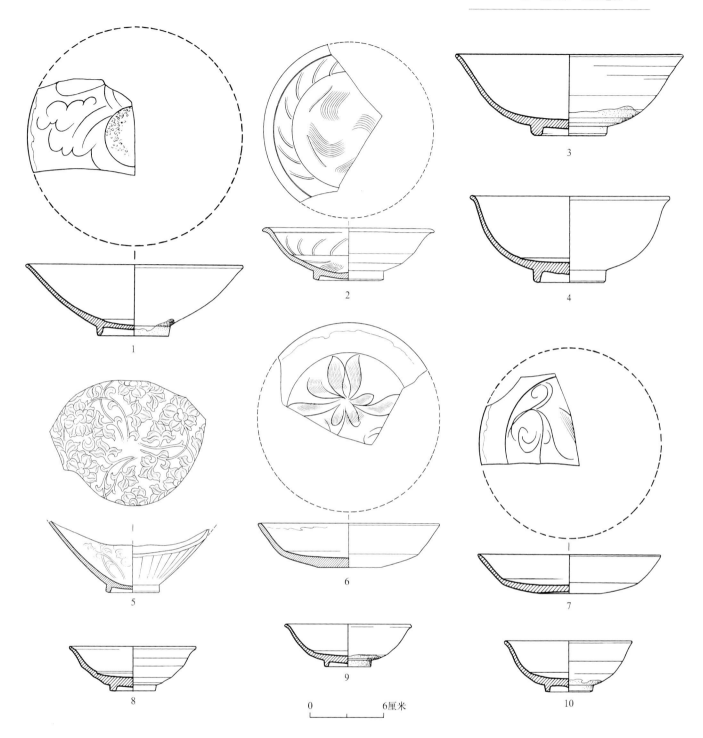

图III-20　1997TMT13②出土未定窑口青瓷碗、盘、盏

1.敞口碗B型T13②：43　2.侈口碗A型T13②：41　3.侈口碗C型T13②：33　4.侈口碗C型T13②：50　5.碗残件T13②：11　6.敞口折腹
盘T13②：3　7.敞口折腹盘T13②：37　8.侈口曲腹盘T13②：34　9.侈口曲腹盘T13②：48　10.曲腹盏T13②：31

　　标本T13②：46，残。灰胎，胎质较粗。釉色青白泛灰。内壁饰有篦划纹。足底及外底无釉。口径13.0、足径4.4、高3.8厘米。（彩版III-23：3）

　　C型

　　标本T13②：33，可复原。圆唇。灰白胎，胎质较细。淡青釉泛灰白色。外壁施釉不及

底。内底有垫圈烧痕。口径18.9、足径6.4、高6.5厘米。（图Ⅲ—20：3；彩版Ⅲ—24：1）

标本T13②：50，可复原。灰胎，胎质较粗。青黄色釉，内外壁皆有开片。外底无釉。口径16.6、足径6.0、高6.9厘米。（图Ⅲ—20：4；彩版Ⅲ—24：2）

碗残件

标本T13②：11，腹底残件。斜直腹，圈足。灰胎。青绿色釉。内壁模印卷草花卉纹，外壁刻折扇纹。足底及外底无釉。足径4.4、残高5.7厘米。（图Ⅲ—20：5；彩版Ⅲ—25：1）

标本T13②：36，腹底残片。圈足，鸡心底。灰胎，胎质略粗。釉色淡青泛灰黄。内壁有刻划花纹饰。足底及外底无釉。外底心墨书"陈□"。足径6.3、残高4.2厘米。（彩版Ⅲ—25：2）

敞口折腹盘

标本T13②：3，可复原。圆唇，平底。浅灰色胎，胎质细，欠致密，胎体较厚重。淡青色釉，釉面光滑，腹外壁较透亮，内壁略显浑浊，口沿处积釉明显。内底心刻划荷花纹，荷花纹内饰篦划纹。外底无釉。口径15.1、足径5.1、高3.5厘米。（图Ⅲ—20：6；彩版Ⅲ—26：1）

标本T13②：37，可复原。尖唇，平底。白胎，胎质较粗。青灰色釉。内底刻划花。底部无釉。外底墨书文字。口径15.4、足径4.8、高3.1厘米。（图Ⅲ—20：7；彩版Ⅲ—26：2）

侈口曲腹盘

标本T13②：34，可复原。圆唇，小圈足。灰黑胎，胎质较粗。青黄色釉。外壁施釉不及底。口径10.5、足径3.7、高3.6厘米。（图Ⅲ—20：8；彩版Ⅲ—27：1）

标本T13②：48，可复原。灰黑胎，胎质较粗。青绿色釉。外壁施釉不及底。口径10.5、足径3.9、高3.4厘米。（图Ⅲ—20：9；彩版Ⅲ—25：3）

曲腹盏

标本T13②：31，可复原。圆唇，侈口，小圈足。灰胎，胎质较粗。青黄色釉，内外皆有开片。外壁施釉不及底。口径10.6、足径4.0、高4.1厘米。（图Ⅲ—20：10；彩版Ⅲ—27：2）

灯

标本T13②：47，可复原。盏部直口，垂腹，从残破处可见夹层，盏心有一圆柱形突起，中空；下部呈喇叭形口，外壁有棱状凸起。灰胎。釉色淡青略泛绿，通体有细碎开片。外壁饰有莲瓣纹。施釉不及底。口径8.2、足径7.2、高13.3厘米。（图Ⅲ—21：1；彩版Ⅲ—28：2）

标本T13②：42，可复原。盏部平唇，敞口，曲腹，中间有一圆柱状突起，中空；高圈足外撇。黄白胎，胎质略粗。青褐色釉。口沿处无釉，下部施釉不及底。口径5.7、足径4.9、高3.3厘米。（图Ⅲ—21：2；彩版Ⅲ—28：1）

器盖

标本T13②：14，可复原。子口。灰胎。青褐色釉。口沿无釉。盖径9.7、子口径

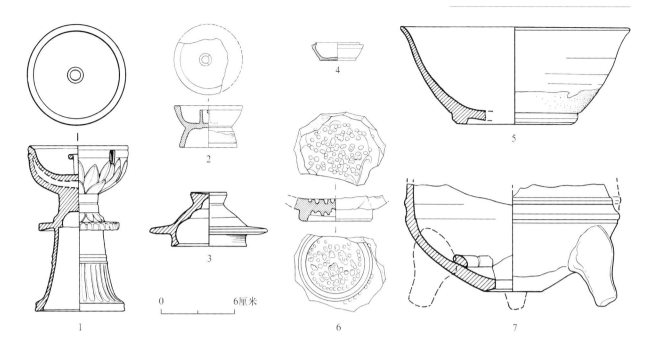

图Ⅲ—21　1997TMT13②出土未定窑口青瓷灯、器盖、盒、钵、炉等
1.灯T13②：47　2.灯T13②：42　3.器盖T13②：14　4.盒T13②：40　5.钵T13②：32　6.不明残件T13②：39　7.樽式炉T13②：35

6.2、高4.3厘米。（图Ⅲ—21：3；彩版Ⅲ—29：1）

　　盒

　　标本T13②：40，可复原。子口。胎色黄白，胎质较粗。釉色黄且有开片。外壁施釉不及底。子口口径3.6、外沿径4.2、足径3.0厘米。（图Ⅲ—21：4；彩版Ⅲ—29：2）

　　钵

　　标本T13②：32，残。圆唇，曲腹，圈足。灰胎，胎质较粗。青黄色釉，内外壁皆有细碎开片。外壁施釉不及底。内底有垫圈垫烧痕。口径19.0、足径10.6、高7.9厘米。（图Ⅲ—21：5；彩版Ⅲ—29：3）

　　樽式炉

　　标本T13②：35，腹底残片。筒腹，平底，底部有一孔，仅余一蹄足。胎色灰白，胎质略粗。釉色青黄且有开片。内外壁施釉均不及底。残高10.0厘米。（图Ⅲ—21：7；彩版Ⅲ—29：4）

　　不明残件

　　标本T13②：39，残底。圈足。灰胎，胎质较粗。青绿色釉。内底有纹饰，残底通体有镂孔。外底无釉。足径6.0、残高2.0厘米。（图Ⅲ—21：6；彩版Ⅲ—29：5）

　　3.景德镇窑青白瓷器

　　器形有碗、盏和杯。

　　菊瓣碗

　　标本T13②：25，碗底残片。曲腹，圈足。白胎，胎质略粗。青白色釉，有乳浊感。内壁有纹饰，外壁饰菊瓣纹。外底无釉。足径5.7、残高4.2厘米。（彩版Ⅲ—30：1）

斗笠碗

标本T13②：19，可复原。敞口，尖唇，斜直腹，小圈足。白胎，胎质较细腻。青白色釉，内底心积釉处泛绿，内外壁皆有开片。外底无釉。外底心墨书"二"字。口径12.0、足径3.2、高4.1厘米。（图Ⅲ-22：1；彩版Ⅲ-30：2）

碗残件

标本T13②：20，残底。高圈足。白胎，胎质较细腻。青白色釉。内底心刻有一"詹"字，以花卉纹为框。外底无釉。足径5.1、残高4.2厘米。（图Ⅲ-22：2；彩版Ⅲ-30：3）

盘残件

标本T13②：22，残底。大圈足。白胎，胎质较细腻。青白色釉，外壁近圈足处积釉泛青。内底饰有纹饰。外底心有垫饼垫烧痕。足径6.0、残高3.2厘米。（图Ⅲ-22：3；彩版Ⅲ-31：1）

盏

标本T13②：45，可复原。芒口外侈，圆唇，曲腹，小圈足。灰白色胎，胎质略粗。青白色釉偏灰，内外壁皆有开片。口径9.6、足径3.2、高3.3厘米。（图Ⅲ-22：4；彩版Ⅲ-31：2）

杯

标本T13②：21，可复原。圆唇，敞口外撇，垂腹，小圈足，鸡心底。白胎，胎质较细腻。青白色釉，内外壁皆有开片，外壁近圈足处积釉泛青。外底无釉。口径8.0、足径

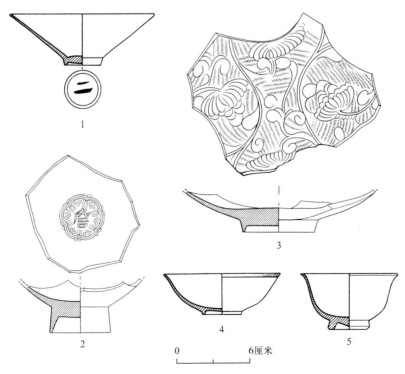

图Ⅲ-22　1997TMT13②出土景德镇窑青白瓷碗、盘、盏、杯

1.斗笠碗T13②：19　2.碗残件T13②：20　3.盘残件T13②：22　4.盏T13②：45　5.杯T13②：21

3.2、高4.5厘米。（图Ⅲ－22：5；彩版Ⅲ－31：3）

4.磁州窑白地黑花瓷器

量少，均残片。

标本T13②：26，残片。黄白色胎，胎质较粗，施化妆土。内壁黑釉，外壁黄白釉。绘有黑彩龙纹。残长9.5、残宽5.5厘米。（彩版Ⅲ－31：4）

5.吉州窑白地黑花瓷器

标本T13②：18，腹残片。黄色胎，胎质较粗。黄色釉。外壁绘有缠枝蔓草纹。内壁有波浪状突起。残长9.9、残宽7.3厘米。（彩版Ⅲ－31：5）

6.建窑黑釉瓷器

束口盏

标本T13②：49，可复原。尖唇，下腹近斜直，小圈足。灰胎。黑釉，口沿处呈棕色。外壁施釉不及底。口径10.9、足径3.3、高5.0厘米。（图Ⅲ－23：1；彩版Ⅲ－32：1）

7.吉州窑黑釉瓷器

玳瑁盏

标本T13②：27，口腹残片。侈口，圆唇，曲腹。黄白胎，胎质略粗。黑釉，内外壁均有玳瑁斑。口径12.0、残高4.3厘米。（图Ⅲ－23：4；彩版Ⅲ－32：2）

8.未定窑口黑釉瓷器

束口盏

标本T13②：28，可复原。尖唇，下腹近斜直，小圈足。灰褐色胎，胎质较粗。黑釉。外壁施釉不及底。口径11.4、足径3.6、高5.4厘米。（图Ⅲ－23：2；彩版Ⅲ－32：4）

标本T13②：29，可复原。尖唇，下腹近斜直，小圈足。灰黄色胎，胎质较粗。黑釉，口沿处呈棕色。外壁施釉不及底。外壁书有不明标记。口径10.4、足径3.2、高4.6厘米。（图Ⅲ－23：3；彩版Ⅲ－32：3）

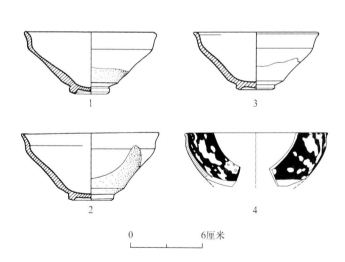

图Ⅲ－23　1997TMT13②出土建窑、吉州窑及未定窑口
黑釉瓷盏

1.建窑束口盏T13②：49　2.未定窑口束口盏T13②：28　3.未定窑口束口盏T13②：29　4.吉州窑玳瑁盏T13②：27

第四章　L3年代与性质

第一节　地层年代分析

以土质土色为主要依据所划分的地层，自下而上叠压有序，关系明确。现以各地层中出土的瓷片为主要依据，推测地层的年代。

第1层堆积中包含了大量的近现代瓷器碎片、现代垃圾、近现代建筑废弃物等，其性质为近现代废弃物。

第2层堆积中所包含的瓷片，其各自的特征在时代上跨度较大，不仅包含了明清时期的瓷片，也包含了南宋、元的各类瓷片。综合观察第2层出土的这些瓷片，我们发现：（1）所出土瓷器中以青花瓷的数量最大，且均为明清时期的产品，尚有制作较精细的粉彩、颜色釉瓷等；（2）在出土的龙泉青瓷中，有一批青瓷（如菊瓣纹、回纹装饰的碗等）在该层出土瓷片中所占的比例也较大，釉色青灰，光泽黯淡，且器底多不施釉，足部处理粗糙，应是明代及以后的产品；（3）出土的南宋、元代的瓷片，并不是第2层出土瓷器中的主流，应该是早期遗物被扰乱后混到了晚期地层中。而且，该层遗迹中的水池遗迹C2，是明代的储水设施，在杭州历年的考古发掘中类似的储水设施已发现多处，如在南宋临安府衙署遗址的明代遗迹中就有发现[①]。

第3层堆积中出土的瓷片多为青瓷，尤以龙泉窑元代青瓷为主，也包含了部分宋代瓷片，不见青花瓷，也无粉彩和颜色釉瓷及其他明清时期或更晚的瓷器产品。该层中出土的龙泉青瓷，造型多显稳健，胎体多较厚重致密，釉色多显灰青，腹内外壁及内底的装饰特征也均符合元代的特征。出土的青白瓷中亦可见下腹部饰莲瓣纹的瓶等器物，是典型的元代产品。

第4层中出土的瓷器，数量不多，却多具有南宋的时代特征：

属龙泉窑的这几件青瓷器，T13④：2器盖，釉色青绿，小圆纽，盖面饰莲瓣纹，较丰满，瓣缘处有重叠，主茎凸起，瓣尖略显圆润，与《龙泉青瓷简史》中提到的一件刻花莲瓣盖碗的盖子形制相同，应是南宋后期的产品[②]；T13④：4碗，浅腹，釉色青绿，釉层厚，釉面有开片，足底为火石红色，外壁饰莲瓣纹，莲瓣分层叠压，主茎凸起，瓣尖明

---

① 杭州市文物考古所《杭州南宋临安府衙署遗址》，《文物》2002年10期。
② 朱伯谦《龙泉青瓷简史》，《龙泉青瓷研究》，第1～37页、图版五-4，文物出版社，1989年版。

显，从其胎釉的特征和莲瓣的形态来判断应是南宋后期龙泉窑较精美的产品。

属景德镇窑的青白瓷碗T13④：3，斜直腹，小内底，浅圈足，内壁有简单划花装饰，习惯上称这种形制的碗为"斗笠碗"。从目前的发现来看，北宋后期这种斗笠碗即已出现，南宋时已很常见。该斗笠碗与四川遂宁金鱼村南宋窖藏出土的青白瓷Ⅰ型1式碗（SJH475）形制相同，但尺寸偏小[①]。与合肥北宋马绍庭夫妻合葬墓1号棺内出土的Ⅲ式瓷碗尺寸接近，形制相似，但内底形态略有差异，圈足也较之矮[②]。T13④：3外底无釉，圈足足底粗糙，应为仰烧而成。青白瓷斗笠碗到南宋中晚期时已是覆烧为主，多为芒口，但T13④：3不是芒口，口沿处仍镶釦，可能是后期镶上去的。因而，我们认为T13④：3这件青白瓷斗笠碗应是南宋早或中期的产品。

属定窑的这几件白瓷器，T13④：6 和T13④：7应是定窑的产品，可能是来源于宋金时期的北方定窑；而T13④：1这件产品，釉色白中微闪青，釉面晶莹透亮，制作精美，其年代可能要早于T13④：6 和T13④：7，但也不排除是景德镇窑南宋产品的可能。

T13④：5这件黑釉盏，可能是江西吉州窑的产品，也可能是来源于浙江境内临安等地的某个窑址，而不应是建窑的产品。器形上，该盏束口，斜腹壁，浅圈足，内底下凹，与建窑盏形似，但体形偏小，胎体偏薄，这样的器形在目前所见的黑釉盏纪年瓷器中，其年代多为南宋[③]。这件盏釉色上虽然也属黑釉，而且口沿处也显铁锈色，但与建窑的黑釉盏相比，该盏釉色浑厚、光泽差，且其无釉处胎壁显砖红色，不同于建窑盏，倒与德清窑的黑釉产品有相似之处。另外，该盏胎质较粗，颗粒分布欠均匀，不同于建窑，也与吉州窑黑釉产品的胎质存在差异。目前杭州地区出土的这类黑釉盏，其年代通常定为南宋。

在第4层中还出土了两枚宋代铜钱：祥符通宝和景定元宝。

纵观这四个地层，我们发现第4层中所包含的瓷器，其年代最晚者也还能归到南宋；第3层中出土的瓷器未见明清及以后的产品；第2层中的瓷器以明清青花瓷器为大宗。结合各地层有序叠压的这种关系，我们推测：

第1层堆积为近现代废弃物堆积层；

第2层堆积的时代为明清时期；

第3层堆积主要形成于元代，包含了部分宋代遗物；

第4层堆积的年代应为南宋。

第二节　L3年代与性质

砖砌道路遗迹L3与地层及其他遗迹之间的叠压或打破关系如下：

（1）砖砌道路遗迹L3大部分叠压在第4层下，有部分被太庙东围墙遗迹Q1叠压，西侧

---

① 遂宁市博物馆、遂宁市文物管理所《四川遂宁金鱼村南宋窖藏》，《文物》1994年4期。
② 合肥市文物管理处《合肥北宋马绍庭夫妻合葬墓》，《文物》1991年3期。
③ 刘涛《宋辽金纪年瓷器》，文物出版社，2004年版。

包边叠压在Z1下；

（2）砖砌道路遗迹L4与L3垂直相接，且二者处于同一平面。其向西延伸方向被Q1的墙基打破，西侧包边叠压在Z1下；

（3）L3与Q1衔接处的砖砌结构Z1叠压在第4层下。

由此推定，L3的始筑年代早于Q1，而Q1和Z1的始筑年代早于第4层堆积形成的年代。

由前一节对地层堆积所作的年代分析可知，第4层堆积的年代为南宋。因此，砖砌道路遗迹L3和太庙东围墙遗迹Q1的始筑年代均应不晚于南宋。据文献记载，南宋太庙始建于绍兴四年（1134年）。据此，推断其东围墙遗迹的建筑年代在绍兴四年，砖砌道路L3的年代则在绍兴四年之前。

砖砌道路遗迹L3的主体为28～30×8～10×4～4.5厘米的"香糕砖"砌筑而成。从杭州历年的考古发掘来看，这种规格的长方砖至少在南宋时已是修筑道路的常见用砖类型。在地理位置上，L3在南宋太庙东墙外，与部分中山南路重叠。依《咸淳临安志》卷一所载之"皇城图"所示，太庙应是紧邻御街的。由此可以确定，砖砌道路遗迹L3的性质为南宋御街。

 严官巷

2003年底，为缓解西湖景区交通压力，杭州市委、市政府决定在景区东南部开凿万松岭隧道。按照工程设计，万松岭隧道东接线将沿上城区严官巷东行，过中山南路，连接中河路与上仓桥交叉口。

获悉万松岭隧道建设的消息后，杭州市文物考古所立即组织工作人员对隧道建设沿线进行了调查。通过对南宋临安城历年考古资料的梳理，结合文献记载、古旧地图标注以及地理位置综合考虑，认为在隧道东接线（即严官巷段）建设地块埋藏南宋临安城相关遗迹、尤其是南宋御街的可能性相当大，有必要进行抢救性考古发掘。

经国家文物局批准，由杭州市文物考古所派出的严官巷考古队于2003年底正式进驻万松岭隧道建设工地，着重对严官巷段埋藏的地下文物进行抢救性考古发掘。考古队克服了工期紧、任务重等困难，根据建设所涉地块房屋拆迁进度，紧随其后，见缝插针，合理安排，尽最大可能对隧道东接线工程范围内的地下文物做了最大范围的抢救性发掘。

整个野外发掘工作自2003年12月5日开始，至2004年8月10日结束，历时9个月，集中对严官巷与白马庙巷、高士坊巷之间的十字交叉区域进行了发掘，总发掘面积1000多平方米。

随着发掘工作的逐渐深入，大量建筑遗迹显露出来，其早晚层叠有序，类型丰富，保存良好，特别是南宋御街和官式建筑的发现，其重要价值与意义受到了考古专家们的充分肯定。中国考古学会理事长徐苹芳先生、中国社会科学院考古研究所徐光冀、杨鸿、朱岩石先生以及北京大学严文明、秦大树先生等，都曾亲临发掘现场考察与指导工作，并对遗址的保护提出了宝贵意见和建议。严官巷南宋御街的发现也引起了杭州市委、市政府高度重视，并指示"隧道要通，御街也要保"、"一定要把遗迹保护下来，对公众展示"。出于对遗址后期保护性展示效果的考虑，特别是要充分展示杭州城市建设由早及晚叠压有序的历史轨迹，考古队在清理过程中，对不同时期的遗迹都视其重要性和保存状况作了不同程度的保留。

2005年4月，严官巷南宋御街遗址荣膺"2004年度全国十大考古新发现"。2006年10月1日，严官巷"南宋遗址陈列馆"落成并正式对市民开放。

本次发掘考古领队由杜正贤担任，参与发掘工作人员有唐俊杰、劳伯敏、陈航、沈国良、赵一杰、何国伟。

第一章　探方分布与地层堆积

第一节　探方分布

　　严官巷遗址的发掘，被大致东西走向的严官巷、南北走向的白马庙巷与高士坊巷分割为东北、西北、西南、东南四个发掘区进行，发掘区呈四角象限分布（图Ⅳ-1；彩版Ⅳ-1）。共布设探沟6条，编号2004HYT1～T6（行文中省称为T1～T6，遗迹的编号也采用省称）。由于这次发掘是配合基本建设进行，考古队在保证安全的前提下，本着在有限范围内最大限度地揭露和保护地下文物的原则，视房屋拆迁工作的进度确定探沟的布设、大小、形状、扩方与否，因此，探沟的形状不甚规则。

　　东北发掘区位于严官巷的北侧、白马庙巷的东侧。最初在该区布设探沟两条，其中，东侧探沟编号为T4，西侧探沟编号为T6，二者间距20米。后根据发掘的需要，二者均逐步向四周扩方，最终连为一体。整个发掘区东西最大长度约76米，南北最大宽度约12米，平面呈狭长不规则形，发掘总面积近700平方米。以发掘区东南角为基点，T4东壁为发掘区方向，该发掘区的方向为北偏东15°。

　　西北发掘区位于严官巷以北、白马庙巷以西地块，西邻杭州市第四人民医院。在该发掘区布探沟一条，编号T2，规格13.5×8.5米，发掘面积约115平方米。以西南角为基点，西壁为探沟方向，该探沟方向为北偏西3°。

　　西南发掘区位于位于严官巷的南侧、高士坊巷的西侧。在该区布探沟一条，编号为T1，东西长30米，南北最宽为7.5米，发掘面积约185平方米。以西南角为基点，西壁为探沟方向，其方向为北偏西3°。

　　东南发掘区位于严官巷的南侧、高士坊巷的东侧，西距西南发掘区7米。在该区共布相邻探沟两条，其中，西侧探沟编号为T3，东侧探沟编号为T5，二者间距1米。以西南角为基点，西壁为探沟方向，T3方向为北偏东5°，T5方向为北偏东4°，T3平面呈长方形，规格9×3米，发掘面积为27平方米；T5平面呈长方形，规格3×6米，发掘面积为18平方米。

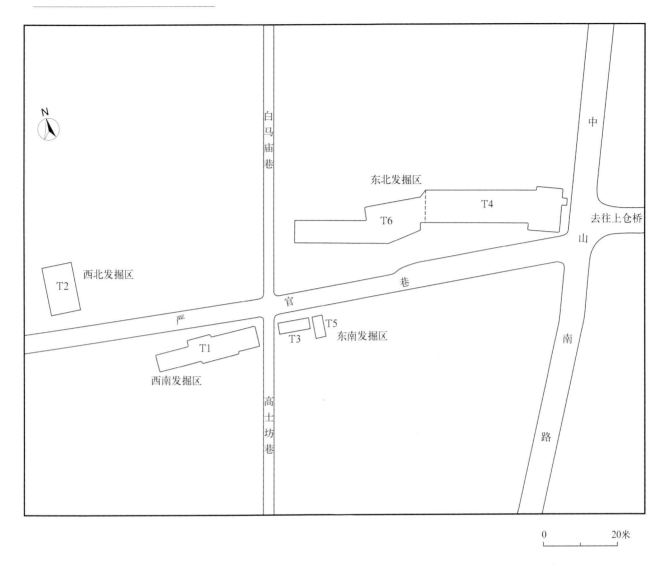

图Ⅳ-1 2004HY探沟分布平面图

第二节 地层堆积

本次发掘的四个区六条探沟，虽然中间有街巷相隔，但距离还是比较近的，其地层堆积情况亦基本相似。特别是第1层、第2层和第3层堆积，未见遗迹现象，土质土色和包含物接近，各区之间可相互对应。但第4层以下堆积，遗迹现象复杂多样，堆积成因也可能不尽相同，不宜盲目对应。

为保持材料的客观性，下面将地层关系复杂、遗迹现象较丰富、遗迹类型存在较大差别的东北发掘区和西南发掘区的地层堆积分别介绍。前者以T4和T6北壁为例，后者以T1北壁为例。东南发掘区自上而下仅清理到第3层，其地层情况可参考以上两区。西北发掘区清理到了第4层，遗迹现象简单，类型更接近东北发掘区，故其地层情况可参考东北发掘区。

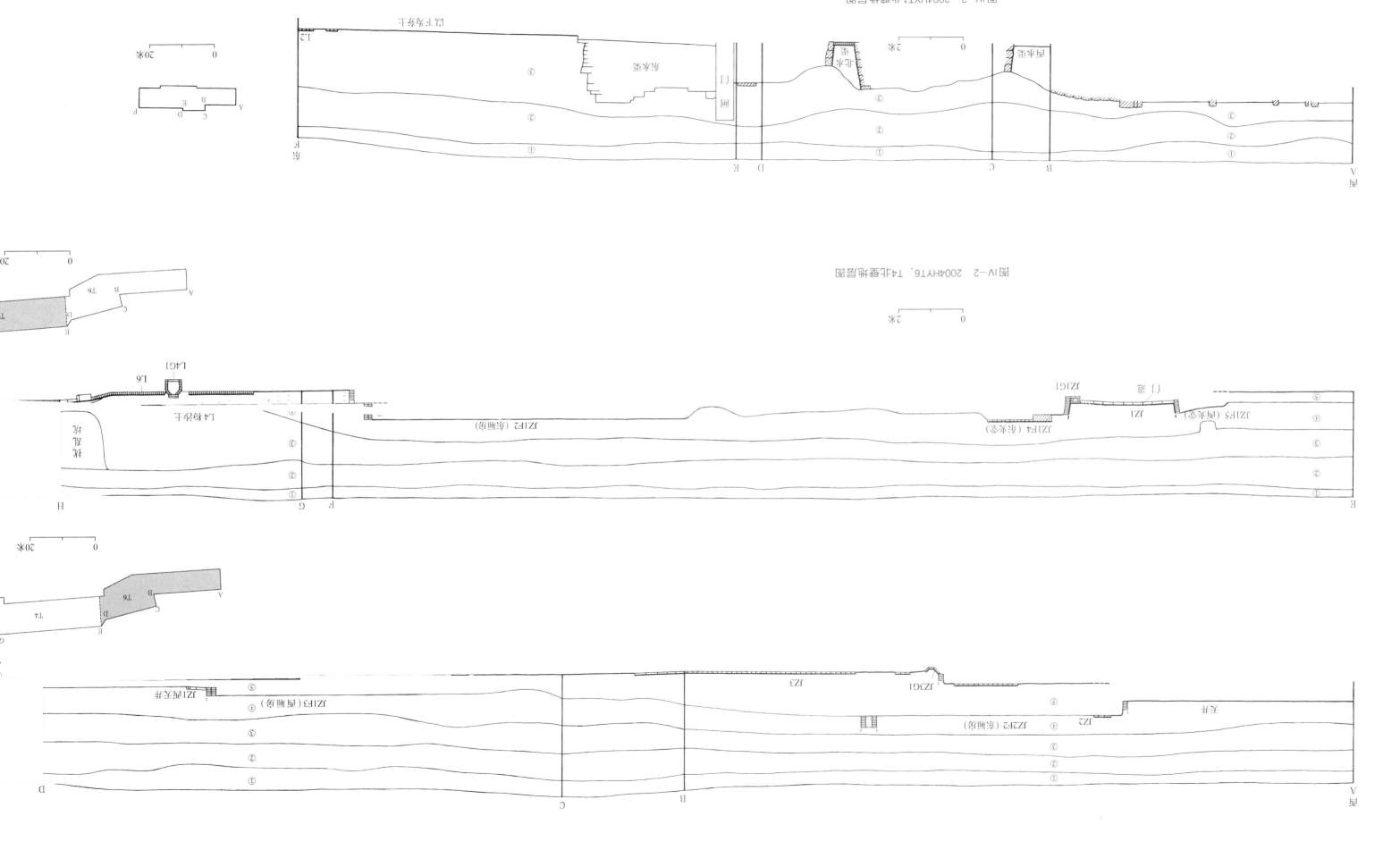

图Ⅳ-3 2004ⅢYJT1北壁剖面图

图Ⅳ-2 2004ⅢYT6、T4北壁剖面图

一　东北发掘区

其地层堆积情况以T4、T6北壁为例自上而下一一介绍（图Ⅳ-2）：

第1层　表土层。厚20～75厘米。土色黑褐，土质较硬。内含大量近现代建筑废弃物。

第2层　灰褐土层。距地表深20～75厘米，厚45～95厘米。土质松软。土中夹有大量断砖碎瓦、明清至民国时期的青花瓷片以及宋代以来的钱币等遗物。该层堆积在整个发掘区均有分布。

第3层　灰黑土层。距地表深75～140厘米，厚50～195厘米。土质稍硬。内含较多残砖碎瓦，出土了不少宋元时期的瓷器碎片。该层堆积在整个发掘区均有分布，其最厚处在T4的东首。

第4层　黄褐土层。距地表深150～285厘米，厚0～110厘米。土质较松软。内含大量带有明显火烧痕迹的残砖断瓦以及南宋时期的青瓷、青白瓷等遗物，个别瓷片的年代可能晚至元初。该层堆积分布于除T4东首之外的整个发掘区。

第5层　灰黄土层。距地表深200～315厘米，已揭露部分厚15～140厘米。土质较硬。出土了少量建筑构件以及两宋时期青瓷、青白瓷等遗物。该层堆积不见于T4东首。为保持已揭露遗迹的完整性，仅对其被JZ1的东西厢房、西天井、西夹堂以及JZ2的东厢房与过道所叠压的部分作了清理。

第3层下，东北发掘区发现了石板地面、暗沟G1与G2；西北发掘区发现了石板道路L3。

第4层下，东北发掘区发现了房屋建筑JZ1、JZ2，道路遗迹L4和L5，暗渠Q1；西北发掘区发现了房屋建筑JZ4。

第5层下，东北发掘区发现了房屋建筑JZ3，砖砌道路L6与L7。

在T4的东北角与西南角作了局部解剖，发现第5层下有较厚的黄黏土堆积，土色纯净，结构紧实，应为夯筑而成，未见遗物出土。

二　西南发掘区

地层堆积情况以T1北壁为例自上而下介绍（图Ⅳ-3）：

第1层　表土层。厚25～75厘米。土色黑褐，土质较硬。内含断砖碎瓦、青花瓷片、塑料袋、易拉罐等近现代废弃物。

第2层　灰褐土层。距地表深25～75厘米，厚50～150厘米。土质较松软。内含残损砖瓦与明清至民国时期的青花瓷片等遗物。

第3层　灰黑土层。距地表深100～175厘米，厚30～225厘米。土质较硬。内含残损建筑构件以及元代瓷片等遗物。该层堆积在整个发掘区均有分布，以T1东北部最厚。在该层下发现了石板道路L1。

第4层　此层下发现了石砌储排水设施。

第5层　此层下发现了围墙和砖砌道路L2等遗迹。

只对该层堆积位于T1东首的部分作了清理，其余则仅清理了该层堆积叠压在围墙遗迹之砖砌墙体上方及其南内侧夯土地面上的部分。被该层堆积直接叠压的遗迹有L2夯土路基与围墙。

第二章　主要遗迹

第一节　东北发掘区

该发掘区发现的遗迹现象最为丰富，主要包括多条道路、多组房屋建筑以及其他遗迹。（图Ⅳ-4；彩版Ⅳ-2，Ⅳ-3）

一　道路遗迹

（一）砖砌道路遗迹L7

位于T4的东首，叠压在L5夯土路基下，西接L6，南临Q1，距地表深度为2.7～2.85米。整体呈南北走向，方向北偏东15°，基本与此路段的中山南路平行。其路面主体尚被叠压在今中山南路下，已揭露部分南北长9.3米，东西宽2.5米，其路面除向北延伸外，还应跨Q1继续向南延伸。（图Ⅳ-5；彩版Ⅳ-4）

已揭露部分由东西并列的两幅路面以及西侧包边构成。西幅路面宽1米，东幅路面已揭露部分宽0.67米，二者均用香糕砖横向错缝侧砌而成，用砖规格为30×8×4厘米。两幅路面之间用香糕砖一纵一横一纵侧砌作为隔断，隔断宽0.38米，用砖规格为28×8×5厘米。包边用长方砖一纵一横侧砌，宽约0.45米，用砖规格为37×17×7厘米。

（二）砖砌道路遗迹L6

位于T4的东部，呈东西走向，东与L7垂直相接，南与Q1毗邻，被L4、L5的路基与JZ3L1叠压，并被L4G1打破。该道路已揭露部分南北宽约8.5米，东西长6.95米，距地表深度2.85-3.2米。（图Ⅳ-5；彩版Ⅳ-5，Ⅳ-6：1）

路面分三幅，两侧包边。北幅路面宽2.65米，中幅路面宽2.1米，南幅路面宽2.2米，每幅路面均用香糕砖整齐地横向错缝侧砌，用砖规格为30×8×4厘米。中幅和北幅路面间用砖一纵一横一纵侧砌作为隔断，隔断宽0.4米，除北侧砌砖为规格37×17×6厘米的长方砖外，余为30×8×4厘米的香糕砖；中幅和南幅路面间用香糕砖一纵一横三纵侧砌作为隔断，隔断宽0.46米，用砖规格30×8×4厘米。两侧均用香糕砖一纵一横侧砌包边，包边宽0.34米，用砖规格为30×8×4厘米。

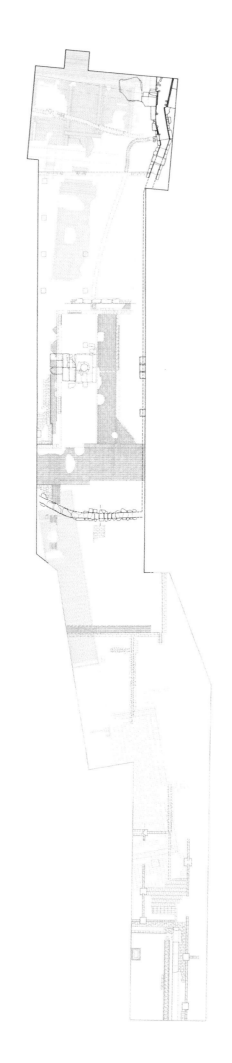

6米

0

图Ⅳ-4　东北发掘区遗迹叠压关系示意图

N

该道路的西端有一条排水暗沟，编号L6G1，该沟自北而南横贯L6并汇入位于T4东南隅的Q1，其沟槽绝大部分被破坏，南段与北段残存零星沟顶石，其沟顶与L6路面平齐（彩版Ⅳ-5：1）。该沟中段被JZ3L1叠压，南段沟顶石被JZ1G6叠压。

在L6北幅路面的西侧残存一低矮的台基。该台基东贴L6而建，主体被JZ1的东厢房JZ1F2所叠压，已揭露部分南北面宽1.9米，高0.3米。台基东壁包砖用规格30×12×5厘米的长方砖横向平铺叠砌而成，厚一砖。台面边缘残存一方形柱础石，边长75厘米，厚12厘米。

另在L6南侧与Q1之间地面以及L6北幅路面上，均发现零星的砖砌遗迹。这些砖砌遗迹均被L4的路基所叠压，残损严重，用途不明。

（三）道路遗迹L5

位于T4的东首，南临Q1，叠压L7而建，小部分叠压在L6上，此外，该道路路基的西缘被L4的路基叠压，主体被T4③层所叠压。整体呈南北走向。（图Ⅳ-6）

由于后期破坏，无法直接获知其路面用材及铺砌方式等信息，唯有道路基础保留下来。路基由纯净的黄黏土夯筑而成，结构非常紧实。已揭露部分南北长9.1米，东西宽2.8米，平均厚度约10厘米。

（四）道路遗迹 L4

位于T4东部的L5与JZ1之间，叠压L6及其北幅路面和南侧地面上的砖砌遗迹而建，并小部分叠压L5路基西缘、JZ3L1东端以及JZ1G6的东南段，局部被T4④层叠压，大部分被T4③层叠压。整体呈东西走向。（图Ⅳ-6）

由于后期破坏，其路面用材及铺砌方式等信息无从得知，唯有道路基础保留下来。路基为灰色粉沙土，土质细腻紧致，内含零星碎瓦砾，应该被有意识地夯实过。路基东西长约7.5米，厚度一般为30厘米，路基上表与L5平齐。就目前发现来看，L4的分布范围与被其叠压的L6比较接近。

在L4下方埋设有一条南北向的砖砌排水暗沟，编号L4G1（彩版Ⅳ-6：1）。沟打破L6砖路面而建，其由北而南延伸约9.6米后与JZ1G6相遇，并行汇入Q1。在Q1西段的北壁立面可以清楚看到L4G1与JZ1G6各自的出水口（彩版Ⅳ-6：2）。L4G1底部用砖横向平铺一层，两侧壁用砖纵向错缝平砌数层，壁上起券，券顶上方压砖两层，沟内宽30、深40厘米，所用均为规格30×15×5厘米的长方砖。

二 房屋建筑遗迹

（一）房屋建筑遗迹JZ3

东临L6，其内道路JZ3L1的东端叠压在L6上，此外，该组建筑被T4⑤层、T6⑤层、JZ1及JZ2叠压，被L4小部分叠压。目前所揭露的仅是该组建筑位于L4、JZ1以及JZ2下方的局部，几乎占据整个东北发掘区，发现了道路、天井、夯土台基、排水设施等遗迹。（图

IV—5；彩版IV—7～IV—11）

1.道路遗迹JZ3L1

位于东北发掘区的北部，其东端[①]叠压L6西端（包括L6G1）而建，叠压处的JZ3L1路面略微隆起，但过渡自然（彩版IV—7：2）。JZ3L1自东向西延伸，直接进入JZ3的天井。其主体部分被JZ1叠压，东端被L4叠压。考虑到今后遗址展示的需要，保留了上层遗迹JZ1的主体部分，仅对JZ3L1进行了局部揭露。从揭露的情况来看，该道路并非呈笔直的东西向延伸，而是略有弧曲，特别是其被JZ1所叠压的部分[②]。（彩版IV—8，IV—9）

路面已揭露部分的东西直线距离为50.5～51.3米，南北宽度为3.1米，保存较好。道路的横断面呈中间高、两侧略低的拱形。路面的主体用规格30×8×4厘米的香糕砖横向错缝侧砌，个别路段用香糕砖纵向错缝侧砌，道路两侧则用同规格的香糕砖纵向侧砌各两列作为包边。该道路的路面自东向西被分隔为数段，其东端路面还发现南北分幅现象。各段间隔用砖的砌法不尽相同，宽度一般在30厘米以上。

在JZ3L1的东段南侧靠T4南壁处还发现两个方坑，平面近似方形，边长1.1～1.2米。

2.门砧石

在JZ3L1西段路南侧0.25米处，发现一块平面近似长方形的门砧石。该门砧石为红色砂岩石质，长45、宽25、高30厘米，表面凿痕明显，其靠JZ3L1一侧的立面凿有一道宽8、进深5厘米的纵向凹槽，用于固定门限（即门槛）。此处可能为门址所在。根据JZ3L1的宽度以及南侧门砧石与JZ3L1的相对位置关系，推测该门的宽度大致在3.6米左右。（彩版IV—7：1，IV—8：3，IV—9）

3.天井

位于T6的中部，已揭露部分东西宽11.6米，南北长6.2米（包括JZ3L1在内），并继续向北延伸，其地势略显北高南低、西高东低，便于排除积水。天井地面的主体用长方砖横向错缝平铺，并以长方砖平铺单列绕砌一周，用砖规格为30×15×5厘米或35×15×5厘米。近JZ3L1处的铺砖方式略有不同，大多采用长方砖横向对缝平铺，形成整齐的南北向三列。天井周围设有排水明沟，外侧有低矮的夯土台基。（彩版IV—10）

在天井南部发现了两块大型石块，一加工细致，一加工粗糙，已被扰动，用途不明。（彩版IV—10：1）

4.夯土台基

分布于天井的南、东、西三面，已揭露部分呈"凹"字形。其地面较之天井高0.48米。南台基的东西面宽11.6米，东台基南北残宽3.5米，西台基已揭露部分的南北残宽约3.8米。西台基地面铺砖保存较好，全部用30×15×5厘米的长方砖横向对缝平铺。东台基与南台基地面残存零星铺砖。靠近天井侧台壁用一层长方砖包砌，错缝平砌而成，残高20～50

---

① 此路东端情况有些复杂，不仅在最东端叠压L6处有分幅，而且在L6G1以西部分，有一小段砖的铺砌方向与路主体不一样，但与JZ3L1东端主体又衔接紧密，发掘时未予分开编号。

② 由于保留上层遗迹JZ1，被JZ1叠压部分情况不明，东段、西段方向也不尽一致，但路的宽度、用材及铺砌方式别无二致，发掘者认为是同一条路，编为一个号。

厘米，顶部压阑石无存。

在西台基近天井处的地面发现水井一口，由井孔与井口石构成，揭露至距井口约1米深处，未见底。井壁用长方砖层层抹角平铺而成，每层铺砖的内侧均呈八边形，系利用长方砖的短端朝内拼砌而成，用砖规格为30×15×5厘米。井口石位于井孔上方，半嵌入台基，呈边长60厘米的方形，厚约25厘米，为红色砂岩石质，中心凿有一直径30厘米圆孔。（彩版IV-10：2，IV-11：1）

4.排水设施

排水设施包括明沟、暗沟各一条，分别编号为JZ3G1、JZ3G2。其中，JZ3G2的地势略高，沟内积水可向北排入JZ3G1。

（1）JZ3G1

为排水明沟，位于天井的外缘，紧贴夯土台基而建，平面呈"凹"字形。其东段南北残长约3.4米，南段东西长约11.6米，西段已揭露部分南北长约3.5米，并继续向北延伸。其沟槽横截面呈倒置的梯形，上口宽约40～45、深20～25厘米，槽底用砖纵向平铺单列作为沟底，两侧各用砖纵向斜平铺单列作为沟壁。（彩版IV-10，IV-11：1）

在JZ3G1南段的中偏东部还发现了多根木桩遗迹，可能为后期遗迹。

（2）JZ3G2

为排水暗沟，呈南北走向，布设在南台基下，目前所揭露的仅是其局部。该沟以长方砖横向错缝平铺叠砌六层作为沟底基础，沟身与沟顶用单层长方砖整体起券，沟内底宽6厘米，内底至券顶高30厘米。出水口在南台基的北壁，由此汇入JZ3G1。（彩版IV-11：2）

（二）房屋建筑遗迹JZ2

该组房屋建筑遗迹坐落于T6⑤层之上，叠压JZ3，同时被T6④层叠压。其范围几乎分布于T6整个探方，并继续向周围延伸。目前发现有天井（包括砖砌须弥座）、房屋基址及排水设施等遗迹。（图IV-6；彩版IV-12～IV-15）

1.天井

位于T6西北部，已揭露部分呈长方形，东西面阔约7米，南北进深约3.5米，并继续向北、西方向延伸，地面残存零星铺砖。在其东、南两侧均发现了夯土台基。在天井南近夯土台基处有一东西走向的砖砌排水明沟，编号为JZ2G1。（彩版IV-12）

在天井已揭露部分的东北角发现一砖砌须弥座残迹。该砖座平面呈长方形，主体用砖砌成小型须弥座状。其顶部已被破坏，残高39厘米，内芯由灰土构成，外侧包砖。其残存部分自下而上保留了土衬、圭角、下枋、下枭与束腰等结构[1]。土衬长95厘米，宽74厘米，系用单层砖平铺而成；圭角用砖平铺双层，四角作出云纹；下枋较之圭角略内收，用单层

---

① 在《营造法式》中，砖砌须弥座自下而上细分为13个部分，每部均有对应名称。本次发现的这件砖砌须弥座在结构上较之《营造法式》中的典型例子大为简化，难以确定其各部与《营造法式》中规定名称的对应关系；相比之下，该砖砌须弥座在结构上与清代石砌须弥座非常接近。因此，为了行文的方便，暂在此借用清代石砌须弥座结构的术语，主要参考了《中国古建筑瓦石营法》图6-18"石须弥座的各部名称"（刘大可著，中国建筑工业出版社，1993年版）。

砖平铺而成；下枭又较之下枋内收，同样用单层砖平铺而成，其上再以束腰内收。束腰系用长方砖平铺三层，其外侧包砌一层扁薄的长方砖，包砖外立面做出阴刻的如意云头形花纹，雕刻精细。（图Ⅳ-7；彩版Ⅳ-13：1、2）

2. 房屋基址

分布在天井的南侧和东侧，分别编号为JZ2F1和JZ2F2。仅存夯土台基。台基高0.47米；揭露部分东西长约15.2米，其中天井以东部分长约8.25米；南北总宽6.2米，其中天井以南部分宽约2.85米。台基主体由灰黄土构成，靠天井一侧的台壁用砖包砌，系用长方砖横向错缝平砌而成，单层，用砖规格为

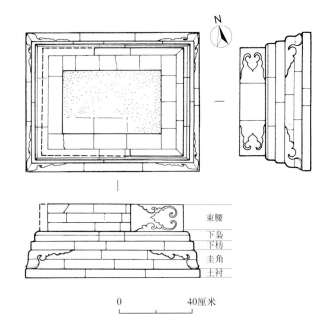

图Ⅳ-7　2004HYJZ2砖砌须弥座正视、俯视、侧视图

30×15×5厘米。台壁上方的台面边缘用长方形压阑石横向平铺，用石的规格为95×50×12厘米（彩版Ⅳ-13：3）。台基上发现六个方形柱础，其中JZ2F1存北列柱础JZ2Z1～JZ2Z3，JZ2F2存南列柱础JZ2Z4～JZ2Z6。JZ2F1与JZ2F2之间隔一过道。靠天井一侧边缘有檐廊。在台基下发现多条排水暗沟。

（1）JZ2F1

位于天井的南侧，与JZ2F2之间有一东西向过道隔开。受发掘范围限制，仅揭露了其局部（彩版Ⅳ-13：3，Ⅳ-14：1、2）。其已揭露部分的室内（不包括外墙）东西面阔在14.3米以上，南北进深1.65米。北缘用长方砖横向错缝叠砌而成，厚一砖，残高两层，用砖规格为30×15×5厘米，局部残断，推测为北墙。室内地面不见铺砖，但根据残存的两块较大面积的灰白石灰面，推测室内地面原本有铺砖。

北墙沿线发现残存的方形柱础石三块（彩版Ⅳ-14：1，Ⅳ-15：3），自西向东依次编号为JZ2Z1～JZ2Z3，其中，JZ2Z1与JZ2Z2的规格均为55×55×20厘米，JZ2Z3的规格为65×65×20厘米。在JZ2Z2的南侧发现一道用单列长方砖平砌的砖结构，可能是内部的隔墙残迹。

根据其与天井的位置关系，推测其可能是厅堂建筑。

（2）JZ2F2

位于天井的东侧，其主体未发掘，面天井而建，已揭露部分的室内（不包括外墙）南北长0.9米，东西进深6.7米。南墙用长方砖纵向错缝平砌，墙厚一砖，残高六层（约高30厘米），用砖规格为30×15×5厘米。西墙的做法、用砖规格与南墙基本相同。东墙宽0.5米，系用长方砖横向错缝平砌间距20厘米的两列，其间填以灰土并夯实，墙体残高30厘米，用砖规格为30×15×5厘米，有的为残砖。（彩版Ⅳ-15：1）

在南墙沿线发现残存的方形柱础石三块，自西向东依次编号为JZ2Z4～JZ2Z6。其中，JZ2Z4与JZ2Z5的规格均为55×55×20厘米，JZ2Z6的规格为50×50×20厘米。JZ2Z4与JZ2Z5的中心点间距为2.3米，JZ2Z5与JZ2Z6的中心点间距为4.7米。JZ2Z6处于JZ2F2的东南角，其上方墙体有一直径25厘米的半圆形柱槽（彩版Ⅳ-15：2），其直径相当于JZ2Z6上方所承载的角柱的柱径。如此算来，JZ2Z6的边长是上承角柱直径的两倍，与宋《营造法式》中"造柱础之制其方倍柱之径"[1]的规定相吻合。

根据其与天井的位置关系，推测其可能是厢房建筑。

（3）过道

位于天井以东，JZ2F2与JZ2F1之间的夯土台基转角处，呈东西走向，其长7.2米，宽3.5米。过道地面残存铺砖，用砖规格为30×15×4厘米，采用横向对缝平铺与纵向错缝平铺相结合的方式铺砌。（彩版Ⅳ-15：1）

（4）檐廊

位于JZ2F1以北、JZ2F2与过道以西的夯土台基边缘，平面呈曲尺形。其中，JZ2F1北侧檐廊南北宽约1.1米（彩版Ⅳ-14：1、2）；JZ2F2与过道西侧檐廊东西宽0.9米，其临近台基转角处的一段被部分破坏，露出其下的排水设施，JZ2G1与JZ2G2在此相交，共同汇入JZ2G3。檐廊的地面为砖石结构，靠天井一侧有横向平铺的压阑石板，压阑石与房屋墙基之间的地面为长方砖纵向错缝平铺，用砖规格为30×15×5厘米。

3.排水设施

在该组房屋建筑中也发现了较多的排水设施，主要是砖砌排水沟，编号JZ2G1～JZ2G3。

（1）JZ2G1

为排水明沟，位于天井的南缘近夯土台基处（彩版Ⅳ-14：1、2）。其自西向东一直延伸至过道西侧檐廊的下方，在此与南来的JZ2G2相交，一并汇入JZ2G3。该沟已揭露部分东西长7.45米，沟身上口宽45厘米，深10厘米。沟槽略呈圜底状，以三列纵向的长方砖沿沟槽错缝平铺或斜平铺（中列平铺，侧列斜平铺）作为沟身，两侧再各以一列长方砖纵向侧砌作为包边，用砖规格均为30×15×5厘米。

（2）JZ2G2

为排水暗沟，呈南北走向，其主体位于JZ2F1台基下方，在JZ2F1台基近转角处的北立面发现了该沟的出水口（彩版Ⅳ-14：3）。该沟与西来的JZ2G1在夯土台基转角处交汇，并通过JZ2G3将水排出。JZ2G2的沟底用单层长方砖横向平铺一列，两侧分别以单列长方砖纵向平砌七层作为沟壁，沟顶以长方砖平铺封顶，用砖规格为30×15×5厘米。壁内纵截面呈方形，深度与宽度均为30厘米。因JZ2G2的主体位于JZ2F1台基下方，未对其作整体揭露。

（3）JZ2G3

为排水暗沟，呈东西走向。该沟的地势较之JZ2G1与JZ2G2略低，其入水口位于过道

---

[1] ［宋］李诚《营造法式》卷三"石作制度·柱础"，中国书店，2006年版。

西侧檐廊的下方，西来的JZ2G1与南来的JZ2G2即通过该入水口汇入JZ2G3将积水排出。JZ2G3的主体尚位于过道下方，目前所揭露的是其位于过道东侧的一段。该段残长3.6米，以单列长方砖横向平铺作为沟底，两侧各以单列长方砖纵向平砌四层作为沟壁，上方又以单列长方砖横向平铺封顶，壁内宽20厘米，用砖规格为30×15×5厘米。

其下叠压JZ2F3。

（三）房屋建筑遗迹JZ1

该组房屋建筑位于L4以西、JZ2以东，坐落在T4⑤层、T6⑤层上，叠压JZ3与L6西侧的低矮台基而建，被T4④层与T6④层所叠压。其中的JZ1G6东段还叠压在L6G1沟顶石上。整组建筑规模较大，不仅占据了T4大部，在T6也有分布，并继续向南、北两方向延伸。其布局清晰，讲究中轴对称，保存良好，目前已发现门址、天井、夯土台基、水井及排水设施等遗迹。（图Ⅳ-6；彩版Ⅳ-16～Ⅳ-21）

1.天井

东、西、南、北四面台基围合成天井。受发掘范围所限，天井的南端尚被压在地层中，东西宽26.3米，被南北向的JZ1L1分隔成宽度相近的两部分，其中，东天井宽11.2米，西天井宽11.8米。天井地面不见铺砖，其内发现了道路、水井、散水、排水沟、窨井等遗迹。

（1）道路

① JZ1L1

该道路呈南北走向，处于JZ1天井的南北中轴线上。其纵贯天井南北，将天井分为东西对称的两部分。JZ1L1已揭露部分长7.65米，宽3.25米，横断面呈中间高、两侧低的拱形。道路的主体用香糕砖横向错缝侧砌而成，两侧均用香糕砖一纵一横侧砌作为包边，用砖规格为30×8×4厘米。北端路面铺砖呈现大面积的黄色，大火烧灼痕迹明显（彩版Ⅳ-16：2）。

② JZ1L2

位于东天井内，呈东西走向，其西接JZ1L1，东抵JZ1G1。道路全长10.35米，宽1.55米，横断面呈中间高、两侧低的拱形。在该道路与JZ1L1垂直相交的东南侧转角处做出一块直角三角形路面，其东西向直角边长为2.3米，南北向直角边长1.8米。路面主体用香糕砖横向错缝侧砌，两侧以香糕砖纵向侧砌两列作为包边，用砖规格为30×8×4厘米。（彩版Ⅳ-17：1）

在JZ1L2的南侧还发现一东西向排水明沟JZ1G5。

③ JZ1L3

位于西天井内，呈东西走向，由于被开口于T4③层下的G1打破，损毁较为严重。残长1.4米，宽约1米，路面主体用规格30×15×5厘米长方砖横向错缝平铺而成，两侧各用规格30×8×4厘米的香糕砖纵向侧砌一列作为包边。（图Ⅳ-6）

（2）水井

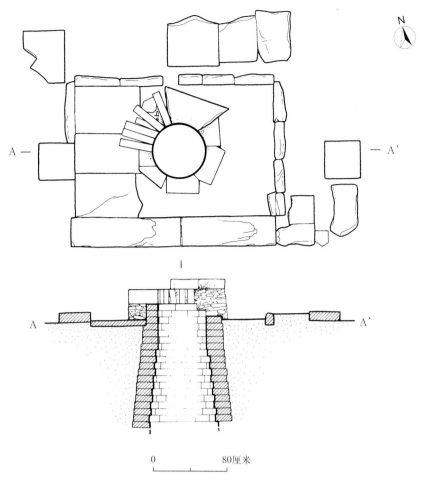

图Ⅳ-8　2004HYJZ1井台与水井平剖面图

位于东天井内，距地表深2.25米。有井台。

井台台面呈长方形，用长方形石板平铺而成，局部用长条石围砌，周围残存多块不规则石板。

在台面的东西两侧各发现方形柱础石一块，规格为40×40×12厘米，柱础石中心点间距为3.15米，推测当时在井台的上方可能建有井亭之类的地面建筑。（图Ⅳ-8；彩版Ⅳ-17：2）

水井位于井台中间，包括井孔与井栏。井孔平面呈圆形，揭露至距井口地面1.3米深处，未见底。井壁自下而上逐渐内收，其主体用长方砖平砌而成。近井口处的井壁趋于垂直，系用弧形砖错缝平砌而成，内径0.6米。井口上方的井栏仅北半部保存较好，高54厘米，下部先用弧形砖在井口周围的地面上错缝平砌三层，周围以夹碎瓦砾的灰黑土衬底，其上用规格为35×18×8厘米的长方砖侧砌一周，顶部以单层弧边石板压面。（彩版Ⅳ-17：2、3）

2.门址

位于该组建筑遗迹的北部，主体向北延伸入T4北壁。受发掘范围限制，目前所揭露的仅为门址的南缘，居中有门道，东西两侧有对称分布的房屋基址。（彩版Ⅳ-18，Ⅳ-19：1）

（1）门道

位于JZ1F4、JZ1F5之间的夹道，呈南北走向，已揭露部分东西宽3.15米，南北进深

1.3米，距地表深度为2.7米。路面几乎全部用规格30×8×4厘米的香糕砖横向错缝侧砌而成，横断面呈中间高、两侧低的拱形，高差约5厘米，以便排水。紧靠JZ1F4基址的门道路面铺法略有不同，该处用长方砖以横向平铺的方式自北而南铺砌一列，用砖规格为30×15×5厘米，铺砖下方即为砖砌排水暗沟JZ1G1。靠JZ1F5基址的路侧也未见包边。

（2）房屋基址

位于天井北侧，分别编号为JZ1F4与JZ1F5，距地表深度为2.2米。二者对称分布于门道的东西两侧，均为台基式建筑，结构、用材与砌筑方式相近。JZ1F4保存较好，JZ1F5残损严重。

JZ1F4位于东天井北侧、门道东侧，台基主体为紧实的灰黄土，高0.5米，东西残宽5.6米，已揭露部分南北进深1.15~1.3米，其靠近门道、宽约1.7米的一段向南凸出0.15米。台基的南侧台壁包砖用规格30×15×5厘米的长方砖横向错缝平砌，四层，残高十一层。台面残存小面积铺砖，系用规格30×15×5厘米的长方砖纵向错缝平铺而成。台面靠近门道处发现一块方形柱础石的局部，其规格为60×60×20厘米。在JZ1F4、JZ1F5台基的南侧分别有砖铺散水JZ1S1和JZ1S2。（彩版Ⅳ-18，Ⅳ-19：1）

根据JZ1F4、JZ1F5与天井及夹道的位置关系，推测其可能是夹堂类建筑。

3.房屋建筑基址

分布在天井的四周，分别编号为JZ1F1~JZ1F5，其中JZ1F4、JZ1F5被当做夹堂基址，已在门址处介绍。

（1）JZ1F1

位于西天井南侧。受发掘范围限制，只在T6的东南隅对其进行了局部揭露。仅存夯土台基。台基为灰黄土夯筑而成，台壁用砖包砌。台基残高0.3米，距地表深2.7米，已揭露部分东西面阔4.8米。台壁包砖用30×15×5厘米的长方砖横向错缝平砌，双层，压阑石无存。（彩版Ⅳ-19：2）

根据其与天井的位置关系，推测其为厅堂建筑。

（2）JZ1F2

位于东天井的东侧，距地表深度为2.3米。受发掘范围所限，未对其进行完整揭露。该建筑整体构筑在一高约0.5米的长方形台基上，现仅存台基。台基已揭露部分南北长9.2米，东西进深10.5米。主体用灰黄土夯筑而成，东西两侧台壁用砖包砌。西侧台壁包砖用30×15×5厘米的长方砖横向错缝平砌，双层，顶部用90×30×10厘米的长方形石板作为压阑石。东侧台壁包砖的用材与砌筑方法与西侧基本一致，但压阑石无存。台基北半部残存方形柱础石六块，规格为40×40×15厘米，呈南北两列分布。其中，北列柱础石较为完整，共四块，南列柱础石仅存两块。相邻柱础石中心点的南北向间距为3.5米，东西向间距为2.9米。台面不见铺砖，但在柱础石周围发现了三块大面积灰白色石灰残迹，推测室内地面原有铺砖。其下埋设有东西向的排水暗沟JZ1G6。（彩版Ⅳ-20）

根据该建筑与天井的位置关系，推测其为东厢房建筑。

（3）JZ1F3

位于西天井的西侧，距地表深度为2.8米。受发掘范围限制，未对其进行完整揭露。该建筑整体构筑在一灰黄土夯筑而成的长方形台基上，现仅存台基。台基残高0.25米，已揭露部分南北长7.9米，并向北延伸入T6北壁，西端已被破环，现存部分东西进深7.1米。台基东侧台壁包砖用30×15×5厘米的长方砖横向错缝平砌，双层，压阑石无存。在对该进行解剖后发现，建筑下方埋设有排水暗沟JZ1G2、JZ1G3、JZ1G4。（彩版Ⅳ-21：1、3、4）

根据该建筑与天井的位置关系，推测其为西厢房建筑。

4.排水设施

在JZ1中还发现了完善的排水系统，包括散水、窖井、排水沟等，以适应南方潮湿多雨的气候环境。此外，该组建筑的多条道路的横断面都呈中间高、两侧略低的拱形也是基于同样考虑。

（1）散水

共发现4处，沿着东、西、南、北四面房屋基址台基面向天井的一侧分布，编号JZ1S1～JZ1S4，其用材与砌筑方式较为接近，地势均自台基略向天井一侧下倾。

① JZ1S1

位于东天井的北缘，紧贴JZ1F4台基而建，呈东西走向，残长8.6米，最大宽度0.5米，用规格30×15×5厘米的长方砖横向错缝侧砌。地势略显北高南低，以利雨水汇聚并顺利排入其南侧的JZ1G1中。

② JZ1S2

位于西天井的北缘，紧贴JZ1F5台基而建，呈东西走向，残长5.2米，宽0.6～0.7米，其主体用规格30×15×5厘米的长方砖横向错缝侧砌，南侧用同规格的长方砖纵向侧砌两列作为包边，地势略显北高南低。

③ JZ1S3

位于东天井的东缘，紧贴JZ1F2台基而建，呈南北走向，仅在近T4南壁处发现残存的一段，长约0.7米，宽0.45米，用材与砌筑方式同JZ1S1，地势略显东高西低。

④ JZ1S4

位于西天井的西缘，紧贴JZ1F3台基而建，呈南北走向，残长7.1米，宽0.6米，用材与砌筑方式同JZ1S2，地势略显西高东低。（彩版Ⅳ-21：1）

（2）窖井

位于东天井的东缘，紧靠JZ1F2台基。井盖用质地细密的红色石料制成，边长30厘米，窄平沿，中部下凹，有五个直径约2厘米的圆形下水孔。它是JZ1周密的排水系统中的重要枢纽，整组建筑的积水大多经由该处汇入JZ1G6，排入位于T4东南角的Q1。（彩版Ⅳ-21：2）

（3）排水沟

共揭露了6条，编号为JZ1G1～JZ1G6，全部用长方砖砌筑而成，沿主要建筑周围分布，以JZ1G1最长最曲折。除JZ1G5为明沟外，其余全为暗沟。

① JZ1G1

为排水暗沟。主要位于东天井的北侧和东侧，贴JZ1F4台基西侧、JZ1S1南侧和

JZ1S3西侧转折前行，已揭露部分残长18.7米，深0.2米，沟壁用规格为30×15×5厘米的长方砖纵向侧砌，顶部以同规格的长方砖采用横向平铺单列的方式封顶。其沟内积水通过窨井排出。

② JZ1G2与JZ1G3

为排水暗沟。位于JZ1F3台基下方，系在对JZ1F3台基进行解剖后发现。JZ1G2残长约6.7米，呈东西走向；JZ1G3残长1.6米，呈南北走向。两沟垂直相交，砌筑方法基本相同，先在沟槽底面用长方砖横向平铺一列作为沟底，又在两侧以长方砖纵向（局部横向）平铺各两层作为沟壁，上方用长方砖横向平铺一列作为封顶，用砖不甚规整，残损严重。（彩版IV-21：3）

③ JZ1G4

为排水暗沟。位于JZ1F3台基南端，呈东西走向，残长0.8米。沟顶已被破坏，沟底用砖横向平铺一列，两壁用砖纵向平铺，用砖不甚规整。沟内宽15厘米，深24厘米。（彩版IV-21：4）

④ JZ1G6

为排水暗沟。它始于窨井，自西向东横贯JZ1F2台基下方，并继续向东南延伸，与L4G1平行南延，各自汇入L4南侧的Q1。该沟走势弧曲，首尾直线距离为14.5米。JZ1F2台壁外侧的这一段呈"C"字形，并叠压在L6G1的沟顶封石之上。其沟宽、高均为0.3米，沟底用砖横向平铺，两侧用砖纵向错缝平铺叠砌四层作为沟壁，沟顶用砖横向侧砌封顶，所用均为规格30×15×5厘米的长方砖。

⑤ JZ1G5

为排水明沟。紧贴JZ1L2南侧而建，呈东西走向。沟槽长约8.3米，宽0.25米。沟底用单列砖纵向平砌，南壁用单列砖纵向斜砌，北壁则直接利用了JZ1L2南侧的砖砌包边，所用均为规格30×15×5厘米的长方砖。该沟自西向东经由JZ1G1汇入窨井。（彩版IV-17：1，IV-21：5）

三　其他遗迹

（一）石板地面

位于T4的中部，坐落在T4④层之上，叠压JZ1，同时被T4③层叠压，距地表深度为1.75米，保存情况较差。地面残存长方形石板7块，其中五块保存完好，规格为110×55×10厘米，铺法为南侧四块石板作两排横向平铺，北侧三块石板作一排纵向平铺。除此之外，周围全为泥地面。推测该遗迹为一房屋建筑的地面残迹。（图IV-9；彩版IV-22）

（二）暗渠Q1

位于T4的东南隅，现存渠口距地表深2.65米，被T4④层所叠压，大致呈东西走向，略有曲折。其已揭露部分的东西直线长度为5.1米，渠内宽度为0.7~1.3米。用长方砖与石板合筑而成，南壁用长1.5、厚15厘米左右的条石错缝平砌。渠内残存直径约12厘米的木桩12根。

从考古发现来看，Q1并非一次性建成，曾几经修补，被长期沿用。其修建与使用由早及晚大致可以分为三个阶段：

第一阶段，最初的Q1紧贴L7南侧而建，并与L6相邻，L6G1向南延伸汇入该渠。该渠的两壁用石板平砌而成，局部用不规则石块垒砌。保留至今的仅是其靠近T4东壁的一段，该段东西直线长度为4.35米，渠内宽度为0.6～1.3米。水渠北壁的东端被砌筑成阶梯状，上一级用37×17×7厘米的长方砖纵横侧砌而成，下一级用厚25厘米的长方形大石块砌成，两级阶梯之间用薄薄的黄黏土加以粘合。在下一级石块的中间凿有一道南北向的半圆形凹槽，推测是用于放置跨水渠的横木，在此基础上可能平铺有渠顶封石，以便道路通行。靠渠壁处夯打有木桩，用以加固水渠，残存12根，直径12厘米。（图IV-5；彩版IV-23：1）

第二阶段，在Q1的北侧建成了L5、L4以及JZ1等。随着北侧路面的抬高，Q1原有的渠壁也相应增高，水渠西段也用砖石也进行了适当修缮。在Q1的北壁发现了排水暗沟JZ1G6与L4G1各自的出水口。为了保持已发现遗迹的完整性，仅对经过此次修缮的Q1进行了局部揭露，已揭露部分东西直线长度为5.1米。被年代较晚的G2所叠压的部分未作进一步清理，但通过G2东端的断面可以清楚看到，下方的Q1与上方的G2之间仅以一层石板作为间隔，该层石板很可能本是Q1在早期阶段的渠顶石，在修建G2时直接被利用为沟底铺石。（图IV-6；彩版IV-23：2）

第三阶段，随着JZ1的废弃，其上形成了一个新的建筑地面，出现了小面积的石板地面以及G1、G2。其中，东西向的G2沿着T4南壁延伸至T4东南隅，直接叠压在Q1西段上方并汇入Q1。在Q1北侧发现一块长近2米的不规则形石板，厚10～15厘米，石面加工平整，它叠压在L4与L5路基交界处的上方，被T4③层所叠压。该石板可能原为Q1的渠顶石，在Q1被废弃后移位。（图IV-9；彩版IV-23：3，IV-24：1）。

（三）排水暗沟

1.G1

位于T4西部，沟顶距地表约2米，东距石板地面遗迹约10米，开口于T4③层下，打破T4④层，并叠压JZ1的西天井。该沟大致呈南北走向，已揭露部分的南北直线长度为8.9米，其北段略向东北方向弧曲，并继续向北延伸，南段较直，在近T4南壁处汇入G2。

该沟的主体低于石板地面，沟底用长方形石板横向平铺，并在其上方的沟槽两侧竖砌大小不一、形状不甚规则的石块（板）作为沟壁，所有石块的平整面均朝向沟内。沟深约0.52米，沟内石壁间距0.4米。沟顶以石板平铺封顶，顶面与石板地面遗迹平齐。（图IV-9；彩版IV-24：2）

2.G2

位于T4南部，沟顶距地表深度一般为2米，北距石板地面遗迹约5.3米，开口于T4③层下，打破T4④层。该沟基本呈东西走向，长约30米，其西接G1，紧贴T4南壁自西向东延伸，至T4东南部略向东南弧曲，并斜向下汇入Q1。目前着重对该沟位于T4东南部的一段作了清理，该段直接叠压Q1西段而建，其沟底以石板平铺，而这些石板可能原为Q1的渠顶封石；其沟壁用长25～45厘米、宽20～30厘米、厚15厘米的石块侧砌而成，壁间距约0.6米；该沟的上方也以长1.1米、宽0.6米的长方形石板封顶。（图Ⅳ-9）

第二节　西北发掘区

该发掘区仅发现一条石板道路L3和一组房屋建筑遗迹JZ4。（彩版Ⅳ-25、26）

一　石板道路遗迹L3

位于T2东壁附近，打破JZ4，同时被T2③层叠压。该道路东西向，东段向东延伸（至探方外），西段已被破坏。采用加工平整的长方形石板纵向平铺而成。（彩版Ⅳ-25）

二　房屋建筑遗迹JZ4

该组房屋建筑被T2④层叠压，同时被石板道路L3打破，发现了砖砌道路、台基、柱础、砖墙、砖铺地面等遗迹，结构不明，分布于T2整个探方，并继续向四周延伸，损毁严重。（图Ⅳ-10；彩版Ⅳ-25，Ⅳ-26）。

1.砖砌道路

位于T2中偏西部，截面呈中间高、两侧低的拱形。东西向，已揭露部分残长3米，南北宽1米，系用大小不一的小砖横向平铺而成，砖大部分呈青灰色，少数呈黄褐色，似经火烧。（彩版Ⅳ-25，Ⅳ-26：2）

在道路北侧有一与之平行的东西向砖砌结构，其已揭露部分残长2米，宽0.2米，系用香糕砖纵向侧砌两列而成。

2.台基

台基低矮，土芯，北外侧包砖，系用规格为30×8×4厘米的香糕砖横向错缝平砌四层，上面平铺一层规格118×37×8厘米的长方形石板作为压阑石。南侧残存小面积的砖铺地面。（彩版Ⅳ-25）

3.砖墙

该墙位于T2中偏东部，呈东西走向，残长1.95、厚0.3米，自下而上逐呈内收，系用规格28×8×4厘米的香糕砖砌成。在墙体的西端发现一块规格25×25×10厘米的方形柱础石，上承一圆形石柱。柱残高45厘米，主体直径23厘米，下端有一周直径25厘米的带状凸起。在该柱础石南侧3米处也发现了一块同规格的柱础石。另在靠T2东壁处还有一块边长40厘米的柱础石露出了局部。（彩版Ⅳ-26：1、3）

4.砖铺地面

位于T2东北部，系用规格30×15×5厘米的长方砖与部分残砖纵横平铺而成，其间发现了规格40×40×10厘米的柱础石三块，柱础石之间的南北柱心间距为2.2米，东西柱心间距为2.3米。

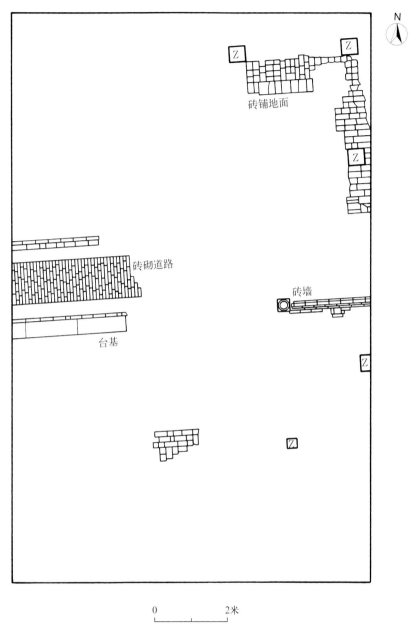

图Ⅳ-10 2004HYJZ4平面图

第三节 西南发掘区

在该发掘区发现了道路、石砌储排水设施、围墙等遗迹。（图Ⅳ-11；彩版Ⅳ-27）

一 砖砌道路遗迹L2

L2位于T1的东北角，南贴围墙的高台，距地表深度约3.2米，与围墙的砖砌墙体南

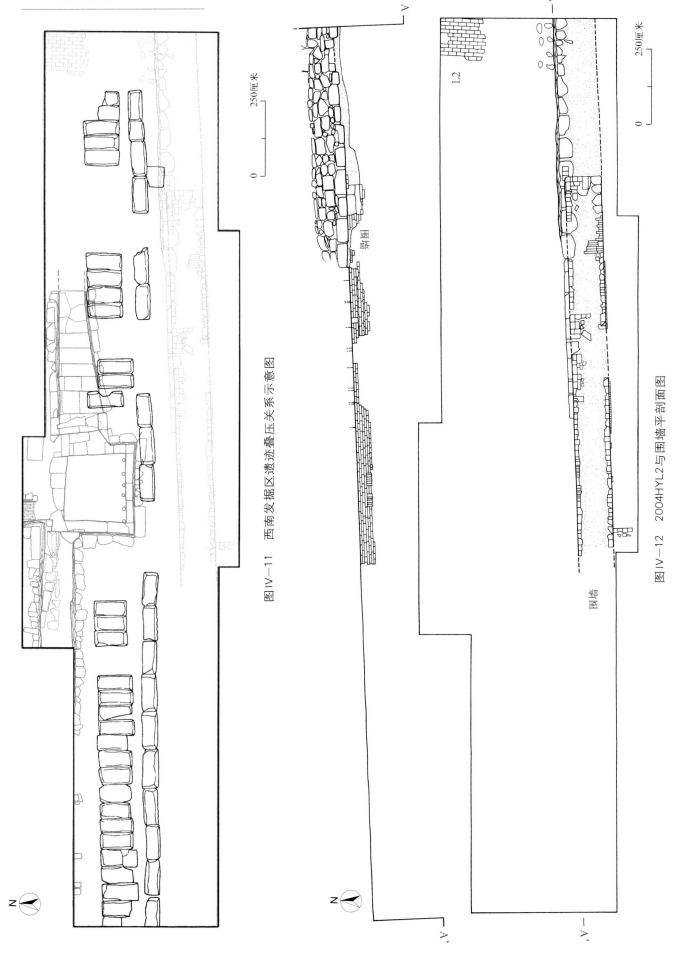

图Ⅳ-11 西南发掘区遗迹叠压关系示意图

图Ⅳ-12 2004HYL2与围墙平剖面图

（内）侧的夯土地面高差为1.1米，被石砌储排水设施打破。该道路呈东西走向，横断面呈中间高、两侧略低的拱形，目前所揭露的仅是其位于T1东部的一段。已揭露部分的砖砌路面宽约1.5米，系用规格为28×12×5厘米长方砖横向错缝平铺而成，受损情况严重，其路基与围墙北（外）侧下方的夹鹅卵石夯土连为一体。（图Ⅳ-12；彩版Ⅳ-28：1）

二 围墙遗迹

位于T1南部，北临L2，被T1⑤层叠压。该墙呈东西走向，其西段未完整揭露，东段则继续向T1东壁以东延伸，墙体砖石混筑。（图Ⅳ-12；彩版Ⅳ-29～Ⅳ-31）

围墙体下部系用灰白色大石块层层垒砌而成，整齐考究，空隙处塞以小石块，壁面自下而上略向南内收。顶部的石块体量较大，上表加工较为平整。在墙北（外）侧地面有明显经过夯筑的黄黏土，黏土内夹以少量鹅卵石，与L2的夯土路基连为一体，推测其上原有散水之类的结构。（彩版Ⅳ-28：2，Ⅳ-29）

墙体上部为包砖墙体，已揭露部分残长18米，残高0.6米，宽约1.2米，内芯为夯实的土墙，南北两侧均用单列长方砖纵向错缝平砌数层作为包砖，并以碎砖块填补空隙处，包砖残损严重。其北立面较之包石基础内收15～25厘米。（彩版Ⅳ-30，Ⅳ-31：1）

在围墙的砖砌墙体的南侧发现一夯土地面，由纯净的黄黏土夯筑而成。（彩版Ⅳ-31：2）

围墙应该是T1以南的某组建筑的北侧围墙，围墙南侧发现的夯土地面则是该建筑的建筑地面，围墙内外两侧地面高差为1.1米。

三 石砌储排水设施遗迹

位于T1的北半部，开口于T1④层之下，打破T1⑤层，同时被L1叠压。该遗迹保存情况较好，由水池、闸门与水渠组成。（图Ⅳ-13；彩版Ⅳ-32～Ⅳ-37）

（一）水池

位于该石砌储排水设施的中部，平面近似方形，由上壁与二层台构成。（彩版Ⅳ-33：1，Ⅳ-34）

现存池口距地表深度为2.35米，边长3.1米。上壁残高1.4米，系用厚20～30厘米左右的块石错缝叠砌而成，块石平整面朝内，棱角分明，石面有明显的凿刻痕迹（彩版Ⅳ-34）。水池的上壁自上而下逐渐向内斜收，顶部平铺一层厚10厘米左右的长方形石板。在水池上壁的东、北、西侧各有一缺口，分别与闸门（通往东水渠）、北水渠、西水渠连通。

上壁下方的水池四壁陡然内收25～35厘米，出现内边长为2.3米左右的二层台结构。该结构已揭露部分深45厘米，其壁面用长方形石板平砌而成。所用石板最大长度在150厘米左右，宽70厘米，厚10～20厘米。池底尚存六根直径12～14厘米的木桩，其下端被深固于池底。木桩间距20～35厘米，紧贴水池二层台的南壁呈东西向排列（彩版Ⅳ-34：2），推测原本在四周都应该夯打有这样的木桩，作用是加固池壁，防止变形坍塌。在近水池二层台

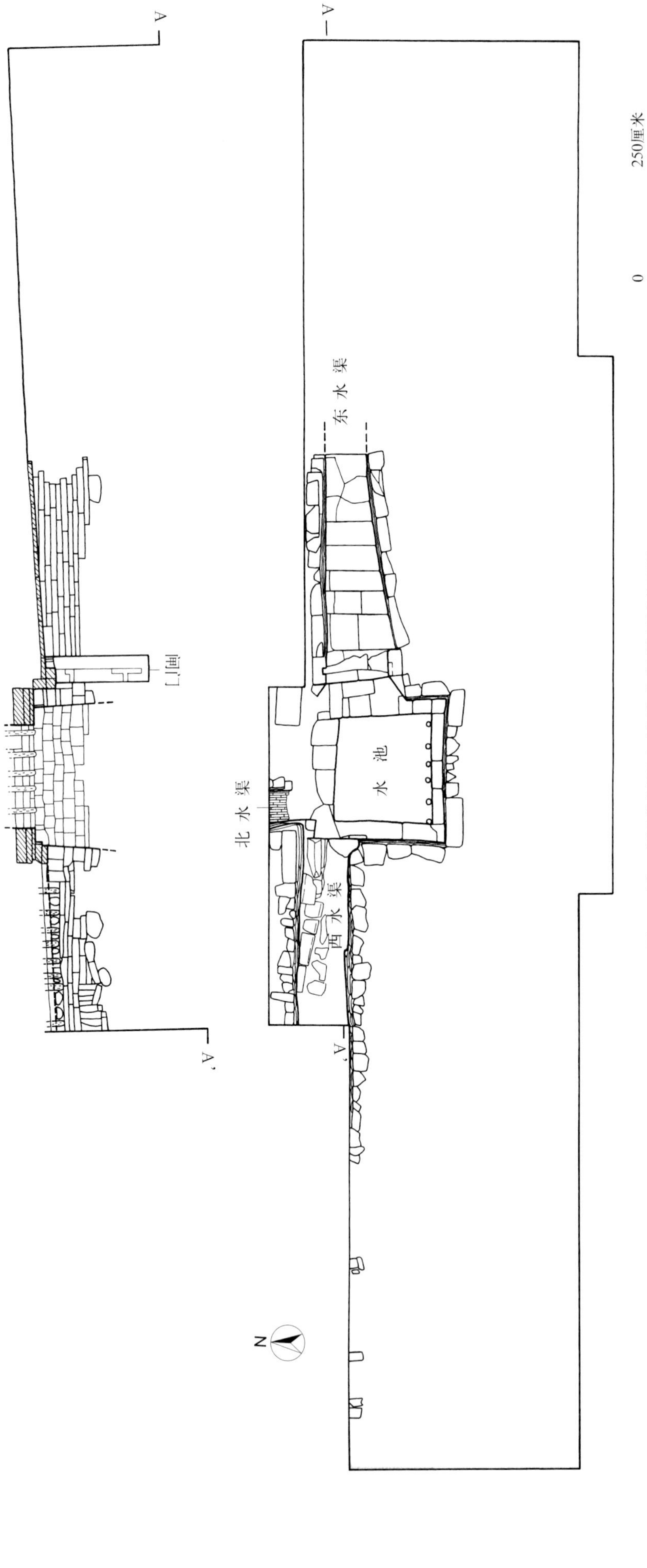

图IV-13 2004HY石砌储排水设施平剖面图

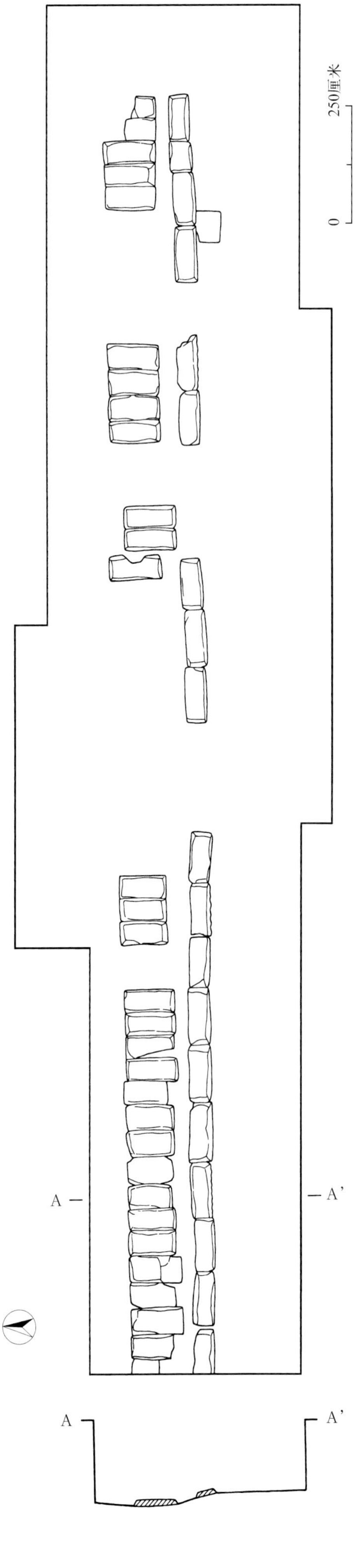

图IV-14 2004HYL1平剖面图

南壁的池底发现一地下泉眼。（彩版Ⅳ—33：2）

水池被厚厚的灰黑土填塞，应该与水池的废弃有关。该堆积中出土了较多的瓷片，不少为可复原器，此外还出土了宋"熙宁重宝"铜钱。

（二）闸门

位于水池与东水渠之间。门板已毁，残存门柱及门限。（彩版Ⅳ—35～Ⅳ—37）

1.门柱

门柱分立于闸门的南北两侧，柱顶距地表深度为1.1米。南北门柱规格相当，高度应在2.3米以上，东西宽55、南北厚30厘米，呈一南一北相对竖立，柱间距1.3米。

两门柱的相对面均凿有纵横凹槽，便于安放门板，但凿法略有区别。在南侧门柱北立面的西半幅上下各凿有一凹槽。上凹槽呈"┝"形，纵槽长60厘米，横槽长15厘米，槽宽、深均10厘米。下凹槽呈"┏"形，与上凹槽的间距为80厘米，纵槽长20厘米，横槽长30厘米，槽宽、深均为10厘米。上、下凹槽的东壁位于同一垂直直线上。除上凹槽以上部分之外，沿该直线以西的门柱立面均内凹5厘米。在北侧门柱南立面的西半幅上下也各凿有一凹槽。上凹槽呈"┥"形，下凹槽呈"┓"，槽的长、宽、深、间距均与南侧门柱相同。上、下凹槽的东壁位于同一垂直直线上。除上凹槽以上部分之外，沿该直线以西的门柱立面均内收10厘米。在上凹槽顶端与门柱顶端之间还有一长15厘米的纵向凹槽，其横截面呈半圆形，直径约10厘米。

在门柱与池壁的南、北侧转角处各发现一平面为直角三角形的石块抵住门柱，应该是对门柱进行加固用。

2.门限

位于南北门柱之间，由东西两行条石构成。其中，西侧条石直接坐落于水池的二层台上，其西立面较之水池上壁的东立面内收0.35米，系用规格70×30×30厘米的条石横向叠砌两层。东侧条石则只有单层，坐落在一块厚10厘米的长方形石板上，该石板的底部与东水渠底持平，较之水池二层台高20厘米。在紧贴门限石西侧的水池二层台面上，还发现一横向摆放的条石。

（三）水渠

共发现三条，分别位于水池的东、西、北侧。（彩版Ⅳ—36，Ⅳ—37）

1.东水渠

该水渠开口于T1④层下，呈东西走向，西起闸门，东段已被破坏。残长4.2米，自西向东逐渐变窄，内宽0.9～1.5米。水渠内壁面平整，北壁残高1.85米，南壁残高1.5米，基本是用长50～150、厚10～20厘米的条石错缝平砌而成，渠底以长方形石板横向平铺。（彩版Ⅳ—36）

2.西水渠

西水渠东起水池西壁，呈东西走向，已揭露部分长3.9米。根据在水渠南壁的西延长线上露出的少量石块来分析，该水渠应继续向西延伸，其长度至少在12.1米以上。渠底较之水池二层台高0.25米，用块石与石板相结合平铺而成。渠底也有用于加固水渠基础的木桩，残存八根，直径10厘米左右，沿南壁内侧呈东西向排列，相邻木桩间距10～60厘米不等。

西水渠的南壁用不规则的块石或条石、石板叠砌而成，残高约1.3米。从目前发现情况来看，该水渠在建成后，其北壁至少经过两次维修。最初的水渠北壁与南壁基本平行，其用材、砌法与东水渠接近，均用石板平铺叠砌，残高约1.2米，水渠内宽约1.1米。之后所进行的第一次维修将水渠的北壁略向东南方向内收，使水渠已揭露部分呈西宽东窄的形式，渠内宽度自西向东逐渐缩小，最窄处仅0.5米。这次维修所形成的水渠北壁残高约0.5米，所用石材为形制较规整的大型块石或条石。第二次维修又将北壁取直至与南壁平行，水渠的渠内宽度均为0.5米。这次维修所形成的北壁残高0.15米，所用石材为不甚规整的块石。（彩版Ⅳ-37：1、2）

3.北水渠

位于水池的北偏西侧，南起水池北壁，向北延伸入T1北壁，与西水渠垂直。该水渠已揭露部分长1.05米，两壁用小块石叠砌多层，平整面朝内，西壁残高1.3米，东壁残高0.6米，东壁南端已坍塌，渠内宽度为0.65米。水渠底部用规格为28×8×4厘米的香糕砖纵向错缝侧砌，怀疑是利用早期砖砌地面而建。（彩版Ⅳ-37：3）

四 石板道路遗迹L1

L1位于T1的中部，距地表深度为1.55～1.8米，坐落于T1④层之上，被T1③层叠压，道路的中段部分叠压在石砌储排水设施上。该道路呈东西走向，横贯整个T1，并继续向东西两侧延伸（在T3、T5均发现了该路遗迹），T1已揭露部分长约28.25米，宽度一般在2米左右。路面铺南、北两列石板，两者间距5～45厘米，其中，北列石板为横向平铺，南列石板为纵向平铺，地势南高北低。铺路所用石板的规格比较统一，长度在120～130厘米左右，宽度在50～60厘米左右，厚约15厘米。石板表面有明显的斜向凿痕，并且有不少南列石板的南侧棱呈整齐的锯齿状，应该是在对石板进行加工、切割时所留下的痕迹。（图Ⅳ-14；彩版Ⅳ-38）

第三章　出土遗物

严官巷的发掘，出土了大量的遗物，包括陶、瓷、铜、石等不同质地，其中的瓷器以其出土数量之繁多、产地来源之广、釉色器形之丰富而引人注目。因各发掘区地层堆积成因既有共性，也略有差异，故将各发掘区的第1、2、3层出土遗物合并介绍，而T6第5层、T1第4层、T2第4层、T4－T6第4层、T1水池内出土遗物则单独予以介绍。

第一节　第5层出土遗物

包括陶器和瓷器两类，数量较少。

（一）陶器

有板瓦、筒瓦等建筑构件及器盖、灯等陶器。

1.建筑构件

有板瓦、筒瓦、瓦当、脊兽、迦陵频伽、双垂鱼形瓦饰等。

重唇板瓦

标本T6⑤：27，残件。泥质灰陶。唇面装饰回纹，凹面有布纹。残长8、残宽12.6、厚1.9、唇宽4.1厘米。（Ⅳ－15：1；彩版Ⅳ－39：1）

标本T6⑤：29，残件。残长4.8、残宽9.4、唇宽4.3厘米。（图Ⅳ－15：2；彩版Ⅳ－39：2）

筒瓦

标本T6⑤：16，残件。横截面呈半圆形。泥质灰陶。凹面有布纹，瓦背尾部有白色石灰痕迹。内外壁均有朱书楷体文字，瓦外壁字迹模糊，瓦内书"客人大□且"等五字。长30、宽11.6、厚1.4厘米。（图Ⅳ－15：3；彩版Ⅳ－39：3）

龙纹瓦当

标本T6⑤：26，残件。泥质灰陶。宽平缘。缘面饰回纹，当心饰龙纹，龙首及上身残缺，作腾跃状。当径13.2、厚1.7厘米。（图Ⅳ－16：1；彩版Ⅳ－39：4）

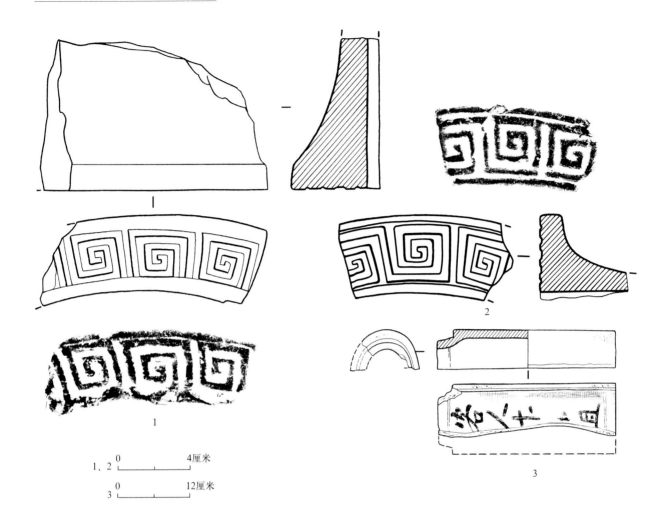

图IV-15　2004HY第5层出土陶重唇板瓦、筒瓦
1.重唇板瓦T6⑤：27　2.重唇板瓦T6⑤：29　3.筒瓦T6⑤：16

菊花纹瓦当

标本T6⑤：28，残件。泥质灰陶。宽平缘。缘面近当心处有一周凹弦纹，当心饰珍珠地菊花纹。当径13.6、厚1.7厘米。（图IV-16：2；彩版IV-39：5）

脊兽

标本T6⑤：24，上腭残件。泥质黄陶。残长8.8厘米。（图IV-17：1；彩版IV-40：1）

迦陵频伽

标本T6⑤：25，残件，仅存一侧翼。泥质灰陶，胎质细腻。残高7.8、厚1.7厘米。（图IV-17：2；彩版IV-40：2）

双垂鱼形瓦饰

标本T6⑤：13，残件，尾端残断。泥质灰陶，胎面呈灰黑色。整体造型呈鱼形，器身扁薄。一面模印细线阳纹，鱼鳍、鳞片表现细致，穿孔状鱼眼，鱼身中部有纵向文字，字迹模糊，另一面平整无纹。残长10.2、宽7.9、厚1厘米。（图IV-17：3；彩版IV-40：3）

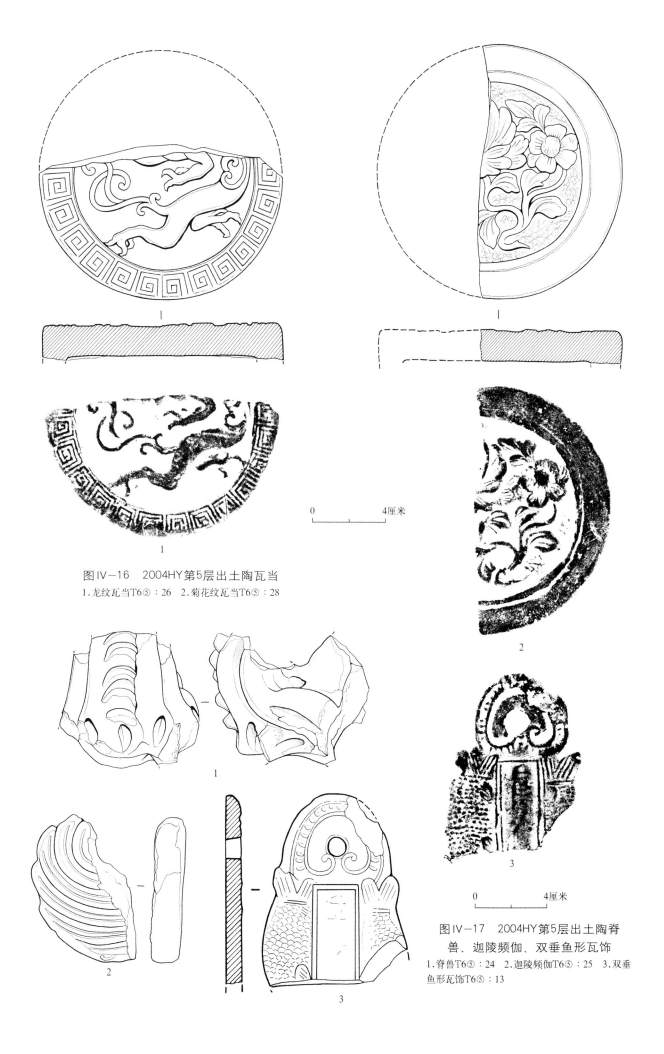

图IV-16　2004HY第5层出土陶瓦当
1.龙纹瓦当T6⑤：26　2.菊花纹瓦当T6⑤：28

0   4厘米

0   4厘米

图IV-17　2004HY第5层出土陶脊
兽、迦陵频伽、双垂鱼形瓦饰
1.脊兽T6⑤：24　2.迦陵频伽T6⑤：25　3.双垂
鱼形瓦饰T6⑤：13

2.其他陶器

有器盖、灯和陶塑楼阁。

器盖

标本T6⑤：17，可复原。泥质灰陶。碟形盖，子口外敞，口壁顶端微束，盖顶较平。通高2.2、口径6.6、盖径10厘米。（图Ⅳ-18：1；彩版Ⅳ-40：4）

灯

标本T6⑤：23，可复原。泥质灰陶。杯形盏碗，圆柱形空心柄，浅盘形底，底心有一直径3厘米的圆形凹孔。通高10.2、口径7.4、底径12.1厘米。（图Ⅳ-18：3；彩版Ⅳ-40：5）

楼阁

标本T6⑤：30，残件。泥质黄陶。一面较平，素面；一面塑成楼阁造型，主楼为重檐歇山顶，侧楼为歇山顶，楼基残。残高5.3、残宽5.7、厚2.5厘米。（图Ⅳ-18：2；彩版Ⅳ-40：6）

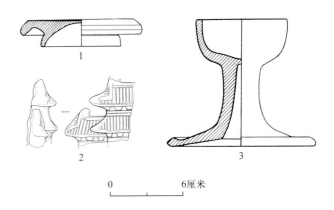

图Ⅳ-18 2004HY第5层出土陶器盖、灯、楼阁
1.器盖T6⑤：17 2.楼阁T6⑤：30 3.灯T6⑤：23

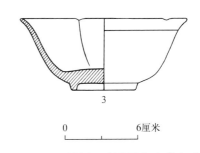

图Ⅳ-19 2004HY第5层出土龙泉窑
青瓷花口碗D型T6⑤：14

（二）瓷器

按釉色可分为青瓷和黑釉瓷两类，数量较少，分属龙泉窑和建窑，部分瓷器窑口不明。

1.龙泉窑青瓷器

花口碗

D型

标本T6⑤：14，可复原。圈足较矮。灰胎。青釉，釉层薄透，釉下有细密气泡。内底边缘有一周凹弦纹，口沿处刻浅凹口，内腹壁沿凹口下方用坯泥绘一道纵向直线勾勒出花瓣轮廓，口沿外侧下方有一周凸弦纹。外底中间无釉露棕红胎。口径13.6、足径5.2、高5.7厘米。（图Ⅳ-19；彩版Ⅳ-41：1）

2.未定窑口青瓷器

器形有碗、盘、碟和钵。

敛口碗

标本T6⑤：2，可复原。灰黑胎。暗青偏黄釉。内口沿下方划多道凹弦纹，内腹壁刻划主题花纹残损，花间布满呈"Z"形走向的锥刺纹，内底刻菊花纹，外壁刻折扇纹，并有轮修痕迹。圈足与外底无釉。口径17.4、足径5.0、高6.2厘米。（图Ⅳ-20：1；彩版Ⅳ-41：2）

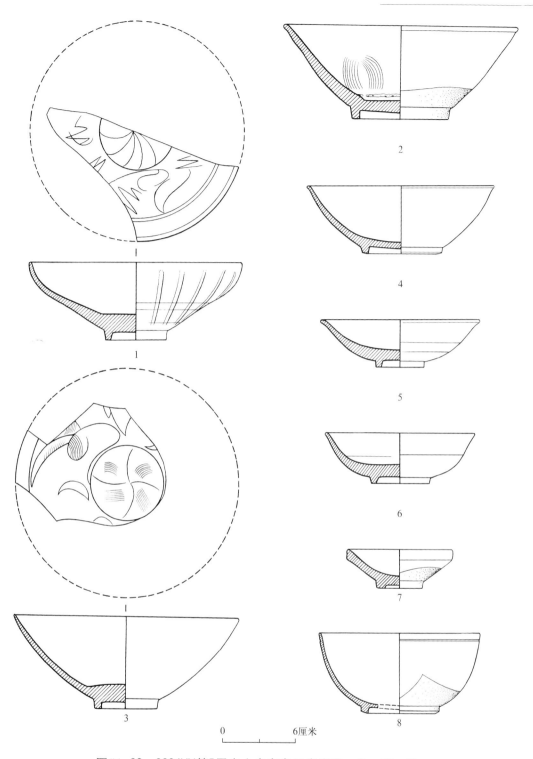

图IV-20　2004HY第5层出土未定窑口青瓷碗、盘、碟、钵

1.敛口碗T6⑤：2　2.敞口碗A型T6⑤：7　3.敞口碗B型T6⑤：1　4.敞口碗B型T6⑤：6　5.侈口曲腹盘T6⑤：4

6.侈口曲腹盘T6⑤：5　7.圈足碟T6⑤：12　8.钵T6⑤：19

敞口碗

A型

标本T6⑤：7，可复原。灰黑胎，粗厚且杂质气孔多。青褐色薄釉。内壁饰篦划莲瓣纹，莲瓣间距开阔。外壁施釉不及底，露胎处呈朱红色。内壁下腹近底处残存一周灰

白色泥条痕。口径19.3、足径8.0、高7.4厘米。（图Ⅳ-20：2；彩版Ⅳ-42：1）

B型

标本T6⑤：1，可复原。深灰胎。暗青偏黄釉。内底边缘、内壁近口沿处与外壁近足处各有一周凹弦纹；内腹壁残存刻划的多道弧线弦纹，填以少量篦纹；内底面刻划简笔荷叶纹，填以篦纹；外壁素面。足底与外底无釉，内底边缘局部缩釉露朱红胎。口径18.4、足径5.1、高7.4厘米。（图Ⅳ-20：3；彩版Ⅳ-42：3）

标本T6⑤：6，可复原。棕红色胎。黄褐色釉，釉层薄，欠透明，光泽暗哑，施釉不及底。内底边缘及足底残存灰白色泥条装烧痕。口径15.5、足径5.6、高5.4厘米。（图Ⅳ-20：4；彩版Ⅳ-42：2）

侈口曲腹盘

标本T6⑤：4，可复原。小圈足。灰胎，杂质多。釉色黄中泛青，釉面不平整，有白色的积釉痕及细碎开片。内壁近口沿处有一道凸弦纹。外底无釉露朱红胎。口径13.2、足径4、高3.8厘米。（图Ⅳ-20：5；彩版Ⅳ-43：1）

标本T6⑤：5，可复原。灰胎。釉色黄中略泛绿，釉层薄透光亮，有小开片。内壁腹底之间有一周凹弦纹，外腹壁饰一周凹弦纹。外壁施釉不及底。口径12.4、足径4.8、高4厘米。（图Ⅳ-20：6；彩版Ⅳ-43：2）

圈足碟

标本T6⑤：12，可复原。敞口，斜直腹，内底弧凹，圈足，足壁较厚，足底平削，挖足浅。灰胎，较粗厚。淡青黄釉。外壁施釉不及底。口径8.8、足径3.8、高3.1厘米。（图Ⅳ-20：7；彩版Ⅳ-43：3）

钵

标本T6⑤：19，可复原。圆唇，直口，曲腹，圈足。灰胎，胎质略粗，胎壁薄，轮修细致。暗青偏黄釉，釉薄无光。口沿外侧有一周细浅凹弦纹。外壁施釉不及底，露胎处呈紫红色。口径13.4、足径5.4、高6.4厘米。（图Ⅳ-20：8；彩版Ⅳ-43：4）

3. 建窑黑釉瓷器

盏

标本T6⑤：8，可复原。侈口，束口，斜腹，内底下凹，矮圈足。紫胎，胎体粗厚。黑釉，唇口处呈棕色，釉面布满气孔。外壁施釉不及底。口径10.8、足径2.2、高5.2厘米。（图Ⅳ-21：1；图彩版Ⅳ-44：1）

标本T6⑤：9，可复原。敞口微束，挖足较浅。深灰胎，胎体粗厚。酱褐色釉，有黑色兔毫纹。外壁施釉不及底。口径10.1、足径2.4、高5.4厘米。（图Ⅳ-21：2；彩版Ⅳ-44：2）

4. 未定窑口黑釉瓷器

器形有盏和罐。

盏

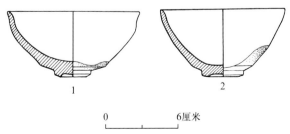

图Ⅳ-21　2004HY第5层出土建窑黑釉瓷盏
1.T6⑤：8　2.T6⑤：9

标本T6⑤：10，可复原。敞口微束，斜腹，小圈足，挖足浅。米白色胎。黑色薄釉，转折处釉面呈铁锈色。施釉不及底。口径12.6、足径3.6、高6.4厘米。（图Ⅳ—22：1；彩版Ⅳ—45：1）

标本T6⑤：11，可复原。棕褐色胎，胎粗厚。黑釉，口沿处呈棕色。外壁施釉不及底，露土红色胎。口径11.2、足径2.4、高5.4厘米。（图Ⅳ—22：2；彩版Ⅳ—45：3）

罐

标本T6⑤:18，可复原。侈口，束颈，肩部圆折，最大径在肩部，浅腹，腹壁斜直，平底略内凹。灰黑胎，酱褐色薄釉，内底局部釉色偏黑，釉面无光。外壁肩部以下无釉露胎。口径6.5、最大径6.8、高2.5厘米。（图Ⅳ—22：3；彩版Ⅳ—45：2）

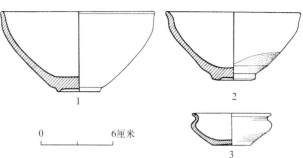

图Ⅳ—22　2004HY第5层出土未定窑口黑釉瓷盏、罐
1.盏T6⑤：10　2.盏T6⑤：11　3.罐T6⑤：18

第二节　T1水池内出土遗物

包括瓷器和铜钱两类，其中瓷器数量较多。

（一）瓷器

按釉色可分为青瓷、青白瓷、卵白釉瓷、白地黑花瓷及黑釉瓷等，分属龙泉窑、景德镇窑和磁州窑，部分瓷器窑口不明。

1.龙泉窑青瓷器

器形有碗、盘、洗和钵。

莲瓣碗

B型

标本T1（水池）：1，可复原。浅灰胎。粉青色透明釉，釉面光亮，釉下有细密气泡。内底边缘有一周凹弦纹，外壁刻双层莲瓣纹，花瓣宽平，瓣脊挺拔。足底与外底无釉，露胎处局部呈土红色。口径17.6、足径6.4、高6.8厘米。（图Ⅳ—23：1；彩版Ⅳ—46：1）

标本T1（水池）：4，可复原。灰白胎。粉青乳浊釉，釉面无光。足底与外底无釉，露胎处呈土红色。口径16.7、足径5.4、高7.5厘米。（图Ⅳ—23：2；彩版Ⅳ—46：2）

标本T1（水池）：5，可复原。口沿外侧残存镶釦痕迹。灰白胎。粉青釉，釉层较厚，局部有冰裂纹。足底无釉。口径20、足径7.2、高9.0厘米。（图Ⅳ—23：3；彩版Ⅳ—46：3）

标本T1（水池）：6，可复原。灰白胎。粉青釉。足底与外底无釉，露胎处局部呈土红色。外壁有较多的灰黑色土沁斑。口径16.4、足径5.4、高6.6厘米。（图Ⅳ—23：4；彩版Ⅳ—46：4）

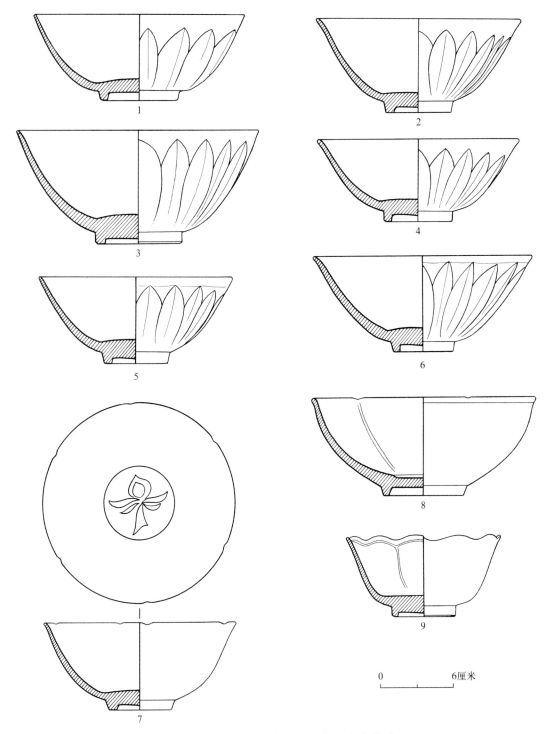

图IV-23　2004HYT1（水池）出土龙泉窑青瓷碗

1.莲瓣碗B型T1（水池）：1　2.莲瓣碗B型T1（水池）：4　3.莲瓣碗B型T1（水池）：5　4.莲瓣碗B型T1（水池）：6
5.莲瓣碗B型T1（水池）：30　6.莲瓣碗B型T1（水池）：31　7.花口碗B型T1（水池）：9　8.花口碗B型T1（水池）：32
9.花口碗C型T1（水池）：10

　　标本T1（水池）：30，可复原。灰白胎。粉青透明釉。足底与外底无釉，露胎处局部呈土红色。口径16、足径5.4、高6.9厘米。（图IV-23：5；彩版IV-47：2）

　　标本T1（水池）：31，可复原。灰胎。粉青色半透明釉。外底无釉。口径18、足径

4.8、高7.6厘米。（图Ⅳ-23：6；彩版Ⅳ-47：1）

花口碗

B型

标本T1（水池）：9，可复原。小圈足，足底平削，挖足较浅。灰胎。暗青绿釉，釉层较厚。内底边缘有一周凹弦纹，内底心刻划简单花纹。外底无釉。口径15.9、足径5.2、高7.0厘米。（图Ⅳ-23：7；彩版Ⅳ-47：3）

标本T1（水池）：32，可复原。灰胎。青釉，釉面光亮，釉下有细密气泡。口沿处刻出浅凹口，内腹壁沿凹口下方刻纵向双凹弦纹勾勒出花瓣轮廓。足底局部与外底无釉露黄灰胎。口径18、足径6.8、高7.8厘米。（图Ⅳ-23：8；彩版Ⅳ-48：1）

C型

标本T1（水池）：10，可复原。灰胎，胎骨略显厚重。青绿釉，釉层薄透。内底边缘有一周凹弦纹，整体造型呈一朵盛开的荷花，花瓣上缘中间微凹，沿花口下方刻划双线"S"形纹将内腹壁分区。足底与外底刮釉不尽。口径12.7、足径4.9、高6.4厘米。（图Ⅳ-23：9；彩版Ⅳ-48：2）

莲瓣盘

A型

标本T1（水池）：7，可复原。灰胎。青黄釉，局部暗青，釉厚隐现花纹，釉下有冰裂纹。内底边缘有一周凹弦纹，外腹壁刻双层莲瓣纹，瓣脊挺拔。足底与足根下端内外侧无釉。口径20.9、足径10.4、高5.4厘米。（图Ⅳ-24：1；彩版Ⅳ-49：1）

标本T1（水池）：8，可复原。大圈足较高。浅灰胎。粉青釉，釉厚隐现花纹，釉下满布冰裂纹。莲瓣窄小而密集，瓣脊挺拔。足底及足根下端内外侧无釉，呈土黄色。口径

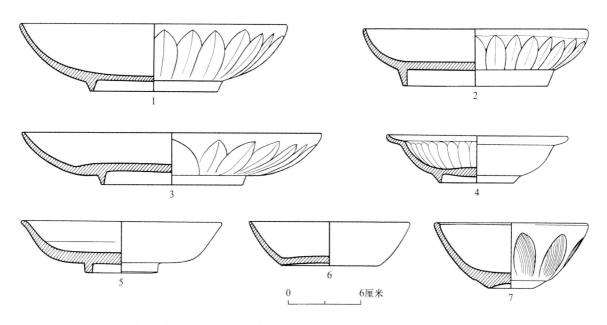

图Ⅳ-24　2004HYT1（水池）出土龙泉窑青瓷盘、洗、碾钵

1.莲瓣盘A型T1（水池）：7　2.莲瓣盘A型T1（水池）：8　3.莲瓣盘A型T1（水池）：14　4.折沿洗T1（水池）：15

5.侈口盘A型T1（水池）：11　6.敞口盘B型T1（水池）：16　7.细碾钵T1（水池）：12

18.5、足径12、高4.6厘米。（图Ⅳ-24：2；彩版Ⅳ-49：2）

标本T1（水池）：14，可复原。灰胎。粉青釉，釉层较厚，乳浊失透，隐现花纹。莲瓣肥大，瓣脊挺拔。足底无釉露土黄胎。口径24.6、足径11.6、高4.2厘米。（图Ⅳ-24：3；彩版Ⅳ-49：3）

敞口盘

B型

标本T1（水池）：16，可复原。芒口。灰胎，胎骨轻薄。淡青绿釉，光洁如玉。口径13.2、底径8.0、高3.4厘米。（图Ⅳ-24：6；彩版Ⅳ-49：4）

侈口盘

A型

标本T1（水池）：11，可复原。灰胎，胎体粗厚。暗青绿釉。内腹壁近底处有一周浅线凹弦纹。足底与外底无釉。口径16.5、足径5.9、高4.1厘米。（图Ⅳ-24：5；彩版Ⅳ-49：5）

折沿洗

标本T1（水池）：15，可复原。曲腹，圈足。灰胎。青黄釉，釉层较厚，釉面光亮。内壁模印多个连续的瓦状凹面构成的菊瓣纹。足底无釉。口径15.1、足径6.2、高3.8厘米。（图Ⅳ-24：4；彩版Ⅳ-50：1）

细碾钵

标本T1（水池）：12，可复原。敛口微内折，斜直腹，平底内凹。灰白胎，胎质较细，胎体较厚。粉青釉，釉层较厚，呈半透明状，内壁无釉，胎面平整，呈浅土黄色。外壁装饰稀疏的单层莲瓣纹，瓣面刻划箆纹，内壁素面。外壁下腹近底处刮釉一周，外底无釉。口径12.3、底径3.6、高5.2厘米。（图Ⅳ-24：7；彩版Ⅳ-50：2）

2.未定窑口青瓷器

器形有碗和炉。

敛口碗

标本T1（水池）：24，可复原。厚圆唇，曲腹，挖足较浅。灰白胎，胎骨厚重。釉色青中泛白，半透明，釉面光亮。外壁施釉不及底。口径15.6、足径4.7、高5.7厘米。（图Ⅳ-25：1；彩版Ⅳ-51：1）

敞口碗

B型

标本T1（水池）：23，可复原。浅灰胎。釉色白中偏米黄。圈足与外底无釉。口径15.6、足径5.5、高5.5厘米。（图Ⅳ-25：2；彩版Ⅳ-51：2）

侈口碗

A型

标本T1（水池）：13，可复原。尖唇。灰胎。淡青偏黄透明釉，釉面光亮。内底边缘有一周凹弦纹。外底无釉。口径15.7、足径5.8、高5.3厘米。（图Ⅳ-25：3；彩版Ⅳ-51：3）

樽式炉

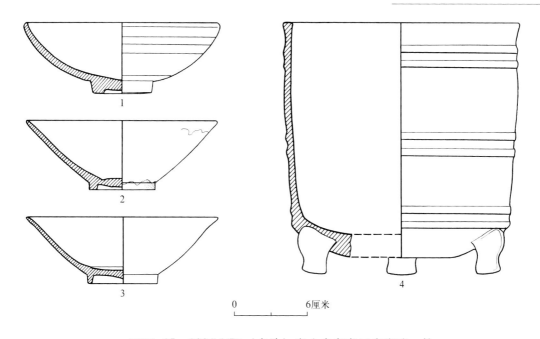

图 IV-25　2004HYT1（水池）出土未定窑口青瓷碗、炉

1.敛口碗T1（水池）：24　2.敞口碗B型T1（水池）：23　3.侈口碗A型T1（水池）：13　4.樽式炉T1（水池）：2

标本T1（水池）：2，可复原。直口平唇，筒形腹，内底弧凹，底心较平，外底边缘帖塑三个蹄形足。灰白胎，胎质略粗，胎骨厚重。淡青色透明釉，积釉处呈翠绿色，外壁施釉均匀，釉面有自上而下的斜向开片纹，内壁局部露胎，釉面有垂直开片纹。外腹壁的上中下部分各饰两道凸弦纹。口径19.6、高20厘米。（图IV-25：4；彩版IV-52：1）

3.景德镇窑青白瓷器

器形有碗和盘。

芒口碗

标本T1（水池）：18，可复原。侈口，曲腹，内底小而弧凸，圈足，足底平削，足根外侧斜削，外底有鸡心状突起。内底边缘有一道凹槽。灰白胎。青白釉，

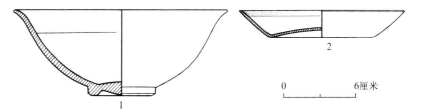

图 IV-26　2004HYT1（水池）出土景德镇窑青白瓷碗、盘
1.芒口碗T1（水池）：18　2.平底盘T1（水池）：17

釉面光亮，微透明，足底与外底局部缩釉，缩釉处与芒口处胎色均呈土黄。内腹壁划一道凹弦纹。口径17.6、足径4.9、高6.8厘米。（图IV-26：1；彩版IV-52：3）

平底盘

标本T1（水池）：17，可复原。敞口，芒口，有镶釦痕迹。白胎，胎质细腻，胎壁薄可透光。釉色白中微透青，釉面光亮。外底未施满釉。口径13.6、底径9.1、高2.1厘米。（图IV-26：2；彩版IV-52：2）

4.景德镇窑卵白釉瓷器

器形有碗和盘。

碗

标本T1（水池）：35，可复原。侈口，垂腹，内底弧凹，圈足，足底平削，足壁较厚。灰白胎。青白色釉，乳浊失透，釉面光亮，有小气孔。内壁中腹部有一周凸弦纹，以下模印植物花卉纹饰，印纹不清。足底与外底无釉。口径16.6、足径6.4厘、高7.9厘米。（图IV-27：1；彩版IV-53：1）

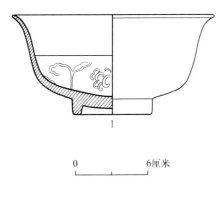
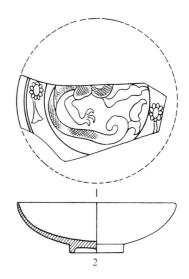

图IV-27　2004HYT1（水池）出土景德镇窑卵白釉瓷碗、盘

1.碗T1（水池）：35　2.盘T1（水池）：19

盘

标本T1（水池）：19，可复原。敞口，斜曲腹，内底弧凹，小圈足。白胎，胎质细腻。釉色白中泛青，釉层为光亮的半透明状，施釉均匀。内底印有龙纹及卷云纹，内底边缘有一周凸弦纹，内腹壁印一周有植物花卉纹，近口沿处有两周凸弦纹。足底与外底无釉。口径12.9、足径4.4、高4.0厘米。（图IV-27：2；彩版IV-53：2）

5.未定窑口黑釉瓷器

盏

标本T1（水池）：33，可复原。尖唇，敞口微束，斜直腹，内底下凹，饼足大部分残缺。米黄胎，胎质较为细腻。黑釉，口沿处略显红棕色。外壁施釉不及底。口径8.8、足径3.4、高4.8厘米。（图IV-28；彩版IV-54：1）

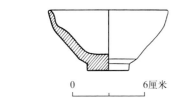

图IV-28　2004HYT1（水池）出土未定窑口黑釉瓷盏T1（水池）：33

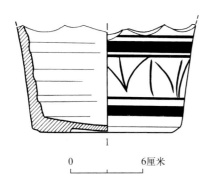

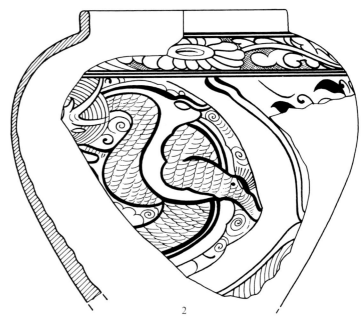

图IV-29　2004HYT1（水池）出土磁州窑白地黑花瓷罐

1.罐T1（水池）：26　2.罐T1（水池）：25

6.磁州窑白地黑花瓷器

罐

标本T1（水池）：26，底部残片。下腹斜直，腹底之间斜削，玉璧状隐圈足。灰胎，胎骨厚重，胎质略粗，施白色化妆土。外壁施白色透明薄釉，釉面开片细碎，并有流釉现象，内腹壁施酱釉，内底无釉露黑褐胎。外壁下腹绘黑褐彩简笔莲瓣纹，上下绘宽窄弦纹为界，画风潦草。外底无釉。残高8.4、足径11.1厘米。（图Ⅳ-29：1；彩版Ⅳ-54：3）

标本T1（水池）：25，可复原。厚圆唇，直口，短直颈，丰肩，鼓腹，最大腹径在上腹，底残。米白胎，胎体粗厚，内腹壁有多道制坯形成的凸棱。白釉，釉层薄透，局部有细碎开片。釉上施褐彩，肩部绘有缠枝向日葵纹，以网纹为地，上下绘多道弦纹为界，腹部绘蛟龙纹，龙肢体粗壮有力，龙身鳞片表现细致。口径16.6、残高22.8厘米。（图Ⅳ-29：2；彩版Ⅳ-54：2）

（二）铜钱

共2枚，其中1枚钱文可辨，为"熙宁重宝"。

熙宁重宝

右旋读。铸于北宋神宗熙宁年间（1068~1077年）。直径2.9厘米。（图Ⅳ-30）

图Ⅳ-30　2004HYT1（水池）出土
铜钱"熙宁重宝"

第三节　第4层出土遗物

包括陶器和瓷器两类，数量极少。

一　西南发掘区第4层出土遗物

（一）陶器

脊兽

标本T1④：4，残件，仅存头部，上腭残断，残高14厘米。泥质灰陶。中空，凸目呲牙，上颚向上翻卷。在眉脊之间的头顶中部有一圆形榫孔，直径近3厘米。（图Ⅳ-31；彩版Ⅳ-55：1）

（二）瓷器

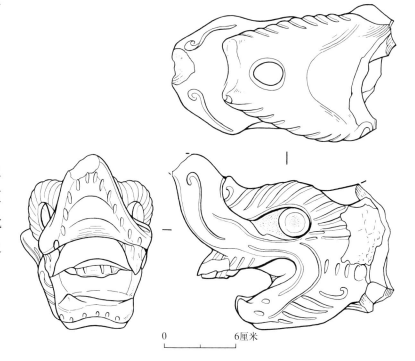

图Ⅳ-31　2004HY西南发掘区第4层出土陶脊兽T1④：4

1．龙泉窑青瓷器

器形有碗和钵。

侈口碗

A型

标本T1④：6，完整器。内底弧凸，圈足，挖足较浅。外壁有多处因旋削形成的明显棱状突起，圈足与下腹之间有一周明显凹槽，外底近足处旋削一周。口沿处及碗外壁局部有镶补痕迹。灰胎。釉色粉青。外底无釉。口径15.8、足径4.6、高5.7厘米。（图IV-32：1；彩版IV-55：2）

钵

标本T1④：1，可复原。圆唇，直口，下腹向内弧收，内底平，小圈足，挖足较浅，足底平削，足根外侧斜削。外壁的腹足之间有一凹槽。灰胎。青釉，釉层薄透，釉

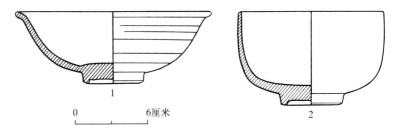

图IV-32　2004HY西南发掘区第4层出土龙泉窑青瓷碗、钵

1.侈口碗A型T1④：6　2.钵T1④：1

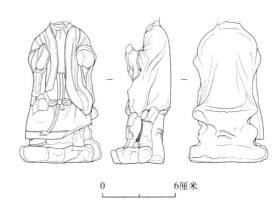

图IV-33　2004HY西南发掘区第4层出土景德镇窑青白瓷人物塑像

T1④：3

下有细小气泡，外腹壁有流釉现象。外底无釉。口径11.8、足径5、高7.4厘米。（图IV-32：2；彩版IV-55：3）

2．景德镇窑青白瓷器

人物塑像

标本T1④：3，残件，头、手及左足残缺。整体为一双手拱于前、直身端坐于杌子上、脚踏祥云状底座的高士形象，其身着襦裙，腰间系带飘垂于裙面，外披对襟博袖袍衫。胎细白。釉色白中闪青，积釉处成湖绿色，釉面亮泽，局部有裂纹，仅袍衫、杌子与底座施釉。残高11.4厘米。（图IV-33；彩版IV-56：1）

二　西北发掘区第4层出土遗物

仅见少量瓷器，主要为越窑青瓷和定窑白瓷器，另有未定窑口青白瓷和黑釉瓷。

1．越窑青瓷器

瓶

标本T2④：5，可复原。喇叭口，细长颈，圆肩，深腹，最大直径在上腹部，圈足外撇，外底微垂。灰胎。暗青偏黄釉，釉层很薄，釉面无光，有较多细小的灰白色杂点。肩颈之间、肩部以及腹足之间各饰两道凹弦纹，瓶腹剔刻兰草纹，花叶上划篦纹。足底无釉，可见白色泥条

图IV-34 2004HY西北发掘区第4层出土越窑青瓷瓶T2④：5

痕，内壁荡釉，内底无釉处露棕红胎。口径8.3、腹径10.5、足径5.6、高18.7厘米。（图IV-34；彩版IV-56：2）

2.未定窑口青白瓷器

瓶

标本T2④：2，残。直颈，圆肩，鼓腹，腹部最大直径在中腹，矮喇叭形圈足，足底宽平，外底向下弧凸。白胎，胎质细腻。釉色白中闪青，外腹局部有小开片，内壁施釉仅及颈部上端。肩部近颈处模印细密菊瓣纹，上腹模印卷草花卉纹，下腹印四株草叶纹。肩颈之间、上下腹之间各有一道凸棱，应为接胎痕迹。圈足及外底无釉，足底局部泛黄。颈部残长3.4、足径5.4、残高11.4厘米。（图IV-35；彩版IV-57：1）

3.定窑白瓷器

器形有碗和盘。

碗

标本T2④：7，可复原。敞口，芒口，镶银釦，深垂腹，内底平凹，圈足。胎白且结实，质地坚硬。釉色白中泛青黄，釉面光亮，釉层较薄，外壁和外底均有积釉和流釉现象。内底边缘有一周凹弦纹，外壁刻划萱草纹。外腹近底处胎面有明显的轮修痕迹。口径15.6、足径6.4、高7.5厘米。（图IV-36：1；彩版IV-57：2）

盘

标本T2④：1，可复原。敞口，芒口，浅曲腹，内底弧凹，小圈足，足底平削。白胎略泛黄，胎质细腻，胎壁薄。牙白釉，釉层薄透光亮，外壁有流釉现象，形成泪痕。内壁装饰模印花纹，内底边缘有一周凹弦纹，内底面为水波双鱼纹，双鱼昂首摆尾并列通向游水，活灵活现；内腹壁盘壁为莲荷花果纹，纹理细致入微，上方近口沿处饰一周回纹。口

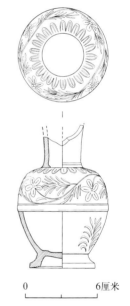

图IV-35 2004HY西北发掘区第4层出土未定窑口青白瓷瓶T2④：2

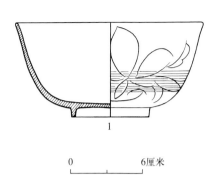

图Ⅳ-36　2004HY西北发掘区第4层
出土定窑白瓷碗、盘
1.碗T2④：7　2.盘T2④：1

径17.2、足径5.8、高3.6厘米。（图Ⅳ-36：2；彩版Ⅳ-58：1）

4.未定窑口黑釉瓷器

碟

标本T2④：3，完整器。侈口，斜腹微曲，圆底，小圈足，足底平削，外底有鸡心状突起。米色胎，胎骨轻薄小巧，胎质细腻。黑褐釉，釉层较薄，釉面哑光，口沿处露胎色，内壁有多处不规则斑块，斑块处为黄褐色透明釉，并有细碎开片。外壁施釉不及底。口径9.4、足径2.8、高2.8厘米。（图Ⅳ-37；彩版Ⅳ-58：2）

图Ⅳ-37　2004HY西北发掘区第4层
出土未定窑口黑釉瓷碟T2④：3

三　东北发掘区第4层出土遗物

包括陶器和瓷器两类，数量较多。

（一）陶器

主要为砖、瓦及各种纹饰的瓦当。

1.建筑构件

香糕砖

标本T4④：21，基本完整。泥质灰陶，六个砖面均残存灰白色黏结物（石灰）痕迹。长28.5、宽8、厚4.5厘米。（彩版Ⅳ-59：1）

标本T4④：23，基本完整。除一窄长面（由长边与厚边构成）外，其余五个砖面均残存灰白色黏结物（石灰）痕迹。长28.5、宽8、厚4厘米。（彩版Ⅳ-59：1）

标本T4④：24，基本完整。长29、宽8.5、厚4厘米见。（彩版Ⅳ-59：1）

标本T4④：26，基本完整。长30.5、宽8、厚4.5厘米。（彩版Ⅳ-59：2）

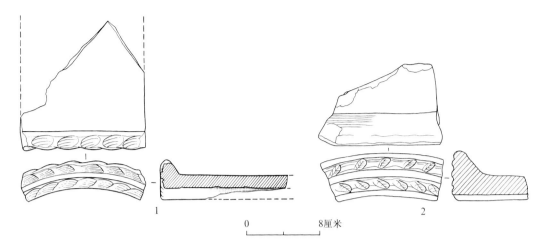

图Ⅳ-38 2004HY东北发掘区第4层出土陶重唇板瓦
1.T6④：8 2.T4④：3

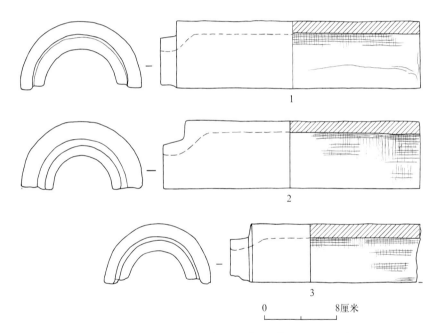

图Ⅳ-39 2004HY东北发掘区第4层出土陶筒瓦
1.T4④：4 2.T4④：5 3.T6④：7

重唇板瓦

标本T6④：8，重唇基本完整，瓦身残断。泥质灰陶，表面局部呈灰黑色。唇面装饰叶脉纹，凹面有布纹。残长13.9、宽13.8、厚1.3、唇宽3厘米。（图Ⅳ-38：1；彩版Ⅳ-59：3）

标本T4④：3，残件。泥质灰黄陶。唇面装饰叶脉纹，凹面有布纹。残长8.7、残宽13.8、厚2.0、唇宽4.6厘米。（图Ⅳ-38：2；彩版Ⅳ-59：4）

筒瓦

标本T4④：4，基本完整。胎面整体呈烟熏黑，触之有黑色粉末。长28.5、宽13.2、高7.2、厚1.4厘米。（图Ⅳ-39：1；彩版Ⅳ-59：5）

标本T4④：5，完整器。横截面呈半圆形。泥质灰陶。凹面有布纹。长28.2、宽13.2、高7.2、厚1.2厘米。（图Ⅳ-39：2；彩版Ⅳ-59：6）

标本T6④：7，瓦舌基本完整，瓦身残断。瓦背有多道纵向直线划痕，两侧各有一条宽3厘米左右的白色石灰痕迹。残长21、宽11.7、高6.4、厚1.6厘米。（图Ⅳ-39：3；彩版Ⅳ-59：7）

龙纹瓦当

标本T6④：6，基本完整。泥质灰陶，当面局部泛灰黑色。宽平缘。缘面饰回纹，当心饰三趾龙纹，呈腾跃状，龙身下方饰绶带纹。当径15、厚1.7厘米。（图Ⅳ-40：1；彩版Ⅳ-60：1）

莲花纹瓦当

标本T4④：113，残件，后接残损筒瓦。泥质灰陶。宽平缘。当心近缘处饰一周凸弦纹，其外侧环绕密集的短线纹一周，其内侧饰十八瓣莲纹，花瓣修长，瓣面微鼓，莲心有八子。残长9.1、当径22.7、厚3.0厘米。（图Ⅳ-40：2；彩版Ⅳ-60：2）

牡丹纹瓦当

标本T6④：9，残件。泥质灰陶。宽平缘。缘面近当心处有一周凹弦纹，当心饰牡丹纹，珍珠地隐约可见。当径14.3、厚1.7厘米。（图Ⅳ-41：1；彩版Ⅳ-60：3）

菊花纹瓦当

标本T4④：2，基本完整，后接残损筒瓦。泥质灰陶，当面呈灰黑色。宽平缘。缘面近当心处饰多道凹弦纹，当心饰菊花纹，仅轮廓可辨，纹理不清。瓦当与筒瓦之间可见明显接胎痕迹。残长4.9、当径15.5、厚1.7厘米。（图Ⅳ-41：2；彩版Ⅳ-60：4）

标本T4④：60，基本完整，后接残损筒瓦。珍珠地模糊不清。残长7.9、当径13.7、厚1.5厘米。（图Ⅳ-41：3；彩版Ⅳ-60：5）

标本T4④：61，残件。当径约14.2、厚1.7厘米。（图Ⅳ-42：1；彩版Ⅳ-60：6）

芙蓉纹瓦当

标本T4④：1，基本完整。泥质黄陶。宽平缘。当心饰珍珠地芙蓉纹。当径11.6、厚1.7厘米。（图Ⅳ-42：2；彩版Ⅳ-61：1）

迦陵频伽

标本T6④：10，残器，面部、颈均有不同程度残损，双翼残断。泥质灰陶，胎质细腻。中空，整体造型为人首鸟身形，头顶高耸花冠，仪容端庄，平视前方，身着披帛，双手合十拱于胸前，背负双翼，腹部圆鼓，下肢为蜷曲的鸟爪状，尾翼拖地。通高24.5、长13.3、残宽10.9厘米。（图Ⅳ-43；彩版Ⅳ-61：2）

2.其他陶器

陶器圈足

标本T4④：20，残件。截面呈椭圆形，足壁外撇，足底较平。泥质黄陶，胎质细腻，足壁厚薄不均，腹底上凸，与圈足之间系接胎而成，接胎处残留手指按压痕迹。圈足外壁以饕餮纹为主题纹饰，以雷纹为地纹，并在四周各饰一纵向凸棱，圈足下端饰一周宽带凸弦纹。足径12～14.8、残高6.7厘米。（图Ⅳ-44；彩版Ⅳ-61：3）

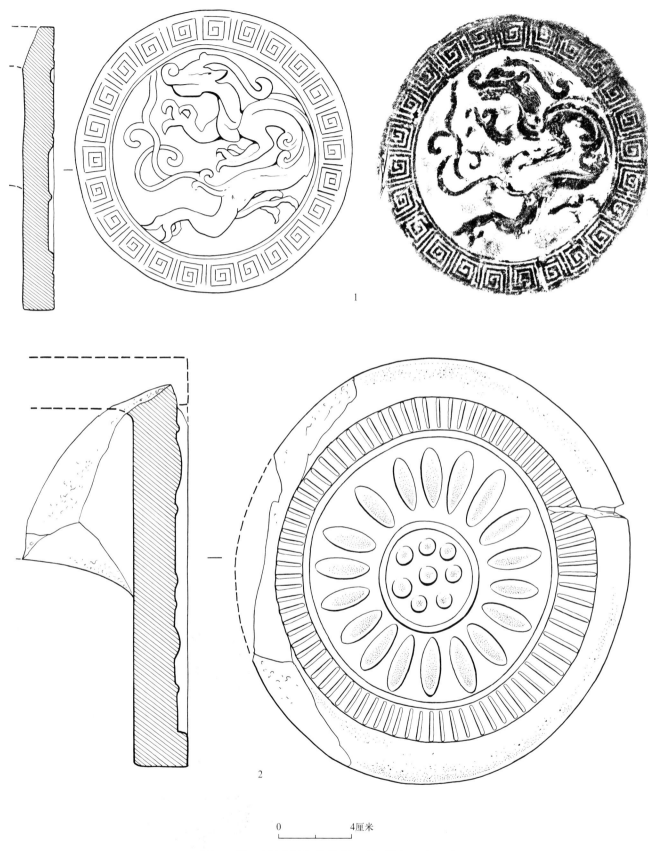

0　　　　4厘米

图 IV-40　2004HY东北发掘区第4层出土陶瓦当
1.龙纹瓦当T6④：6　2.莲花纹瓦当T4④：113

图Ⅳ-41　2004HY东北发掘区第4层出土陶瓦当
1.牡丹纹瓦当T6④：9　2.菊花纹瓦当T4④：2　3.菊花纹瓦当T4④：60

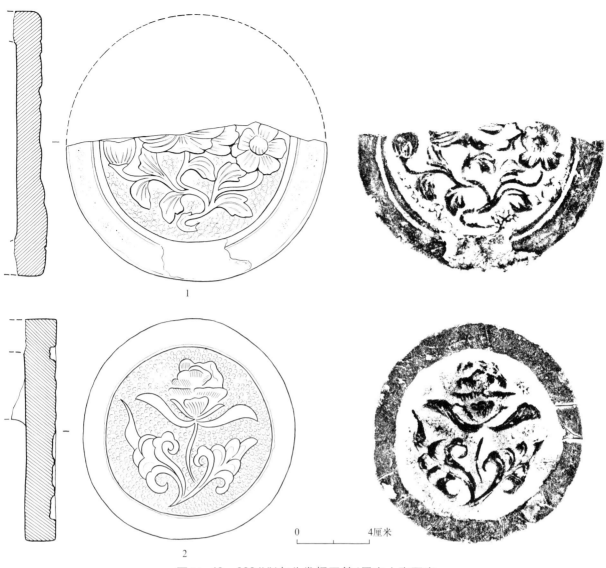

图IV-42　2004HY东北发掘区第4层出土陶瓦当

1.菊花纹瓦当T4④：61　2.芙蓉纹瓦当T4④：1

图IV-43　2004HY东北发掘区第4层出土陶迦陵频伽T6④：10

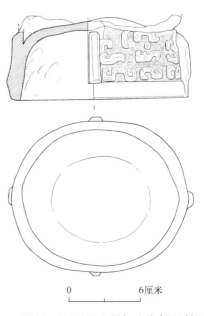

图IV-44　2004HY东北发掘区第4
层出土陶器圈足T4④：20

（二）瓷器

数量较多。按釉色分为青瓷、青白瓷和白瓷三类，分属南宋官窑、龙泉窑和景德镇窑，部分瓷器窑口不明。

1.南宋官窑青瓷器

器形有碗和洗，均为残片。

碗

标本T4④：27，口、腹残片。圆唇，花口微敞，斜曲腹，腹内壁沿花口下由外向内压出凹槽，圈足。灰黑胎，胎骨较薄。淡灰偏青釉，内外釉厚均在1毫米以上，可见二次上釉痕迹，内釉光亮，外釉面凹凸不平呈橘皮状。

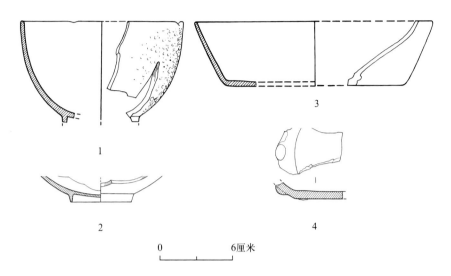

图IV-45　2004HY东北发掘区第4层出土南宋官窑青瓷碗、洗
1.碗T4④：27　2.碗T4④：29　3.洗T4④：28　4.洗T4④：40

口径13.4、残高8.1厘米。（图IV-45：1；彩版IV-62：1）

标本T4④：29，腹、底残片。斜曲腹，圆底，圈足，足底窄小。薄胎厚釉。灰黑胎，胎薄处厚仅0.5毫米。粉青色乳浊釉，釉厚在1毫米以上，釉面光亮，外底边缘有缩釉现象。足底露胎呈铁足。足径5.0、残高2.6厘米。（图IV-45：2；彩版IV-62：2）

洗

标本T4④：28，残器，可复原。小圆唇，敞口，斜直腹，大平底，外底残存一个方形支钉痕。灰胎。通体施粉青乳浊釉，釉面光亮，有大量灰白色晶体状物质聚集，开片较大，纹线细浅，釉层较厚，内外釉厚均可达1毫米，有明显的二次上釉痕迹。口径19.4、底径15、高5.1厘米。（图IV-45：3；彩版IV-62：3）

标本T4④：40，鼓钉洗腹、底残片。下腹斜向内收，平底，底、腹之间圆折。下腹外壁残存一个圆形鼓钉。灰黑胎，局部有外灰内灰黑的夹心胎现象。釉色灰青，内外釉厚均在1毫米左右，釉面光亮，通体冰裂纹。残高1.3厘米。（图IV-45：4；彩版IV-62：4）

2.龙泉窑青瓷器

器形有碗、盘、器盖和瓶。

敞口碗

B型

标本T4④：9，可复原。灰胎。淡青绿釉，釉层较薄。内腹壁残存刻划曲茎荷花，内底刻划单片侧覆荷叶。外壁近口沿处有一周弦纹。外底无釉。口径16.2、足径4.2、高7.2厘米。（图IV-46：1；彩版IV-63：1）

侈口碗

A型

标本T4④：10，可复原。挖足较浅。灰胎。粉青色透明釉，釉面光亮，通体有细碎开片。内底边缘的一道凹弦纹隐约可见，外壁有多道因旋削形成的棱状起伏，外壁与圈足转折处有一周凹弦纹。足面局部与外底无釉。口径17.3、足径5.6、高6厘米。（图Ⅳ-46：2；彩版Ⅳ-63：2）

花口碗

D型

标本T6④：3，可复原。灰胎。淡青绿釉，釉层略厚，呈半透明状，釉下有细密气

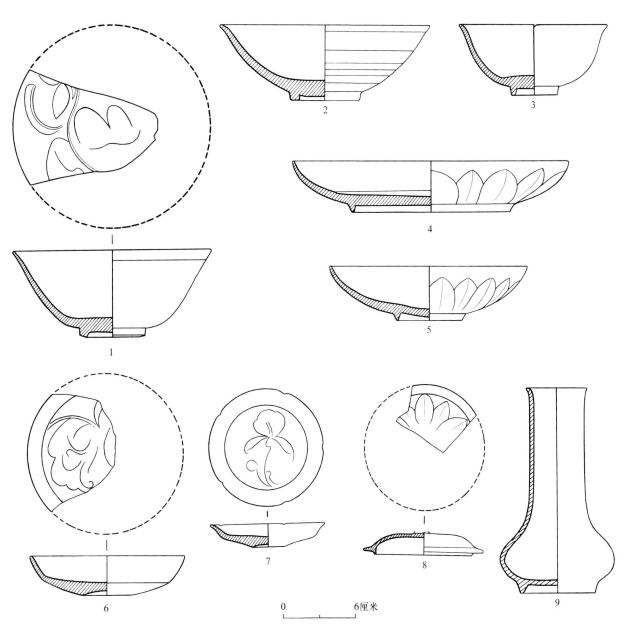

图Ⅳ-46　2004HY东北发掘区第4层出土龙泉窑青瓷碗、盘、器盖、瓶

1.敞口碗B型T4④：9　2.侈口碗A型T4④：10　3.花口碗D型T6④：3　4.莲瓣盘A型T4④：11　5.莲瓣盘B型T4④：46　6.敞口盘A型T4④：7　7.敞口盘A型T4④：6　8.器盖T4④：13　9.瓶T4④：75

泡，外壁近足处有流釉现象。内底边缘有一周凹弦纹，口沿处刻出浅凹口。足底缩釉露铁锈色胎，外底无釉。口径12.2、足径3.8、高5.6厘米。（图IV—46：3；彩版IV—64：1）

莲瓣盘

A型

标本T4④：11，可复原。灰胎，胎骨较轻薄。淡灰青釉，局部偏黄，乳浊失透。内底边缘有一周凹弦纹，外壁刻双层莲瓣纹，花瓣肥大，瓣脊微挺。足底及足根下端内外侧无釉。口径22.9、足径13.2、高4.0厘米。（图IV—46：4；彩版IV—64：2）

B型

标本T4④：46，可复原。灰胎，胎体较轻薄。暗青绿釉，釉层较厚。外壁刻双层莲瓣纹，花瓣略宽，瓣脊微挺。足根内外侧刮釉。口径16.4、足径5.4、高4.3厘米。（图IV—46：5；彩版IV—64：3）

敞口盘

A型

标本T4④：6，可复原。五曲花口。浅灰胎。淡青绿釉，釉层较厚。内底面刻划单枝曲茎荷苞纹。外底无釉。口径9.4、底径2.8、高1.8厘米。（图IV—46：7；彩版IV—65：1）

标本T4④：7，可复原。灰胎。淡青绿釉，釉面满布细碎开片。内底刻划荷纹。外底无釉，露胎处呈土黄色。口径12.8、底径4.0、高3.1厘米。（图IV—46：6；彩版IV—66：1）

器盖

标本T4④：13，可复原。子口，宽平沿，盖身弧向上内收，盖顶较平，顶心稍凸。灰胎，胎体较薄。粉青色釉。盖面刻双层莲瓣纹。盖沿内侧与口部无釉呈朱红色。口径8.0、盖径10、高1.7厘米。（图IV—46：8；彩版IV—65：2）

瓶

标本T4④：75，可复原。口微外侈，长颈，溜肩，扁圆腹，圈足。浅灰胎，胎骨较厚重。粉青釉，釉层较厚，滋润如玉。足底无釉呈朱红色。口径5.0、足径6.2、高16.3厘米。（图IV—46：9；彩版IV—65：3）

3.未定窑口青瓷器

器形有碗、盘、盏、碟和器盖。

敛口碗

标本T4④：66，可复原。灰红胎，胎体制作粗糙。青釉薄，通体有细碎开片。内腹壁残存以刻划篦纹构成简化的三片花瓣，花瓣上缘划一周细浅凹弦纹。外底墨书"五"字依稀可辨。外壁施釉不及底。口径15.2、足径4.2、高6.8厘米。（图IV—47：1；彩版IV—66：2）

敞口碗

B型

标本T4④：8，可复原。尖唇。灰白胎，胎骨轮修规整。釉色白中泛青，釉层薄透光亮，釉面有较多棕眼，外壁有垂釉现象。内腹壁用细线刻划简易的花叶纹。施釉不及底。口径18.4、足径6.0、高6.9厘米。（图IV—47：2；彩版IV—66：3）

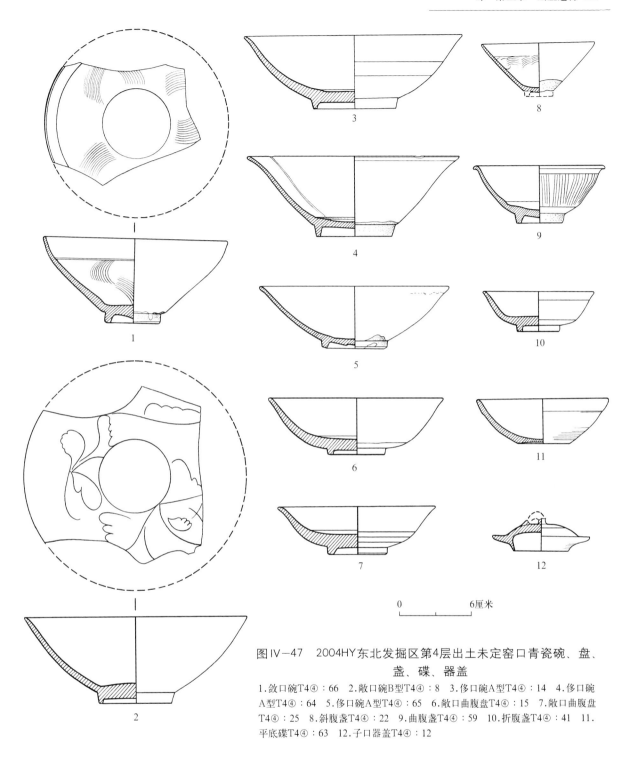

图IV—47　2004HY东北发掘区第4层出土未定窑口青瓷碗、盘、
盏、碟、器盖

1.敛口碗T4④：66　2.敞口碗B型T4④：8　3.侈口碗A型T4④：14　4.侈口碗
A型T4④：64　5.侈口碗A型T4④：65　6.敞口曲腹盘T4④：15　7.敞口曲腹盘
T4④：25　8.斜腹盏T4④：22　9.曲腹盏T4④：59　10.折腹盏T4④：41　11.
平底碟T4④：63　12.子口器盖T4④：12

侈口碗

A型

标本T4④：14，可复原。尖唇。灰胎。淡青黄色透明釉，釉层较薄，釉面光亮，口沿
外侧有垂釉现象。圈足与外底无釉。口径18.1、足径6.8、高5.8厘米。（图IV—47：3；彩
版IV—67：1）

标本T4④：64，可复原。灰白胎，胎壁较薄。釉色白中闪青，口沿内侧积釉处呈淡绿
色，釉层薄透光亮。内腹壁沿花口下方用白色坯泥绘有纵向直线。外底墨书文字已残。外

壁施釉不及底，内底边缘有一周涩胎圈。口径17.5、足径6.2、高6.4厘米。（图Ⅳ-47：4；彩版Ⅳ-67：2）

标本T4④：65，可复原。灰胎。胎质略粗。釉色灰白泛青，口沿外侧积釉较厚，呈灰青色，乳浊失透，釉面光亮。内底边缘有一凹槽，口沿内侧下方有一周不明显的细浅凹弦纹。外壁施釉不及底。口径15.7、足径4.6、高5.0厘米。（图Ⅳ-47：5；彩版Ⅳ-67：3）

敞口曲腹盘

标本T4④：15，可复原。小圈足，足底平削。灰胎，胎体较粗厚，外壁下腹胎面修坯痕迹明显。釉色黄绿，釉层薄透光亮，有小开片。内底边缘有一周凹弦纹。外壁施釉不及底。口径14.5、足径4.8、高4.5厘米。（图Ⅳ-47：6；彩版Ⅳ-67：4）

标本T4④：25，可复原。外壁轮制痕迹明显。灰胎。施青黄色透明釉。内腹壁近底处有一周凹弦纹。外腹壁近底处及外底无釉。口径13、足径5.0、高3.8厘米。（图Ⅳ-47：7；彩版Ⅳ-67：5）

斜腹盏

标本T4④：22，可复原。敞口。灰胎。青黄釉。内腹壁刻划弧线水波纹及一周凹弦纹。施釉不及底。口径9.4、残高3.9厘米。（图Ⅳ-47：8；彩版Ⅳ-68：1）

曲腹盏

标本T4④：59，可复原。侈口，外壁有多处修坯形成的折棱，内底心微凹，圈足，足底平削。灰黑胎。暗青色透明薄釉。内底边缘刻一周凹弦纹，外壁压印密集的垂直凸线纹。圈足与外底无釉。口径10.9、足径3.9、高4.6厘米。（图Ⅳ-47：9；彩版Ⅳ-68：2）

折腹盏

标本T4④：41，可复原。侈口，小圈足。灰黑胎。青褐色薄釉，开片细碎，局部釉面有剥釉现象。内底边缘有一周凹弦纹，口沿外侧下方有一周细浅凸弦纹。口径9.2、足径3.5、高3.2厘米。（图Ⅳ-47：10；彩版Ⅳ-69：1）

平底碟

标本T4④：63，可复原。唇口外敞，斜腹微曲，外底平凹。灰胎，胎体制作粗糙。青偏黄釉，釉层极薄，哑光。外壁口沿以下无釉，露胎处局部呈土黄色。口径11、底径4.6、高3.5厘米。（图Ⅳ-47：11；彩版Ⅳ-69：2）

子口器盖

标本T4④：12，残。子口内敛，宽平沿，盖身向上弧内收，盖顶微弧凸。灰胎。淡青黄釉，釉面有开片。盖身与盖顶转折处饰一周凹弦纹。盖内无釉。口径4.6、盖径8.0、残高2.6厘米。（图Ⅳ-47：12；彩版Ⅳ-69：3）

4. 景德镇窑青白瓷器

器形有碗、盘、盏、碟和器盖。

碗

标本T4④：16，可复原。敞口，斜直腹，小内底弧凸，圈足内敛，足底平削。灰白胎。青白釉，釉面光亮，有失透感，口沿外侧积釉较厚，足壁外侧缩釉露胎呈土黄色。内底边缘有一周凹槽，内腹壁刻划纵向单线水波纹，其间饰以刻划羽状篦纹。足底与外底无釉。口径20.8、足径6.4、高7.4厘米。（图Ⅳ-48：1；彩版Ⅳ-70：1）

标本T6④：1，可复原。白胎，胎质细腻，胎骨轻薄。釉色白中闪青，釉层薄透光亮，釉面有斜向浅线开片。内壁刻划童子嬉戏纹，背饰以卷云。外底无釉。口径20.4、足径6.0、高7.9厘米。（图Ⅳ-48：2；彩版Ⅳ-70：3）

斗笠碗

标本T4④：47，可复原。敞口，斜直腹，小饼足。白胎，胎质细腻，胎壁薄可透

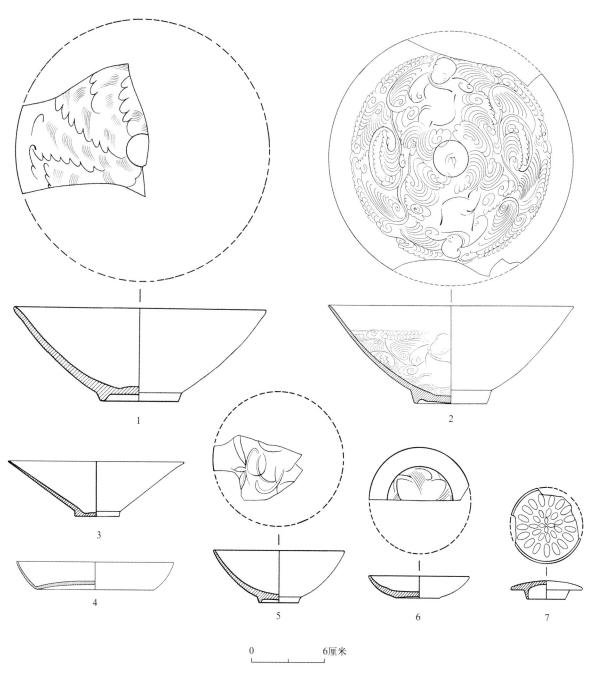

图Ⅳ-48　2004HY东北发掘区第4层出土景德镇窑青白瓷碗、盘、盏、碟、器盖

1.碗T4④：16　2.碗T6④：1　3.斗笠碗T4④：47　4.平底盘T4④：18　5.盏T4④：43　6.碟T6④：2　7.子口器盖T6④：5

光。釉色白中泛青，积釉处呈湖绿色，釉层薄透光亮。足底无釉，露胎处呈棕红色。口径14.3、足径3.2、高4.4厘米。（图Ⅳ－48：3；彩版Ⅳ－70：2）

平底盘

标本T4④：18，可复原。敞口，芒口，大平底内凹。白胎，胎质细腻，胎骨轻薄。釉色白中泛青，釉层薄透光亮。内底边缘有一周凹弦纹。口径12.9、底径9.6、高2.2厘米。（图Ⅳ－48：4；彩版Ⅳ－71：1）

盏

标本T4④：43，可复原。敞口，弧腹，圜底，圈足矮小，挖足较浅。白胎，胎质细腻，胎壁薄微透光。淡青泛白釉，积釉处呈青绿色，釉层薄透光亮。内壁刻划花卉纹，已残损。足底与外底无釉。口径10.8、足径3.2、高4.2厘米。（图Ⅳ－48：5；彩版Ⅳ－71：2）

碟

标本T6④：2，可复原。敞口，浅曲腹，内底微凹，小饼足。白胎，细腻轻薄。青白釉，釉面光亮，积釉处闪青。内底刻划弧线弦纹夹篦纹。足底无釉。口径8.4、足径3.6、高1.7厘米。（图Ⅳ－48：6；彩版Ⅳ－72：1）

子口器盖

标本T6④：5，可复原。子口微敛，盖沿平直，盖面向上弧凸。白胎，胎质细腻。釉色青白，施釉均匀。盖面模印菊瓣纹，层次感强，边缘有一周凸棱。盖内无釉。口径3.2、盖径6.0、高1.4厘米。（图Ⅳ－48：7；彩版Ⅳ－72：2）

5.未定窑口白瓷器

器形有碗和器盖。

碗

标本T4④：35，可复原。厚圆唇，敞口，斜曲腹，圈足，足底平削。白胎，胎质细腻，胎壁略厚。象牙白薄釉，釉面光亮，有零星小开片。口径13.6、足径5.6、高4.3厘米。（图Ⅳ－49：1；彩版Ⅳ－72：3）

器盖

标本T4④：62，可复原。子口，口壁中部微内曲，盖顶大而平，内顶心突起。胎色灰白，胎质细腻。釉色白中闪灰黄。外顶面边缘与顶心各饰两周凹弦纹。口径5.0、盖径8.4、高1.6厘米。（图Ⅳ－49：2；彩版Ⅳ－72：4）

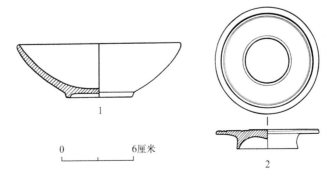

0　　　　　　6厘米

图Ⅳ－49　2004HY东北发掘区第4层出土未定窑口白瓷碗、器盖
1.碗T4④：35　2.器盖T4④：62

第四节 第3层出土遗物

出土遗物包括陶器、瓷器和铜器三类，数量较多。第3层堆积见于整个严官巷发掘区，而且地层可以相互对应，下面统一介绍其出土遗物。

（一）陶器

有板瓦、筒瓦、瓦当、脊兽、迦陵频伽、狮形蹲兽及器盖、灯盏和罐等。其中瓦当饰以龙纹、莲花纹、牡丹纹和菊花纹。

1.建筑构件

单唇板瓦

标本T1③：75，基本完整。平面呈等腰梯形。泥质灰陶，近瓦棱处局部泛黑。凹面有布纹。通长27.2、宽20.4～25、厚1.6厘米。（图Ⅳ-50：1；彩版Ⅳ-73：1）

标本T1③：76，残件，一角残缺。瓦面有明显的纵向修坯痕迹。通长24.2、宽17.2～21.6、厚1.3厘米。（图Ⅳ-50：2；彩版Ⅳ-73：2）

标本T4③：33，窄端有残缺。局部泛黑。瓦面绳纹依稀可见。通长29、大端宽28、厚1.8厘米。（图Ⅳ-51；彩版Ⅳ-73：3）

重唇板瓦

标本T1③：77，重唇完整，瓦身残断。泥质灰陶，胎面大部呈灰黑色。唇面装饰叶脉纹，凹面有布纹。残长15.3、宽14.6、厚1.0、唇宽2.7厘米。（图Ⅳ-52：1；彩版Ⅳ-73：4）

标本T4③：36，重唇完整，瓦身残断。瓦面局部泛黑。残长11、宽

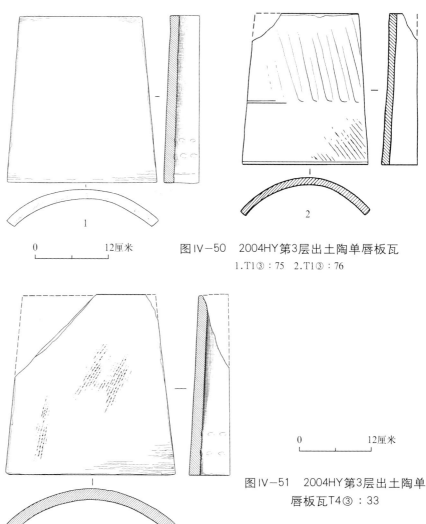

0　　　　12厘米

图Ⅳ-50　2004HY第3层出土陶单唇板瓦
1.T1③：75　2.T1③：76

0　　　　12厘米

图Ⅳ-51　2004HY第3层出土陶单唇板瓦T4③：33

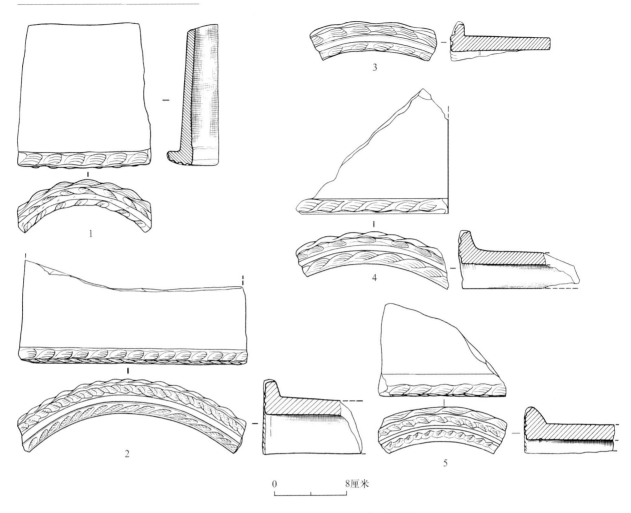

图Ⅳ-52 2004HY第3层出土陶重唇板瓦

1.T1③:77 2.T4③:36 3.T4③:135 4.T4③:136 5.T4③:137

25.1、厚1.4、唇宽3.5厘米。（图Ⅳ-52:2；彩版Ⅳ-73:5）

标本T4③:135，残件。泥质灰黄陶，胎心呈灰黑色。残长10.9、残宽14、厚1.3、唇宽3.2厘米。（图Ⅳ-52:3；彩版Ⅳ-73:6）

标本T4③:136，残件。泥质黄陶。残长13.2、残宽16.8、厚1.4、唇宽3.4厘米。（图Ⅳ-52:4；彩版Ⅳ-73:7）

标本T4③:137，残件。泥质灰陶，瓦内侧泛黄。残长10、残宽14、厚1.8、唇宽3.6厘米。（图Ⅳ-52:5；彩版Ⅳ-73:8）

筒瓦

标本T4③:26，基本完整。长15.3、宽10、高5.3、厚0.9厘米。（彩版Ⅳ-74:1）

标本T4③:31，完整器。横截面呈半圆形。泥质灰陶，凹面有布纹。长17.8、宽10、高4.9、厚1.2厘米。（图Ⅳ-53:1；彩版Ⅳ-74:2）

标本T4③:37，残件。局部胎面呈灰黄色，胎芯呈黑灰色。残长25.7、宽14.8、高8.0、厚1.7厘米。（图Ⅳ-53:2；彩版Ⅳ-74:3）

标本T4③:38，舌部完整，瓦身残断。残长17.5、宽20.5、高11.1、厚2.6厘米。

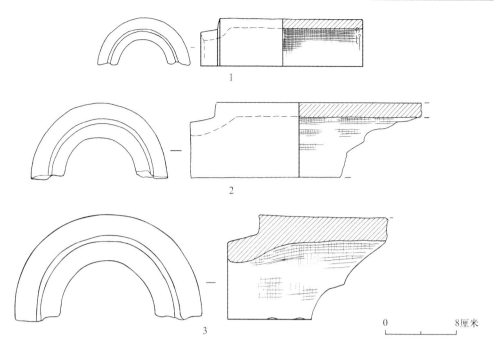

图IV-53 2004HY第3层出土陶筒瓦

1.T4③：31 2.T4③：37 3.T4③：38

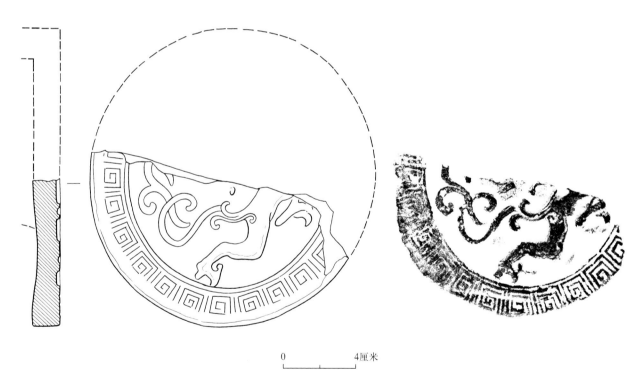

图IV-54 2004HY第3层出土陶龙纹瓦当T4③：13

（图IV-53：3；彩版IV-74：4）

龙纹瓦当

标本T4③：13，残件。泥质灰陶，胎面局部泛黑。宽平缘，缘面饰一周回纹，当心饰龙纹，呈腾跃状，残存肢体后部以及绶带。当径15.6、厚1.5厘米。（图IV-54；彩版

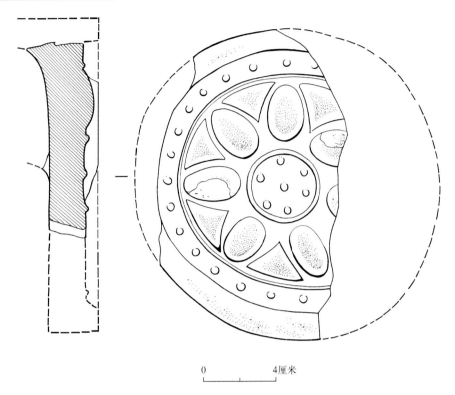

图 IV-55　2004HY第3层出土陶莲花纹瓦当T4③：12

IV-74：5）

莲花纹瓦当

标本T4③：12，残件。泥质灰陶。缘较高，缘面较窄。当心近缘处饰一周凸弦纹，其外侧环绕联珠一周，其内侧饰七瓣莲纹，花瓣肥厚饱满，中脊突出，立体感强，瓣间饰三角纹，莲心有七子。当径16.6、厚2.7厘米。（图IV-55；彩版IV-74：6）

牡丹纹瓦当

标本T4③：5，瓦当基本完整，后接残损筒瓦。残长2.0、当径9.1、厚1.1厘米。（图IV-56：1；彩版IV-75：1）

标本T4③：6，瓦当基本完整，后接残损筒瓦。残长2.1、当径9.0、厚1.4厘米。（图IV-56：2；彩版IV-75：2）

标本T4③：7，残。当背局部残存白色石灰痕迹。当径8.8、厚1.0厘米。（图IV-56：3；彩版IV-75：3）

标本T4③：17，瓦当完整，后接基本完整筒瓦。泥质灰陶。宽平缘。缘面近当心处饰一周凹弦纹，当心饰珍珠地牡丹纹，瓦内有布纹。通长16.7、瓦身宽10、当径9.1、厚1.6厘米。（图IV-56：4；彩版IV-75：4）

标本T4③：8　瓦当基本完整。当径14.5、厚1.8厘米。（图IV-57：1；彩版IV-75：5）

标本T4③：1，瓦当基本完整，后接残损筒瓦。残长11、当径13.6、厚1.5厘米。（图IV-57：2；彩版IV-76：1）

标本T2③：46，残。当径14.4、厚1.6厘米。（图IV-58：1；彩版IV-76：2）

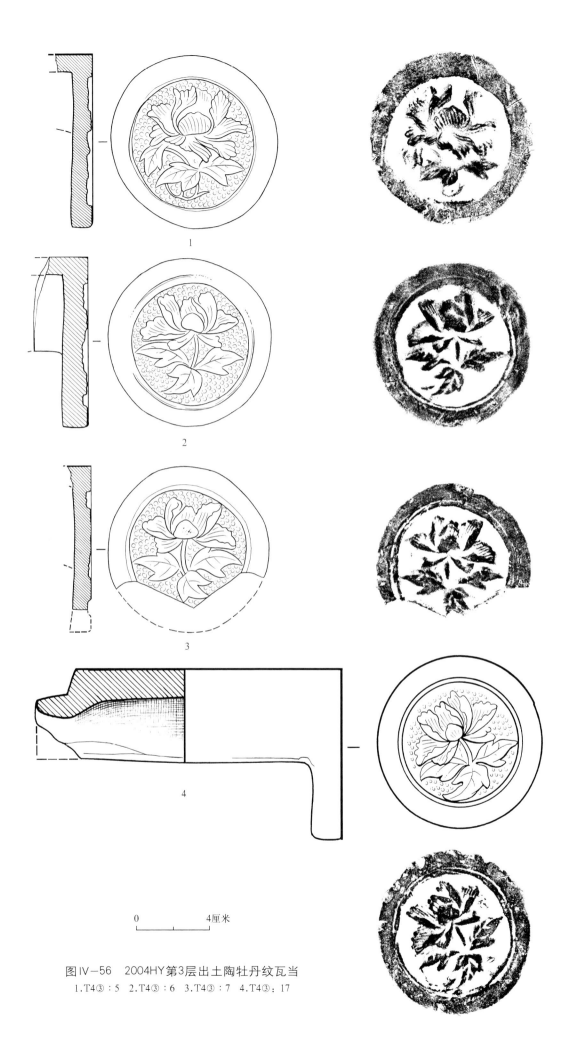

图IV-56 2004HY第3层出土陶牡丹纹瓦当
1.T4③：5 2.T4③：6 3.T4③：7 4.T4③：17

0   4厘米

1

2

0   4厘米

图Ⅳ-57 2004HY第3层出土陶牡丹纹瓦当

1.T4③：8 2.T4③：1

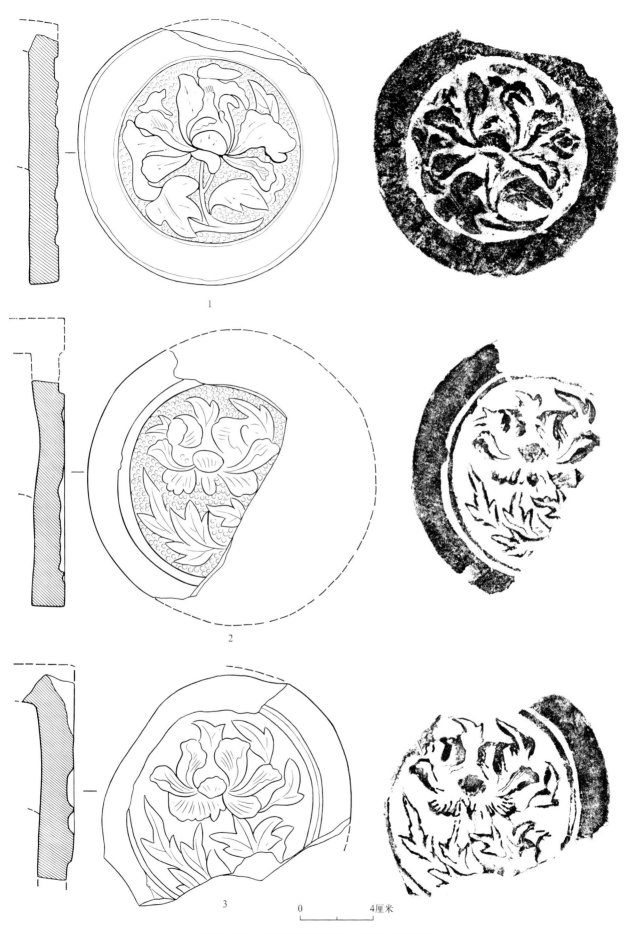

图IV-58　2004HY第3层出土陶牡丹纹瓦当

1.T2③：46　2.T4③：3　3.T4③：2

0　　　　　4厘米

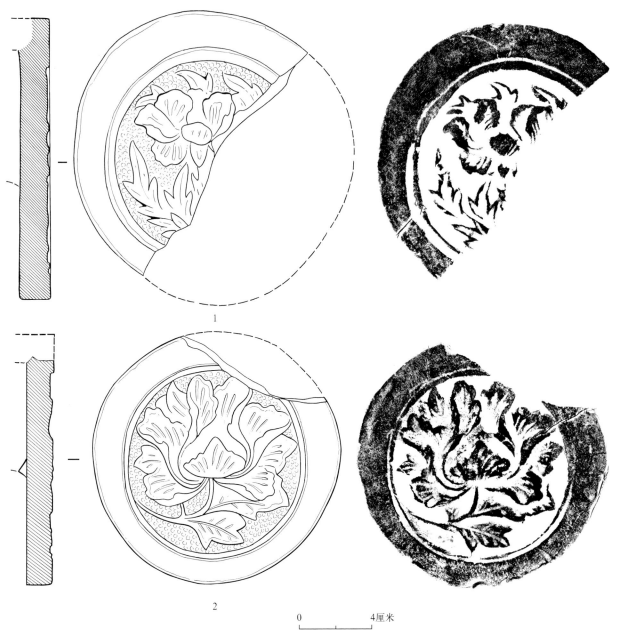

图IV-59　2004HY第3层出土陶牡丹纹瓦当
1.T4③：9　2.T6③：7

标本T4③：2，残。当径13.8、厚2.0厘米。（图IV-58：3；彩版IV-76：3）

标本T4③：3，残。当径15.6、厚1.8厘米。（图IV-58：2；彩版IV-76：4）

标本T4③：9，残。当径15、厚1.7厘米。（图IV-59：1；彩版IV-76：5）

标本T6③：7，残。当径13.6、厚1.5厘米。（图IV-59：2；彩版IV-76：6）

菊花纹瓦当

标本T4③：11，瓦当基本完整。泥质黄陶。宽平缘。当心饰珍珠地菊花纹。当径9.0、厚1.2厘米。（图IV-60；彩版IV-77：1）

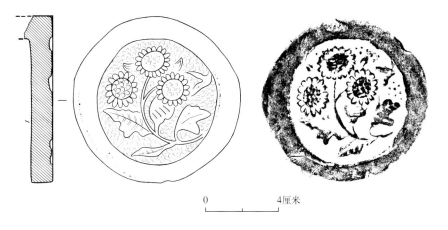

0   4厘米

图Ⅳ-60 2004HY第3层出土陶菊花纹瓦当T4③：11

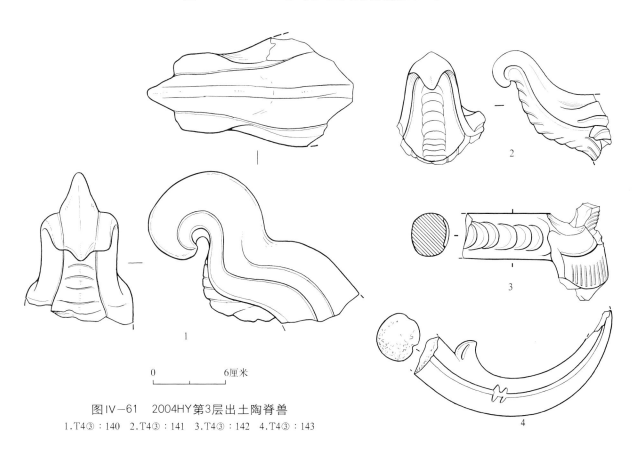

0   6厘米

图Ⅳ-61 2004HY第3层出土陶脊兽
1.T4③：140 2.T4③：141 3.T4③：142 4.T4③：143

脊兽

标本T4③：140，上腭残件。泥质灰陶。残高12.2、残长17厘米。（图Ⅳ-61：1；彩版Ⅳ-77：2）

标本T4③：141，上腭残件。残高8.9、残长11.4厘米。（图Ⅳ-61：2；彩版Ⅳ-77：3）

标本T4③：142，残件。泥质灰陶。残长12.2厘米。（图Ⅳ-61：3；彩版Ⅳ-77：4）

标本T4③：143，残件。泥质灰陶。残长约15厘米（图Ⅳ-61：4；彩版Ⅳ-77：5）

迦陵频伽

标本T4③：4，头部、一侧翼、一侧下肢部及尾部均残断。泥质灰陶，胎质细腻。中

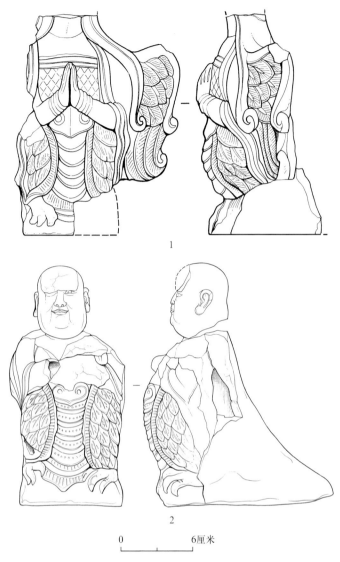

图Ⅳ-62　2004HY第3层出土陶迦陵频伽
1.T4③：4　2.T4③：39

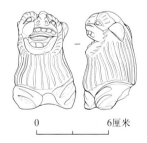

图Ⅳ-63　2004HY第3层出土陶狮形蹲兽T6③：9

空。整体造型为人首鸟身形，颈部修长，长发飘逸，身着抹胸，臂挽披帛，腕戴细环，双手合十拱于胸前，背负丰满羽翼，腹部微鼓，下肢为蜷曲的鸟爪状，肌肉有力，尾翼拖地。残长9.4、残宽13.7、残高17.6厘米。（图Ⅳ-62：1；彩版Ⅳ-78：1）

标本T4③：39，面部、颈均有不同程度残损，双翼及上肢残断。泥质黄陶，胎质细腻。中空。整体造型为人首鸟身形，光头大耳，面带微笑，平视前方，眼珠系镶嵌而成，双手拱于胸前，背负双翼，腹部圆鼓，下肢为蜷曲的鸟爪状，肌肉有力，尾翼拖地。长15.8、残宽9.5、通高19.5厘米。（图Ⅳ-62：2；彩版Ⅳ-78：2）

狮形蹲兽

标本T6③：9，下身残损。泥质灰陶，胎质细腻。实心。整体为狮子造型，昂首立耳，瞠目呲牙。残高7.8厘米。（图Ⅳ-63；彩版Ⅳ-78：3）

2.其他陶器

器形有器盖、灯和罐。

器盖

标本T4③：107，仅盖沿与纽局部残缺，可修复。釉陶，泥质灰陶胎。青褐釉，盖内无釉，露胎处呈红棕色。子口微敛，宽沿，盖身较浅，向上斜内收，圆形纽。盖身饰多道弦纹。口径6.0、盖径10、高4.5厘米（图Ⅳ-64：1；彩版Ⅳ-78：4）。

标本T4③：43，残件。泥质灰陶，胎面局部发黑。直口，宽平沿，平底。盖面模印婴戏图，配以竹木、花草、假山等背景。盖径11.7、高1.4厘米。（图Ⅳ-64：2；彩版Ⅳ-79：1）

灯

标本T1③：79，可复原。泥质灰陶。直口杯形盏，圆柱形柄中空，自上而下依次有圆

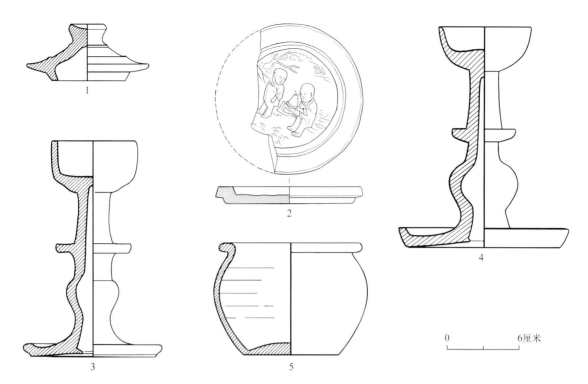

图 IV-64 2004HY第3层出土陶器盖、灯、罐

1.器盖T4③：107 2.器盖T4③：43 3.灯T1③：79 4.灯T4③：42 5.鼓腹罐T1③：80

饼与圆球形装饰，圆形浅盘底座，外底心有一直径1.5厘米的圆形凹孔。通高17.2、口径7.0、底径10.4厘米。（图IV-64：3；彩版IV-79：2）

标本T4③：42，基本完整，仅口沿局部残缺。泥质灰陶柄身以下部分表面呈灰黑色。杯形盏直口浅腹，圆柱形柄中空，自上而下依次有圆饼与圆球形装饰，圆形浅盘底座，外底心有一直径2.1厘米的圆形凹孔。通高17.5、口径7.6、底径12.8厘米。（图IV-64：4；彩版IV-79：4）

鼓腹罐

标本T1③：80，完整器。泥质灰陶，胎面局部呈灰黑色。敞口，卷沿，束颈，鼓腹，平底，内底弧凸。口径11.8、腹径12.6、底径7.6、高4.5厘米。（图IV-64：5；彩版IV-79：3）

（二）瓷器

数量较多。按釉色分为青瓷、青白瓷、白瓷、卵白釉瓷和黑釉瓷等，所属窑口有南宋官窑、龙泉窑、越窑、景德镇窑、定窑和建窑等，部分瓷器窑口不明。

1.南宋官窑青瓷器

器形有洗和盆，均为残片。

洗

标本T1③：70，可复原。圆唇，敞口，斜直腹，腹部较深，大平底。外底残存一枚边长3毫米的方形支钉痕。黄灰胎。粉青釉泛白，呈乳浊状，釉层较厚，内釉厚达1毫米以上，外釉略薄，近口沿处透粉青色，釉面光滑，有稀疏的灰色浅线开片。复原口径19.4、

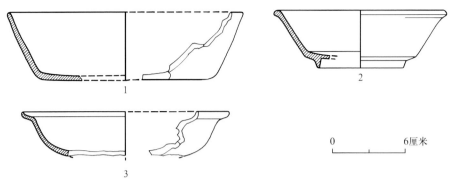

图IV-65 2004HY第3层出土南宋官窑青瓷洗、盆
1.洗T1③：70 2.洗T2③：51 3.折沿盆T2③：50

底径15、高5.4厘米。（图IV-65：1；彩版IV-80：1）

标本T2③：51，可复原。厚圆唇，侈口，斜直腹，内底大而平，略大于足径，大圈足，足底窄小平削，整体造型匀称。米白胎，胎骨较薄。通体施米白色乳浊釉，釉面光亮，外釉厚到1毫米，内釉稍薄。足底无釉露胎呈浅灰色。复原口径14.2、足径7.2、高4.6厘米。（图IV-65：2；彩版IV-80：2）

折沿盆

标本T2③：50，口、腹残片。尖唇，敞口折沿，唇部上卷，曲腹。灰黑胎，胎质细腻，胎骨轻薄。灰青釉，外釉局部与内釉大面积有米白色晶体状物质聚集，内外釉厚均在1毫米左右，可见多次上釉痕迹，唇部釉薄透胎色。复原口径17.2、残高3.5厘米。（图IV-65：3；彩版IV-80：3）

2.龙泉窑青瓷器

数量最多。器形有碗、盘、盏、洗、杯、罐、钵和炉，以碗和盘为常见。

莲瓣碗

A型

标本T4③：55，可复原。灰胎。淡青偏绿釉，釉层较薄。内腹壁刻划蕉叶纹，叶面点缀篦纹，外腹壁刻划单层莲瓣纹，瓣面扁平，划篦纹，内底边缘有一凹弦纹，口沿外侧下方弦纹不明显。外底无釉。口径12.8、足径4.4、高6.1厘米。（图IV-66：1；彩版IV-80：4）

标本T4③：138，可复原。灰胎。青褐釉，釉层薄透。内腹壁以双直线划纹分区，各区内刻划潦草花纹，外壁刻单层莲瓣纹，瓣面扁平，并饰以刻划篦纹。足底与外底无釉。口径12.4、足径3.9、高5.4厘米。（图IV-66：2；彩版IV-80：5）

标本T5③：2，可复原。胎色灰白。釉色淡青偏绿，釉层较薄。内腹壁刻划对称蕉叶纹，叶面点缀篦纹，外腹壁刻划宽体莲瓣纹，瓣面扁平，划篦纹，内底边缘以及口沿外侧下方各有一周凹弦纹。外底无釉，有流釉现象。口径12.6、足径4.7、高6.0厘米。（图IV-66：3；彩版IV-81：1）

B型

标本T1③：17，可复原。灰胎。青绿釉，釉厚而滋润。内底边缘有一周凹弦纹，外

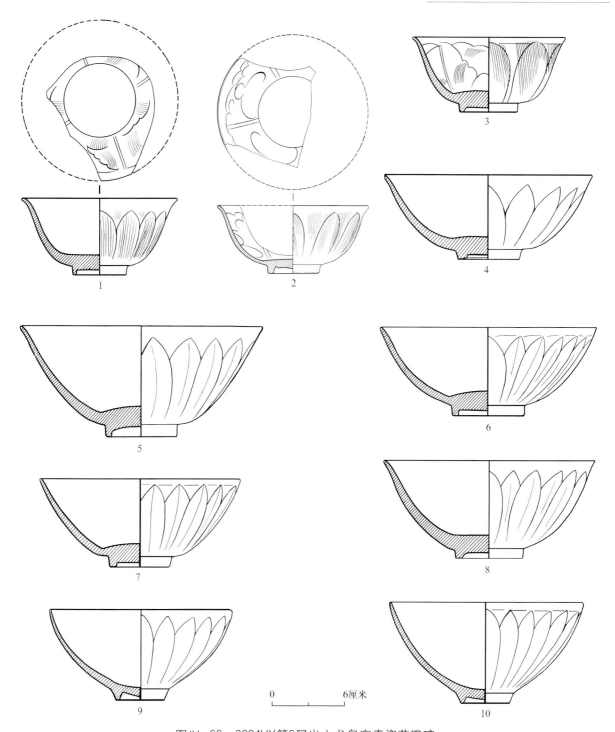

图Ⅳ—66 2004HY第3层出土龙泉窑青瓷莲瓣碗

1.A型T4③：55 2.A型T4③：138 3.A型T5③：2 4.B型T1③：17 5.B型T4③：50 6.B型T4③：49 7.B型
T1③：97 8.B型T4③：47 9.C型T1③：4 10.C型T1③：33

壁刻双层莲瓣纹，花瓣较宽，瓣脊挺拔。足底与外底无釉。口径17.2、足径5.2、高6.7厘米。（图Ⅳ—66：4；彩版Ⅳ—81：3）

标本T4③：50，可复原。灰胎。青绿色透明釉，局部偏黄。足底局部与外底无釉，露胎处局部呈土黄色。口径19.9、足径5.8、高8.8厘米。（图Ⅳ—66：5；彩版Ⅳ—81：2）

标本T4③：49，可复原。灰胎，胎体厚重。粉青色透明釉。外底无釉，露胎处局部呈

铁锈色。口径18、足径6.0、高7.1厘米。（图Ⅳ-66：6；彩版Ⅳ-82：1）

标本T1③：97，可复原。灰胎。青釉偏黄，釉层较厚，足底与外底无釉。花瓣略瘦。露胎处呈黑灰色。口径16.4、足径4.9、高7.0厘米。（图Ⅳ-66：7；彩版Ⅳ-82：2）

标本T4③：47，可复原。灰胎，胎骨较厚重。青绿色透明釉。花瓣宽平，欠匀称，瓣脊微挺。足底与外底无釉，露胎处局部呈土红色。口径17.6、足径5.6、高7.8厘米。（图Ⅳ-66：8；彩版Ⅳ-82：3）

C型

标本T1③：4，可复原。灰胎。青黄釉，局部呈暗青色，釉层较厚。外壁刻莲瓣纹，花瓣细密窄长，瓣脊挺拔。口径14.8、足径4.0、高7.2厘米。（图Ⅳ-66：9；彩版Ⅳ-82：4）

标本T1③：33，可复原。灰白胎。粉青釉，釉厚而滋润，瓣脊处透胎色。足底无釉露朱红胎。口径16.1、足径4.0、高8.0厘米。（图Ⅳ-66：10；彩版Ⅳ-82：5）

敞口碗

B型

标本T2③：21，可复原。深灰胎。暗青偏黄釉，釉内密布小气泡。内腹壁以弧线刻划花纹，外壁素面，内底边缘以及外壁下腹近圈足处各有一周凹弦纹。足底与外底无釉。口径14.8、足径4.9、高6.8厘米。（图Ⅳ-67：1；彩版Ⅳ-83：1）

标本T2③：42，可复原。灰胎。淡青绿釉，釉层较薄。口沿内侧下方一周细浅凹弦纹，内壁刻划曲茎荷花与侧覆荷叶纹，瓣面划篦纹，底心划花残缺，外壁与圈足转折处有一周凹弦纹。外底无釉。口径15.8、足径4.8、高6.8厘米。（图Ⅳ-67：2；彩版Ⅳ-84：1）

标本T4③：59，可复原。灰胎。粉青釉，釉层薄透，釉面光亮。口沿内侧下方有一周细浅凹弦纹，内壁划曲茎荷花纹。足底局部与外底无釉，露胎处呈铁锈色。口径13.6、足径4.8、高5.6厘米。（图Ⅳ-67：3；彩版Ⅳ-84：2）

标本T2③：44，可复原。灰胎。粉青色透明釉，满布细碎开片。内腹壁刻划两朵曲茎荷花与单片侧覆荷叶，底心刻划单朵三瓣荷花，外壁素面。内底边缘以及内壁近口沿处各有一周凹弦纹，外壁与圈足之间有一周明显凹槽。外底无釉。口径15.5、足径5.2、高6.8厘米。（图Ⅳ-67：5；彩版Ⅳ-83：2）

侈口碗

A型

标本T1③：7，可复原。灰胎。青黄色透明釉，釉层薄而光亮，釉内有细小气泡。内底边缘的一道凹弦纹隐约可见。外底无釉。口径18.7、足径6.0、高6.6厘米。（图Ⅳ-67：6；彩版Ⅳ-84：4）

B型

标本T2③：19，可复原。灰胎。釉色淡青偏绿，玻璃质感强。内腹壁刻划三组缠枝三叶花，瓣面饰以篦纹，花间以刻划婴孩纹分隔，内底面刻划单枝三叶花，外壁刻划折扇纹，口沿内外侧、内底边缘、外壁下腹以及下腹近圈足处各有一周凹弦纹。足底与外底无釉。口径19.1、足径5.4、高7.9厘米。（图Ⅳ-67：7；彩版Ⅳ-84：3）

图IV-67 2004HY第3层出土龙泉窑青瓷碗

1.敞口碗B型T2③：21 2.敞口碗B型T2③：42 3.敞口碗B型T4③：59 4.侈口碗C型T1③：26 5.敞口碗B型T2③：44 6.侈口碗A型T1③：7 7.侈口碗B型T2③：19

C型

标本T1③：26，可复原。灰胎。淡青绿釉，釉下有冰裂纹。胎面刻划纹饰隐约可见，内底边缘与内壁上腹各有一周细浅凹弦纹，中间刻划简笔弧线花纹，外壁上腹刻划三周平行折线凹弦纹。足底与外底无釉。口径11.7、足径5.0、高4.5厘米。（图IV-67：4；彩版IV-85：1）

花口碗

A型

标本T1③：21，可复原。小圈足。灰胎。粉青釉，釉面光亮。口沿处刻出浅凹口，口沿内侧下方刻一周凹弦纹。内腹壁沿凹口下方用坯泥绘一道纵向直线勾勒出花瓣轮廓，内底边缘有一周凹弦纹。内底面有楷书"河滨遗范"刻款。外底无釉。口径13、足径4.0、高4.5厘米。（图IV-68：1；彩版IV-85：2）

标本T4③：57，可复原。灰白胎。粉青釉，釉面光亮，釉下有细小气泡。内底面有方

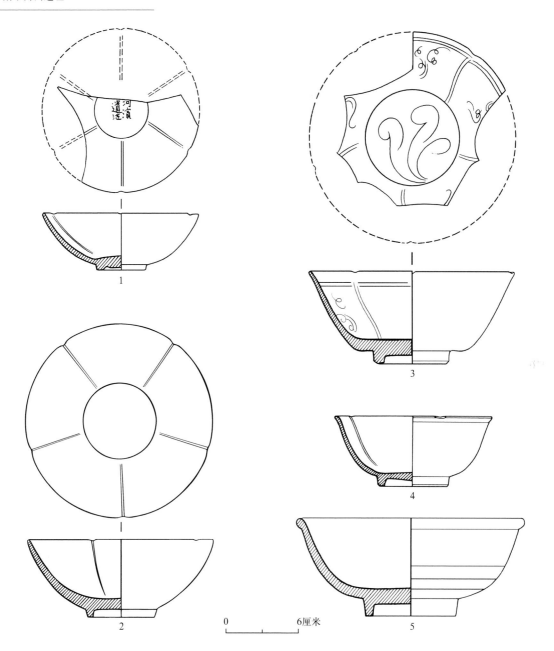

图IV-68　2004HY第3层出土龙泉窑青瓷碗

1.花口碗A型T1③：21　2.花口碗A型T4③：57　3.花口碗C型T2③：22　4.花口碗D型T1③：118　5.唇口碗T2③：20

框文字刻款，已残。外壁的腹足之间刻一周凹弦纹。外底无釉，足底局部露胎呈土红色。口径15.5、足径5.6、高6.3厘米。（图IV-68：2；彩版IV-85：3）

C型

标本T2③：22，可复原。挖足较浅。灰胎。青绿釉，釉层薄透。内底边缘有一周凹弦纹，底心刻划一侧立荷叶纹，花瓣上缘平齐，沿花口下方刻划双线"S"型纹将内腹壁分为五区，各区内饰以刻划花纹，刀工潦草。外底无釉。口径16.8、足径5.6、高7.3厘米。（图IV-68：3；彩版IV-86：1）

D型

标本T1③：118，可复原。圈足。细灰胎。青绿色透明釉，釉层略薄，釉面光亮，通体开冰裂纹。内底边缘有一周凸弦纹，口沿处刻出浅凹口，内腹壁沿凹口下方用坯泥绘一道纵向直线勾勒出花瓣轮廓，口沿外侧修一周弦纹。足底与外底刮釉不尽，局部呈铁锈色。口径12.9、足径5.8、高5.6厘米。（图Ⅳ-68：4；彩版Ⅳ-85：4）

唇口碗

标本T2③：20，可复原。圈足较高，挖足稍浅。灰胎，胎骨厚重。淡青绿釉，釉层较薄，内底有缩釉现象，内外腹壁均有流釉现象。口沿内侧下方有一周凸弦纹。外壁施釉不及底。口径18.2、足径7.2、高7.8厘米。（图Ⅳ-68：5；彩版Ⅳ-86：2）

莲瓣盘

A型

标本T1③：5，可复原。灰胎。粉青釉，釉层较厚。内底边缘有一周凹弦纹，外壁刻单层莲瓣纹，花瓣略宽，上缘轮廓清晰，瓣脊微挺。足底与足根下端内外侧无釉，呈土黄色。口径12.3、足径6.4、高3.8厘米。（图Ⅳ-69：1；彩版Ⅳ-86：3）

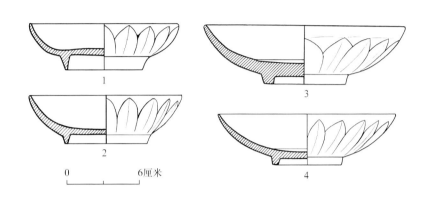

图Ⅳ-69　2004HY第3层出土龙泉窑青瓷莲瓣盘
1.A型T1③：5　2.A型T1③：85　3.B型T4③：51　4.B型T4③：53

标本T1③：85，可复原。灰胎。通体施黄绿色透明釉，釉层较厚。釉面有较多气孔，足根无釉。口径12.6、足径6.8、高3.8厘米。（图Ⅳ-69：2；彩版Ⅳ-86：4）

B型

标本T4③：51，可复原。灰胎，胎体较厚重。青灰釉。内底边缘有一周凹弦纹，外壁刻双层莲瓣纹，花瓣肥大，瓣脊微挺。外底无釉。口径16.8、足径6.8、高4.6厘米。（图Ⅳ-69：3；彩版Ⅳ-87：1）

标本T4③：53，可复原。灰胎，青黄透明釉，釉面光亮。花瓣修长，上缘较尖，瓣脊挺拔。足面与外底无釉。口径14.8、足径5.8、高4.0厘米。（图Ⅳ-69：4；彩版Ⅳ-87：2）

敞口盘

C型

标本T4③：56，可复原。浅灰胎。粉青釉，釉面均匀光亮。内腹壁用"S"形纹纵向分隔为数区，上端以弧形复线相连，区间内刻划云纹，底心残存数道刻划的弧线纹。外底无釉。口径16.2、足径5.9、高4.2厘米。（图Ⅳ-70：1；彩版Ⅳ-87：4）

标本T2③：23，可复原。花口。浅灰胎。粉青釉，满布细碎开片。内底边缘以及口沿内侧下方各饰一周凹弦纹，内腹壁沿花口下方刻划纵向"S"型弧线纹。足底与外底无釉，露胎处呈灰红色。口径15.6、足径5.1、高4.3厘米。（图Ⅳ-70：2；彩版Ⅳ-87：3）

D型

标本T1③：9，可复原。灰胎。淡青偏绿釉。内底边缘有一周凹弦纹，内底心模印花卉

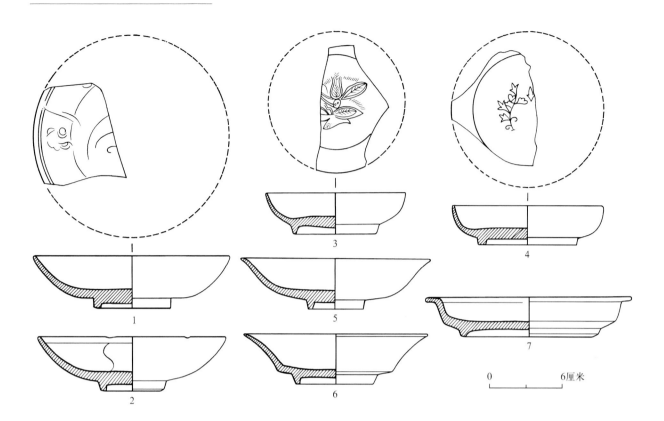

图Ⅳ-70 2004HY第3层出土龙泉窑青瓷盘

1.敞口盘C型T4③：56 2.敞口盘C型T2③：23 3.敞口盘D型T1③：9 4.敞口盘D型T1③：24 5.侈口盘A型T1③：16 6.侈口盘C型T5③：1 7.折沿盘T2③：28

纹。外底刮釉一圈。口径11.5、足径6.9、高3.3厘米。（图Ⅳ-70：3；彩版Ⅳ-88：1）

标本T1③：24，可复原。浅灰胎。粉青色釉，滋润如玉。内底印牡丹纹。外底刮釉一周。口径12.4、足径8.0、高3.1厘米。（图Ⅳ-70：4；彩版Ⅳ-88：2）

侈口盘

A型

标本T1③：16，可复原。浅灰胎。薄施淡青绿釉，釉面有细碎的剥釉现象，口沿处剥釉严重露灰胎。内底边缘有一周凹弦纹。足底刮釉露胎，局部呈火石红，外底无釉。口径15.6、足径4.6、高4.0厘米。（图Ⅳ-70：5；彩版Ⅳ-89：1）

C型

标本T5③：1，可复原。灰胎。釉色青绿，釉层较厚。足底无釉，露胎处呈土红色。口径15.2、足径6.4、高4.0厘米。（图Ⅳ-70：6；彩版Ⅳ-88：3）

折沿盘

标本T2③：28，可复原。沿面宽平，浅折腹，大圈足。灰胎。粉青色釉。内底边缘有一道凹弦纹，口沿转折处以及外腹转折处两侧各饰一周凹弦纹。外底心刮釉。口径16.9、足径10.6、高3.1厘米。（图Ⅳ-70：7；彩版Ⅳ-88：4）

盏

标本T1③：12，可复原。敞口，曲腹，圈足，足底平削，挖足较浅，外底有鸡心状突起。灰胎。青绿色透明釉，通体有细碎开片，足底与外底无釉露朱红胎。口径10.2、足径3.6、高4.4厘米。（图Ⅳ—71：1；彩版Ⅳ—89：2）

标本T1③：36，可复原。敞口，曲腹，内底弧凹，小圈足，足底有鸡心状突起。灰白胎。淡青偏绿釉，釉面满布开片。内壁刻划弧线花纹，外腹壁刻划单层莲瓣纹，莲瓣上缘饰数周折线弦纹。足底无釉。口径10.5、足径2.9、高4.3厘米。（图Ⅳ—71：2；彩版Ⅳ—89：3）

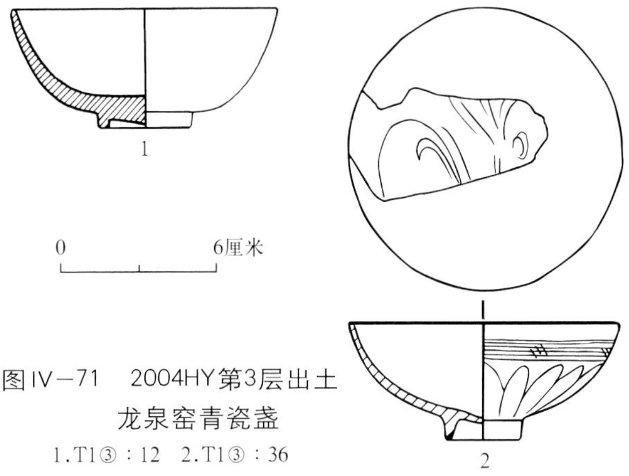

图Ⅳ—71　2004HY第3层出土龙泉窑青瓷盏
1.T1③：12　2.T1③：36

莲瓣洗

标本T4③：52，可复原。灰胎，胎体较薄。粉青釉。内底边缘有一周凹弦纹，外壁刻双层莲瓣纹，花瓣略瘦，瓣脊挺拔。口径17.2、足径9.2、高4.6厘米。（图Ⅳ—72：1；彩版Ⅳ—90：1）

标本T4③：60，可复原。浅灰胎。粉青乳浊釉，足底无釉。口径14.2、足径5.4、高4.0厘米。（图Ⅳ—72：2；彩版Ⅳ—90：2）

敞口洗

标本T4③：62，可复原。浅灰胎，局部胎面不平整。粉青釉。内底边缘有一周凹弦纹，外壁有轮修痕迹。外底无釉。口径12.8、足径8.0、高4.0厘米。（图Ⅳ—72：3；彩版Ⅳ—90：3）

标本T1③：30，可复原。灰胎。青灰釉，有细碎开片。外底无釉露胎，轮修痕迹明显。口径12.2、足径6.6、高4.1厘米。（图Ⅳ—72：4；彩版Ⅳ—90：4）

侈口洗

标本T1③：19，可复原。灰白胎。暗青绿釉，釉厚而滋润，口沿处隐透胎色。足底与足根下端内外两侧无釉。口径12.3、足径6.6、高4.6厘米。（图Ⅳ—72：5；彩版Ⅳ—91：1）

标本T1③：81，可复原。灰胎，胎体较薄。青黄釉，釉厚而滋润，釉面光亮，口沿处隐透胎色。足底无釉。口径12.2、足径6.2、高3.8厘米。（图Ⅳ—72：6；彩版Ⅳ—91：2）

标本T4③：116，可复原。灰白胎，胎体较薄。粉青釉，釉层较厚，口沿处隐透胎色。足底与足根下端内外两侧无釉。口径14、足径7.6、高4.1厘米。（图Ⅳ—72：7；彩版Ⅳ—91：4）

蔗段洗

标本T2③：30，可复原。灰白胎。粉青偏绿釉。内壁有多个连续瓦状凹面。外底刮釉一周，露胎处呈土红色。口径11.4、足径5.8、高3.7厘米。（图Ⅳ—72：8；彩版Ⅳ—91：3）

折沿洗

标本T1③：20，可复原。双鱼洗。沿面上卷。灰白胎。粉青釉，釉层较厚，唯转折处釉薄显胎色。内底面残存一浅浮雕鱼纹。足底无釉略呈铁锈色。口径12.2、足径5.6、高4.6厘米。（图Ⅳ—72：12；彩版Ⅳ—92：1）

标本T2③：29，可复原。浅灰胎。粉青色釉。足底无釉。口径17、足径8.0、高5.0厘

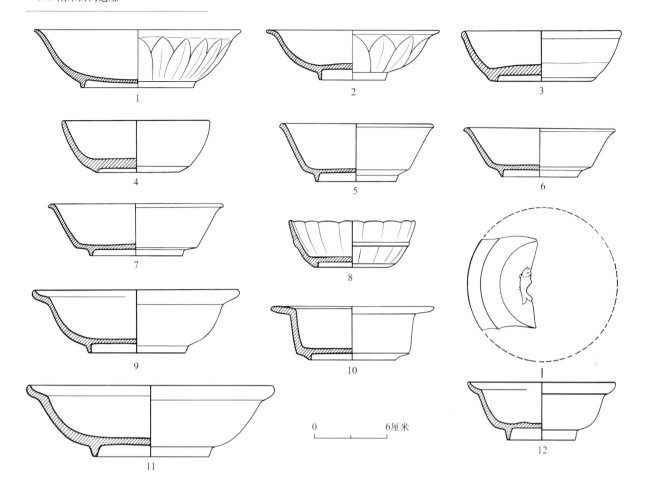

图IV-72　2004HY第3层出土龙泉窑青瓷洗

1.莲瓣洗T4③：52　2.莲瓣洗T4③：60　3.敞口洗T4③：62　4.敞口洗T1③：30　5.侈口洗T1③：19　6.侈口洗T1③：81　7.侈口洗
T4③：116　8.蕉段洗T2③：30　9.折沿洗T2③：29　10.折沿洗T1③：86　11.折沿洗T1③：98　12.折沿洗T1③：20

米。（图IV-72：9；彩版IV-92：2）

标本T1③：98，可复原。沿面微上卷。灰胎，胎骨厚重。淡青绿釉，釉层较厚，乳浊失透，外底釉下有密集气泡，足底无釉露灰黑胎。口径20、足径9.6、高5.7厘米。（图IV-72：11；彩版IV-92：3）

标本T1③：86，可复原。沿面宽平，直腹，下腹折向内收，内底平，圈足。浅灰胎，胎体薄，釉色粉青，釉层较厚，足底无釉。口径13.6、足径7.0、高4.3厘米。（图IV-72：10；彩版IV-92：4）

杯

标本T1③：10，可复原。唇口微敛，曲腹，卧足。灰胎，胎体厚重。淡青釉。内底边缘有一周凹弦纹。外底心无釉露灰胎，足底有窑具痕迹。口径6.6、足径3.7、高2.5厘米。（图IV-73：1；彩版IV-93：1）

标本T1③：110，可复原。直口，芒口，曲腹，内底弧凹，小圈足。灰胎，胎质较细。青绿釉，釉厚而滋润。口沿与足底无釉露胎呈土红色。口径8.9、足径3.9、高4.4厘米。（图IV-73：2；彩版IV-93：2）

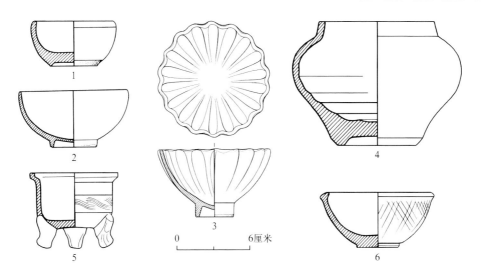

图Ⅳ-73　2004HY第3层出土龙泉窑青瓷杯、罐、碾钵、炉
1.杯T1③：10　2.杯T1③：110　3.杯T1③：15　4.罐T1③：82　5.鼎式炉T4③：74　6.细碾钵T2③：24

标本T1③：15，可复原。敞口，曲腹，内底弧凹，圈足高直，外底有鸡心状突起。灰白胎。粉青釉，釉层较厚，釉面有纵向开片纹。口、腹部模印成多曲葵花形，花瓣凹凸有致。足底无釉呈土红色。口径9.3、足径3.2、高5.4厘米。（图Ⅳ-73：3；彩版Ⅳ-93：3）

罐

标本T1③：82，可复原。直口，短颈，上腹圆鼓，下腹斜向内弧收，最大直径在上腹部，隐圈足，足底平削，足根外侧斜平削。浅灰胎，胎体厚重。淡青绿釉，釉面光亮。颈部饰一周凸弦纹。口沿和足底无釉，露胎处局部呈土红色。口径9.6、足径6.6、高9.9厘米。（图Ⅳ-73：4；彩版Ⅳ-94：1）

细碾钵

标本T2③：24，可复原。敛口微内折，斜腹微曲，内圜底，饼足，足外侧斜削。灰胎，胎骨厚重。淡青偏绿透明釉，内壁无釉素胎。外腹壁刻划交错斜线纹，另在口沿外侧下方、外壁近足处各有一周凹弦纹，内壁素面。底面平整，呈土红色。口径8.2、足径3.2、高4.3厘米。（图Ⅳ-73：6；彩版Ⅳ-94：2）

鼎式炉

标本T4③：74，可复原。平唇，外折沿，直腹，下腹弧收，外底平，腹足之间贴塑三只兽面足。灰胎。青绿色透明釉，釉下有细小气泡。外壁刻划两道弦纹，中间划细浅水波纹。外底心无釉露土黄胎。口径7.2、通高6.0厘米。（图Ⅳ-73：5；彩版Ⅳ-94：3）

3.越窑青瓷器

器形有盏、器盖和炉。

盏

标本T2③：38，可复原。折沿，曲腹，圈足，足壁高直。灰胎。青灰釉，釉层很薄，釉面无光，有杂质。外壁下腹、足、底无釉，露胎处呈灰红色。口径10.4、足径4.0、高5.0厘米。（图Ⅳ-74：1；彩版Ⅳ-94：4）

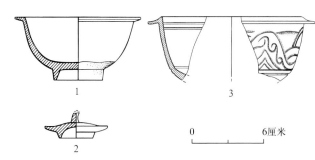

图IV-74　2004HY第3层出土越窑青瓷盏、器盖、炉
1.盏T2③：38　2.器盖T4③：106　3.炉T1③：74

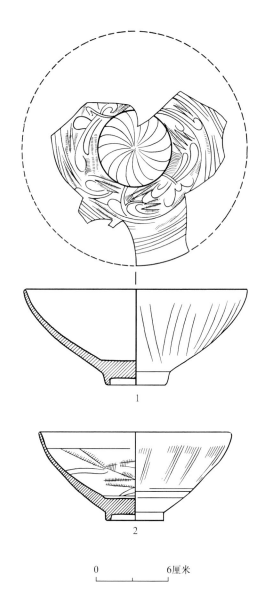

图IV-75　2004HY第3层出土未定窑口青瓷敛口碗
1.T1③：3　2.T4③：48

器盖

标本T4③：106，盖纽与盖沿局部残缺。子口微敛，宽平沿，盖顶浅弧凸，顶心有一残纽。灰胎。釉色青绿，盖内无釉。口径2.8、盖径5.2、残高2.0厘米。（图IV-74：2；彩版IV-94：5）

炉

标本T1③：74，口腹残片。子口微敞，折沿，沿面微曲，折腹，上腹陡直微斜，下腹折向内收。灰胎。满施青绿釉，釉层薄透，釉面较为光亮。口沿内侧刻两道细弦纹，外壁上腹刻九山八海纹，折腹处刻两周凹弦纹。口径11.6、沿径13.9、残高5.1厘米。（图IV-74：3；彩版IV-94：6）

4.未定窑口青瓷器

数量较多。器形有碗、盘、盏、碟、杯、钵、器盖、鸟食罐和罐。

敛口碗

标本T1③：3，可复原。灰黑胎。暗青偏黄釉。内口沿下方划多道弧线弦纹，内腹壁刻划两朵对称花卉纹，花间布满呈"Z"形走向的锥刺纹，外壁刻划折扇纹。足底与外底无釉。口径18.6、足径5.0、高7.6厘米。（图IV-75：1；彩版IV-95：1）

标本T4③：48，可复原。灰黑色薄胎，胎质较粗。暗青偏黄釉。内腹壁刻多道弧线纹，其间饰以呈"Z"形走向的锥刺纹，花纹上缘划一周细浅凹弦纹，外壁刻划细窄的折扇纹。足与外底无釉。口径16、足径4.8、高6.9厘米。（图IV-75：2；彩版IV-95：2）

敞口碗

A型

标本T1③：62，可复原。深灰胎。灰青釉，有小开片。内壁下腹有凹弦纹一周。近内底处有宽带状涩圈一周，外壁修坯痕迹明显。外壁施釉不及底，露胎处呈朱红色。口

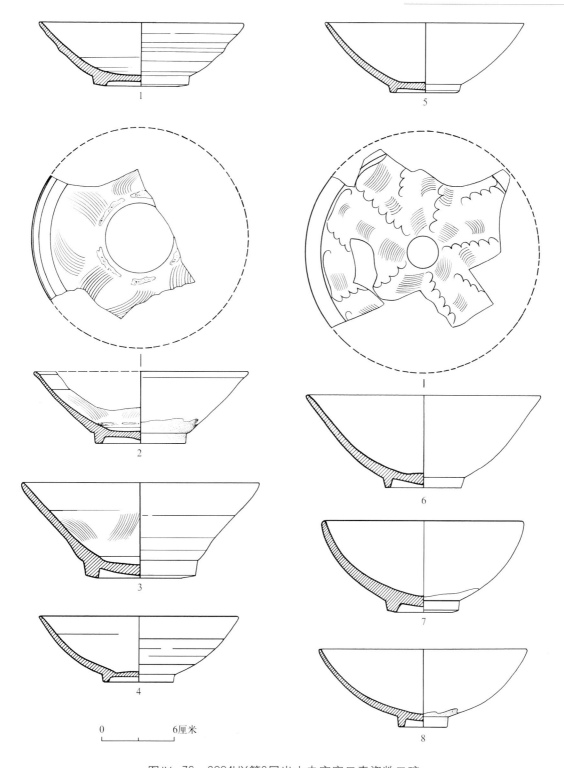

图Ⅳ—76　2004HY第3层出土未定窑口青瓷敞口碗

1.A型T1③：62　2.A型T1③：119　3.A型T4③：109　4.B型T1③：1　5.B型T1③：53　6.B型T1③：83　7.C型
T4③：54　8.C型T4③：133

径16.8、足径5.6、高5.1厘米。（图Ⅳ—76：1；彩版Ⅳ—95：4）

标本T1③：119，可复原。深灰胎，胎质较粗。暗青偏黄釉，釉层很薄，开片细碎。内腹壁残存由刻划弧线篦纹组成的简易花瓣纹，花纹上缘刻划一周凹弦纹。外壁施釉不及底，有流釉现象，露胎处呈朱红色。内壁下腹近底残存一周灰白色泥条痕。口径17.6、足

径7.4、高5.7厘米。（图Ⅳ-76：2；彩版Ⅳ-95：3）

标本T4③：109，可复原。灰胎，胎体粗厚，外壁有修坯痕迹。青褐釉，釉面杂质较多，局部有蓝灰色窑变斑。内腹壁刻划弧线篦纹，上方刻划一周凹弦纹。外壁施釉不及底，露胎处呈朱红色。内底边缘残存灰白色泥条痕。口径19.3、足径7.0、高7.6厘米。（图Ⅳ-76：3；彩版Ⅳ-95：5）

B型

标本T1③：1，可复原。灰胎。黄白薄釉，略透明光亮，外壁垂釉现象明显。口沿内侧下方刻划一周凹弦纹。足底与外底无釉。口径16.4、足径5.8、高5.2厘米。（图Ⅳ-76：4；彩版Ⅳ-96：1）

标本T1③：53，可复原。尖唇。浅灰胎，胎内杂质较多。釉色米白微泛青，釉层较薄，哑光，口沿两侧有垂釉现象。外壁施釉不及底。口径16.6、足径4.8、高5.6厘米。（图Ⅳ-76：5；彩版Ⅳ-96：3）

标本T1③：83，可复原。尖唇。浅灰胎。釉色米白偏青，釉层薄，略透明光亮，口沿外侧有垂釉现象。内底边缘有一周凹弦纹，内腹壁以纵向单线水波纹分区，各区内填满刻划篦纹，花纹布局严谨，口沿内侧下方有一周细浅凹弦纹。足底与外底无釉。口径19.4、足径6.4、高7.4厘米。（图Ⅳ-76：6；彩版Ⅳ-96：2）

C型

标本T4③：54，可复原。灰白色胎，胎体厚重。釉色灰白泛青黄，釉层透明，略厚，有细碎开片，釉面光亮。外壁施釉不及底。口径16.4、足径4.4、高7.3厘米。（图Ⅳ-76：7；彩版Ⅳ-96：4）

标本T4③：133，可复原。圆唇，敞口。粗灰胎。青釉略偏灰，釉层薄，欠光泽，开片细碎。外壁施釉不及底，露胎处呈朱红色。口径17.4、足径4.2、高6.2厘米。（图Ⅳ-76：8；彩版Ⅳ-96：5）

侈口碗

A型

标本T1③：14，可复原。尖唇。灰白胎。米色偏青釉，釉层薄透光亮，口沿外侧积釉较厚。内腹壁刻划弧线花夹篦纹，内底面刻花。足底与外底无釉。口径19、足径6.0、高7.0厘米。（图Ⅳ-77：1；彩版Ⅳ-97：1）

标本T1③：47，可复原。灰胎，胎质细腻，胎骨略显厚重。灰白泛青色薄釉，呈乳浊状，略有光泽，内壁底腹转折处有缩釉现象。外壁施釉不及底。口径16.9、足径5.8、高5.8厘米。（图Ⅳ-77：2；彩版Ⅳ-97：2）

B型

标本T1③：84，可复原。灰胎。釉色青绿，釉层薄透，有细小开片。内底心刻荷尖一朵，瓣面划篦纹，内腹壁刻池塘游鸭纹，水波划篦纹，外壁刻折扇纹，口沿内外侧、内底边缘、外壁与圈足转折处各有一周凹弦纹。足壁外侧局部与足底、外底无釉露胎。口径22.2、足径6.0、高9.3厘米。（图Ⅳ-77：4；彩版Ⅳ-97：3）

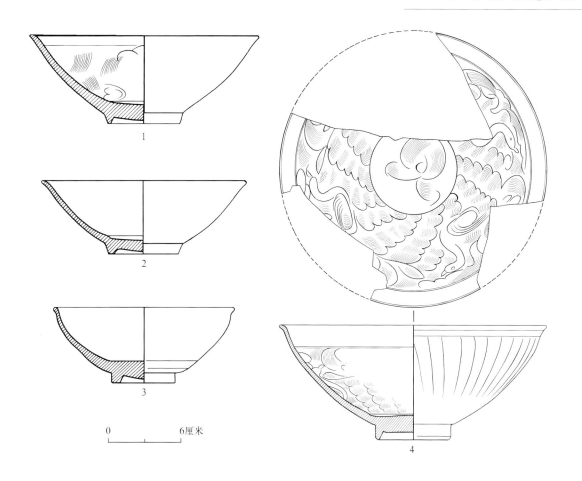

图Ⅳ-77　2004HY第3层出土未定窑口青瓷侈口碗
1.A型T1③：14　2.A型T1③：47　3.B型T4③：45　4.B型T1③：84

标本T4③：45，可复原。灰黄胎。青黄釉，釉面无光。内底边缘有一周凹弦纹。施釉不及底，露胎处呈土红色。口径14.8、足径5.2、高6.0厘米。（图Ⅳ-77：3；彩版Ⅳ-97：4）

折沿盘

标本T1③：29，可复原。小圈足。灰褐胎，外壁胎面修坯痕迹明显。薄黄釉，釉面略带光泽，局部有小开片。内壁中腹有一道凹弦纹。足底与外底无釉。口径12、足径4.4、高2.8厘米。（图Ⅳ-78：1；彩版Ⅳ-98：1）

标本T2③：27，可复原。灰褐胎，外壁修坯痕迹明显。青色略偏黄釉，釉层薄，釉面略带光泽。外壁施釉不及底，露胎处呈灰红色。口径12、足径3.6、高3.2厘米。（图Ⅳ-78：2；彩版Ⅳ-98：2）

侈口曲腹盘

标本T1③：23，可复原。小圈足。灰胎。釉色青黄，开片细碎。内壁腹部近底处有一周凹弦纹。足底及外底无釉露紫红胎。口径12、足径4.2、高3.0厘米。（图Ⅳ-78：3；彩版Ⅳ-98：4）

标本T1③：32，可复原。深灰胎，外壁修坯痕明显。薄青釉，釉面无光，杂质多。圈足及外底无釉露紫红胎。口径12、足径4.4、高2.8厘米。（图Ⅳ-78：4；彩版Ⅳ-98：3）

标本T2③：26，可复原。深灰胎。釉色青绿，釉面杂质多，有多处不规则蓝白色窑变斑，外

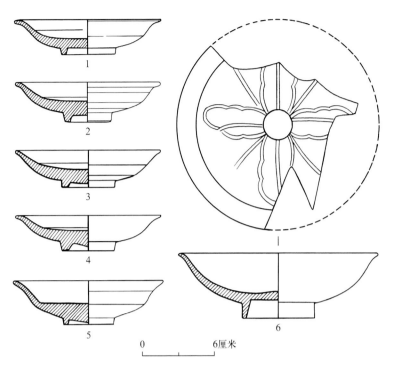

图 Ⅳ-78　2004HY第3层出土未定窑口青瓷盘

1.折沿盘T1③：29　2.折沿盘T2③：27　3.侈口曲腹盘T1③：23　4.侈口曲腹盘
T1③：32　5.侈口曲腹盘T2③：26　6.侈口曲腹盘T1③：45

壁施釉不及底。口径12.4、足径4.0、高3.5厘米。（图Ⅳ-78：5；彩版Ⅳ-99：1）。

标本T1③：45，可复原。内底心有圆形纽状突起，高圈足。浅灰胎，胎质略细，胎壁较厚。白中闪青色透明薄釉，局部釉色白中泛青黄，釉面光亮。内壁以底心圆形突起为中心，双线刻划四片花瓣，瓣间又以刻划双直线作为间隔，花瓣上缘刻划一周细浅凹弦纹。圈足与外底无釉。外底有粘黏窑具痕。口径16.6、足径6.0、高5.2厘米。（图Ⅳ-78：6；彩版Ⅳ-99：2）

侈口斜腹盘

标本T4③：68，可复原。小圈足。胎色较黄。黄色透明薄釉，釉面光亮，通体有细碎开片。内底有大面积不规则涩胎面，应系在烧制过程中被他物粘结所致，外壁施釉不及底，露胎处呈土红色。口径11.5、足径3.8、高2.8厘米。（图Ⅳ-79：1；彩版Ⅳ-99：3）

敞口曲腹盘

标本T1③：27，可复原。小圈足。灰胎。釉色青中略泛黄，釉面欠光泽。内壁腹部近底处有一周凹弦纹。外底无釉露紫红胎。口径12.4、足径4.0、高4.0厘米。（图Ⅳ-79：2；彩版Ⅳ-99：4）

标本T2③：25，可复原。灰胎。釉色青中略偏黄，光泽欠，有较多灰白杂点。外壁施釉不及底，露紫灰胎。口径12、足径4.6、高3.0厘米。（图Ⅳ-79：3；彩版Ⅳ-99：5）

标本T6③：1，可复原。内底大而平，浅卧足。灰胎，胎壁较薄，造型规整。通体施暗青褐釉，釉层薄，釉面欠光泽。外底残存三个灰白色泥点痕。口径10.7、足径6.0、高2.5厘米。（图Ⅳ-79：4；彩版Ⅳ-99：6）

斜腹盏

标本T4③：132，可复原。敞口，圈足。粗灰胎。釉色暗青，局部偏黄，釉层很薄，哑光。外壁施釉不及底，露胎处大部呈黑灰色，局部呈紫红色。内底残存一周白色泥条痕。口径11.9、足径4.8、高3.6厘米。（图Ⅳ-79：5；彩版Ⅳ-100：1）

平底碟

标本T1③：35，可复原。圆唇，敞口，斜直腹，小平底内凹。灰胎，胎体粗厚。青

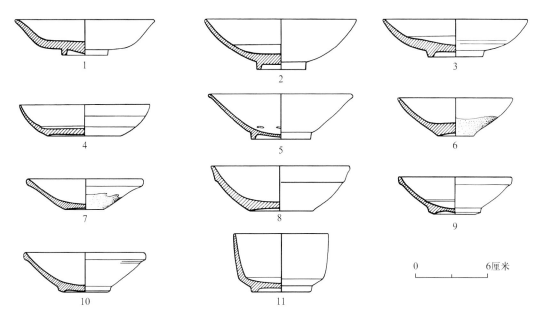

图IV-79 2004HY第3层出土未定窑口青瓷盘、碟、杯

1.侈口斜腹盘T4③：68 2.敞口曲腹盘T1③：27 3.敞口曲腹盘T2③：25 4.敞口曲腹盘T6③：1 5.斜腹盏T4③：132
6.平底碟T1③：35 7.平底碟T1③：114 8.平底碟T6③：8 9.圈足碟T4③：61 10.圈足碟T4③：131 11.杯T3③：8

釉，釉质透明光亮，有细小开片，外壁施釉不及底。口径9.6、底径2.8、高3.0厘米。（图
IV-79：6；彩版IV-100：2）

标本T1③：114，可复原。平唇，芒口。灰黄胎。青白釉，欠透明，内壁局部缩釉，外
壁施釉不及底。口径9.5、底径3.2、高2.4厘米。（图IV-79：7；彩版IV-100：3）

标本T6③：8，可复原。深灰胎，胎面可见明显的拉坯痕迹。青黄釉，釉层很薄，哑
光。外壁口沿以下不施釉，有流釉现象，露胎处局部呈灰红色。口径11.4、底径5.0、高
3.5厘米。（图IV-79：8；彩版IV-100：4）

圈足碟

标本T4③：61，可复原。平唇，敞口，圈足。灰白胎，胎质较细，胎骨厚重。米色
泛青透明薄釉，釉面光亮。口沿外侧以下无釉。口径9.4、足径3.2、高2.9厘米。（图
IV-79：9；彩版IV-100：5）

标本T4③：131，可复原。灰胎。米白泛青釉，釉层薄透光亮，外壁施釉不及底。口径
10、足径3.5、高3.2厘米。（图IV-79：10；彩版IV-100：6）

杯

标本T3③：8，可复原。直口，上腹竖直，下腹斜向内收，内底微下弧，圈足，足底平
削。灰白胎。青白色透明薄釉，釉面光亮，开片细碎。外壁折腹以下无釉露胎呈土红色，
内壁口沿以下无釉，内底面呈土红色。口径7.8、足径4.8、高4.7厘米。（图IV-79：11；
彩版IV-100：7）

钵

标本T6③：5，可复原。唇口微敞，深曲腹，内底弧凹，矮圈足内敛，挖足较浅。米白
胎，胎质较细腻。黄白色透明薄釉，开片细碎。内壁下腹有一周细浅的凸弦纹，外底墨书

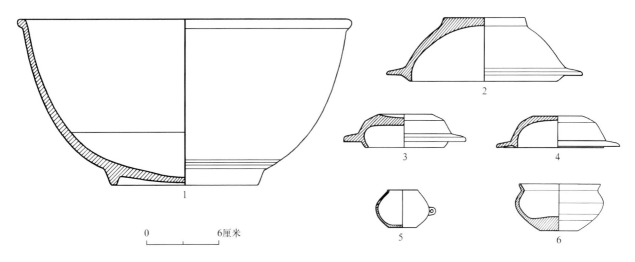

图IV-80　2004HY第3层出土未定窑口青瓷钵、器盖、鸟食罐、罐
1.钵T6③：5　2.器盖T3③：2　3.器盖T4③：79　4.器盖T4③：90　5.鸟食罐T2③：40　6.罐T4③：76

文字模糊难辨。足底与外底无釉。口径27.3、足径12、高13.2厘米。（图IV-80：1；彩版IV-101：1）

器盖

标本T3③：2，可复原。整体造型呈覆盆形，子口，盖沿宽平，盖身向上斜直内收，饼状盖顶，顶面平。灰胎，胎骨厚重。灰白泛青釉，釉层薄透光亮。盖顶面与盖内无釉。口径12、盖径16、高5.1厘米。（图IV-80：2；彩版IV-101：2）

标本T4③：79　可复原。子口内敛，宽平沿，盖身向上斜内收，折腰，盖顶为一圆形微凹面。胎细白，略厚。釉色青白，局部泛灰。盖内与盖顶凹面无釉。口径6.4厘米，盖径10厘米，高2.7厘米。（图IV-80：3；彩版IV-101：3）

标本T4③：90，可复原。子口，宽平沿，盖身向上斜内收，折腰，圆形平顶。浅灰胎，略厚。釉色青白，局部泛灰。盖内与盖顶无釉，盖内露胎处局部泛土黄色。口径6.8、盖径10、高2.5厘米。（图IV-80：4；彩版IV-101：5）

鸟食罐

标本T2③：40，完整器。敛口，斜肩，鼓腹，平底，腹身一侧贴塑一宽带圆形小系。深灰胎。釉色青黄，釉层较薄。外壁下腹局部及外底无釉，露胎处呈紫红色。口径2.4、腹径4.4、底径2.2、高3.0厘米。（图IV-80：5；彩版IV-101：6）

罐

标本T4③：76，可复原。敞口，束颈，溜肩，肩腹之间圆折，腹部斜收，平底。灰黄胎。棕黄釉，釉薄，开片细碎。外壁施釉不及底，上腹局部缩釉露胎。口径8.8、最大径（肩腹之间）9.6、底径4.0、高5.0厘米。（图IV-80：6；彩版IV-101：4）

5.景德镇窑青白瓷器

器形有碗、盘、盒、碟、器盖、鸟食罐和炉。

碗

标本T1③：87，可复原。敞口，芒口，斜曲腹，圈足，外底有鸡心状突起。白胎，胎

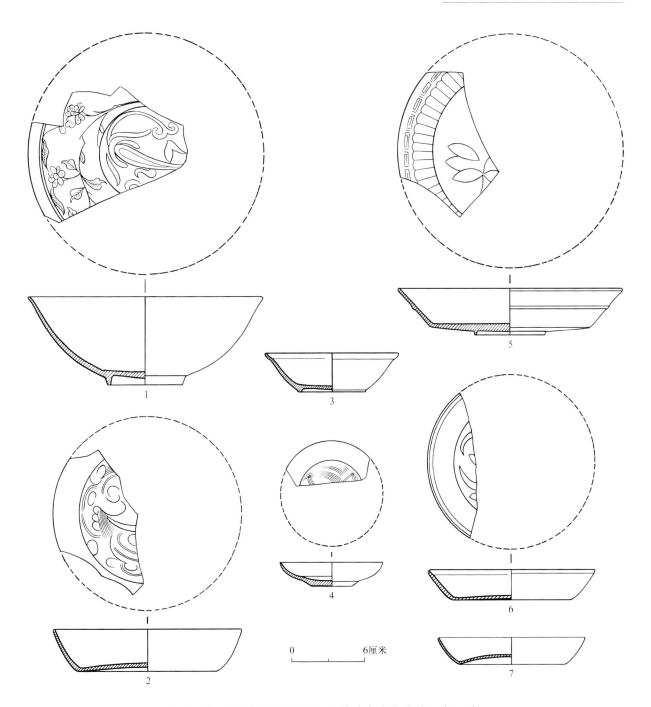

图Ⅳ-81　2004HY第3层出土景德镇窑青白瓷碗、盘、碟

1.碗T1③：87　2.平底盘T2③：10　3.曲腹盘T4③：87　4.碟T2③：11　5.折腹盘T1③：95　6.平底盘T4③：88　7.平
底盘T4③：89

质细腻，胎壁薄微透光。釉色白中闪青，釉面薄透光亮。内底边缘有一周细浅凹弦纹，内
底印花，内腹壁印有牡丹、梅花等花卉纹，近口沿处有两周平行凸弦纹。芒口与足底无釉
处呈现火石红色。口径19.2、足径6.2、高7.0厘米。（图Ⅳ-81：1；彩版Ⅳ-102：1）

　　平底盘

　　标本T2③：10，可复原。敞口，芒口。白胎，胎质细腻，胎骨轻薄。釉色白中闪青，
釉层薄透光亮。内底划花，间饰以篦纹，内底边缘有一周凹弦纹。口径15.4、底径11.4、

高3.3厘米。（图Ⅳ-81：2；彩版Ⅳ-102：2）

标本T4③：88，可复原。胎细白。釉色白中闪青。口径14、底径10、高2.4厘米。（图Ⅳ-81：6；彩版Ⅳ-102：3）

标本T4③：89，可复原。白胎，胎质细腻，胎壁薄微透光。釉色白中闪青，釉层薄透光亮。口径12.2、底径8.9、高2.1厘米。（图Ⅳ-81：7；彩版Ⅳ-102：4）

曲腹盘

标本T4③：87，可复原。侈口，隐圈足。灰白胎。釉色灰白中透青，釉面有棕眼。足底与外底无釉。口径11、足径5.6、高3.1厘米。（图Ⅳ-81：3；彩版Ⅳ-103：1）

折腹盘

标本T1③：95，可复原。侈口，芒口。白胎，胎质细腻，胎骨轻薄。青白釉，釉层为光亮的半透明状。内底印花模糊不清，内腹壁印密集花瓣一周，花瓣上缘印回纹一周，外腹壁中部有一圈凸弦纹。足底与外底无釉，露胎处呈现火石红色。口径18.6、足径5.8、高3.7厘米。（图Ⅳ-81：5；彩版Ⅳ-103：2）

碟

标本T2③：11，可复原。敞口，浅曲腹，内底微凹，小饼足，足底平，足根外侧斜削。白胎，细腻轻薄。青白釉，釉面光亮，积釉处闪青。内底刻划弧线弦纹夹篦纹，内底边缘及外壁近足处各有一凹弦纹。足底无釉。口径8.4、足径3.2、高1.9厘米。（图Ⅳ-81：4；彩版Ⅳ-103：3）

盒

标本T2③：4，盖失，盒身基本完整。子口微敛，窄斜沿，曲腹斜收，内底平凸，平底。胎细白。釉色青白，积釉处泛青，内底釉面有细碎开片。外腹壁模印菊瓣纹，外底模印单株花卉，近沿处有一周凸弦纹。口沿、外壁下腹及外底无釉。口径4.4、腹径5.4、底径3.8、高2.0厘米。（图Ⅳ-82：1；彩版Ⅳ-103：4）

标本T4③：84，盒盖缺失，盒身完整。胎细白。釉色青白，积釉处泛青。外腹壁模印菊瓣纹，近沿处有一周凸弦纹。口沿及外底无釉。口径3.4、腹径4.4、底径3.0、高1.5厘米。（图Ⅳ-82：2；彩版Ⅳ-103：5）

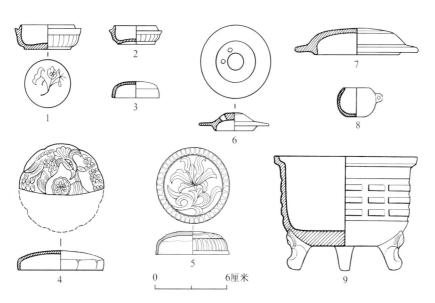

图Ⅳ-82　2004HY第3层出土景德镇窑青白瓷盒、器盖、鸟食罐、炉
1.盒T2③：4　2.盒T4③：84　3.母口器盖T2③：8　4.母口器盖T2③：17　5.母口器盖T2③：32　6.子口器盖T2③：34　7.子口器盖T3③：3　8.鸟食罐T2③：37　9.八卦炉T2③：2

母口器盖

标本T2③：8，可复原。口壁较直，盖顶弧鼓，边缘旋削一周。胎细白，薄微透光。釉色白中闪青，积釉处呈湖绿色，釉层透亮，局部有大开片。口沿底部无釉，内壁仅内顶施釉。口径3.8、高1.3厘米。（图Ⅳ-82：3；彩版Ⅳ-103：6）

标本T2③：17，可复原。胎细白，薄可透光。釉色青白，釉层薄透光亮，有大小不一开片。盖沿模印作葵瓣状，盖顶模印首尾相接的两只鸾凤，顶心饰一花卉。口底无釉。口径7.0、盖径7.2、高1.5厘米。（图Ⅳ-82：4；彩版Ⅳ-104：1）

标本T2③：32，可复原。唇口微外撇，弧壁，盖顶微上弧。胎细白。釉色青白，釉面光亮，略透明。盖沿模印密集菊瓣纹，盖顶模印一株植物花卉纹，盖顶边缘饰一周凸弦纹。口底与口壁内侧无釉。口径6.1、高1.8厘米。（图Ⅳ-82：5；彩版Ⅳ-104：2）

子口器盖

标本T2③：34，完整器。子口内敛，宽平沿，盖顶斜直，盖顶小而平。盖身有两个相邻圆形穿孔，孔径0.35厘米。胎细白。釉白中泛青，盖内无釉。口径3.1、盖径5.8、高1.4厘米。（图Ⅳ-82：6；彩版Ⅳ-104：3）

标本T3③：3，可复原。盖身斜直，盖顶稍弧鼓。白胎，胎质细腻。薄青白釉。外壁的盖沿与盖身转折处、盖顶各饰一周凹弦纹。盖顶与盖内无釉。口径6.8、盖径10.1、高2.2厘米。（图Ⅳ-82：7；彩版Ⅳ-104：4）

鸟食罐

标本T2③：37，完整器。敛口，球腹，平底微内凹，上腹一侧有一宽带圆孔小系。胎细白。釉色青白，施釉不及底。腹身一侧有粘黏脱釉痕。口径2.0、腹径3.0、底径1.4、高2.2厘米。（图Ⅳ-82：8；彩版Ⅳ-104：5）

八卦炉

标本T2③：2，可复原。直口平唇，折沿，圆身直腹，下腹向内弧收，下帖塑三个兽面蹄形足，外底平。白胎，胎质细腻。釉色白中闪青，积釉处呈湖绿色。炉身外壁模印八卦纹。蹄足内侧、外底和内壁无釉，外底局部呈土红色。口径11.8、腹径10.7、高9.0厘米。（图Ⅳ-82：9；彩版Ⅳ-104：6）

6.未定窑口青白瓷器

器形有盘、碟、盒、器盖、杯和罐。

折腹盘

标本T4③：134，可复原。侈口。白胎，胎质细腻，胎骨轻薄。青白釉，釉层薄透光亮。内壁腹底之间有一道凹弦纹。足底与外底无釉，内底中间有一圆形涩圈。口径13.6、足径4.2、高3.2厘米。（图Ⅳ-83：1；彩版Ⅳ-105：1）

碟

标本T4③：91，可复原。敞口，浅曲腹，小平底。灰白胎，胎骨轻薄。釉色白中泛灰青，釉层薄透光亮，通体有细碎开片。内底刻划弧线花纹，已残损，内底边缘有一周弦纹。外底无釉。口径10.7、底径4.4、高2.3厘米。（图Ⅳ-83：2；彩版Ⅳ-105：2）

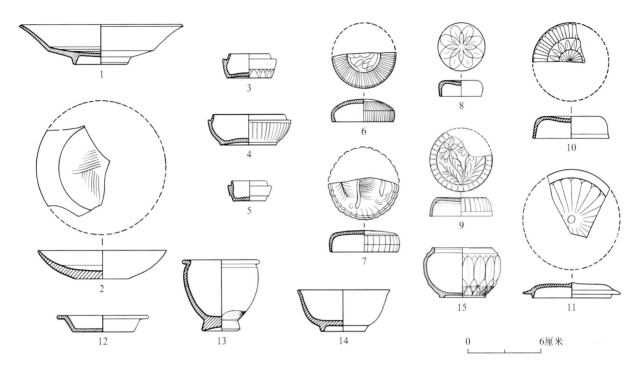

图IV-83 2004HY第3层出土未定窑口青白瓷盘、碟、盒、器盖、杯、罐

1.折腹盘T4③：134 2.碟T4③：91 3.盒T2③：5 4.盒T2③：36 5.盒T2③：35 6.母口器盖T2③：6 7.母口器盖T2③：7 8.母口器盖T2③：9 9.母口器盖T2③：12 10.母口器盖T4③：83 11.子口器盖T3③：4 12.碟形器盖T2③：1 13.杯T2③：3 14.杯T4③：101 15.罐T4③：92

盒

标本T2③：5，可复原。盒盖缺失。子口微敛，窄沿，腹壁微曲，平底内凹。胎细白。釉色青白，釉层透亮，厚薄不均，积釉处泛青，有流釉现象。外壁下腹模印一周双层莲瓣纹，外层莲瓣较平，内层莲瓣中脊挺拔。口沿外侧无釉，外壁下腹及外底无釉。口径3.4、腹径4.4、底径3.8、高1.9厘米。（图IV-83：3；彩版IV-105：3）

标本T2③：36，可复原。盒盖缺失。胎釉均较粗糙，浅灰胎，釉色白中偏青灰，釉薄无光。外腹壁模印菊瓣纹，近沿处有一周凸弦纹。口沿外侧无釉，外壁施釉不及底。口径6.0、腹径6.8、底径4.7、高2.4厘米。（图IV-83：4；彩版IV-105：4）

标本T2③：35，盒盖缺失，盒身完整。直腹，平底。胎细白。釉色白中闪青，有积釉现象。外腹壁有一周宽带凸弦纹。口沿与外底无釉，露胎处局部呈粉黄色。口径2.8、腹径3.6、底径2.8、高1.6厘米。（图IV-83：5；彩版IV-105：5）

母口器盖

标本T2③：6，可复原。口壁微内敛，盖顶弧鼓。胎细白。釉色白中闪青，釉层薄透，开片细碎。外壁以两周凸弦纹为界模印花纹，由内而外分三个层次，中间为花卉纹，其外饰两周放射状直线纹。口底与盖内无釉。口径5.0、盖径5.2、高1.8厘米。（图IV-83：6；彩版IV-106：1）

标本T2③：7，可复原。胎细白。釉色青白，釉面光亮，略透明。外壁模印花纹，盖顶边缘饰两周曲线弦纹，顶面花纹残缺难辨。口底与口沿外侧无釉，露胎处呈火石红，盖内

仅内顶施釉。口径5.6、盖径5.8、高1.7厘米。（图Ⅳ—83：7；彩版Ⅳ—106：2）

标本T2③：9，完整器。口壁较直，盖顶两侧弧凸，顶心微凹。胎细白，薄微透光。青白釉，积釉处呈湖绿色，釉层薄透光亮。盖顶模印怒放花朵纹。口沿外侧与盖内无釉。口径3.4、盖径3.6、高1.3厘米。（图Ⅳ—83：8；彩版Ⅳ—105：6）

标本T2③：12，可复原。口微敞，壁面略弧，平顶微凹。胎灰白。釉色白中偏青灰，釉层薄。盖沿模印密集菊瓣纹，盖顶模印花草纹。口底无釉，盖内仅内顶施釉。口径5.1、高1.5厘米。（图Ⅳ—83：9；彩版Ⅳ—106：3）

标本T4③：83，可复原。胎灰白。釉色白中闪绿，积釉处呈湖绿色，釉层薄透，开片细碎。盖面由内而外模印三周菊瓣纹，顶心有一圆形钮状突起，口沿外侧有一周凸弦纹。口径6.2、高1.7厘米。（图Ⅳ—83：10；彩版Ⅳ—106：4）

子口器盖

标本T3③：4，可复原。盖沿宽平，盖身浅弧向上斜收，盖顶较平，顶心有一圆形纽状突起。胎细白。釉色白中闪青，积釉处显翠色。盖面模印菊瓣纹。口径6.4、盖径7.9、高1.2厘米。（图Ⅳ—83：11；彩版Ⅳ—105：7）

碟形器盖

标本T2③：1，可复原。敞口，宽平沿，斜直浅身，平底，整体造型呈碟形。胎细白。釉色白中闪青，釉面杂质气泡较多。盖下方无釉。口径5.8、盖径7.4、底径5.0、高1.3厘米。（图Ⅳ—83：12；彩版Ⅳ—105：8）

杯

标本T2③：3，可复原。敛口，宽平折沿，鼓腹，最大腹径在近口沿处，饼足外撇，足根外侧斜削，外底内凹。胎灰白，较厚重。釉色白中泛青灰，有失透感，釉面杂质多。施釉不及底，局部有流釉现象。口径5.0、腹径6.2、足径2.8、高5.6厘米。（图Ⅳ—83：13；彩版Ⅳ—106：5）

标本T4③：101，可复原。敞口，曲腹，内底平，圈足。白胎，胎质细腻，胎壁薄微透光。釉色白中微微闪青，积釉处泛青。足底有结釉现象。口径7.6、足径3.6、高3.3厘米。（图Ⅳ—83：14；彩版Ⅳ—106：6）

罐

标本T4③：92，可复原。敛口，芒口，鼓肩，圆腹，最大直径在上腹部，矮圈足。胎细白。釉色白中闪青，积釉处呈湖绿色，釉面光亮。外腹壁刻三层莲瓣纹，瓣脊挺拔，下腹近足处刻单层花萼。外壁施釉不及底。口径4.8、腹径6.2、足径3.6、高4.0厘米。（图Ⅳ—83：15；彩版Ⅳ—106：7）

7.定窑白瓷器

器形有碗、盘、洗和瓶。

碗

标本T1③：60，可复原。敞口，芒口，斜直腹，内底小而平，小圈足。白胎，胎质细腻，胎骨轻薄。白釉，釉面光亮，施釉均匀。内腹壁刻划放射状荷叶纹，以双线"S"形纹

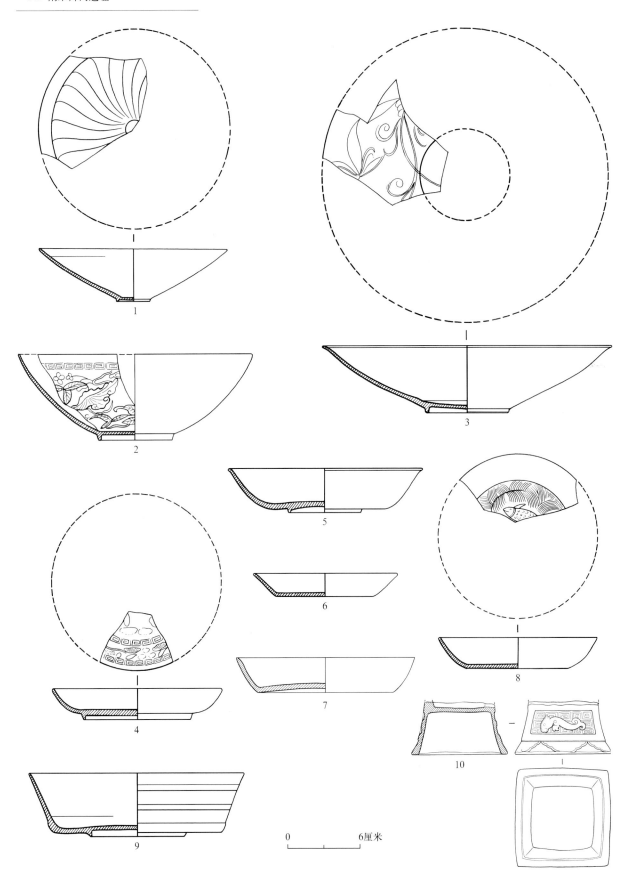

图Ⅳ—84 2004HY第3层出土定窑白瓷器碗、盘、洗、瓶

1.碗T1③：60 2.碗T1③：61 3.碗T5③：5 4.盘T2③：13 5.盘T4③：139 6.盘T2③：14 7.盘T4③：99 8.盘T2③：15 9.洗T2③：16 10.瓶T3③：7

表示叶脉，近口沿处有一周浅线凹弦纹。口径15.6、足径2.8、高4.2厘米。（图Ⅳ-84：1；彩版Ⅳ-107：1）

标本T1③：61，可复原。斜曲腹，内底较平，内底与内腹壁之间转折明显，圈足。白胎，胎质细密。象牙白釉，釉层较薄，釉面光亮。内底模印水波鱼纹，内腹壁满印荷叶花卉纹，线条流畅，近口沿处装饰一周回纹。口径19.7、足径6.3、高6.9厘米。（图Ⅳ-84：2；彩版Ⅳ-107：2）

标本T5③：5，可复原。侈口，内底小而弧凹，内壁底腹之间转折明显，圈足矮小。白胎，胎质细腻，胎骨轻薄。牙白釉，薄透光亮。内腹壁及内底残存刻划萱草纹，线条流畅，近口沿处划一周凹弦纹。口径23.9、足径6.8、高5.4厘米。（图Ⅳ-84：3；彩版Ⅳ-107：3）

盘

标本T2③：13，可复原。敞口，芒口，浅曲腹，内底大而平，矮圈足内敛。白胎，胎质较细，胎体略厚。牙白色釉，釉厚处闪青黄色，釉面欠光泽。内底边缘有一周凹弦纹，内腹壁与内底均模印有花叶纹，内壁口沿下方与内底近边缘处各印有一周回纹。口径14、足径8.8、高2.4厘米。（图Ⅳ-84：4；彩版Ⅳ-107：4）

标本T4③：139，可复原。侈口，曲腹，内底弧凸，圈足矮小。白胎，胎壁略厚。牙白釉，釉层薄透光亮。内底边缘有一周细浅凹弦纹。外底无釉。口径16、足径6.0、高3.5厘米。（图Ⅳ-84：5；彩版Ⅳ-108：1）

标本T2③：14，可复原。敞口，芒口，浅腹，斜直腹，大平底，底腹转折明显。白胎，胎质细腻，胎骨轻薄。牙白釉，釉层薄透光亮，外腹近底处有积釉现象。口径11.8、底径8.0、高1.8厘米。（图Ⅳ-84：6；彩版Ⅳ-108：2）

标本T2③：15，可复原。白胎，胎质细质，胎骨轻薄。牙白色釉，釉层薄透，釉面有细微开片。内底边缘划一周弦纹，底面残存刻划游鱼戏水纹，纹面饰以刻划篦纹。口径13、底径8.4、高2.4厘米。（图Ⅳ-84：8；彩版Ⅳ-108：3）

标本T4③：99，可复原。敞口，芒口，斜直腹，大平底向上弧凸。内底有印纹，印纹模糊不清。白胎，胎质细腻，胎壁薄可透光。卵白色釉，釉厚处白中微透青，外底未施满釉。口径14.8厘米，底径11.2厘米，高2.8厘米。（图Ⅳ-84：7；彩版Ⅳ-108：4）

洗

标本T2③：16，可复原。敞口，芒口，有镶釦痕迹，斜直腹，大平底，矮圈足内敛。白胎，胎质细腻，胎骨轻薄。牙白釉，釉层薄透光亮。内腹壁近底处划一周凹弦纹，外腹壁有数道修坯形成凹、凸弦纹。口径17.8、足径7.8、高5.0厘米。（图Ⅳ-84：9；彩版Ⅳ-108：5）

瓶

标本T3③：7，底足残件。整体造型呈覆斗形，横截面呈方形，内底平，足壁自上而下斜直外扩，下段外折，足底平削。灰白胎，略粗厚。釉色白中泛青黄，釉层薄透光亮。足壁四周模印夔纹，以回纹为地，以宽凸棱为框，下边框模印卷草纹，近足底处印山纹。足

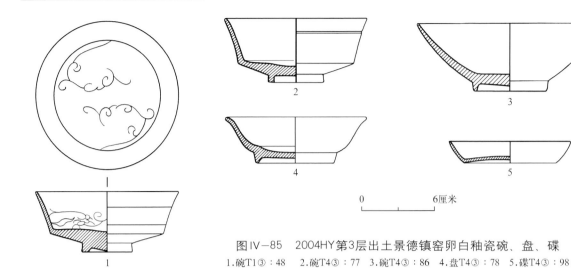

图IV-85　2004HY第3层出土景德镇窑卵白釉瓷碗、盘、碟
1.碗T1③：48　2.碗T4③：77　3.碗T4③：86　4.盘T4③：78　5.碟T4③：98

底无釉。足径7.9、残高4.2厘米。（图IV-84：10；彩版IV-108：6）

8.景德镇窑卵白釉瓷器

器形有碗、盘和碟。

碗

标本T1③：48，可复原。侈口，折腹，内底平凹，内腹与底转折明显，小圈足微外撇。白胎，胎质细腻，胎体略厚重。白中闪青釉，口沿外侧有积釉现象。内底与内腹部均印有卷草纹，印纹模糊，口沿外侧下方装饰一道凸弦纹。足底与外底无釉。口径11.9、足径4.1、高4.8厘米。（图IV-85：1；彩版IV-109：1）

标本T4③：77，可复原。白胎，胎质细腻，胎体略厚重。釉色白中微微透青，釉质滋润，有零星小气孔。内腹与内底印纹不清，口沿外侧下方、外壁折腹处各有一周凸弦纹。足底与外底无釉。口径11.9、足径4.6、高5.1厘米。（图IV-85：2；彩版IV-109：2）

标本T4③：86，可复原。敞口，口沿残存切削的花口痕，斜直腹，内底较平，圈足，足根外侧斜削。胎细白，胎面有轮修痕迹。釉白中闪青，釉层很薄。内底边缘有一周凹弦纹，并沿内底边缘刮釉一周。外底无釉，内底涩圈与足底均有叠烧痕迹。口径15.2、足径5.8、高5.4厘米。（图IV-85：3；彩版IV-110：1）

盘

标本T4③：78，可复原。侈口，曲腹，内底弧凹，内壁腹底之间有折棱，圈足较大，足底斜削，挖足较浅。灰白胎，胎壁略厚。釉色青白，釉面光亮，积釉处泛青，通体开细碎的冰裂纹。足底与外底无釉，露胎处旋削痕迹明显。口径11.7厘米，足径6.2厘米，高3.7厘米。（图IV-85：4；彩版IV-109：3）

碟

标本T4③：98，可复原。敞口，芒口，浅腹，腹壁斜直，大平底向上弧凸。白胎，胎质细腻，胎壁薄可透光。卵白色薄釉，釉面光亮。外壁下腹局部及外底无釉。口径10、底径7.6、高1.7厘米。（图IV-85：5；彩版IV-110：2）

9.建窑黑釉瓷器

盏

标本T1③：67，可复原。敞口，束口，斜直腹，内底下凹，圈足，足底斜平削，挖足较浅。黑胎，胎体粗厚。黑釉，釉层略厚，釉面有铁锈色兔毫斑，口沿处呈棕色，外壁施釉不及底，有垂釉现象，露胎处呈棕红色。口径12.5、足径3.0、高6.4厘米。（图IV—86：1；彩版IV—111：1）

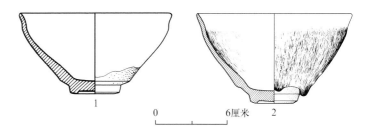

图IV—86　2004HY第3层出土建窑黑釉瓷盏
1.T1③：67　2.T4③：129

标本T4③：129，可复原。黑胎，胎体粗厚。黑釉，釉面光亮如漆，釉稠，釉面有兔毫，其自下而上由稀渐密，色泽由灰黑渐至黄褐。束口以上的口沿内外侧无釉，外壁施釉至下腹，釉边有泪滴状垂釉现象。露胎处呈黑紫色。口径13、足径3.0、高7.2厘米。（图IV—86：2；彩版IV—111：2）

10.未定窑口黑釉瓷器

器形有碗、盏和罐。

碗

标本T1③：117，可复原。圆唇，侈口，斜腹微曲，圈足。粗黄胎，外壁下端胎面制作粗糙。薄施酱色釉，手感粗糙，内腹壁釉面局部灰褐色木叶纹状斑块。内壁腹部划一周细浅凹弦纹，外底面有一刻划随意的弧线三角纹。外壁施釉不及底，内底边缘有一周因垫烧形成的缩釉露胎痕。口径19.8、足径8.0、高7.5厘米。（图IV—87：1；彩版IV—112：1）

盏

标本T1③：66，可复原。敞口，斜曲腹，内底下陷，圈足，挖足较浅，足底平削。口沿内侧下方有一道折棱。浅米色胎。内壁成棕褐色乳浊状窑变，外釉呈黑色。外壁施釉不及底，腹壁露胎处呈红棕色。口径12.4、足径4.0、高5.8厘米。（图IV—87：2；彩版IV—112：4）

标本T1③：120，可复原。敞口微束。灰褐胎，胎质略粗，胎体较厚。黑釉，釉略稠，唇口处釉面呈铁锈色。外壁施釉不及底。口径10.2、足径2.5、高4.6厘米。（图IV—87：3；彩版IV—112：2）

标本T1③：121，可复原。灰褐胎，胎质略粗，胎体较厚。黑釉，釉略稠，唇口处及釉边呈铁锈色。外壁施釉不及底。口径11.8、足径2.5、高5.2厘米。（图IV—87：4；彩版IV—112：3）

标本T1③：122　可复原。敞口，口沿下方微束，斜直腹，内底下凹，矮圈足，足根外侧斜削。灰褐胎，胎质略粗，胎体较厚。黑釉，唇口及釉边呈铁锈色，外釉有多处不规则铁锈斑。外壁施釉不及底，露胎处呈灰黑色。口径11.7、足径3.2、高5.3厘米。（图IV—87：5；彩版IV—113：1）

标本T2③：48，可复原。敞口，束口，斜直腹，内底下凹，矮圈足，足根外侧斜削。

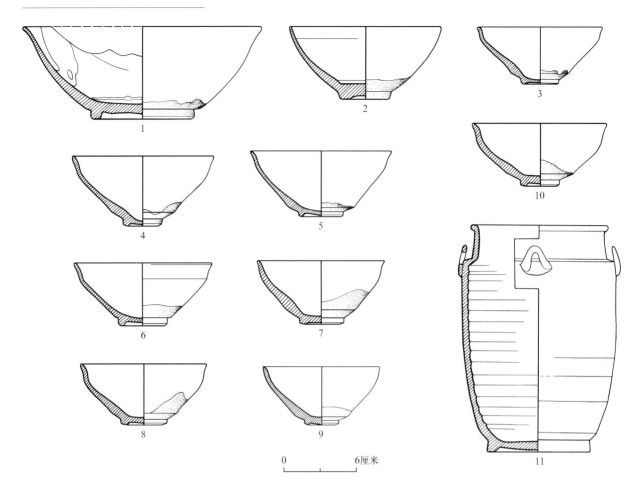

图IV-87　2004HY第3层出土未定窑口黑釉瓷碗、盏、罐

1.碗T1③：117　2.盏T1③：66　3.盏T1③：120　4.盏T1③：121　5.盏T1③：122　6.盏T2③：48　7.盏T4③：10　8.盏T4③：102

9.盏T4③：103　10.盏T5③：6　11.罐T1③：71

浅米色胎，胎质较细。黑色薄釉，局部有酱色铁锈斑，釉面有细碎开片纹。施釉不及底。口径11.4、足径3.6、高5.0厘米。（图IV-87：6；彩版IV-113：2）

标本T4③：10，可复原。敞口微束。灰黑胎，胎骨厚重。黑釉，釉面无光。外壁施釉不及底。口径10.5、足径2.8、高5.1厘米。（图IV-87：7；彩版IV-113：3）

标本T4③：102，可复原。灰胎，胎骨厚重。黑釉，唇口处及外釉边缘有铁锈色晕散。外壁施釉不及底。口径10.4、足径2.8、高4.8厘米。（图IV-87：8；彩版IV-113：4）

标本T4③：103，可复原。口微敞，口沿下方束口不明显，斜直腹，小内底下凹，圈足较浅，足根外侧斜削，外底有鸡心状突起。深灰胎，胎体厚重。黑釉，口沿处呈铁锈色。外壁施釉不及底，有流釉现象。口径12.8、足径2.8、高6.2厘米。（图IV-87：9；彩版IV-113：5）

标本T5③：6，可复原。紫胎，胎体粗厚。黑釉，唇口处呈棕色，釉面布满气孔。外壁施釉不及底。口径11、足径2.4、高5.0厘米。（图IV-87：10；彩版IV-114：1）

罐

标本T1③：71，可复原。唇口，短直颈微束，窄肩，筒形腹，圈足，足底平削，挖足较浅。肩

部下方对称贴塑四系，内壁有明显的拉坯痕迹。米白胎。黑色薄釉，转折处釉面呈铁锈色。内壁颈部以下无釉，外壁施釉不及底。口径11.2、腹径12.7、足径8.4、通高18厘米。（图IV－87：11；彩版IV－114：2）

（三）铜器

铜镜

标本T2③：47，完整器。八曲葵形带柄铜镜，镜背素面，镜面边缘饰一周凸棱，中间有长方形框，印两列十字："湖州真石□念二叔照子"。周身长绿锈，土沁严重。通高20.7、厚0.3～0.6、最大径11.9、柄长9.1厘米。（图IV－88；彩版IV－114：3）

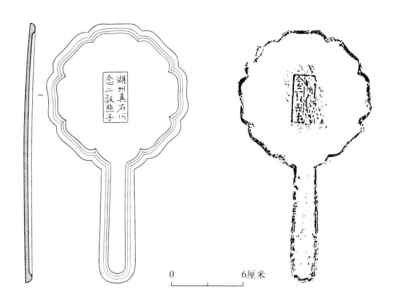

图IV－88　2004HY第3层出土铜镜T2③：47

第五节　第2层出土遗物

包括陶器、瓷器和铜钱三类，以龙泉窑青瓷和青花瓷器为最多。

（一）陶器

主要为筒瓦和瓦当。

1.建筑构件

筒瓦

标本T4②：80，瓦舌残缺，瓦身基本完整。横截面呈半圆形。泥质灰陶，瓦内有布纹。残长32.5、宽15、高8.4、厚1.6厘米。（图IV－89；彩版IV－115：1）

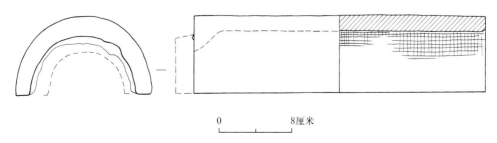

图IV－89　2004HY第2层出土陶筒瓦T4②：80

牡丹纹瓦当

标本T4②：76，当缘局部残缺，当心完整，后接残损筒瓦。泥质灰陶。宽平缘。缘面近当心处饰一周凹弦纹，当心饰珍珠地牡丹纹。凹面有布纹。残长7.8、当径9.0、厚1.5厘米。（图Ⅳ-90：1；彩版Ⅳ-116：1）。

标本T4②：77，当缘局部残缺，当心完整。当径9.1、厚1.3厘米。（图Ⅳ-90：2；彩版Ⅳ-116：2）

标本T4②：78，残件。当径约11.8、厚1.7厘米。（图Ⅳ-90：3；彩版Ⅳ-116：3）

标本T1②：46，残件。当径14.3、厚1.9厘米。（图Ⅳ-91：1；彩版Ⅳ-116：4）

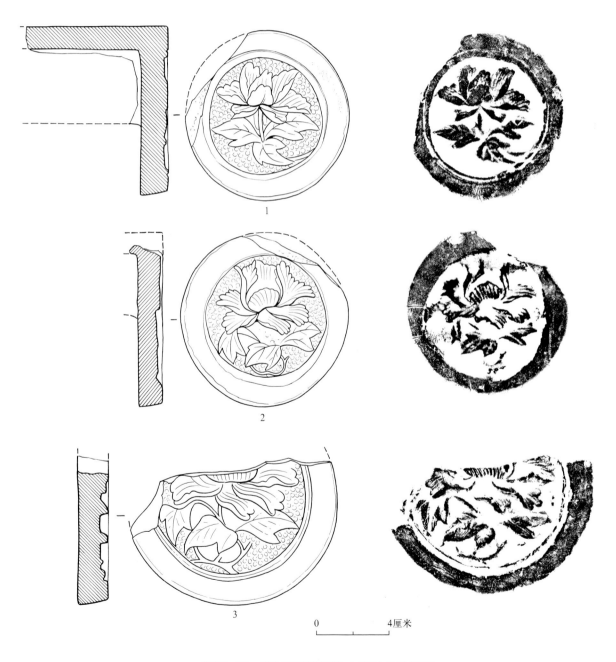

0   4厘米

图Ⅳ-90　2004HY第2层出土陶牡丹纹瓦当
1.T4②：76　2.T4②：77　3.T4②：78

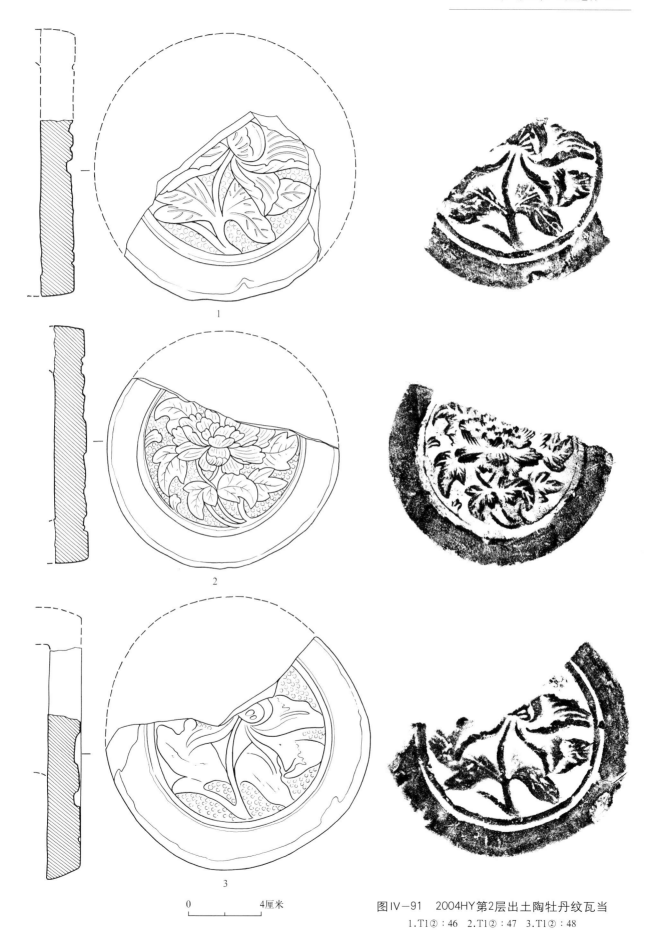

图IV—91　2004HY第2层出土陶牡丹纹瓦当

1.T1②：46　2.T1②：47　3.T1②：48

0　　　　　　4厘米

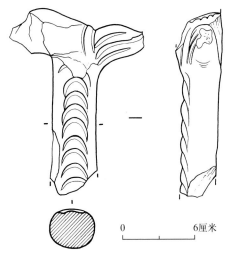

图IV-92 2004HY第2层出土陶
脊兽T4②：5

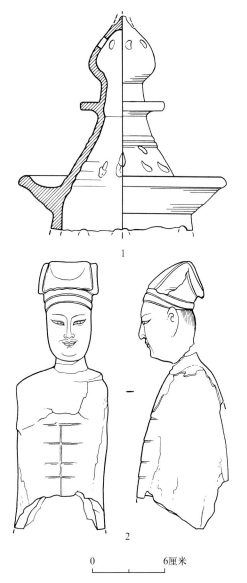

图IV-93 2004HY第2层出土陶器盖、人物塑像
1.器盖T1②：49 2.人物塑像T3②：22

标本T1②：47，残件。当径12.7、厚1.8厘米。（图IV-91：2；彩版IV-116：5）

标本T1②：48，残件。当径13.6、厚1.8厘米。（图IV-91：3；彩版IV-116：6）

脊兽

标本T4②：5，残件。泥质灰陶。残长14.7厘米。（图IV-92；彩版IV-115：2）

2.其他陶器

器盖

标本T1②：49，残件。泥质灰陶。子口，盖沿斜上弧展，盖缘弧曲，呈僧帽形。盖身中空，其腹壁向上斜内收，上接桃形纽，纽下方有圆饼状装饰。盖身与纽均有多处水滴状镂孔。残高17.2厘米。（图IV-93：1；彩版IV-115：3）

人物塑像

标本T3②：22，残件。仅存上半身与头部，四肢残缺。泥质红陶。中空，胎骨分层剥落严重。整体造型为一男子形象，头戴飘飘巾，眉目清秀，鼻梁挺拔，面带微笑。残高21.4厘米。（图IV-93：2；彩版IV-115：4）

（二）瓷器

数量最多。有青瓷、青白瓷、白瓷、卵白釉瓷、黑釉瓷和青花瓷等，所属窑口有南宋官窑、龙泉窑、越窑、景德镇窑、定窑和建窑等，部分瓷器窑口不明。

1.南宋官窑青瓷器

器形有洗、花盆、器盖和炉，均为残片。

洗

标本T4②：74，可复原。尖唇微外侈，腹壁较直，自上而下微内收，内底大而平，略大于足径，大圈足，足底窄小平削，整体造型匀称。灰胎，较为致密，胎骨较薄。釉色灰白，呈乳浊状，局部透粉青，釉面光亮，积釉处釉厚近1毫米。足底无釉露胎呈紫黑色。口径11.7、足径7.5、高3.7厘米。（图IV-94：1；彩版IV-117：1）

花盆

标本T2②：21，底部残片。平底，底心有一圆孔，外底面内小外大两圈支钉痕。灰黄胎，胎质略粗，胎体厚重。粉青色乳浊釉，内外釉厚均在1毫米以上，釉面开冰裂纹。残长16、残宽8.0、厚1.0厘米。（图IV—94：2；彩版IV—117：2）

器盖

标本T4②：75，残片。荷叶形。灰黑胎，胎体轻薄，胎质较细。内外均施厚1毫米左右的粉青乳浊釉，通体有小开片。残高1.4厘米。（图IV—94：3；彩版IV—117：3）

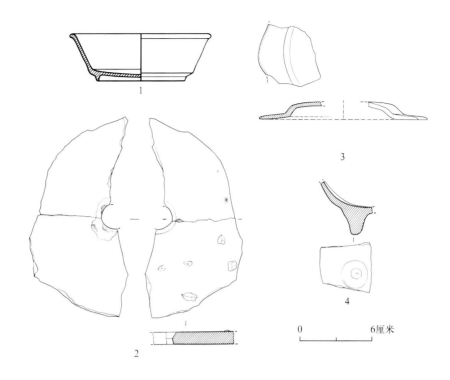

图IV—94 2004HY第2层出土南宋官窑青瓷洗、花盆、器盖、炉
1.洗T4②：74 2.花盆T2②：21 3.器盖T4②：75 4.炉T1②：56

炉

标本T1②：56，炉足残片。曲腹，乳足。灰黑胎，胎质略细。施粉青乳浊釉，内釉较薄，外釉厚，可见明显的多次上釉痕迹，釉面哑光，局部有灰白色晶体状物质聚集。足底无釉露紫黑胎。残高4.2厘米。（图IV—94：4；彩版IV—117：4）

2.龙泉窑青瓷器

数量较多。器形有碗、盘、洗、器盖、炉、罐和渣斗等，以碗和盘为常见。

莲瓣碗

B型

标本T1②：24，可复原。灰胎。灰青釉，外釉局部呈暗青偏黄色。外壁刻双层莲瓣纹，花瓣较宽，瓣脊微挺。外底无釉。口径17.1、足径5.3、高7.0厘米。（图IV—95：1；彩版IV—118：1）

标本T1②：25，可复原。灰白胎，胎体较厚。粉青色乳浊釉，釉层较厚。内底边缘有一周凹弦纹，内底心印有荷花纹，外壁刻双层莲瓣纹。足底与外底无釉。口径16.8、足径4.8、高7.4厘米。（图IV—95：2；彩版IV—118：2）

标本T2②：4，可复原。浅灰胎。淡青绿釉，釉下有细密气泡。外壁刻双层莲瓣纹，瓣脊微挺。足底局部与外底无釉。口径19.5、足径6.0、高7.4厘米。（图IV—95：3；彩版IV—118：3）

标本T4②：30，可复原。灰胎，胎体厚重。灰青釉，局部呈青黄色，釉面光亮，足底与外底无釉。口径18.3、足径6.0、高7.8厘米。（图IV—95：4；彩版IV—118：4）

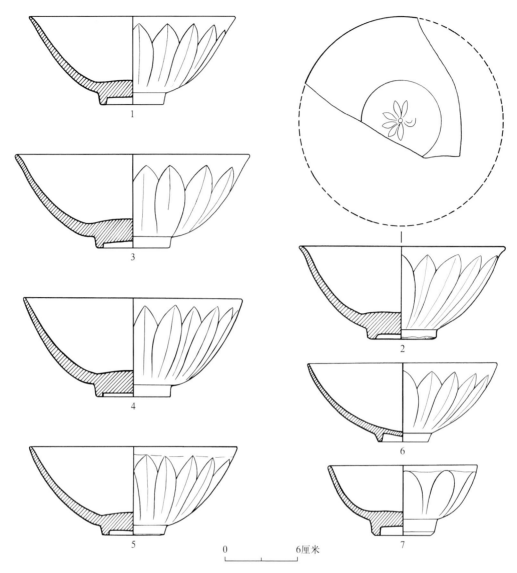

图IV-95　2004HY第2层出土龙泉窑青瓷莲瓣碗

1.B型T1②：24　2.B型T1②：25　3.B型T2②：4　4.B型T4②：30　5.B型T4②：42　6.C型T4②：36　7.D型T1②：26

标本T4②：42，可复原。深灰胎。灰青釉，外釉局部偏黄。内底边缘以及外壁下腹近圈足处各有一周凹弦纹。足底及外底无釉。口径17.2、足径5.2、高7.0厘米。（图IV-95：5；彩版IV-118：5）

C型

标本T4②：36，可复原。灰白胎，胎骨轻薄。粉青偏绿釉，釉层较厚，釉面有大开片，瓣脊处透胎色。足底无釉，局部呈朱红色。口径15.5、足径4.0、高6.2厘米。（图IV-95：6；彩版IV-118：6）

D型

标本T1②：26，可复原。圈足较高，足壁较厚，足底平削，足根外侧斜削。灰胎，胎体厚重。青绿色透明釉，釉面有小开片。内底印纹模糊，外壁刻单层莲瓣纹，瓣面宽平，瓣尖圆润。圈足下方与外底无釉露朱红胎。口径12.2、足径4.6、高5.6厘米。（图IV-95：

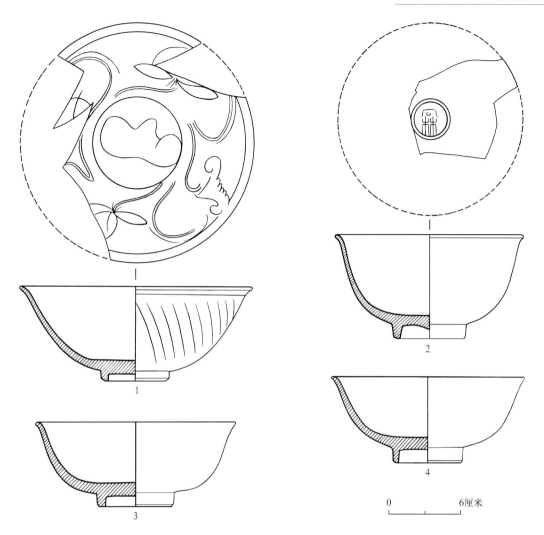

图Ⅳ-96 2004HY第2层出土龙泉窑青瓷侈口碗
1.B型T1②：57 2.C型T1②：61 3.C型T4②：25 4.C型T4②：32

7；彩版Ⅳ-119：1)

侈口碗

B型

标本T1②：57，可复原。灰胎。淡青绿釉，釉层较薄，外壁局部有积釉现象。内腹壁刻划两朵曲茎荷花以及单片侧立荷叶，内底饰单片荷叶，外壁刻划折扇纹，内底边缘、近口沿处的内外壁各有一周凹弦纹。外底无釉。口径19.1、足径4.9、高7.5厘米。（图Ⅳ-96：1；彩版Ⅳ-119：2)

C型

标本T1②：61，可复原。圈足较高，挖足较深，足壁厚。灰胎，胎体厚重。青绿釉，釉层厚，釉面光亮，釉下有细密气泡，足底满釉。内底心有一圆形双框文字印章。外底刮釉露土红胎。口径15.5、足径5.8、高8.3厘米。（图Ⅳ-96：2；彩版Ⅳ-119：3)

标本T4②：25，可复原。灰胎。暗青偏黄釉。内底心有一直径5.6厘米的圆形涩胎面，外底无釉露土黄胎。口径16.5、足径5.8、高6.7厘米。（图Ⅳ-96：3；彩版Ⅳ-120：1)

标本T4②：32，可复原。灰黑胎。釉色暗青偏灰，通体有斜向开片，外底无釉。口径

16、足径5.6、高6.8厘米。（图Ⅳ-96：4；彩版Ⅳ-120：3）

敞口碗

B型

标本T2②：3，可复原。深灰胎。淡青绿釉，口沿外侧有积釉现象。内腹壁残存刻划的侧立荷叶纹，并填以篦纹，内底刻划单片侧覆荷叶纹，并填以篦纹，内底边缘有一周凹弦纹。足底与外底无釉。口径15.6、足径4.9、高6.6厘米。（图Ⅳ-97：1；彩版Ⅳ-120：2）

标本T2②：5，可复原。深灰胎。暗青偏黄釉。内腹壁残存刻划的侧立荷叶一片，外壁素面，内底边缘、内壁近口沿处以及外壁下腹近圈足处各有一周凹弦纹。足底与外底无釉。口径15.2、足径5.2、高6.6厘米。（图Ⅳ-97：2；彩版Ⅳ-121：1）

花口碗

A型

标本T3②：11，可复原。小圈足，挖足较浅。灰白胎。粉青釉，釉面光亮。口沿处刻出浅凹口，内腹壁沿凹口下方用坯泥绘一道纵向直线勾勒出花瓣轮廓，内底边缘有一周凹弦纹。内底面有方框文字刻款，已残。外底无釉，足底局部露胎呈土黄色。口径12.8、足

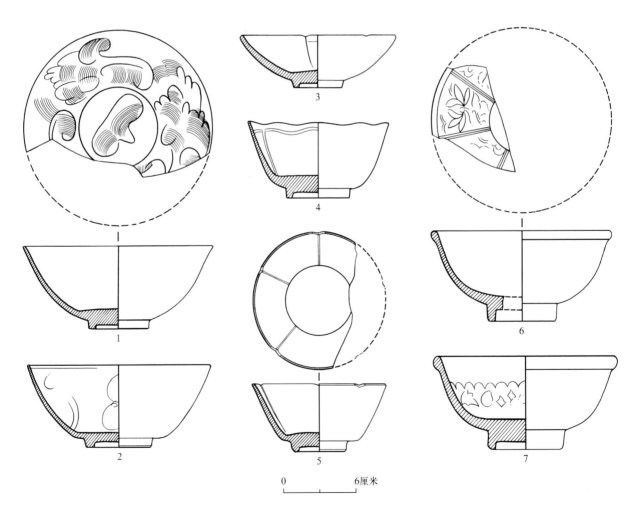

图Ⅳ-97　2004HY第2层出土龙泉窑青瓷碗

1.敞口碗B型T2②：3　2.敞口碗B型T2②：5　3.花口碗A型T3②：11　4.花口碗C型T1②：23　5.花口碗C型T2②：7　6.唇口碗T4②：22　7.唇口碗T4②：24

径4.0、高4.2厘米。（图Ⅳ-97：3；彩版Ⅳ-121:2）

C型

标本T1②：23，可复原。圈足，足底平削，挖足较浅。灰胎，胎骨略显厚重。青绿釉，釉层薄透。内底边缘有一周凹弦纹，整体造型呈一朵盛开的荷花，花瓣上缘中间微凹，沿花口下方刻划双线"S"形纹将内腹壁分区。足底与外底无釉。足根处有一宽2厘米的带釉缺口。口径11.6、足径5.1、高6.0厘米。（图Ⅳ-97：4；彩版Ⅳ-122：1）

标本T2②：7，可复原。浅灰胎。粉青釉，透明晶莹，釉内有细小气泡。口沿处刻浅凹口，内腹壁沿凹口下方用坯泥绘一道纵向直线勾勒花瓣轮廓，内底边缘有一周凹弦纹，外壁腹足之间有凹槽。外底有墨书记号。足底局部与外底无釉，露土黄胎，局部呈铁锈色。口径11、足径4.2、高5.4厘米。（图Ⅳ-97：5；彩版Ⅳ-121：3）

唇口碗

标本T4②：22，可复原。敞口，圈足较高。灰胎，胎骨厚重。淡青绿厚釉，乳浊失透，满布开片。内底边缘有一周凸弦纹，内腹壁胎面以多条纵向凸弦纹分区，各区内模印荷花纹。圈足满釉，底部残缺。口径14.4、足径5.4、高7.2厘米。（图Ⅳ-97：6；彩版Ⅳ-122：2）

标本T4②：24，可复原。深灰胎，胎体厚重。青黄釉，釉层厚，釉面光亮，通体开冰裂纹。内腹壁模印一周单线水波纹，其下模印一周花纹，花纹难辨。足底积厚釉，外底无釉露土黄胎。口径14.6、足径5.5、高7.4厘米。（图Ⅳ-97：7；彩版Ⅳ-122：3）

莲瓣盘

A型

标本T3②：14，可复原。浅灰胎。淡青绿釉。内底划花残损严重，外腹壁刻单层莲瓣纹，并划密集篦纹，花瓣略瘦，瓣面较平。外底无釉。口径15.2、足径8.0、高3.8厘米。（图Ⅳ-98：1；彩版Ⅳ-123：1）

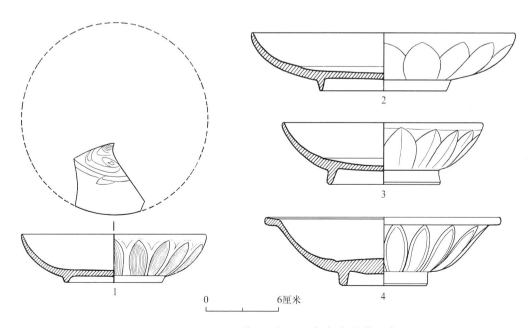

图Ⅳ-98　2004HY第2层出土龙泉窑青瓷莲瓣盘

1.A型T3②：14　2.A型T4②：34　3.A型T4②：38　4.C型T1②：59

标本T4②：34，可复原。灰胎。釉色青绿，局部偏黄，釉层较厚。内底边缘有一周凹弦纹，外壁刻双层莲瓣纹，花瓣肥大，瓣脊微挺。足底无釉。口径21.9、足径10.6、高4.6厘米。（图Ⅳ-98：2；彩版Ⅳ-123：2）

标本T4②：38，可复原。口沿处有镶扣痕迹。灰胎。通体施青灰釉，局部釉面有气泡现象，足根内外刮釉。口径16.8、足径9.2、高4.9厘米。（图Ⅳ-98：3；彩版Ⅳ-123：3）

C型

标本T1②：59，可复原。灰胎，胎体厚重。淡青绿釉，釉层较厚，釉面开片。内底边缘有一周凸弦纹，内底印花残，外壁刻划双线勾勒单层莲瓣纹，花瓣略瘦，瓣面平。足底与外底无釉，露胎处呈火石红。口径19.6、足径7.0、高5.4厘米。（图Ⅳ-98：4；彩版Ⅳ-123：4）

敞口盘

C型

标本T4②：29，可复原。灰胎。淡青色透明釉，釉厚处显青绿色。内底边缘有一周凹弦纹，内壁近口沿处刻划并列两周细线凹弦纹，内壁与内底刻划带曲茎的荷花与侧覆的荷叶。口径16、足径5.2、高4.0厘米。（图Ⅳ-99：1；彩版Ⅳ-123：5）

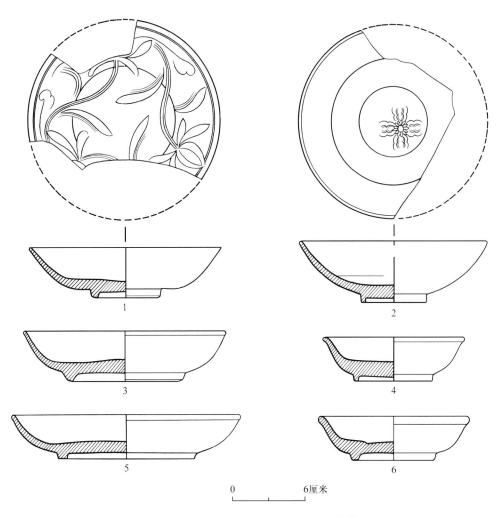

图Ⅳ-99　2004HY第2层出土龙泉窑青瓷敞口盘
1.C型T4②：29　2.C型T4②：79　3.D型T1②：9　4.D型T1②：29　5.D型T4②：39　6.D型T4②：49

标本T4②：79，可复原。灰胎，胎体粗厚。淡青釉，欠透明，釉面略带光泽，口沿内侧积釉略厚。内底有一圆形涩胎面，模印一太阳状花纹，印纹偏离底心，内壁中腹有一周细浅凹弦纹。足底与外底无釉，露胎处成土红色。口径15.4、足径4.4、高4.9厘米。（图Ⅳ-99：2；彩版Ⅳ-124：1）

D型

标本T1②：9，可复原。敞口，唇口。深灰胎。青黄釉，满布较大开片，局部有气孔。内底边缘有一周弦纹，内底心印花模糊难辨。外底刮釉一周，涩胎处呈棕红色，并有垫圈痕迹。口径16.8、足径8.6、高4.0厘米。（图Ⅳ-99：3；彩版Ⅳ-124：3）

标本T1②：29，可复原。灰胎，胎骨厚重。釉色淡青，釉层较厚。内底中央有一圆形无釉面，足底与外底无釉，露胎处呈灰黄色。口径11.6、足径6.4、高3.5厘米。（图Ⅳ-99：4；彩版Ⅳ-125：1）

标本T4②：39，可复原。灰胎。淡青绿釉，光亮透明。外底刮釉，露胎处呈土黄色，有垫圈痕迹。口径19、足径11.2、高3.5厘米。（图Ⅳ-99：5；彩版Ⅳ-124：2）

标本T4②：49，可复原。灰胎，胎骨厚重。釉色淡青，釉层较厚。内底有一周宽带涩圈，圈足满釉，外底无釉，露胎处呈灰黄色。口径12、足径6.8、高3.5厘米。（图Ⅳ-99：6；彩版Ⅳ-125：2）

侈口盘

A型

标本T1②：28，可复原。灰白胎。淡青色釉，满布开片。内壁近口沿处及内底各划一周凹弦纹，内底心刻划首尾相接双鱼纹，线条简单。足底与外底无釉。口径16.4、足径5.6、高3.4厘米。（图Ⅳ-100：1；彩版Ⅳ-126：1）

标本T2②：8，可复原。浅灰胎。淡青偏绿釉。内底心刻划单片荷叶纹，周围及内腹壁刻划荷花及侧立荷叶纹，花纹间填满篦纹，外壁刻划折扇纹，口沿内外侧、内底心边缘、外壁下腹处各有一周凹弦纹。足底及外底无釉。口径19.4、足径5.8、高4.3厘米。（图Ⅳ-100：2；彩版Ⅳ-126：2）

标本T2②：9，可复原。灰胎，胎体粗厚。釉色青绿。内壁划花，近口沿处饰一周浅线凹弦纹，外壁划稀疏肥大的莲瓣纹，口沿处饰数道折线弦纹。外底无釉，露土红色胎。口径17.6、足径6.4、高4.0厘米。（图Ⅳ-100：3；彩版Ⅳ-127：1）

B型

标本T1②：21，可复原。深灰胎，胎体粗厚。釉色青黄。内底边缘有一周凹弦纹。外底无釉。口径14.8、足径7.0、高3.9厘米。（图Ⅳ-100：4；彩版Ⅳ-127：2）

标本T1②：54，可复原。灰白胎，胎骨厚重。釉色淡青，乳浊失透。外底面刮釉露土黄胎。口径14.4、足径7.6、高4.0厘米。（图Ⅳ-100：5；彩版Ⅳ-127：3）

C型

标本T4②：40，可复原。花口。灰白胎。青绿釉，通体满布开片。内腹壁刻斜向水波纹，内底刻菊花纹，均为减地阳纹。足底与外底无釉，露胎处呈土红色。口径20.4、足径

0　　　6厘米

图Ⅳ-100　2004HY第2层出土龙泉窑青瓷盘

1.侈口盘A型T1②：28　2.侈口盘A型T2②：8　3.侈口盘A型T2②：9　4.侈口盘B型T1②：21　5.侈口盘B型T1②：54　6.侈口盘C型T4②：47　7.折沿盘T4②：44　8.侈口盘C型T4②：40

10.5、高3.7厘米。（图Ⅳ—100：8；彩版Ⅳ—127：5）

标本T4②：47，可复原。灰胎。暗青偏黄釉。内腹壁刻划弧线弦纹夹篦纹。内底边缘有一周凹弦纹，内底中间有一直径4.2厘米的圆形涩胎面。外底无釉。口径11.6、足径4.2、高2.7厘米。（图Ⅳ—100：6；彩版Ⅳ—127：4）

折沿盘

标本T4②：44，可复原。沿面上卷。灰胎。青灰釉，局部釉色偏黄，足底无釉。口径14、足径5.2、高3.7厘米。（图Ⅳ—100：7；彩版Ⅳ—128：1）

盏

标本T3②：10，可复原。敞口，曲腹，圈足，足底平削，挖足较浅。灰胎。粉青色透明釉，釉内有较多小气泡。外底无釉露红褐胎。口径10.4、足径3.2、高4.4厘米。（图Ⅳ—101：1；彩版Ⅳ—128：2）

敞口洗

标本T3②：12，可复原。浅灰胎。釉色粉青。内底刻划花卉纹，外腹壁中部饰一道凸弦纹。外底刮一圈釉，露胎处呈土红色。口径11.2、足径6.9、高3.5厘米。（图Ⅳ—101：4；彩版Ⅳ—128：5）

侈口洗

标本T1②：30，可复原。灰白胎。暗青绿釉，釉厚而滋润，口沿处隐透胎色。足底无釉。口径13.2、足径7.3、高4.8厘米。（图Ⅳ—101：2；彩版Ⅳ—128：3）

标本T4②：48，可复原。灰白胎。青绿釉，釉厚而滋润，口沿处隐透胎色。足底无釉。口径12.9、足径6.6、高4.2厘米。（图Ⅳ—101：3；彩版Ⅳ—128：4）

蔗段洗

标本T1②：58，可复原。灰白胎。粉青釉。外壁模印成蔗段状，内壁有多个连续瓦状

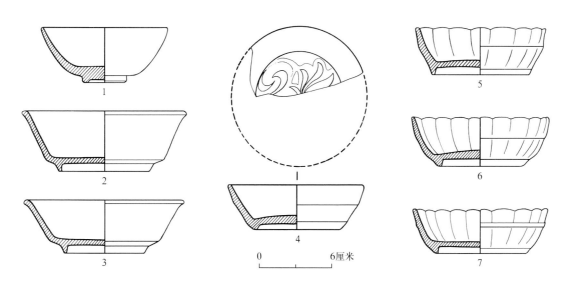

图Ⅳ—101　2004HY第2层出土龙泉窑青瓷盏、洗

1.盏T3②：10　2.侈口洗T1②：30　3.侈口洗T4②：48　4.敞口洗T3②：12　5.蔗段洗T1②：58　6.蔗段洗T2②：11
7.蔗段洗T2②：12

凹面。外底刮釉一周，露胎处呈土红色。口径10.8、足径8.1、高3.7厘米。（图Ⅳ-101：
5；彩版Ⅳ-129：1）

标本T2②：11，可复原。灰白胎。粉青釉，釉面有开片与冰裂纹。外底刮釉一周，露
胎处呈土红色。口径11.4、足径6.4、高3.9厘米。（图Ⅳ-101：6；彩版Ⅳ-129：2）

标本T2②：12，可复原。灰白胎。粉青偏绿釉。口径11.3、足径7.2、高3.5厘米。
（图Ⅳ-101：7；彩版Ⅳ-129：3）

器盖

标本T1②：60，可复原。母口，直壁，阶梯状盖顶，平顶微弧凸。灰胎。灰青釉，
外釉较厚，内釉较薄。顶面残存荷花纹。盖沿内侧无釉。口径8.4、高1.7厘米。（图
Ⅳ-102：1；彩版Ⅳ-129：4）

标本T1②：40，可复原。子口微敛，宽平沿，盖身浅平，微向上弧，顶心微下凹。
盖纽残。灰胎。粉青色釉。盖内无釉，内顶有流釉现象。口径8.4、盖径11.2、残高2.0厘
米。（图Ⅳ-102：2；彩版Ⅳ-129：5）

标本T4②：58，可复原。子口，盖沿作四曲荷叶状，盖身向上弧内收，盖顶平。浅灰
胎。淡青绿色釉，盖沿与盖顶有褐色点彩。盖内沿和子口外壁无釉。口径3.4、盖径7.0、
高2.0厘米。（图Ⅳ-102：3；彩版Ⅳ-129：6）

樽式炉

标本T4②：57，可复原。平唇，内折沿，直腹微斜，外底向下微弧，腹底转折处贴塑
三只蹄形矮足。浅灰胎。粉青色釉，内壁施釉不及底。外腹壁装饰五道平行弦纹。足底无
釉。口径13、底径11.6、高6.9厘米。（图Ⅳ-102：4；彩版Ⅳ-130：1）

盖罐

标本T4②：56，基本完整，仅盖沿有一磕痕。浅灰胎，器形小巧，胎体厚重。淡青绿

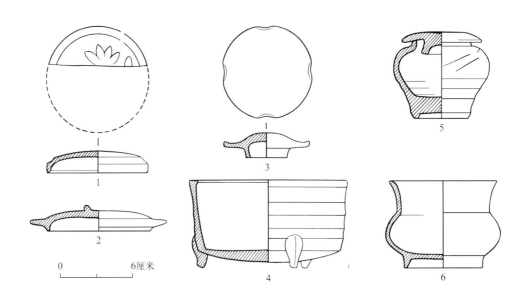

图Ⅳ-102　2004HY第2层出土龙泉窑青瓷器盖、炉、罐、渣斗
1.器盖T1②：60　2.器盖T1②：40　3.器盖T4②：58　4.樽式炉T4②：57　5.盖罐T4②：56　6.渣斗T4②：35

釉，釉面有小开片。盖呈蘑菇状，子口，口壁厚且外撇，宽沿向上斜内收，盖顶平凹，盖面单线刻划花卉一朵，单层五片花瓣绕盖顶均匀分布。罐身为直口，短颈，上腹圆鼓，下腹斜向内弧收，最大直径在上腹部，隐圈足，足底平削，足根外侧斜平削，上腹壁有简单的弧线刻划纹，中下腹壁饰多道弦纹。盖内、罐沿、足底与外底无釉，露胎处呈土红色。通高6.9、盖口径3.0、盖径6.5、高1.8厘米；罐口径4.8、腹径7.8、足径4.4、高6.2厘米。（图Ⅳ-102：5）

渣斗

标本T4②：35，可复原。喇叭口，束颈，扁圆腹，圈足，足底平削。浅灰胎，胎骨轻盈。粉青釉，釉质滋润，口沿内侧有流釉现象。足底无釉。外壁局部有土沁。口径8.8、腹径9.4、足径6.4、高7.0厘米。（图Ⅳ-102：6；彩版Ⅳ-130：2）

3.越窑青瓷器

狮形塑像

标本T1②：55，面部及底座残缺。灰胎，胎质细腻，胎壁较厚。中空。外壁施青绿釉，釉层薄透，釉面较为光亮。整体呈蹲踞状，抬头平视前方，呲牙吐舌，脑后披浓密鬃毛，胡须微卷，颈项系一铃铛，长尾卷曲上扬。狮身均匀刻划短线纹，四肢关节处刻划螺旋纹。残高8.0厘米。（图Ⅳ-103；彩版Ⅳ-130：3）

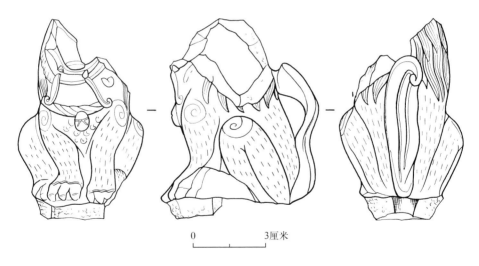

0　　　　　3厘米

图Ⅳ-103　2004HY第2层出土越窑青瓷狮形塑像T1②：55

4.未定窑口青瓷器

器形有碗、盘、盏、碟和盆等。

敛口碗

标本T1②：22，可复原。灰胎，胎壁较薄。黄褐色薄釉，釉面无光。内腹壁近底处划一周凹弦纹，并绕其以弧线刻划三片花瓣，瓣面装饰篦纹，花瓣上缘划一周细浅凹弦纹。外壁刻划简化的折扇纹与弦纹。施釉不及底，露胎处呈土红色。外壁近底处有轮修痕，内底心粘黏泥条痕。口径15.6、足径4.8、高6.8厘米。（图Ⅳ-104：1；彩版Ⅳ-130：4）

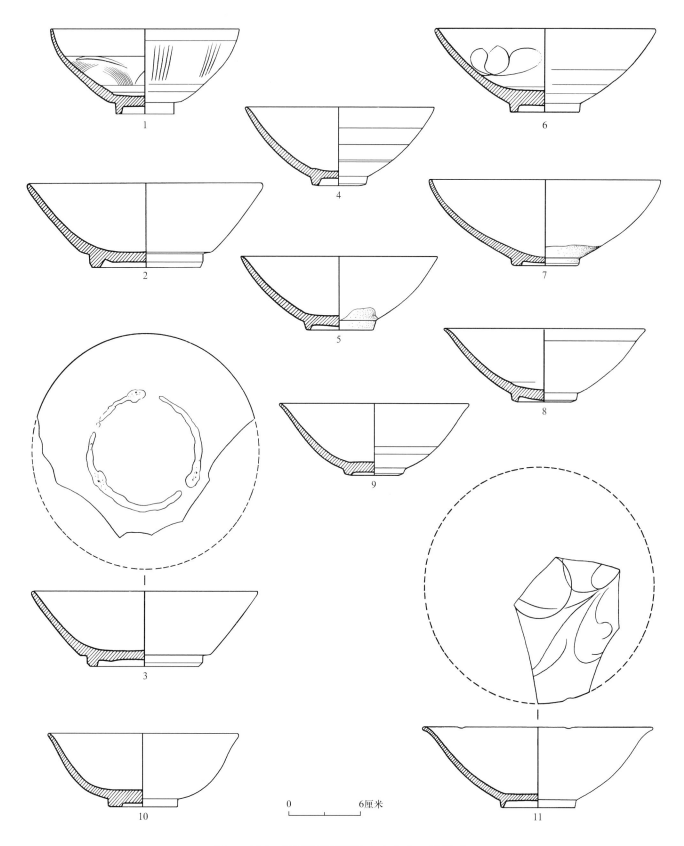

图IV-104　2004HY第2层出土未定窑口青瓷碗

1.敛口碗T1②：22　　2.敞口碗A型T1②：44　　3.敞口碗A型T1②：45　　4.敞口碗B型T1②：38　　5.敞口碗B型T4②：68　　6.敞口碗B型
T5②：1　7.敞口碗C型T3②：26　8.侈口碗A型T1②：36　9.侈口碗A型T1②：37　　10.侈口碗C型T4②：50　　11.侈口碗A型T2②：13

敞口碗

A型

标本T1②：44，可复原。褐胎，胎体粗厚。青褐色薄釉，暗哑无光，釉面有大面积的灰白色点聚集。外壁施釉不及底，露胎处呈灰紫色。内底有残存的灰白色泥条装烧痕。口径19.2、足径9.0、高6.7厘米。（图IV－104：2；彩版IV－130：5）

标本T1②：45，可复原。褐胎，胎体粗厚。青褐色薄釉，哑光，釉面局部有灰白点和蓝色窑变斑。外壁施釉不及底，露胎处呈紫红色，外腹局部可见在青褐釉下方还施有一层透明薄釉。内壁底腹之间、足底均有残存的灰白色泥条痕。口径18.6、足径9.1、高6.0厘米。（图IV－104：3；彩版IV－130：6）

B型

标本T1②：38，可复原。深灰胎，外腹壁修坯痕迹明显。灰偏青透明薄釉，釉面光亮。外壁施釉不及底。口径15.6、足径3.6、高6.3厘米。（图IV－104：4；彩版IV－131：1）

标本T4②：68，可复原。灰白胎。釉色白中泛青，呈乳浊状，外壁有垂釉现象。施釉不及底。口径16.4、足径5.6、高5.9厘米。（图IV－104：5；彩版IV－131：2）

标本T5②：1，可复原。灰褐胎，胎体较为轻薄。薄青黄釉，釉层剥落现象严重。内腹壁刻划简易荷花纹。外壁施釉不及底。口径18、足径5.6、高6.6厘米。（图IV－104：6；彩版IV－131：3）

C型

标本T3②：26，可复原。灰胎，胎骨略显粗厚。淡青黄透明釉，釉面光亮。外壁施釉不及底。口径19、足径4.8、高7.0厘米。（图IV－104：7；彩版IV－131：4）

侈口碗

A型

标本T1②：36，可复原。尖唇，圈足较小，足底向外侧斜削，外底有鸡心状突起。灰白胎。釉色米白微泛青，釉层较薄，半透明，釉面光亮，有流釉现象。外壁施釉不及底。口径16.5、足径4.4、高5.8厘米。（图IV－104：8；彩版IV－131：5）

标本T1②：37，可复原。敞口微外撇，斜腹微曲，内底小而平，圈足较小，足底向外侧斜削。浅灰胎。淡青偏黄釉，釉层薄透光亮。内底边缘有一周凹弦纹，外壁下腹刻划两周平行凹弦纹。外底无釉。口径15.6、足径3.8、高5.7厘米。（图IV－104：9；彩版IV－131：6）

标本T2②：13，可复原。花口。灰胎。淡青黄透明薄釉，釉面光亮，外壁有垂釉现象。内腹壁刻划简易的花叶纹。圈足内侧与外底无釉。口径19、足径6.0、高6.4厘米。（图IV－104：11；彩版IV－132：1）

C型

标本T4②：50，可复原。灰胎，胎体粗厚。淡青釉，呈乳浊状，内底凹弦纹处缩釉，足壁外侧流釉现象。内底边缘有一周凹弦纹。足底与外底无釉，足底残存两个泥点痕。口径15.9、足径5.7、高5.8厘米。（图IV－104：10；彩版IV－131：7）

侈口曲腹盘

标本T1②：53，可复原。小圈足，足底平削。灰胎。青黄色透明釉，玻璃感强，开片大小不一。内底边缘有一周凹弦纹，底面刻划简化的单张舒展荷叶纹，叶面划篦纹。施釉不及底。口径13.4、足径4.2、高3.9厘米。（图Ⅳ-105：1；彩版Ⅳ-132：2）

敞口曲腹盘

标本T1②：43，可复原。圆唇微敛，曲腹，浅圈足，足根外侧斜削，外底旋削不平整。黑胎，胎体粗厚。茶叶末釉色，沿内底窑具痕外侧的釉面有蓝色乳浊晕散，外壁施釉不及底，露紫胎。内底与圈足各有一周灰白色泥条痕。口径13.7、足径6、高3.7厘米。（图Ⅳ-105：2；彩版Ⅳ-132：3）

标本T2②：10，可复原。圈足较小。灰胎。青黄釉，釉层薄透光亮，通体有细碎开片。内壁底腹之间有一道凹弦纹，内底面刻划简笔荷叶纹。外壁施釉不及底，足底露胎处局部呈朱红色。口径12、足径5.4、高3.2厘米。（图Ⅳ-105：3；彩版Ⅳ-132：4）

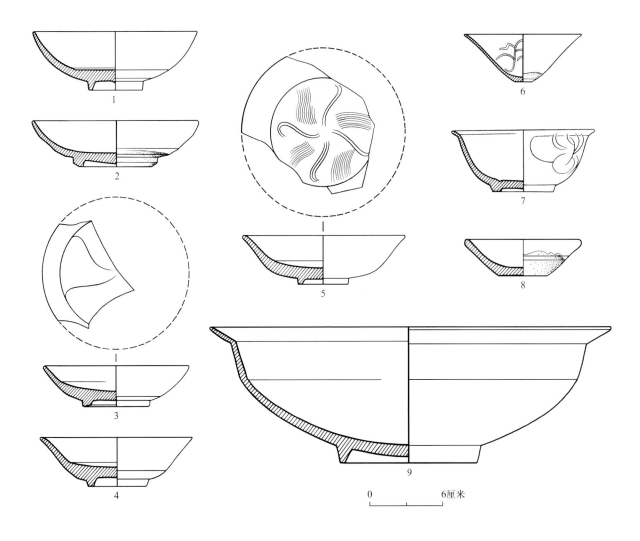

图Ⅳ-105　2004HY第2层出土未定窑口青瓷盘、盏、碟、盆

1.侈口曲腹盘T1②：53　2.敞口曲腹盘T1②：43　3.敞口曲腹盘T2②：10　4.敞口曲腹盘T4②：54　5.敞口曲腹盘T4②：53　6.斜腹盏T5②：2　7.曲腹盏T4②：73　8.平底碟T4②：69　9.折沿盆T1②：42

标本T4②：54，可复原。敞口，曲腹，内底大而平，圈足，外底心有鸡心状突起。内底边缘有一周凹弦纹。灰胎。薄施青褐色玻璃釉，开片细碎，外壁施釉不及底。口径12.6、足径4.8、高3.9厘米。（图Ⅳ−105：4；彩版Ⅳ−133：1）

标本T4②：53，可复原。灰胎。施青黄色透明釉，满布大小不一开片，足与外底无釉。口径13.6、足径4.4、高4.6厘米。（图Ⅳ−105：5；彩版Ⅳ−133：2）

斜腹盏

标本T5②：2，可复原。敞口，小饼足，足底微内凹，足壁外侧斜削。灰胎。青黄釉。内腹壁刻划弧线花纹。施釉不及底。口径9.6、足径1.3、高3.7厘米。（图Ⅳ−105：6；彩版Ⅳ−133：3）

曲腹盏

标本T4②：73，可复原。侈口，圈足。灰胎。青黄釉，釉层较薄，釉面较光亮，外壁刻划简笔团花纹。外底残存灰白色泥条痕。口径11.6、足径5.0、高4.8厘米。（图Ⅳ−105：7；彩版Ⅳ−133：4）

平底碟

标本T4②：69，可复原。芒口，敞口，斜直腹。灰白胎。釉色青白，欠透明。外腹壁划两周平行凹弦纹。外壁施釉不及底。口径9.2、底径4.0、高2.9厘米。（图Ⅳ−105：8；彩版Ⅳ−133：5）

折沿盆

标本T1②：42，可复原。宽折沿，折腹，上腹竖直，下腹斜收，内底弧凹，圈足，足底平削。白胎，胎骨厚重。灰白闪青釉，釉层极薄，开片细碎。外壁施釉不及底，露胎处局部呈土黄色，内底残存六个长方形支钉痕。口径32.9、足径11.2、高10.8厘米。（图Ⅳ−105：9；彩版Ⅳ−133：6）

5.景德镇窑青白瓷器

器形有盘、盒、杯和瓷塑。

平底盘

标本T4②：60，可复原。敞口，芒口，有镶釦痕迹，浅腹，腹壁斜直，大平底向上弧凸。白胎，胎质细腻，胎壁薄微透光。釉色白中闪青，积釉处微泛青，外底未施满釉。口径14、底径9.6、高2.2厘米。（图Ⅳ−106：1；彩版Ⅳ−134：1）

折沿盘

标本T1②：34，可复原。敞口，饼足微上凹。胎细白。釉色青白，釉面光亮。内底边缘及外壁折沿下方各有一周凹弦纹。足底无釉。口径12.4、足径3.6、高3.7厘米（图Ⅳ−106：2；彩版Ⅳ−134：2）

折腹盘

标本T3②：17，可复原。侈口，挖足较深，足底平削。白胎，胎骨较厚重。青白釉，口沿两侧有积釉现象，釉厚处呈湖绿色，通体有小开片。内壁腹部近底处有一周凹弦纹，外壁上腹处隐约可见釉下有数周凸弦纹。足底与外底无釉。口径19.6、足径8.4、高4.6厘

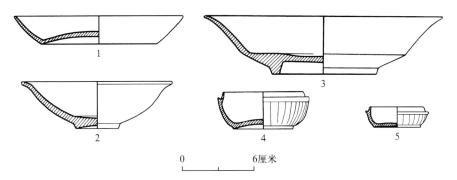

图IV—106　2004HY第2层出土景德镇窑青白瓷盘、盒

1.平底盘T4②：60　2.折沿盘T1②：34　3.折腹盘T3②：17　4.盒T2②：17　5.盒T2②：19

米。（图IV—106：3；彩版IV—134：3）

盒

标本T2②：17，可复原。盒盖缺失。子口，窄斜沿，曲腹，平底内凹。胎细白。釉色青白，积釉处泛青，釉层薄透光亮，内底釉面有较多开片。外腹壁模印菊瓣纹，上缘饰一周凸弦纹。口沿外侧无釉，外壁施釉不及底。口径6.6、腹径7.5、底径4.8、高2.9厘米。（图IV—106：4；彩版IV—134：4）

标本T2②：19，子口稍残。窄平沿，浅曲腹斜收，平底。胎细白。釉色青白，积釉处泛青。外腹壁模印菊瓣纹，近沿处有一周凸弦纹。口沿、外壁下腹及外底无釉。口径4.4、腹径5.2、底径3.9、高1.6厘米。（图IV—106：5；彩版IV—134：5）

狮形塑像

标本T4②：61，仅存头颈局部。胎细白。中空。釉色白中闪青，釉面亮泽，积釉处呈弧绿色，釉下有细密气泡，眼珠点褐彩，内壁无釉。头部侧向上仰，卷耳，竖眉瞠目，眉脊与眼珠外凸，呲牙，面目狰狞，颈项系一铃铛，毛发微卷。残高6.8厘米。（图IV—107；彩版IV—134：6）

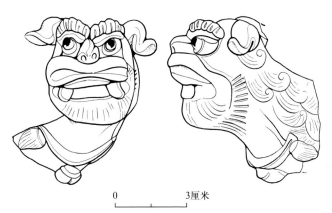

图IV—107　2004HY第2层出土景德镇窑青白瓷
狮形塑像T4②：61

6.未定窑口青白瓷器

器形有盘、杯、盒和器盖。

盒

标本T2②：18，盒盖缺失，盒身完整。子口，窄斜沿，浅腹斜收，平底。粗灰胎。釉色青白。外腹壁模印菊瓣纹，近沿处有一周凸弦纹。口沿、外壁下腹及外底无釉。口径3.8、腹径4.6、底径3.4、高1.5厘米。（图Ⅳ-108：1；彩版Ⅳ-135：1）

子口器盖

标本T2②：20，稍残。子口微敛，盖沿斜直，盖身弧鼓，顶心有一圆形纽状突起。胎细白。釉色青白，积釉处呈湖绿色。盖身模印放射性菊瓣纹，沿面饰一周凸弦纹。口径4.8、盖径6.6、高1.4厘米。（图Ⅳ-108：2；彩版Ⅳ-135：2）

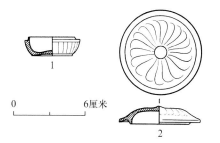

图Ⅳ-108　2004HY第2层出土未定窑口
青白瓷盒、器盖
1.盒T2②：18　2.子口器盖T2②：20

7.定窑白瓷器

器形有碗和盘。

碗

标本T1②：31，可复原。敞口，芒口，深垂腹，圈足略高。白胎，胎骨轻薄。象牙白薄釉，外壁有流釉现象，积釉处成黄色泪痕状。内底边缘有一周凹弦纹。口径16.3、足径6.1、高7.6厘米。（图Ⅳ-109：1；彩版Ⅳ-135：3）

标本T4②：70，可复原。敞口，芒口，斜曲腹，内底小而平，圈足。白胎，胎骨轻薄。牙白色薄

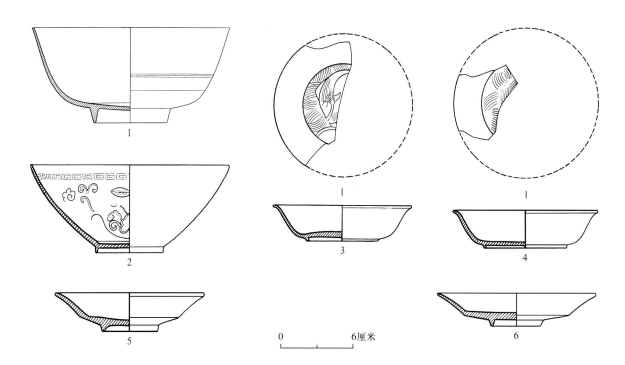

图Ⅳ-109　2004HY第2层出土定窑及霍州窑白瓷碗、盘
1.定窑白瓷碗T1②：31　2.定窑白瓷碗T4②：70　3.定窑白瓷盘T3②：15　4.定窑白瓷盘T3②：19　5.定窑白瓷盘T3②：16
6.霍州窑白瓷折腹盘T4②：62

釉，因土沁严重，釉面无光，外底局部无釉。内壁模印花纹，模糊不清，内壁近口沿处有一周回纹。口径16.4、足径5.6、高7.0厘米。（图IV-109：2；彩版IV-135：4）

盘

标本T3②：15，可复原。侈口，芒口，垂腹，矮圈足较大。白胎，胎质细腻，胎骨轻薄。牙白釉，釉层薄透光亮。内底边缘有一周凹弦纹，底心残存刻划卷尾鱼纹一条，鱼身及其周围饰以刻划篦纹。口径11.4、足径5.8、高2.8厘米。（图IV-109：3；彩版IV-136：1）

标本T3②：19，可复原。底心残存刻划篦纹。白胎，胎质细腻，胎骨轻薄。牙白釉，釉层薄透光亮。口径12、足径6.8、高3.0厘米。（图IV-109：4；彩版IV-136：2）

标本T3②：16，可复原。白胎，胎壁略厚。釉色白中微微透青黄，釉层光亮薄透，通体有细碎开片，口沿外侧有积釉现象。足底与外底无釉。口径12.4、足径4.6、高3.0厘米。（图IV-109：5；彩版IV-136：3）

8.霍州窑白瓷器

折腹盘

标本T4②：62，可复原。灰白胎，胎质细腻，胎骨轻薄。釉色白中微微透青黄，釉层薄透光亮，釉面开片不均匀。外底无釉，旋削痕迹明显，内底中间有一圆形涩圈。口径13.2、足径4.0、高2.6厘米。（图IV-109：6；彩版IV-136：4）

9.建窑黑釉瓷器

盏

标本T4②：72，可复原。束口，斜腹，内底下凹，矮圈足，足底平削，挖足较浅。黑

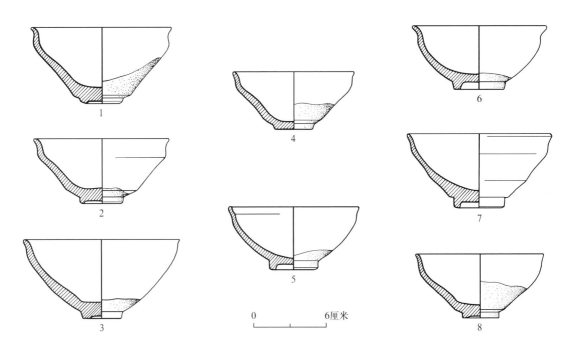

图IV-110　2004HY第2层出土黑釉瓷盏

1.建窑盏T4②：72　2.建窑盏T5②：3　3.建窑盏T2②：14　4.未定窑口盏T1②：14　5.未定窑口盏T1②：15
6.未定窑口盏T1②：65　7.未定窑口盏T1②：17　8.未定窑口盏T1②：18

胎。黑釉，釉面光亮如漆，近口沿处釉面有棕色兔毫状晕散，釉面布满气孔。外壁施釉不及底。口径11.6、足径2.6、高6.1厘米。（图IV-110：1；彩版IV-137：1）

标本T5②：3，可复原。黑胎。黑釉，口沿酱色，釉面有兔毫状晕散。外壁施釉不及底。内壁局部受土沁。口径11.1、足径2.9、高5.2厘米。（图IV-110：2；彩版IV-137：2）

标本T2②：14，可复原。敞口微束。黑胎，胎体粗厚。黑釉，釉面光亮如漆，釉稠，密布细小的黑灰色油滴斑，口沿处釉薄透胎色。外壁施釉不及底，有泪滴状垂釉现象，露胎处呈紫黑色。口径13、足径3.2、高6.3厘米。（图IV-110：3；彩版IV-137：3）

10. 未定窑口黑釉瓷器

盏

标本T1②：14，可复原。尖唇，敞口，束口，斜直腹，内底下凹，饼足。米黄色胎，胎粗。黑釉，口沿处略显红棕色。外壁施釉不及底。口径10、足径3.2、高4.6厘米。（图IV-110：4；彩版IV-138：1）

标本T1②：15，修复器，米色胎，胎质细腻。黑釉，釉层薄，转折处釉面呈棕黄色，釉面有细碎开片纹。外壁施釉不及底。口径10.5、足径3.4、高5.0厘米。（图IV-110：5；彩版IV-138：2）

标本T1②：65，可复原。灰胎。黑釉，口沿处呈酱色，釉面布满棕色圆凹点。施釉不及底，露胎处呈灰红色。口径11、足径4.0、高5.0厘米。（图IV-110：6；彩版IV-138：5）

标本T1②：17，可复原。敞口微束。米灰色胎。黑色薄釉，釉面有斜向开片纹。施釉不及底，露胎处呈土红色。口径11.8、足径4.0、高5.8厘米。（图IV-110：7；彩版IV-138：3）

标本T1②：18，可复原。深灰胎，胎体粗厚。黑釉，釉面有酱色的铁锈斑。外壁施釉不及底。口径10.4、足径3.0、高5.1厘米。（图IV-110：8；彩版IV-138：4）

11. 景德镇窑卵白釉瓷器

盘

标本T2②：15，可复原。敞口，斜曲腹，小圈足。白胎，胎质细腻。釉色白中泛青，有失透感，局部有小气孔。内壁有印花，印纹模糊，内底边缘及内腹壁近口沿处各有凸弦纹一周。足底与外底无釉。口径16.3、足径5.0、高3.6厘米。（图IV-111；彩版IV-139：1）

12. 景德镇窑白瓷器

曲腹盘

标本T3②：18，可复原。侈口，圈足外撇，足壁较高，足底斜削。白胎，胎质细腻，胎壁薄微透光。釉色白中微透青，釉面光亮。足底与外底无釉，露胎处旋削痕迹明显。口径14、足径8.9、高4.2厘米。（图

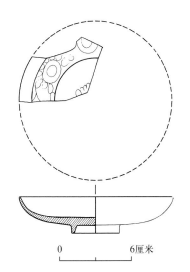

图IV-111 2004HY第2层出土
卵白釉瓷盘T2②：15

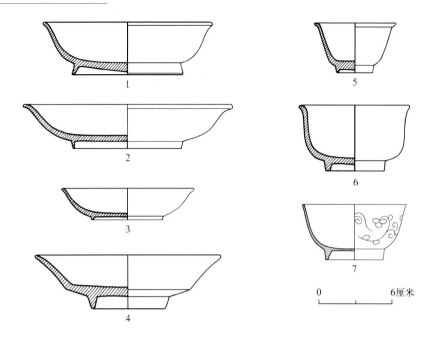

图Ⅳ-112   2004HY第2层出土景德镇窑及德化窑白瓷盘、碟、杯
1.景德镇窑曲腹盘T3②：18   2.景德镇窑曲腹盘T2②：16   3.景德镇窑曲腹盘T4②：64   4.景德
镇窑折腹盘T1②：35   5.景德镇窑杯T6②：8   6.景德镇窑杯T3②：25   7.德化窑杯T1②：33

Ⅳ-112：1；彩版Ⅳ-139：3)

标本T2②：16，可复原。侈口。白胎，胎质细腻。釉色白中微透青，外底有缩釉现象。足底无釉。口径17.6、足径9.0、高3.4厘米。（图Ⅳ-112：2；彩版Ⅳ-140：1)

标本T4②：64，花口。白胎，胎质细腻。釉色白中透青，局部有棕眼，釉面光亮。足底无釉，露胎处局部泛黄。口径11、足径5.8、高2.5厘米。（图Ⅳ-112：3；彩版Ⅳ-140：2)

折腹盘

标本T1②：35，可复原。侈口，圈足较小。白胎，胎骨较粗厚。釉色白中闪青，釉面光亮，口沿外侧有积釉，通体有细碎开片。足底与外底无釉。口径15.6、足径6.0、高4.3厘米。（图Ⅳ-112：4；彩版Ⅳ-139：2)

杯

标本T3②：25，可复原。侈口，深腹，下腹弧收，圈足。白胎，胎质细腻。釉色洁白光亮，外壁有均匀的小开片。唇边有一周浅线凹弦纹。外底无釉。口径9.0、足径4.8、高5.2厘米。（图Ⅳ-112：6；彩版Ⅳ-141：1)

标本T6②：8，可复原。侈口，斜直腹，腹部较深，圈足。胎细白。釉色青白，施釉均匀，釉面光亮，唇口处呈金色。内壁大部分受土沁。口径6.6、足径2.9、高3.9厘米。（图Ⅳ-112：5；彩版Ⅳ-141：2)

13.德化窑白瓷器

杯

标本T1②：33，可复原。敞口，上腹稍直，下腹弧收，圈足。外壁模印细线花草纹。白胎，胎质细腻，胎壁薄可透光。釉色白中微透青，釉面光亮薄透，施釉均匀。足底无釉。口径8.5、足径4.8、高4.4厘米。（图Ⅳ－112：7；彩版Ⅳ－141：3）

14.青花瓷器

青花瓷器出土数量很多，器形有碗、盘、盏、碟、杯、盒和器盖等，以碗和盘为常见器形。由于本层非主要地层，现择其少量标本作介绍。

碗

标本T1②：2，可复原。敞口，斜曲腹，圈足，足壁较高。白胎。白釉。内底边缘以双线弦纹为框，内绘竹枝，内壁近口沿处绘一周松针，上下两侧均以双线弦纹为框。外壁绘松、竹、梅等"岁寒三友"图案，近口沿处和圈足外壁均绘有双线弦纹。外底双线圆框内有记号款，已残。足底无釉。口径17.9、足径6.8、高9.4厘米。（彩版Ⅳ－142：1）

标本T4②：17，可复原。侈口，上腹斜直，下腹微曲，圈足向内侧斜平削，足壁厚。胎细白。釉色洁白。内底心书"永乐年制"款，以卷草纹为边框，近口沿处饰一周弦纹，外壁绘穿花凤鸟纹，上下绘弦纹。足底与外底无釉。口径11.4、足径5.2、高5.8厘米。（彩版Ⅳ－142：2）

盘

标本T1②：6，可复原。敞口近直，曲腹，圈足。胎细白。釉色洁白。内腹壁上下各绘两周弦纹，内底绘孔雀纹，外腹壁绘鸳鸯戏水图，口沿外侧下方绘带状蔓草纹，圈足外侧有弦纹。外底圆形单框内书"玉□佳□"。足底无釉。口径13.6、足径6.6、高4.9厘米。（彩版Ⅳ－143：1）

标本T1②：68，可复原。敞口近直，曲腹，圈足。胎细白，胎骨薄可透光。釉色白中泛青，青花发色浓淡有致。口沿内侧绘弦纹一周，内壁绘牡丹穿凤纹。外底绘圆形双框，内书"□友鼎玉雅制"。底足无釉。口径12.8、足径5.8、高4.6厘米。（彩版Ⅳ－143：2）

杯

标本T1②：12，可复原。侈口，曲腹，圈足。胎薄且细白。釉色洁白。内腹壁上下绘弦纹，内底心书变形寿字纹，外腹壁上下绘弦纹，中间绘上下双层变形寿字纹。外底心绘圆形单框，内作方形记号。足底无釉。口径6.6、足径3.4、高3.9厘米。（彩版Ⅳ－144：1）

器盖

标本T4②：21，完整器。子口，宽折沿，弧身，圆饼状纽。胎细白，釉色白中带青。外壁折沿处绘一周弦纹，盖面绘缠枝花纹。口沿内侧无釉。口径4.0、盖径5.8、纽径1.4、高2.3厘米。（彩版Ⅳ－144：2）

（三）铜钱

该堆积共出土铜钱191枚，均发现于T4中，大多锈蚀严重，仅70余枚隐约可辨钱文（图Ⅳ－113），详见下表。

2004HYT4 ②出土可辨铜钱统计表

可辨钱币（枚）	种类	数量（枚）	铸造年代	备注
76	开元通宝	2	唐高宗武德四年（621年）	对读
	咸平元宝	1	宋真宗咸平年间（998～1003）	右旋读
	天圣元宝	1	宋仁宗天圣年间（1023～1032年）	右旋读，对钱
	皇宋通宝	3	宋仁宗宝元年间（1038～1040年）	对读，对钱
	嘉祐通宝	1	宋仁宗嘉祐年间（1056～1063年）	对读，对钱
	元丰通宝	2	宋神宗元丰年间（1078～1085年）	右旋读，对钱
	元祐通宝	1	宋哲宗元祐年间（1086～1094年）	右旋读，对钱，一行一篆
	大观通宝	3	宋徽宗大观年间（1107～1110年）	对读
	宣和通宝	1	宋徽宗宣和年间（1119～1125年）	对读
	淳熙元宝	1	宋孝宗淳熙年间（1174～1189年）	右旋读
	顺治通宝	1	清世祖顺治年间（1644～1661年）	对读，背文"宣"
	康熙通宝	9	清圣祖康熙年间（1662～1722年）	对读
	乾隆通宝	11	清高宗乾隆年间（1736～1795年）	对读
	嘉庆通宝	3	清仁宗嘉庆年间（1796～1820）	对读
	道光通宝	1	清宣宗道光年间（1821～1850年）	对读
	咸丰重宝	1	清文宗咸丰年间（1851～1861年）	对读，背文"当十"
	同治通宝	2	清穆宗同治年间（1862年）	对读
	光绪元宝	2	清德宗光绪二十六年（1900年）	对读，近外郭处上下各铸"湖北省造"、"当十"
	大清铜币	11	清德宗光绪三十一年（1905年）	对读
	中华民国开国纪念币	14	民国	右旋读，背文"十文"
	景盛通宝	1	安南（1793～1800年）	对读
	宽永通宝	4	日本宽永二年（1625年）	对读

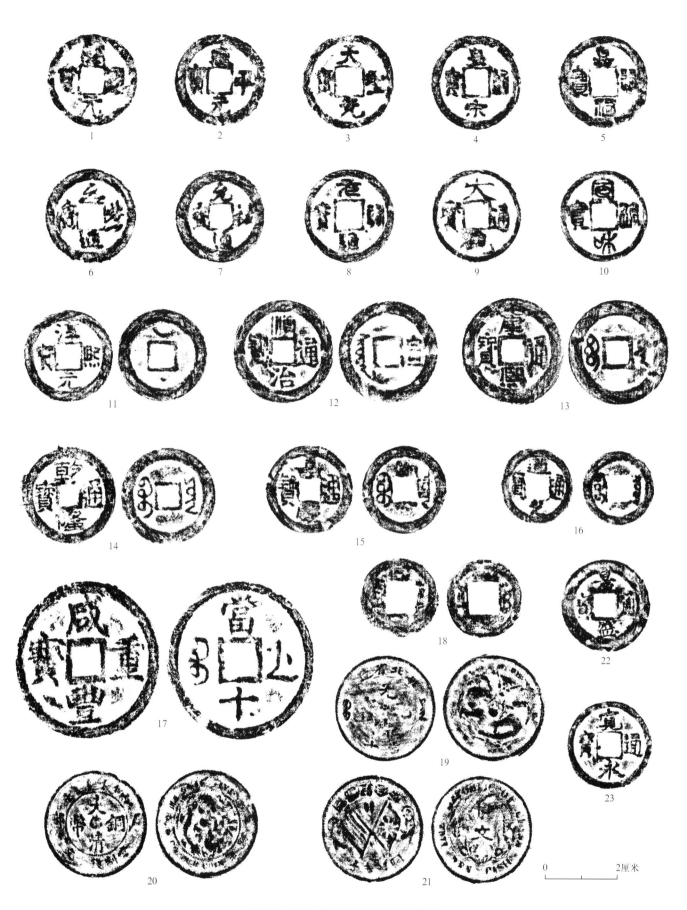

图IV—113 2004HYT4②出土铜钱

1.开元通宝 2.咸平元宝 3.天圣元宝 4.皇宋通宝 5.嘉祐通宝 6.元丰通宝 7.元祐通宝 8.元祐通宝 9.大观通宝 10.宣和通宝
11.淳熙元宝 12.顺治通宝 13.康熙通宝 14.乾隆通宝 15.嘉庆通宝 16.道光通宝 17.咸丰重宝 18.同治通宝 19.光绪元宝 20.大清
铜币 21.中华民国开国纪念币 22.景盛通宝 23.宽永通宝

（四）石器

石权

标本T1②：50，基本完整。灰白色石英石质，略显粗糙。整体为截面呈椭圆形的半球状，顶部有一对钻圆孔。短径9.7、长径10.7、高7.3厘米。（图IV-114：1）

标本T1②：51，残件。器表有多处石片剥落痕迹，顶部有一对钻圆孔。直径约7.6、高4.6厘米。（图IV-114：2）

标本T1②：52，基本完整。整体为截面近似圆形的半球状，顶心有一直径1.3厘米的圆形凹槽。最大径8.0、高4.6厘米。（图IV-114：3）

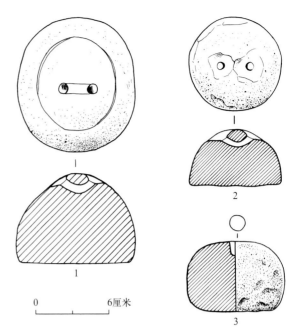

0 　　　　　6厘米

图IV-114　2004HY第2层出土石权
1.T1②：50　2.T1②：51　3.T1②：52

第四章 年代与性质

第一节 地层堆积与遗迹年代分析

一 东北、西北、东南发掘区

（一）地层堆积的年代

1.第5层堆积

该层堆积出土的陶器主要是各种建筑构件，包括重唇板瓦、筒瓦、龙纹瓦当、菊花纹瓦当、脊兽、迦陵频伽、双垂鱼形瓦饰等。其中，重唇板瓦的唇面与龙纹瓦当的缘面均以回纹为装饰。在福建地区宋代遗址出土的瓦当缘面上也常见以回纹为装饰的做法。有学者认为，回纹在建筑构件上的出现是受到宋代瓷器纹饰的影响，比如当时的定窑、耀州窑、磁州窑、景德镇窑等瓷器的边缘就常常装饰有回纹[①]。菊花纹瓦当以折枝菊花为主题纹饰，并衬以细密的珍珠地纹，类似的瓦当在杭州雷峰塔遗址[②]中也有发现。有学者认为，以菊花、牡丹等植物花卉纹作为主题纹饰的做法大量出现于瓦当上应该是始于宋代，"也是宋代最具时代特色的瓦当装饰"，究其盛行原因，很可能是受到此类纹饰被广泛应用在宋代瓷器上的影响[③]；而装饰细密的珍珠地纹的做法，早在唐代的金银器装饰上已经比较多见，到了宋金时期又普遍流行于我国北方地区如河南登封、鲁山及河北磁县一带窑场生产的瓷器的装饰中。该层堆积出土的筒瓦、脊兽等与其他南宋临安城遗址出土的同类遗物并无二致。

该层堆积出土的瓷器以青瓷为主。其中的龙泉窑青瓷器具有典型的南宋特征，如花口碗D型T6⑤：14，花口外侈，深曲腹微垂，内壁沿花口下方用白色坯泥绘一道纵向直线，灰胎青釉，其造型和胎釉特征均与浙江新昌南门轴承厂南宋"绍兴己卯"年（1159年）墓出土的龙泉窑青瓷葵口碗[④]相当接近，应该为南宋早期产品。该堆积出土的建窑黑釉盏的口沿均为束口造型，而从纪年材料来看，建窑束口黑釉盏最早出现于庆元元年（1195年）的江

---

① 申云艳《中国古代瓦当研究》，文物出版社，2006年版。
② 浙江省文物考古研究所《雷峰塔遗址》，文物出版社，2005年版。
③ 申云艳《中国古代瓦当研究》，文物出版社，2006年版。
④ 浙江省博物馆《浙江纪年瓷》，文物出版社，2000年版。

苏江浦张同之夫妇墓[1]，最晚出现于宝祐二年（1254年）的江西吉水张重四墓[2]，其时代均在南宋中晚期范围内。另有几件黑釉盏虽然产地尚不明确，但也具备束口特征，整体造型上与建窑束口黑釉盏很接近，应该也是南宋中晚期的产品。

2.第4层堆积

陶建筑构件在该层堆积有大量的出土，不仅有砖、重唇板瓦、筒瓦、迦陵频伽，还有装饰各种纹样的瓦当。其中的砖以"香糕砖"最为常见，这种平面呈窄长方形的砖在南宋临安城考古发现的官式建筑中被广泛应用。该层堆积发现的重唇板瓦在唇面上装饰叶脉纹，类似的做法在杭州雷峰塔遗址出土的重唇板瓦上也有发现。该层出土的迦陵频伽T6④：10实际是一种用于屋脊装饰的瓦件，其人首鸟身、头顶高冠、身挽披帛的造型，与《营造法式》所附宋代建筑彩画图样中的"嫔伽"[3]比较接近，类似的迦陵频伽也大量发现于宁夏西夏王陵遗址中[4]，因此，将本次发掘出土的此类遗物确定为宋代产品应该是没有问题的。该堆积出土的瓦当包括龙纹瓦当和各种植物花卉纹瓦当，其中的龙纹瓦当与第5层堆积所出完全相同，植物花卉纹瓦当的主题纹饰以菊花纹、牡丹纹为主，并多在其下衬以细密的珍珠地纹，它们应该都是宋代遗物。此外，该层出土的莲瓣纹瓦当T4④：113，花瓣细长而密集，多达十八瓣，环绕密集短线纹，与之风格类似的瓦当在河南巩县北宋皇陵[5]、杭州雷峰塔遗址、福建莆田林泉院遗址[6]均有发现。

该层堆积出土的瓷器大都为南宋时期遗物，也有零星瓷器的年代可能晚至元初。该层出土的龙泉窑青瓷中，敞口碗B型T4④：9外壁素面、内壁刻划花纹，这种以单面划花为装饰的做法在南宋时期的龙泉窑碗类产品中非常流行；曾发现于第5层堆积的龙泉窑花口碗D型在该层堆积仍有出土；莲瓣盘A型T4④：11为敞口，曲腹，大圈足，外壁刻双层莲瓣纹，花瓣肥大，瓣脊微挺，其造型、装饰特征与四川简阳东溪园艺场宋墓出土的南宋后期龙泉窑莲瓣纹盘[7]非常接近，应该为同期产品；莲瓣盘B型T4④：46为斜曲腹、圈足较小的造型，与元代早期的龙泉东区窑址[8]五型Ⅰ式盘ＢＹ24T1④：13较为接近，而类似的器形在四川遂宁金鱼村南宋瓷器窖藏[9]也有发现，因此，该类遗物的年代大致在南宋至元初；敞口盘A型为折腹平底，外壁素面，内底刻划花，其造型、装饰与流行于北宋晚期至南宋早期的龙泉东区窑址一型Ⅱ式盘（以ＢＹ24T1④：8为代表）基本相同；而典型的南宋时期龙泉窑长颈瓶、刻划双层莲瓣纹的器盖在该层也有发现。该层出土的江西景德镇窑青白瓷中，斗笠碗T4④：47大口小足、腹壁斜直，是典型的宋代产品；碗T6④：1的造型、内壁装饰纹

①　南京市博物馆《江浦黄悦岭南宋张同之夫妇墓》，《文物》1973年4期。
②　陈定荣《江西吉水纪年宋墓出土文物》，《文物》1987年2期。
③　[宋]李诫《营造法式》卷三十三《彩画作制度图样上·飞仙及飞走等第三》，陶湘刊本，中国书店，2006年版。
④　许诚、杜玉冰《西夏陵》，东方出版社，1995年版。
⑤　河南省文物考古研究所《北宋皇陵》，中州古籍出版社，1997年版。
⑥　福建省文管会考古队、福建省博物馆考古部《莆田林泉院遗址发掘报告》，《福建文博》1992年2期。
⑦　朱伯谦《龙泉窑青瓷》，图140，（台北）艺术家出版社，1998年版。
⑧　浙江省文物考古研究所《龙泉东区窑址发掘报告》，文物出版社，2005年版。
⑨　中国国家博物馆、遂宁市博物馆、彭州市博物馆《宋韵——四川窖藏文物精粹》，中国社会科学出版社，2006年版。

样与装饰技法与1973年江西宜黄县南宋嘉泰元年（1201年）"叶九承事"墓①出土的青白釉孩儿戏水纹碗如出一辙；平底盘为敞口、斜直腹、大平底内凹的造型，也是比较典型的宋代产品。越窑青瓷瓶T2④：5为喇叭口，耸肩，最大径在上腹部，腹部刻划兰草纹，并以篦划纹为饰，是典型的南宋早期产品，可能产自浙江慈溪寺龙口越窑。此外，该层出土的南宋官窑瓷片大多薄胎厚釉，有的可见明显的二次上釉痕迹，应该为南宋中后期的产品。

3.第3层堆积

该层堆积出土的建筑构件在材质、种类、造型与纹饰等方面基本与第5、4层堆积所出相同，应该都是宋代遗物。

该层出土的瓷器，有不少是宋代龙泉窑青瓷、景德镇窑青白瓷，但新出现了较多元代的瓷片，如元代卵白釉瓷器在该层堆积有出土。龙泉窑蔗段洗T2③：30外壁被刻成蔗段状，隐圈足，外底刮釉一周，为元代常见器物。未发现青花瓷等流行于明清时期的遗物。

4.第2层堆积

宋元时期的遗物如建筑构件、南宋官窑瓷、龙泉窑青瓷、建窑黑釉瓷等仍有发现。新出土大量明清时期的青花瓷器，有的带有"永乐年制"款等。在该层堆积中还发现了190余枚铜钱，其铸造年代由唐至民国，跨越一千多年，以清朝历代年号钱与中华民国开国纪念币出土数量最多。由此可见，该层堆积的形成年代应该在民国初年。

5.表土层

内含大量的近现代建筑废弃物，应该为近现代扰乱层。

综上所述，各地层堆积的形成年代大致已确定，由早及晚依次为：

第5层堆积形成于南宋中晚期，它是JZ1与JZ2的建筑基础，推测其是利用JZ3的废弃堆积改造而成；

第4层堆积形成于宋末元初，整体呈现黄褐色，土中夹杂大量的红烧瓦砾，结合在JZ1L1砖面局部发现的大火灼烧痕迹，以及JZ4砖砌道路的砖面发现的火烧痕，推测该堆积应该是JZ1、JZ2与JZ4被焚毁所形成的废弃堆积；

第3层堆积形成于元代；

第2层堆积形成于民国；

第1层表土层则为近现代扰乱层。

（二）遗迹的年代

1.遗迹与地层堆积之间的叠压打破关系

东北、西北发掘区的遗迹与地层堆积之间存在以下几组明确的叠压、打破关系：

（1）T4①→T4②→T4③→石板地面与G1、G2→T4④→JZ1→T4⑤→JZ3→L6与L7

（2）T4③→T4④→L4→L5→L6与L7

（3）L4→JZ3L1→L6与L7

（4）T6①→T6②→T6③→T6④→JZ1与JZ2→T6⑤→JZ3

---

① 李家和《介绍江西出土的几件宋代瓷器》，《文物》1976年6期。

（5）T4④→Q1

（6）JZ1G6→L4

（7）JZ1→Q1

（8）G2→Q1

（9）L4→Q1

（10）T2①→T2②→T2③→石板道路L3→T2④→JZ4

由于两区的地层堆积自上而下均可一一对应，不少遗迹还存在跨探沟分布的现象，因此上述各单位形成年代的早晚关系可由晚及早简要归纳为（北①即T4①、T6①、T2①合称，其他依此类推）：

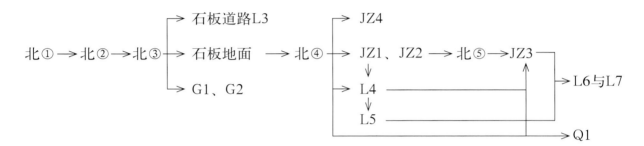

2.遗迹年代

根据各地层堆积的形成年代，结合层位关系，可以对各遗迹的年代形成以下认识：

（1）石板地面、石板道路L3坐落在第4层之上，被第3层叠压，暗沟G1与G2开口于第3层下，打破第4层，它们应该都是元代建筑遗迹。

（2）JZ1、JZ2坐落在第5层之上，被第4层叠压，它们的形成年代不早于南宋中晚期，废弃于宋末元初。JZ4的年代也与二者相当。

（3）L4G1与JZ1G6并行入Q1，结合遗迹相对位置关系来看，L4的建成年代应该与JZ1相当，但在JZ1废弃后，L4仍可能被继续沿用，其废弃年代不晚于元代。

（4）L5的路基虽被L4小部分叠压，但从遗迹相对位置来看，L5与L4的形成年代应该相当，也在南宋时期被使用过。

（5）关于JZ3，从JZ3L1被L4叠压以及JZ3被第5层叠压来看，它应该在南宋早期就已存在，废弃年代不晚于南宋中晚期。

（6）L7与L6虽走向不同，但路面连为一体，主体均用香糕砖侧砌而成，二者的形成年代应大致相当。从JZ3L1叠压L6来看，L6与L7的形成年代应该在南宋早期甚至更早。但从遗迹相对位置分析，L6、L7应该与JZ3在一定时间共存。

（7）从目前发现来看，Q1应该与L7、L6存在一定时间的共存，沿用时间较长，其废弃年代不晚于元代。

二　西南发掘区

该发掘区的地层堆积与遗迹之间存在以下层位关系：

T1①→T1②→T1③→石板道路L1→T1④→石砌储排水设施 →　T1⑤→围墙

砖砌道路L2

在T1①、T1②、T1③、T1④与石砌储排水设施的水池中均有遗物出土。通过对各单位出土遗物年代的分析，结合层位及相对位置关系，可以对该区各遗迹的年代得出以下认识：

1.石砌储排水设施

从水池废弃堆积（T1水池）出土遗物来看，既有北宋"熙宁重宝"铜钱、典型的南宋龙泉窑莲瓣碗B型等，也有较多时代特征明显的元代制品，如内壁装饰模印花纹、釉层失透、印纹难辨的卵白釉碗、盘，以及来自元代北方窑口的白地黑花龙纹大罐。

从遗迹自身结构来看，东、西、北三条水渠的壁、底的用材与铺砌方式存在较大差异，很可能非一次性建成。西水渠的壁面也存在明显的多次修缮痕迹。

由上可见，石砌储排水设施的年代跨度较大，它废弃于元代，始建年代可早至南宋时期。

2.围墙遗迹

始建年代早于石砌储排水设施，但在后者建成后，围墙北（外）侧砌石被叠压，上部的砖墙可能继续与石砌储排水设施共存，直至废弃，即围墙遗迹曾在南宋时期被使用，废弃于元代。

3.砖砌道路L2

L2的路基与围墙北外侧下方的夹鹅卵石夯土相连，说明L2的始建年代与围墙相当。L2被后建的石砌储排水设施打破，说明它在南宋时期被废弃。

4.石板道路L1

该道路叠压石砌储排水设施与T1④而建。其中，T1④出土的遗物很少，且年代均为宋代，如陶脊兽T1④：4的造型与南宋临安城考古发现的同类器十分相似；龙泉窑青瓷钵T1④：1直口、直腹，这样的造型宋代比较常见，其年代甚至可以早至北宋时期；景德镇窑青白瓷塑T1④：3所塑造的人物身披对襟博袖袍衫，这种袍衫两裾不缝合，长直垂至足，实际就是在宋代男女服饰中都普遍流行的"褙子"[①]，在福建福州发现的南宋黄升墓[②]中就曾出土妇女所著"褙子"的实物，与T1④：3所塑形式接近。但根据层位早于T1④的T1水池遗物年代来看，L1的始建年代不会早于元代。

L1被T1③所叠压，该堆积出土了少量宋代遗物如叶脉纹重唇板瓦、龙泉窑莲瓣碗B型、莲瓣盘A型等出土，但也发现较多元代遗物。如龙泉窑侈口碗C型T1③：26的外壁上腹刻划三周平行折线凹弦纹，此类纹饰在元代的龙泉窑非常流行，常见于碗的外壁上腹部。另在该堆积中还出土了少量元代卵白釉瓷器。未发现青花瓷等流行于明清时期的遗物。因此，L3的废弃年代不会晚于元代。

此外，西南发掘区的T1②虽然出土了不少早期的遗物，但新发现了大量的明清至民国时

---

① 周锡保《中国古代服饰史》，中国戏剧出版社，1984年版
② 福建省博物馆《福州南宋黄昇墓》，文物出版社，1982年版。

期的青花瓷，有的带有"□友鼎玉雅制"、"永裕堂制"等款识，说明该堆积形成于民国。

T1①内含大量的近现代建筑废弃物，应该为近现代扰乱层。

第二节　遗迹性质确认

一　南宋御街及相关遗迹的确认

（一）L7与L5曾先后作为南宋御街南段的一部分

L7曾在南宋时期被使用过，是一条南北向道路，具体方向为北偏东15°，这符合南宋御街作为城市南北纵轴的特征。L7处于严官巷与上仓桥之间，其已揭露部分紧贴中山南路，主体被中山南路所叠压，这与根据文献记载、古旧地图标识、城市地理沿革所框定的南宋御街范围正好吻合。由此可以确定，L7就是南宋御街。

虽然由于L5路面建材无存，无法据其铺砌方式确定道路的走向，但根据L5曾在南宋时期被使用过、叠压南宋御街L7而建、路基范围与L7基本一致等信息，将L5确认为南宋御街应该是没有疑问的。

由此看来，严官巷发现的南宋御街包括上、下两层，分别反映了南宋御街建设的前、后阶段。前期御街以L7为代表，其路面建材用砖，在已揭露的宽仅2.5米的范围内就发现了路面纵向分幅的现象，各幅路面之间以香糕砖一纵一横一纵侧砌作为隔断，结构复杂，砌法考究。后期御街以L5为代表，路面建材不清。

（二）　L6、L4、Q1是与南宋御街密切关联的遗迹

L6紧贴L7西侧而建，呈东西走向，并与南宋御街L7垂直相交。其用材、砌筑方法都和L7比较接近，二者关系密切。但有别于L7的路面包边采用较大的长方砖砌成的是，L6包边使用香糕砖砌成，这正说明L6的性质与作用不同于L7。考虑到南宋御街两侧坊巷密集、御街南段的两侧更分布着众多的中央官署，因此，L6很可能是从御街通往西侧坊巷或官署的道路。

L4东侧小部分叠压御街L5并与之长期共存，其西侧又紧贴JZ1，因此，L4可能是御街与西侧建筑之间的过渡路面。

Q1的东端横贯南宋御街L7与L5而建，向西通过L6或L4与西侧建筑的排水设施相连，担负着排除御街及其西侧道路、建筑积水的重要作用。在Q1北侧发现的一块长近2米的大型不规则石板，叠压在L4与L5路基交界处的上方，被T4③所叠压，应该原本是Q1的渠顶石，以便道路通行，后随着Q1与周围道路的废弃而被移位。

二　南宋玉牒所与三省六部官署相关遗迹的确认

（一）南宋玉牒所与三省六部官署的分布范围

玉牒所本唐制，宋朝仿建，更较之完备。所谓"玉牒"，即指帝王族谱，又可细分为玉牒、属籍、类谱、宗藩庆系录、仙源积庆图等，其中的玉牒特指"编年以纪帝系而载其

历数及朝廷政令之因革者"①，专门存放于玉牒殿。玉牒所官员的职责就是纂修并妥善管理玉牒②。由于关乎帝王族谱之大事，因此在南宋诸多的中央机构中，玉牒所的地位非常特殊，"凡纂修之事，寺官与焉，宰辅提举，其体视它局尤重"，又有高宗与理宗先后为其御书匾额③；朝廷对于玉牒的纂修也格外重视与讲究，在创玉牒所之初就提出统一要求，汇编成册，并御批"定为玉牒之凡例，官吏遵为成式，先后编集，不至异同"④。

关于南宋玉牒所官署的范围，据宋潜说友《咸淳临安志》记载，"玉牒所、宗正寺，在太庙南"⑤，"州桥，玉牒所对巷"⑥；在《咸淳临安志》所附"京城图"中，"玉牒所"被标注于"封桩所"与"寿域坊"之间，靠近"御街"西侧而建；在清丁丙《武林坊巷志》中提到"丙以《咸淳志·京城图》按之，严官巷乃宋之玉牒所、封桩所故址也"⑦。上述文献所涉及的诸多机构与地名的位置都已经比较明确。通过1995年以来的多次考古发掘，已证明"太庙"位于今杭州上城区太庙巷与察院前巷之间的中山南路西侧；"州桥"即今位于中山南路东侧的稽接骨桥，与今位于中山南路西侧的泗水弄斜对；"寿域坊"即今白马庙巷，位于泗水弄与太庙巷之间；"严官巷"的位置则与今严官巷大致相同；严官巷发现的早晚两段不同时期的御街L7与L5以及太庙巷御街的发现，说明太庙巷至严官巷之间的这段"御街"在走向上与该段中山南路基本一致，在位置上也与该段中山南路大部分重合。因此，将东临中山南路、南至严官巷、北至泗水弄之间的地块看作是南宋玉牒所官署所在地应该是没有问题的。

三省六部是南宋重要的中央机构。在《咸淳临安志》所附"京城图"与"皇城图"中，均将三省六部标注于与六部桥相对的御街西侧。清丁丙根据《咸淳临安志》所附"京城图"具体指出，"今大马厂乃宋六部故址也"⑧，"今高士坊巷，乃宋之三省故址也"⑨。如今，大马厂巷与高士坊巷均位于与六部桥相对的中山南路西侧，前者已被纳入杭州卷烟厂厂区，后者则是该厂的北界。1994年底至1995年，杭州市文物考古所曾对位于大马厂巷两侧的杭州卷烟厂基建工地进行抢救性考古发掘，发现了被认为是与南宋六部官署相关的建筑遗迹⑩。因此，将今杭州卷烟厂厂区的北半部（即大马厂巷至高士坊巷之间的中山南路西侧地块）看做南宋三省六部官署所在地应该是没有疑问的。但这并非南宋三省六部官署的全部范围。长期以来，由于文献记载的缺乏，关于南宋三省六部官署的北界一直无从确

① [宋]潜说友《咸淳临安志》卷六《诸寺》，清道光庚寅钱塘振绮堂汪氏仿宋重雕本，江苏广陵古籍刻印社，1986年版。
② [宋]王应麟《玉海》卷五十一《艺文·玉牒图谱》，清光绪九年浙江书局刊本，广陵书社，2003年版。
③ [宋]潜说友《咸淳临安志》卷六《诸寺》，清道光庚寅钱塘振绮堂汪氏仿宋重雕本，江苏广陵古籍刻印社，1986年版。
④ [宋]王应麟《玉海》卷五十一《艺文·玉牒图谱》，清光绪九年浙江书局刊本，广陵书社，2003年版。
⑤ [宋]潜说友《咸淳临安志》卷六《诸寺》，清道光庚寅钱塘振绮堂汪氏仿宋重雕本，江苏广陵古籍刻印社，1986年版。
⑥ [宋]潜说友《咸淳临安志》卷二十一《疆域六·桥道·府城·大河》，清道光庚寅钱塘振绮堂汪氏仿宋重雕本，江苏广陵古籍刻印社，1986年版。
⑦ [清]丁丙《武林坊巷志》第二册《丰下坊一·严官巷》，浙江人民出版社，1986年版。
⑧ [清]丁丙《武林坊巷志》第二册《丰下坊一·大马厂》，浙江人民出版社，1986年版。
⑨ [清]丁丙《武林坊巷志》第二册《丰下坊一·高士坊巷》，浙江人民出版社，1986年版。
⑩ 马时雍《杭州的考古》，杭州出版社，2004年版。

定。在《咸淳临安志》中有两条线索值得注意，一是在该书所附"京城图"与"皇城图"中，在"三省"的北侧标注了另一个中央机构——"封桩所"；二是在该书中以文字的形式记载了"茶盐所、会子所、公田所、封桩安边所，右并在三省大门内，以都司提领。旧有安边所……咸淳四年奉圣旨拨入封桩所"①。第一条线索表明"三省"与"封桩所"相互独立，第二条线索又称"封桩所"在"三省大门内"，似乎有点自相矛盾。其实不然，只是"三省"与"封桩所"在前后两条线索中的含义可能有所变化。第一条线索中所说的"三省"与"封桩所"应该是从机构设置的角度来讲，因此二者是相互独立的，在地图中也分别做出标注，而且它们的相对位置关系是"三省"在南，"封桩所"在北；而第二条线索所说的"封桩所"与"三省"应该是从办公地点的角度来谈，包括三省、茶盐所、会子所、公田所、封桩安边所等在内的诸多中央机构均在同一组大型官署建筑群中办公，因三省是其中最主要也最重要的中央机构，故将该组官署建筑群称之为"三省"，而惯常所说的"南宋三省六部官署"即为三省官署建筑与六部官署建筑的合称。区分出"三省"、"封桩所"在以上两条线索中含义的不同，就能对丁丙在《武林坊巷志》中的说法有更为准确的理解。由于《咸淳临安志》所附"京城图"中的"三省"与"封桩所"特指机构，因此，丁丙参考该图得出的"今高士坊巷，乃宋之三省故址也"的结论也应该仅仅是针对南宋"三省"这一中央机构而言。按丁丙之说，南宋"三省"机构在高士坊巷一带，则另一机构"封桩所"就应在高士坊巷以北，相应地，南宋三省六部官署的北界也应还在高士坊巷的北面。结合丁丙根据"京城图"得出的"严官巷乃宋之玉牒所、封桩所故址也"②的结论，南宋三省六部官署的北界也应该就在严官巷附近。

（二）JZ1、JZ2、JZ3及围墙遗迹的官式建筑做法

JZ1、JZ2、JZ3这三组房屋建筑不仅保存情况较好，而且营建比较考究，带有比较明显的官式建筑风格：

（1）布局严谨，讲究中轴对称，以JZ1为代表。该组房屋建筑结构较清晰，以一条南北向甬道JZ1L1为中轴线，北通门道，南抵厅堂，穿过南北中轴线东、西侧天井中的甬道可分别到达东、西厢房，形成了一个整体布局规整而紧凑的院落。

（2）宋《营造法式》③所提及的某些建筑做法（规范）在这三组建筑遗迹中多有体现。在JZ2东厢房墙体的东南转角处的方形柱础石Z6边长是上承角柱直径的两倍，正好与宋《营造法式》"造柱础之制其方倍柱之径谓柱径二尺即础方四尺之类"④的做法吻合。此外，三组建

---

① [宋]潜说友《咸淳临安志》卷八《省所》，清道光庚寅钱塘振绮堂汪氏仿宋重雕本，江苏广陵古籍刻印社，1986年版。

② [清]丁丙《武林坊巷志》第二册《丰下坊一·严官巷》，浙江人民出版社，1986年版。

③ 潘谷西与何建中在《〈营造法式〉解读》（东南大学出版社，2005年版）中认为，《营造法式》并非是没有约束力的技术性著作，而是宋朝政府对建筑工程所制定的在实际工作中必须遵照执行的法规，即是一种建筑工程预算定额，用以来节制各项工程的财政开支。由此可见，《营造法式》实际上是针对官式建筑而制定。也正是因其作为建筑工程预算定额的性质，为了使它得到更广泛的应用，"其选材内容与构件尺寸都倾向于高档化，对低档类建筑与做法即使很普及也不会收入书中"。

④ [宋]李诫《营造法式》卷三《石作制度·柱础》，陶湘刊本，中国书店，2006年版。

筑的道路均用规整的香糕砖横向侧砌而成，道路横断面呈中间高、两侧略低的拱形，两侧多用两列砖纵向侧砌包边，与《营造法式》所规定的"砌露道之制，长广量地取宜，两边各侧砌双线道，其内平铺砌；或侧砖虹面迭砌，两边各侧砌四砖为线"[1]的做法非常接近。

（3）建筑用材考究，在JZ1与JZ2的基础与废弃堆积中都发现了较多瓦当、板瓦、筒瓦之类的建筑构件，这些遗物常见于南宋临安城官式建筑遗址中。其中，编号为T4④：113的莲花纹瓦当直径近23厘米，体量如此大的瓦当在南宋临安城考古中尚属首次发现。

（4）针对江南潮湿多雨的特点，三组房屋建筑都因地制宜地布设了密集的排水网络，形式多样，有水沟、散水、窨井等，甚至路面都设计为中间高、两侧略低的拱形以便排水，明暗结合，构思相当巧妙。

围墙遗迹整体砌筑在一高逾1米的高台上，高台北侧以大石块层层垒砌而成，自下而上略有收分；在块石基础北外侧下方还发现了经过明显夯筑的黄黏土，与围墙北侧的砖砌道路L2的夯土路基连为一体；砖砌墙体虽然保存较差，但墙体厚达1米以上，采用中间以土夯实、两侧以长方形砖包砌的方法筑成，在其南侧还发现了夯土地面。由此看来，该围墙遗迹的砌筑是相当考究的，气势也不同一般，应该是某官式建筑的一部分。

（三）JZ1、JZ2、JZ3及围墙与南宋玉牒所、三省六部官署关系解析

通过上文的分析可见，南宋玉牒所官署的分布范围可南至严官巷，南宋三省六部官署的分布范围可北至严官巷，这两大重要的南宋官署建筑群均位于南宋御街以西，在严官巷交界。本次发现的JZ1、JZ2、JZ3及围墙等遗迹或建于南宋时期、或在南宋时期曾被使用过，均位于南宋御街以西的严官巷南北两侧，又都具备官式建筑的特点，因此，它们必然与在严官巷交界的南宋玉牒所、三省六部官署有着某种密切的联系。究竟是何种对应关系？下文将从遗迹自身特点出发，并结合文献记载作进一步探讨。

JZ1、JZ2、JZ3这三组房屋建筑遗迹集中发现于严官巷北侧的东北发掘区，根据层位关系，可以将它们分为具有明显早晚关系的上下两层，其中，下层建筑遗迹以JZ3为代表，其废弃时间不晚于南宋中晚期；上层建筑遗迹以JZ1与JZ2为代表，其存在于南宋中晚期至宋末元初之间。在上层建筑JZ1的砖道上发现有大火灼烧的痕迹，在JZ1与JZ2的废弃堆积中也发现大量的红烧瓦砾，这充分说明上层建筑应在是在宋末元初被大火烧毁。而从文献记载来看，南宋玉牒所的建设并非一蹴而就。它于南宋初停罢，绍兴十二年（1142年）复置所，以宰辅提举；绍兴二十年（1150年）度地于旧车辂院建立了玉牒所自有官署；绍兴二十六年（1156年）又于玉牒所处建玉牒殿。至此，南宋玉牒所的建设才算完备。南宋临安城多发火灾，玉牒所也未能幸免。绍定四年（1231年），都城大火殃及玉牒所，继而重建[2]；德祐元年（1275年）玉牒所再遇火灾[3]。由上可见，JZ1、JZ2、JZ3自身所反映出

---

① ［宋］李诚《营造法式》卷十五《砖作制度·露道》，陶湘刊本，中国书店，2006年版。

② ［宋］潜说友《咸淳临安志》卷六《诸寺》，清道光庚寅钱塘振绮堂汪氏仿宋重雕本，江苏广陵古籍刻印社，1986年版。

③ ［元］脱脱等《宋史》卷六十三《志第十六·五行二上·火》，中华书局标点本，1977年版。

的重建或改建、最终被烧毁的特点恰好与文献中关于南宋玉牒所官署营建史的记载不谋而合。在与南宋三省六部官署相关的文献中，却找不到可与JZ1、JZ2、JZ3所具备的上述特征相对应的记载。因此，相对于南宋三省六部官署而言，将JZ1、JZ2、JZ3这三组房屋建筑遗迹看作是南宋玉牒所官署建筑一部分应该更为合理。

另在T2发现的与JZ1、JZ2同时期的房屋建筑JZ4，损毁严重，结构不明。由于未对其作完整揭露，无法获知更多信息。关于该建筑是否向东与JZ2连为一体、是否与南宋玉牒所有关，有待考古发掘进一步证实。

围墙遗迹位于严官巷南侧的西南发掘区，不仅营建考究，气势非同一般，更重要的是，围墙整体构筑在一高1.1米的高台上，其南北两侧地面均由黄黏土夯筑而成，南侧地面较之北侧地面高1米以上，高差较大。显然，该遗迹具有建筑外围墙体的性质，其建筑的主体部分尚在围墙的南侧。因此，该围墙应该就是南宋三省六部官署北界（即北围墙）的一部分。

㊄ 中山中路

　　2008年3～4月，为配合中山路综合保护与有机更新工程的实施，杭州市文物考古所对工程沿线进行考古勘探。鉴于以往的工作主要集中在中山南路一带，此次勘探重点放在中山中路沿线，目的是抓住工程实施的难得机遇，彻底解决御街中段的确切位置、结构组成和宽度及御街与中山中路的关系等问题。

　　由于中山中路现仍为杭城的南北主要交通干道，地下各种管线密布，道路两旁商铺林立，不可能大面积开挖。根据南宋御街大致呈南北走向的实际情况，为尽量减少对道路通行的影响及保证地下管线的安全，经实地踏勘，选取交通相对平缓且地下管线相对较少的中山中路112号进行小范围发掘，先了解今中山中路地下是否有南宋御街存在，再根据实际情况扩大发掘面积，对中山中路作横向解剖，力争对御街有相对全面的认识。

　　发掘自2008年3月1日起，至4月5日结束，总面积约95平方米。发现依次叠压的五层道路、排水沟及房屋建筑等遗迹，其中最重要的是发现了上下叠压的两层御街遗迹，分别由石板和香糕砖铺砌，并首次搞清了南宋御街的宽度。

　　发掘结束后，有关部门结合工程建设，对遗迹进行了保护性展示。

　　本次发掘领队唐俊杰，参与发掘的工作人员有何国伟、彭颂恩、梁宝华。

第一章　探方分布与地层堆积

一　探方分布

发掘地点位于中山中路112号，北距惠民路约30米，南距金波桥弄约13米，东距光复路约35米，西与浙江省教育厅隔中山中路相望。该地原为临街商铺，后因火焚毁，发掘前为闲置的空地。先在紧临中山中路东侧布3×10米东西向小型探沟一条，后根据勘探需要又相继向北和向西扩方，编号2008HZT1（行文中省称"T1"，其他遗迹皆用省称）。（图Ⅴ-1）

经扩方后的探方平面略呈刀字形，总面积约95平方米。发现依次叠压的五层道路遗迹L1、L2、L3、L4、L5，排水沟L3G1和L3G2、L4G1和L4G2、L5G1和L5G2，房屋建筑遗迹F1、F2和砖面遗迹Z1、Z2等。（彩版Ⅴ-1）

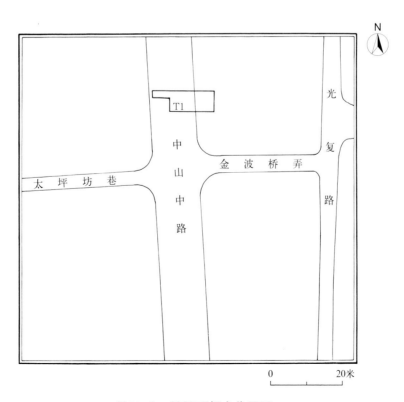

图Ⅴ-1　2008HZ探方位置图

二 地层堆积

经发掘发现，此处地层共分4层，现以T1南壁为例介绍如下。

南壁1（图Ⅴ-2）：

第1层　厚38~105厘米。为现代中山中路、房屋建筑地面及基础层。

第2层　距地表深105~135厘米，厚28~90厘米。为道路及房屋建筑基础层。土色灰褐，土质稍硬，土中夹杂较多红烧瓦砾，另出较多青瓷和青花等瓷片。该层下叠压L1。

第3层　距地表深158~160厘米，厚30~50厘米。土色灰黄，土质较硬。土中含少量被火的红色瓦砾及青瓷、青白瓷片等。

第4层　距地表深188~210厘米，厚15~33厘米。土色灰褐，土质较松。土中含少量瓷片及碎砖块等。该层下叠压F2。

南壁2（图Ⅴ-3）：

第1层　厚48~95厘米，为现代中山中路及基础层。

第2层　距地表深48~60厘米，厚15~170厘米。为道路基础层。土色灰褐，土质稍硬，土中夹杂较多瓦砾，另出较多青瓷和青花等瓷片。该层下叠压L4G2、L5和L5G2。

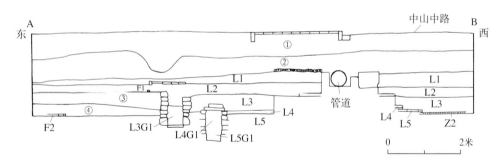

图Ⅴ-2　2008HZT1南壁东部地层图

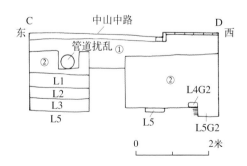

图Ⅴ-3　2008HZT1南壁西部地层图

第二章　主要遗迹

本次发掘虽面积不大，但所发现的遗迹现象极为丰富，主要有5条道路及其排水沟遗迹、2处房屋建筑遗迹和2处砖面遗迹。为今后保护与展示的需要，各遗迹现象均作部分保留，故有些遗迹实际揭露面积较小。(图Ⅴ-4；彩版Ⅴ-1，Ⅴ-2：1)

遗迹与地层堆积之间的叠压、打破关系为：

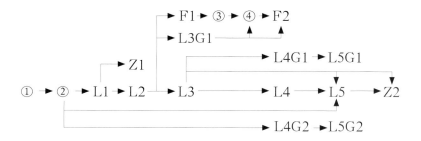

根据地层与遗迹之间的叠压或打破关系等可将以上遗迹分为六组：

第一组：碎石道路遗迹L1；

第二组：石板道路遗迹L2和砖面遗迹Z1；

第三组：石板道路遗迹L3及其排水沟L3G1、L3G2和房屋建筑遗迹F1；

第四组：石板道路遗迹L4及其排水沟L4G1、L4G2和房屋建筑遗迹F2；

第五组：砖砌道路遗迹L5及其排水沟L5G1、L5G2；

第六组：砖面遗迹Z2。

一　第六组遗迹

砖面遗迹Z2。

Z2被L5叠压，为保留上层遗迹，仅在探方中部稍作揭露，揭露面积约2.5平方米。方向48°。砖面用长方形条砖横向错缝平砌。砖的规格为残长11~16.5、宽4.5~5、厚3.2~4.5厘米。(彩版Ⅴ-2)

经局部解剖发现，砖面基础上层为黄黏土层(表面有石灰面)，厚约5厘米；下层为沙石混筑层，厚约30厘米。沙石混筑层下均为纯净的粉沙土。

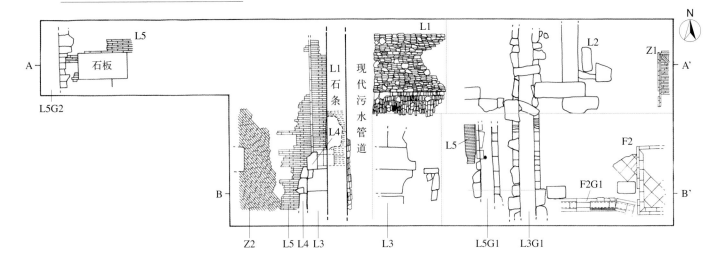

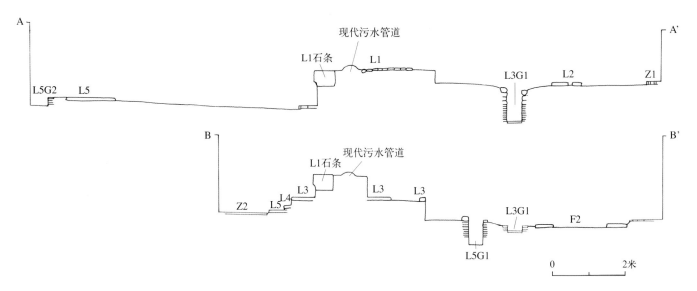

图 V-4 2008HZT1遗迹平剖面图

二 第五组遗迹

包括砖砌道路遗迹L5及其排水沟L5G1、L5G2。（图 V-5）

（一）砖砌道路遗迹L5

L5大部分为L4叠压，西侧局部为第2层叠压。主要分布于探方中部和西部，局部因保留上层遗迹而未作全面揭露。南北向。由砖面和路基两部分组成。揭露南北长约4.5米，东西宽11.6米。（彩版 V-3）

路面略呈龟背状，主体由香糕砖[1]横向错缝侧砌，局部用长方砖、方砖和石板平铺，可能为后期修补所致。砖面用相同规格的香糕砖单列纵向侧砌作为分幅，但由于砖面保存较差，揭露面积又小，故整条道路成几分幅尚不得而知。（彩版 V-3：3）

---

① 由于磨损严重，中山中路112号发现的此类砖的尺寸普遍比本报告概述中介绍的香糕砖尺寸小。

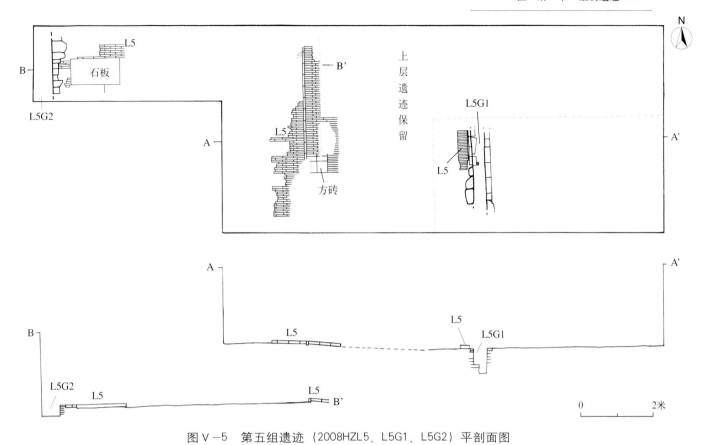

图 V-5　第五组遗迹（2008HZL5、L5G1、L5G2）平剖面图

香糕砖表面磨损严重，规格为29.5×5.2×4厘米、29.5×7.5×3.8厘米或27×10×3.5厘米。长方砖的规格为30×12×5厘米或32×19×5厘米。方砖的规格为30×30×5厘米。石板为紫砂岩质，较完整的一块长138、宽67、厚约8厘米。

路基用黄黏土填筑，黄黏土表面局部残存石灰面，厚约5～10厘米。

道路东西两侧各设置南北向排水沟，分别编号为L5G1和L5G2。

（二）排水沟L5G1和L5G2

1.L5G1

L5G1位于探方中部偏东，紧邻砖砌道路遗迹L5的东侧。南北向。揭露长约2.15米，内宽30厘米，深65厘米。（彩版 V-4：1）

东西两沟壁均用长方砖或香糕砖错缝砌筑而成，但上部局部已为后期破坏，被石块替代。水沟底部为泥地，打有松木桩以加固沟壁。长方砖的规格为32×19×5厘米，部分砖的端面模印"下"字。香糕砖的规格为30×8×4厘米或26×8×4厘米。（彩版 V-4：3）

2.L5G2

L5G2位于探方西部，紧邻砖砌道路遗迹L5的西侧。南北向。揭露长度1.5米，因沟西壁被后期破坏，宽度不清。为防止探方西壁坍方，在挖至0.3米深处未再下挖。水沟东壁也用长方砖平砌。（彩版 V-4：2）

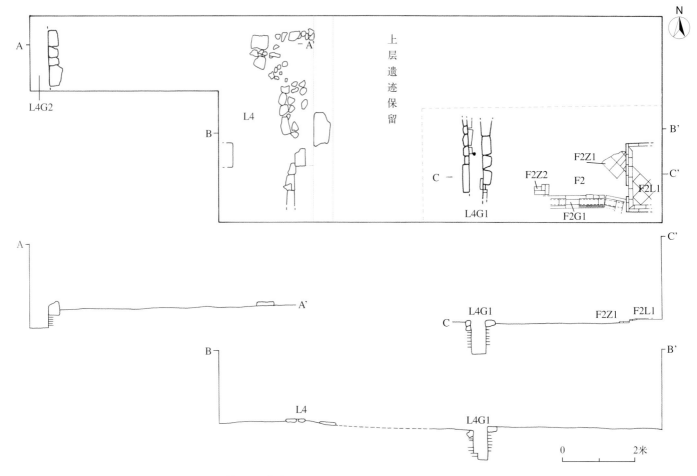

图Ⅴ-6 第四组遗迹（2008HZL4、L4G1、L4G2、F2）平剖面图

三 第四组遗迹

包括石板道路遗迹L4及其排水沟L4G1、L4G2和房屋建筑遗迹F2。（图Ⅴ-6）

（一）石板道路遗迹L4

L4叠压在L5上，又为L3叠压(彩版Ⅴ-5：1、2)。为保留上层遗迹，仅在探方中部和西部作小规模揭露。南北向。包括石板路面和路基两部分。揭露长4.75米，宽11.6米。

路面主体用石板铺筑，保存较差，大部分石板已无存，残留的石板也破碎不堪。石板表面磨损严重，质地均为紫砂岩，保存最好的一块残长90、残宽45、厚8～11厘米。从探方中部残存的石板观察，石板既有横向平铺，也有纵向平铺。（彩版Ⅴ-6：1）

石板底部有一层厚约5厘米不等的黄黏土，黄黏土土质纯净，叠压于L5之上。道路东部邻近排水沟L4G1处营建较为特殊，在L5路基上作了加高处理，自上而下依次为：

黄黏土和粉沙土层，厚约12厘米；

黄黏土层，厚约2厘米；

碎砖层，厚约5厘米，底部残存石灰面，部分砖的端面模印阳文"戈记"；

沙石混筑层，厚约8厘米。（彩版Ⅴ—5：3）

（二）排水沟L4G1和L4G2

1．L4G1

L4G1位于探方中部偏东，紧邻石板道路遗迹L4的东侧。南北向。揭露长约2.15米，内宽30厘米，深90厘米。（彩版Ⅴ—6：2）

L4G1东西两沟壁均叠压于L5G1之上，系在L5G1的基础上用石块加高利用。清理中发现水沟之上局部有石板覆盖，因此，该排水沟可能为暗沟。（彩版Ⅴ—7）

2．L4G2

L4G2位于探方西部，紧邻石板道路遗迹L4的西侧。南北向。揭露长约1.5米，宽度不清，深度在挖至70厘米后未继续下挖，只在局部做了解剖。

L4G2沟壁也叠压于L5G2之上，系在L5G2的基础上用石块加高利用。（彩版Ⅴ—8）

（三）房屋建筑遗迹F2

F2位于探方东部，排水沟L4G1东侧。大部分被第4层叠压，西部为L3G1打破。揭露面积约6平方米。由砖砌道路F2L1、砖面F2Z1和F2Z2及排水暗沟F2G1等组成。（彩版Ⅴ—9：1）

砖砌道路位于东部，东西向，揭露长0.63米，宽1.68米。路面主体为方砖平铺，局部用香糕砖平铺。方砖的规格为30×30×5厘米，香糕砖的规格为29×8×4厘米。道路外侧用长方砖包砌，砖面略向外倾斜，与外侧香糕砖平铺的散水相接。长方砖的规格为33×10×5厘米。（彩版Ⅴ—9：2）

砖面发现两处，破坏较严重。F2Z1位于道路西侧，用方砖和长方砖平铺，砖的规格与砖砌道路用砖相同。F2Z2砖面位于排水沟L4G1东侧，局部为排水沟L3G1东侧沟壁破坏，由香糕砖平铺呈人字纹，砖的规格为30×10×4厘米。砖面底部发现石灰面和黄黏土层，厚约3～5厘米。

砖面下局部出露两块柱础石，表明F2之下另有建筑遗迹，因保留F2，故未全面揭露。两块柱础石质地均为水成岩。东部柱础石略呈长方形，长50、宽33、厚10～12厘米。西部柱础石较规整，平面为长方形，长51、宽33、厚9～10厘米。两块柱础石的中心距离为1.95米。（彩版Ⅴ—9：2）

排水暗沟位于砖面南侧，东西向，揭露长约2.15米，内宽15厘米，深15厘米。沟底、沟壁均用长方砖平砌，再用相同规格的长方砖封盖。长方砖的规格为33×10×5厘米。（彩版Ⅴ—9：3）

四　第三组遗迹

包括石板道路遗迹L3及其排水沟L3G1、排水暗沟L3G2和房屋建筑遗迹F1。（图Ⅴ—7）

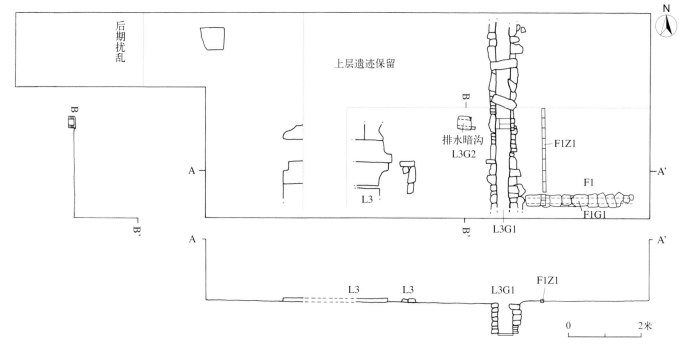

图Ⅴ-7 第三组遗迹 (2008HZL3、L3G1、L3G2、F1) 平剖面图

（一）石板道路遗迹L3

L3为L2叠压。主要分布于探方中部。南北向。由路面和路基两部分组成。（彩版 Ⅴ-10, Ⅴ-11）

路面主体由紫砂岩石板铺筑而成，揭露南北长约2米，东西残宽约8米。保存情况较差，大部分石板已无存，仅保留路基部分。石板主要分布于探方中部，局部因保留碎石道路L1，未作揭露。石板表面磨损严重，大多碎裂，保存较好的石板残长95、宽45～62、厚10厘米。根据残存的部分石板观察，石板应为横向平铺。（彩版Ⅴ-11）

路基厚约25～50厘米，揭露南北长约5米，东西残宽约9.7米，无明显夯筑迹象。土色灰黄，土质较硬，土中含少量红烧瓦砾、碎砖瓦及碎瓷片。但在探方中部L4G1之上，叠压有多层碎石板。路基中部偏东处，发现一条东西向排水暗沟L3G2（彩版Ⅴ-12：1）。该暗沟左右两壁及底部用长方砖平砌，再以石板封盖，沟内填满淤泥。沟内宽16厘米，深15厘米。

（二）排水沟L3G1

L3G1位于探方东部，紧邻石板道路遗迹L3东侧。南北向。揭露长约5米，内宽35～40厘米，深80～110厘米不等。（彩版Ⅴ-12：2）

左右两壁用不规则石块和断砖块混砌而成，但石块大部分叠压于砖块之上，故推测原用砖砌，石块为后期修补所致，使用时间可能较长。水沟底部用长方砖和方砖平铺。（彩版Ⅴ-12：3、4）

水沟底部残留厚20～40厘米不等的淤泥，水沟上部为L2路基填塞。水沟上部局部残存

少量横向放置的石条，推测原来可能有石条或石板封盖。

（三）房屋建筑遗迹F1

F1位于探方东部。保存较差，残存排水暗沟F1G1及部分砖列F1Z1。（彩版Ⅴ-13：1）

排水暗沟F1G1位于探方东南部，东西向，西端与L3G1相通。揭露残长约3米，内宽15～18厘米，深16厘米。沟的左右两壁和底部均用长方砖平砌，顶部用不规则石板封盖，沟内填满淤泥。长方砖的规格为30×8×4厘米。（彩版Ⅴ-13：2、3）

砖列F1Z1位于L3G1东侧。南北向。揭露长2.25米，宽8厘米。由长方砖错缝平砌，残存两层砖。长方砖的规格为28～30×8×4厘米。

五　第二组遗迹

包括石板道路遗迹L2和砖砌遗迹Z1。（图Ⅴ-8）

（一）石板道路遗迹L2

L2为L1叠压。主要分布于探方的东部和中部，保存情况较差。南北向。由石板路面及路基两部分组成。揭露南北长约5米，东西残宽7.1米。（彩版Ⅴ-14：1）

路面主体大部分由紫砂岩石板横向铺筑而成。石板规格不尽相同，规格较大的石板残长154、宽44、厚8～10厘米；部分路面用不规则长条状石块侧砌，应为石板损毁后修补所致。探方东部由于路面破损严重，石板纵横交错，无规律可循。（彩版Ⅴ-14：2）

路基厚约22～60厘米，无明显夯筑迹象。土色灰黑，土质较硬，土中含大量瓦砾及少

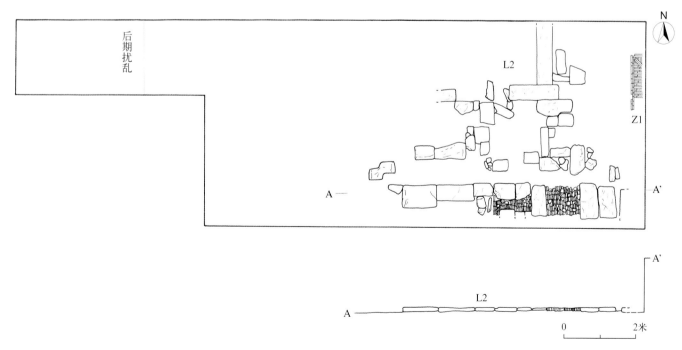

图Ⅴ-8　第二组遗迹（2008HZL2、Z1）平剖面图

量青瓷、白瓷、青白瓷片等。揭露南北长5米，东西残宽13.25米。

（二）砖面遗迹Z1

Z1位于探方东北端，仅暴露部分砖面，揭露南北长约1.5米，东西宽0.33米。

砖面主体由长方砖错缝侧砌，砖面外侧用两列长方砖侧砌包边，转角处砖面铺成类似叶脉纹。砖的规格为28×8×4厘米。（彩版Ⅴ-14：3）

六　第一组遗迹

碎石道路遗迹L1被第2层叠压。南北向。包括碎石路面和路基两部分。（图Ⅴ-9）

路面主体由不规则小石块拼砌而成，少量为碎缸片。揭露南北长4.8米，东西残宽4米。主要分布于探方中部，路面西侧被南北向排水涵管打破。（彩版Ⅴ-15）

路面纵横分幅，两幅路面间由略大的石块分隔。路面中部偏西发现一南北向青石条，该石条与路面齐平，且与路面石块结合较好，推测为路中心分界线。石条残长4.8米，宽55厘米，厚42厘米。

路基厚约5～40厘米，无明显夯筑迹象。土色灰黄，土质稍硬，土中含较多瓦砾及少量青瓷、青白瓷、青花瓷片等。揭露南北长4.8米，宽度不明。

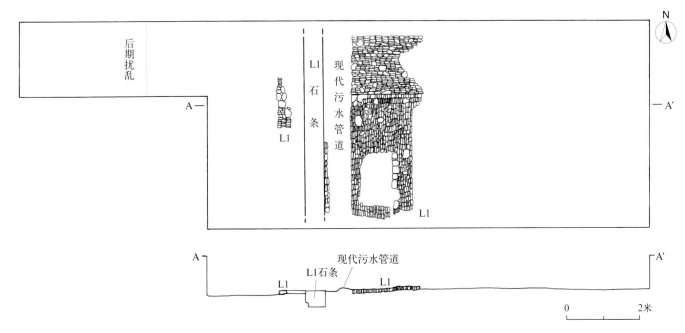

图Ⅴ-9　第一组遗迹（2008HZL1）平剖面图

第三章　出土遗物

各地层中均出土少量遗物，主要为各类瓷片，且绝大部分不可复原，以第2层出土数量最多。现选取57件标本按时代早晚，分层予以介绍。

一　Z2出土遗物

仅在解剖处出少量瓷片，另选取砖面遗迹上3件长方形条砖作标本。（图Ⅴ-10）

（一）陶器

长条砖

标本Z2：1，残。泥质灰陶。长条状，横截面略呈方形，磨损严重。除正面外，其余三个砖面均残留石灰和黄黏土。规格为残长11、宽4.5、厚4.5厘米。（图Ⅴ-10：1；彩版Ⅴ-16：1）

标本Z2：2，残。泥质灰陶。长条状，横截面略呈长方形，磨损较为严重。除正面外，其余三个砖面均残留石灰和黄黏土。规格为残长16.5、宽5、厚3.2厘米。（图Ⅴ-10：2；彩版Ⅴ-16：2）

标本Z2：3，残。泥质灰陶。长条状，横截面略呈梯形，磨损严重。除正面外，其余三个砖面均残留石灰和黄黏土。规格为残长15、宽4.5、厚3.2～4厘米。（图Ⅴ-10：3；彩版Ⅴ-16：3）

（二）瓷器

1.临汝窑青瓷器

碗

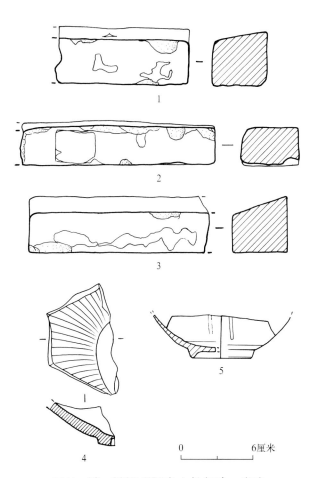

图Ⅴ-10　2008HZZ2出土长条砖、瓷碗
1.长条砖Z2：1　2.长条砖Z2：2　3.长条砖Z2：3
4.临汝窑青瓷碗Z2：4　5.景德镇窑青白瓷碗Z2：5

标本Z2：4，底足残片。下腹斜直，内底下凹，小圈足，足底平削。内腹壁饰菊瓣纹。灰胎，胎体轻薄。青绿釉，釉层较薄，釉面满布小开片。足底无釉，露胎处呈砖红色。残高1.8厘米。（图Ⅴ—10：4；彩版Ⅴ—16：4）

2.景德镇窑青白瓷器

碗

标本Z2：5，残片。下腹斜曲，内底弧凹，内壁底腹之间有一周明显凹槽，圈足，足底斜削。外腹壁压印成瓜棱形。白胎，胎体轻薄。青白釉，光亮薄透，局部有开片。外壁施釉不及底。足径5、残高3.2厘米。（图Ⅴ—10：5；彩版Ⅴ—16：5）

二 L5出土遗物

仅从砖面遗迹上选2件香糕砖作标本。（图Ⅴ—11）

标本L5：1，取自L5路面。基本完整。泥质灰陶。砖面一侧磨损严重。长29.5、宽7.5、厚3.8厘米。（彩版Ⅴ—16：6）

标本L5：2，取自L5路面分幅处。基本完整。泥质灰陶。砖面残存零星石灰痕迹，砖面一侧磨损严重。长29.5、宽5.2、厚4厘米。（彩版Ⅴ—16：7）

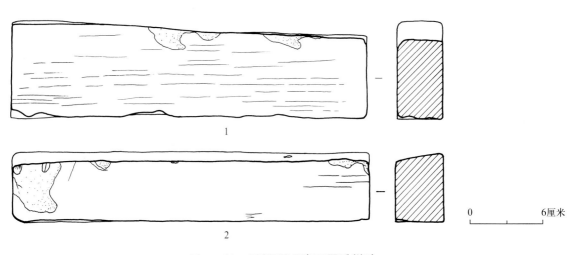

图Ⅴ—11　2008HZL5路面用香糕砖
1.L5：1　2.L5：2

三 L4路基出土遗物

数量很少，主要出于探方中部解剖处。（图Ⅴ—12）

（一）陶器

长方砖

标本L4基：5，残件。泥质灰陶。胎体厚重。一端面模印阳文"戈记"。残长16.5、残宽17、厚6.5~7厘米。（彩版Ⅴ—17：1）

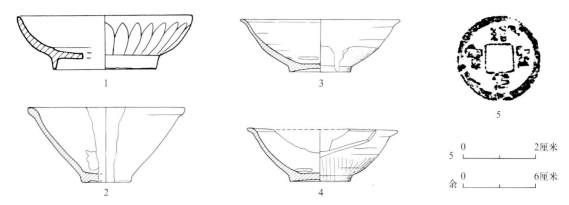

图 V-12　2008HZL4路基出土瓷盘、盏及铜钱

1.龙泉窑青瓷莲瓣盘A型L4基：1　2.未定窑口青瓷斜腹盏L4基：2　3.未定窑口酱釉瓷盏L4基：3　4.未定窑口酱釉瓷盏L4基：4
5.绍圣元宝L4基：6

（二）瓷器

1.龙泉窑青瓷器

莲瓣盘

A型

标本L4基：1，可复原。敞口，曲腹，内底大而平，大圈足，足壁较高，足底窄小。外壁饰单层仰莲瓣纹，窄瓣，瓣脊微凸。白胎，胎质细腻，胎体较薄。粉青釉，釉厚1毫米，局部可见明显的二次上釉痕迹，釉内密布白色结晶体，釉面光亮，有大小不一开片。足底无釉，露胎处呈土红色。复原口径14.4、足径8.4、高4.3厘米。（图 V-12：1；彩版 V-17：2）

2.未定窑口青瓷器

斜腹盏

标本L4基：2，可复原。唇口，斜直腹，小内底弧凹，小圈足，足底斜平削。灰胎，胎质细腻。灰青釉，满釉。足底局部缩釉，粘黏有灰白色窑渣。复原口径12.9、足径4、高6厘米。（图 V-12：2；彩版 V-17：3）

3.未定窑口酱釉瓷器

盏

标本L4基：3，可复原。侈口，斜腹微弧，内底小而平，饼足内凹。灰胎，胎壁较薄，胎面的轮修痕迹清晰可见。酱黄色薄釉，沿面处施灰青釉，釉面哑光，满布细碎开片。外壁施釉不及底，外底边缘与内壁下腹都均匀分布有五个清晰的灰白色装烧痕。复原口径13.2、足径5、高4.2厘米。（图 V-12：3；彩版 V-17：4）

标本L4基：4，可复原。侈口，斜腹微弧，内底小而平，饼足内凹。外壁下腹有密集的纵向竖线纹。米色胎，胎壁较薄，胎面的轮修痕迹清晰可见。酱黄色薄釉，沿面处施青黄釉，釉面哑光，满布细碎开片。外壁施釉不及底，外底边缘与内壁下腹都均匀分布有五个灰白色装烧痕。复原口径12.4、足径4.9、高4.3厘米。（图 V-12：4；彩版 V-17：5）

（三）铜钱

绍圣元宝

标本L4基：6，篆体，右旋读。宋哲宗绍圣年间（1094～1098年）铸。直径2.3厘米。（图Ⅴ-12：5）

四 第4层出土遗物

主要为瓷器，数量很少。（图Ⅴ-13）

1.龙泉窑青瓷器

莲瓣碗

B型

标本T1④：1，可复原。敞口，斜曲腹，内底小而平，小圈足，足底平削。外壁刻划双层莲瓣纹，尖瓣，瓣面宽平肥大，中脊微挺。灰白胎，胎壁略厚。灰青釉，滋润有光泽，半透明，釉下有密集的小气泡。足底与外底刮釉，露胎处呈灰黄色。复原口径19.3、足径6.5、高7.5厘米。（图Ⅴ-13：1；彩版Ⅴ-18：1）

碗残片

标本T1④：2，内底平，圈足，足底平削，外底旋削不平整。外壁腹底之间有一周明显凹槽。内底刻划花卉纹。灰胎，细腻紧致。青褐釉，薄透光亮。足底与外底无釉露胎。内侧足壁粘附灰白色泥点痕。外底墨书"刘"字。足径5.1、残高2.5厘米。（图Ⅴ-13：3；彩版Ⅴ-18：2）

2.遇林亭窑黑釉瓷器

束口盏

标本T1④：3，可复原。束口，斜直腹，外腹壁近足处胎面斜平削，内底弧凹，小

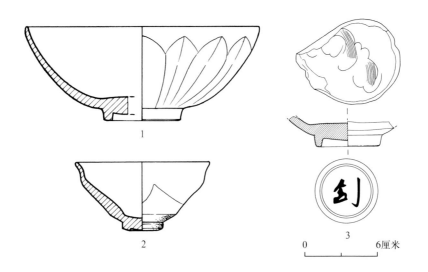

图Ⅴ-13 2008HZ第4层出土瓷碗、盏

1.龙泉窑青瓷莲瓣碗B型T1④：1 2.遇林亭窑黑釉瓷束口盏T1④：3 3.龙泉窑青瓷碗残片T1④：2

圈足，足底平削，挖足浅。夹砂灰黄胎，胎质较粗。黑釉，唇部呈铁锈色，釉面光亮。外壁施半釉，釉面有小棕眼。口径11.2、足径3.5、高5.6厘米。（图Ⅴ-13：3；彩版Ⅴ-18：3）

五 第3层出土遗物

数量较少，主要为建筑构件和瓷器。建筑构件大多残损严重，瓷器有龙泉窑青瓷、景德镇窑青白瓷等。（图Ⅴ-14）

（一）陶器

建筑构件。因残损严重，器形不明。

标本T1③：10，泥质灰陶。（图Ⅴ-14：1；彩版Ⅴ-18：4）

标本T1③：11，泥质灰陶。（图Ⅴ-14：2；彩版Ⅴ-18：5）

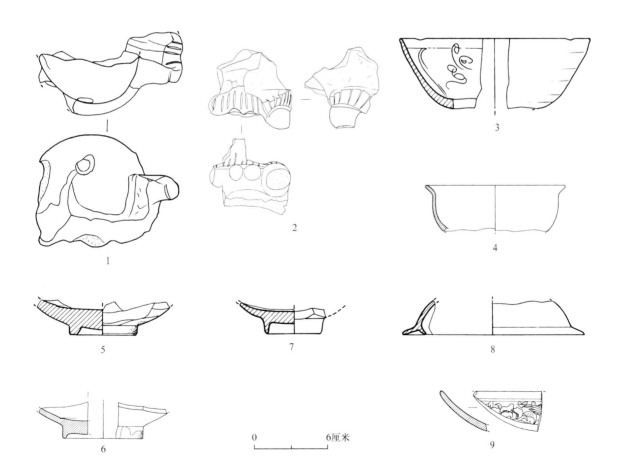

图Ⅴ-14 2008HZ第3层出土陶建筑构件和瓷碗、高足杯、器盖

1.陶建筑构件T1③：10 2.陶建筑构件T1③：11 3.龙泉窑青瓷花口碗C型T1③：1 4.龙泉窑青瓷高足杯T1③：3 5.未定窑口青瓷碗T1③：4
6.未定窑口青瓷碗T1③：5 7.景德镇窑青白瓷碗T1③：7 8.景德镇窑青白瓷子口器盖T1③：6 9.吉州窑仿定白瓷碗T1③：8

（二）瓷器

1.龙泉窑青瓷器

花口碗

C型

标本T1③：1，口腹残片。花口外敞，腹壁斜直，近足处向内弧收。内腹壁沿花口下方刻纵向"S"纹作为分区，各区内刻划云纹。胎色白中略泛灰，胎质细腻。青釉，釉层较薄，透明光亮，釉下有细微气泡。外腹壁胎面有因轮修形成的多道凸棱。复原口径15.8、残高5.6厘米。（图Ⅴ-14：3；彩版Ⅴ-18：6）

高足杯

标本T1③：3，口沿残片。圆唇，侈口，曲腹。灰胎。淡青釉，釉面光亮，有小开片。口径11.5厘米。（图Ⅴ-14：4；彩版Ⅴ-19：1）

2.未定窑口青瓷器

碗

标本T1③：4，足底残片。下腹斜曲，内底较平，圈足，足底平削，外底有一鸡心状突起。灰胎，胎体厚重。青褐釉，薄透光亮，有细小开片。外壁施釉不及底，露胎处呈土黄色。内底残存泥条垫烧痕迹。足径5.4、残高2.8厘米。（图Ⅴ-14：5；彩版Ⅴ-19：2）

标本T1③：5，足底残片。内底弧凹，圈足。内壁残存刻划篦纹与弧线纹。浅灰胎，局部有气孔。釉色灰白中略泛青，釉面光亮，外壁施釉不及底，近圈足处有缩釉与流釉现象。足径6.5、残高2.9厘米。（图Ⅴ-14：6；彩版Ⅴ-19：3）

3.景德镇窑青白瓷器

碗

标本T1③：7，底足残片。内底弧凹，圈足较高，足底窄小。白胎，腹壁较薄，底部较厚。青白釉，薄透光亮，有小开片。足外壁底部有积釉现象，外底与足内壁无釉，粘黏零星窑渣。足径4.4、残高3.6厘米。（图Ⅴ-14：7；彩版Ⅴ-19：4）

子口器盖

标本T1③：6，子口，盖沿宽平，盖面隆起。白胎。青白釉，釉面光亮。盖沿下方无釉露白胎。沿边直径15.2厘米。（图Ⅴ-14：8；彩版Ⅴ-19：5）

4.吉州窑仿定白瓷器

碗

标本T1③：8，口沿残片。芒口，敞口，圆唇，斜曲腹。内壁近口沿处装饰两周凸弦纹，内腹壁装饰花叶纹。白胎，胎质细腻，胎体略显厚重。釉色白中泛黄，欠清澈，釉层薄。残高3.2厘米。（图Ⅴ-14：9；彩版Ⅴ-19：6）

六　L3路基出土遗物

均为瓷器，数量较少，有越窑青瓷、龙泉窑青瓷、老虎洞窑青瓷、景德镇窑青白瓷及定窑白瓷等，器形有碗、盘、杯和瓶。（图Ⅴ-15）

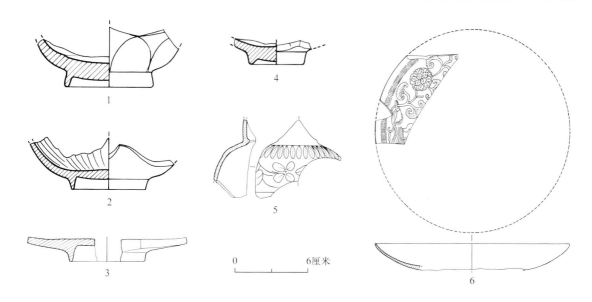

图Ⅴ-15 2008HZL3路基出土瓷碗、盘、瓶

1.越窑青瓷碗L3基：1 2.龙泉窑青瓷碗L3基：2 3.老虎洞窑青瓷盘L3基：7 4.景德镇窑青白瓷碗L3基：4
5.景德镇窑青白瓷印花瓶L3基：5 6.定窑白瓷盘L3基：6

1.越窑青瓷器

碗

标本L3基：1，底足残片。下腹弧曲，圈足。外腹壁单线刻划莲瓣纹。灰胎，胎体厚重。青黄色薄釉，釉面光亮，有小开片。足底满釉，外底面有残存四处灰白色泥条痕。足径7.3、残高4.8厘米。（图Ⅴ-15：1；彩版Ⅴ-20：1）

2.龙泉窑青瓷器

碗

标本L3基：2，曲腹，内底大而平，圈足，挖足过肩，外底鸡心状突起不明显。内腹壁刮出密集菊瓣纹。灰白胎，内夹少量杂质。青釉，釉面光亮，玻璃质感强，有开片，内壁较密，外壁稀疏。足底无釉。足径6.1、残高4.7厘米。（图Ⅴ-15：2；彩版Ⅴ-20：2）

3.老虎洞窑青瓷器

盘

标本L3基：7，底足残片。下腹斜直，内底大而平，圈足较小，挖足过肩，足底平削。厚胎厚釉。黑胎，胎质细腻。釉色灰青，釉厚1毫米以上，密布微小气泡以及冰裂纹，釉面光亮。足底无釉。内底土沁严重。（图Ⅴ-15：3；彩版Ⅴ-20：3）

4.景德镇窑青白瓷器

碗

标本L3基：4，底足残片。内底心略有弧凸，圈足，外底有鸡心状突起。白胎，胎体厚重，夹少量杂质。青白釉，釉面光亮薄透。足底与外底无釉露白胎，有多处铁锈斑。足径4.4、残高2.2厘米。（图Ⅴ-15：4；彩版Ⅴ-20：4）

印花瓶

标本L3基：5，残片。直颈，圆肩，上腹壁较直。肩部模印数周凸弦纹与一周菊瓣纹，上腹模印缠枝花纹，其下有一周凸弦纹。白胎，胎体略显轻薄。青白色薄釉。肩颈结合处的内壁可见明显的接胎痕迹。（图Ⅴ—15：5；彩版Ⅴ—20：5）

5.定窑白瓷器

盘

标本L3基：6，口沿残片。花口外敞，芒口，斜弧腹。内壁近口沿处装饰一周回纹，内腹壁饰缠枝菊飞凤纹。白胎，胎质细腻，胎体轻薄。釉色白中略泛黄，釉面光亮，釉层薄。口径16.3、残高2.1厘米。（图Ⅴ—15：6；彩版Ⅴ—20：6）

七 L2路基出土遗物

出土遗物包括瓷器和铜钱两类，数量较少，其中瓷器以青花瓷为多见，器形主要为碗、盘和杯等。（图Ⅴ—16）

（一）瓷器

1.未定窑口白瓷器

盒

标本L2基：1，盒盖缺失，盒身可复原。子口，双唇，弧腹，内底略向上弧凸，圈足，足底平削。白胎，胎质细腻，胎体轻薄。薄施白釉，釉面光亮。口沿无釉，外壁施釉不及底。复原口径9.3、足径5.9、高2.6厘米。（图Ⅴ—16：1；彩版Ⅴ—21：1）

2.景德镇窑青花瓷器

碗

标本L2基：3，底足残片。曲腹，小圈足微敛，挖足过肩，足底窄小。内底饰月影梅，边缘绕以三周弦纹，外壁下腹饰一周菊瓣纹，近足处饰三周弦纹。白胎，釉色白中泛青，釉面光亮。足底及足根内外侧无釉。足径4.1、残高3.6厘米。（图Ⅴ—16：2；彩版Ⅴ—21：2）

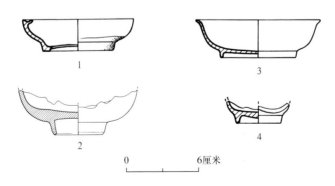

图Ⅴ—16　2008HZL2路基出土瓷盒、碗、盘、杯

1.未定窑口白瓷盒L2基：1　2.景德镇窑青花瓷碗L2基：3　3.景德镇窑青花瓷盘L2基：2

4.景德镇窑青花瓷杯L2基：4

盘

标本L2基：2，可复原。侈口，曲腹，内底较大，底心略向下弧，圈足，足底窄小。口沿内侧下方饰一周莲荷纹，上下各以弦纹为边；内底饰荷塘游禽图，边缘以弦纹为框；外腹壁饰花、蝶，外壁的口沿下方、腹足之间以及外底均饰有双线弦纹。所有图案纹饰均先勾勒轮廓纹理，再行晕染。白胎，胎体轻薄，白釉微泛青，釉面光亮。复原口径10.2、足径6.2、高3厘米。（图Ⅴ-16：3；彩版Ⅴ-21：3）

杯

标本L2基：4，底足残片。下腹弧收，内底较平，圈足，足底窄小。白胎，胎质细腻，胎体轻薄。白釉微泛青，釉面光亮，釉下有密集小气泡。足底无釉露胎，外底釉下书青花"大清丙午年制"款。足径3.6、残高1.8厘米。（图Ⅴ-16：4；彩版Ⅴ-21：4）

（二）铜钱

万历通宝

标本L2基：5，完整。真书，对读。明神宗万历年间（1573～1620年）铸。直径2.4厘米。

八　L1路基出土遗物

出土遗物包括陶器和瓷器两类，数量较多，其中以青花瓷为多见，器形主要为碗、盘、碟、杯和器盖等。（图Ⅴ-17）

（一）陶器

瓦顶帽

标本L1基：13，完整器。泥质灰陶。整体呈窝头状，平底，中空。直径6.2～6.6、孔径3、高5.5厘米。（图Ⅴ-17：1；彩版Ⅴ-22：1）

八卦转盘

标本L1基：7，可复原。泥质灰陶。整体呈圆饼状，平顶，直壁，平底，中心有一圆孔。顶部以细浅的刻划直线平分为八区，隐约可见各区内有墨书的八卦符号。直径10.4、厚3.5厘米。（图Ⅴ-17：2；彩版Ⅴ-22：2）

（二）瓷器
1.龙泉窑青瓷器

碗

标本L1基：8，底足残片。曲腹，内底较平，圈足，足底斜平削，挖足很浅，外底心略凹。灰胎，胎体厚重。淡青绿釉，半透明，釉面光亮，满布大小不一开片。足底与外底刮釉不尽，局部粘黏白色泥点。足径5.7、残高5.6厘米。（图Ⅴ-17：3；彩版Ⅴ-22：3）

标本L1基：11，口沿残片。侈口，圆唇，斜腹。口沿内侧下方刻一周凹弦纹，内腹壁残存刻划莲荷纹。白胎，胎质细腻。灰青釉，半透明，釉面略带光泽。残高5.6厘米。（图

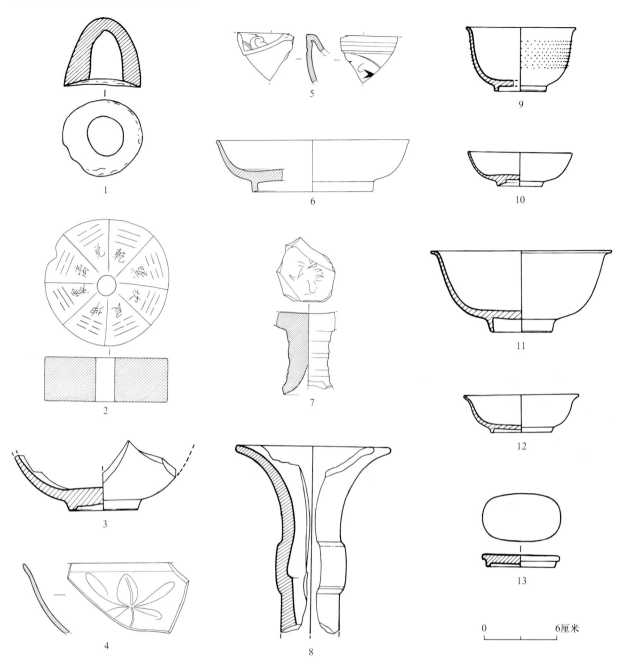

图 V-17　2008HZL1路基出土陶瓦顶帽、八卦转盘和瓷碗、盘、杯、觚、碟、器盖

1.陶瓦顶帽L1基：13　2.陶八卦转盘L1基：7　3.龙泉窑青瓷碗L1基：8　4.龙泉窑青瓷碗L1基：11　5.龙泉窑青瓷夹层碗L1基：12
6.龙泉窑青瓷敞口盘D型L1基：9　7.龙泉窑青瓷高足杯L1基：10　8.龙泉窑青瓷觚L1基：3　9.景德镇窑白瓷杯L1基：1　10.景德镇
窑白瓷碟L1基：2　11.景德镇窑青花瓷碗L1基：5　12.景德镇窑青花瓷碟L1基：6　13.景德镇窑青花瓷器盖L1基：4

V-17：4；彩版 V-22：4)

夹层碗

标本L1基：12，口沿残片。直口，沿面较平，外层上腹壁略曲，内层上腹壁斜曲。口沿外侧下方刻划数道凹弦纹，外腹壁饰刻划弧线纹，内腹壁残存刻划草叶纹。白胎，胎质细腻，青绿釉，较透明，釉面光亮。残高3.8厘米。（图 V-17：5；彩版 V-23：1）

敞口盘

D型

标本L1基：9，可复原。敞口，圆唇，垂腹，底心微向上弧凸，大圈足，足底平削。灰白胎，胎体厚重。淡青绿釉，半透明，釉面光亮。外底无釉，露胎处呈火石红。复原口径16、足径10、高4.1厘米。（图Ⅴ-17：6；彩版Ⅴ-23：2）

高足杯

标本L1基：10，底足残片。内底平，喇叭形高圈足。足外壁有竹节状突起，每节突起中间均饰一周凹弦纹，内底压印牡丹纹。灰胎，胎质细腻，胎体厚重。灰青釉，半透明，釉面光亮，有大开片。足底无釉。残高6.6厘米。（图Ⅴ-17：7；彩版Ⅴ-23：3）

觚

标本L1基：3，口腹残片。大喇叭口，束颈，鼓腰。灰白胎，胎体厚重。灰青釉，釉面粗糙欠光泽，满布小棕眼，开片。口径12.8、残高15厘米。（图Ⅴ-17：8；彩版Ⅴ-23：4）

2.景德镇窑白瓷器

杯

标本L1基：1，可复原。侈口，垂腹，内底平，小圈足。外壁中腹装饰小米状突点。白胎，胎质细腻。白釉，薄透光亮。足底无釉露胎。复原口径9、足径4.3、高5.1厘米。（图Ⅴ-17：9；彩版Ⅴ-23：5）

碟

标本L1基：2，可复原。敞口，曲腹，内底较平，小圈足，玉璧底。白胎，胎质细腻，胎体轻薄。白釉，薄透光亮。足底与外底无釉露胎。复原口径8.6、足径3.6、高2.7厘米。（图Ⅴ-17：10；彩版Ⅴ-23：6）

3.景德镇窑青花瓷器

碗

标本L1基：5，可修复。折沿，沿面斜向上伸展，曲腹，圈足微敛，挖足过肩，足底窄小。内底绘植物花卉纹，边缘以双线弦纹为框。外腹壁主体饰缠枝菊花纹，下方饰如意云头纹一周，口沿内外侧下方以及外壁腹足之间均饰有多道弦纹。白胎，胎质细腻。釉色白中泛青，釉面光亮，外底釉色偏白。足底无釉。口径14.9、足径5、高6.5厘米。（图Ⅴ-17：11；彩版Ⅴ-24：1）

碟

标本L1基：6，可复原。侈口，曲腹，平底，圈足，足底窄小。口沿内外侧、内底边缘以及外壁腹足之间均饰有弦纹，内底饰荷塘水草图，内外腹壁均装饰有花纹。白胎，胎质细腻，胎体轻薄。白釉，薄透光亮。足底无釉。口径9.5、足径5、高3厘米。（图Ⅴ-17：12；彩版Ⅴ-24：2）

器盖

标本L1基：4，完整器。子口，平顶，整体呈椭圆形。盖面饰蕉叶图，并以双线弦纹为框。白胎，胎质细腻。釉色白中泛青，薄透光亮。盖内侧除内顶外，其余均无釉露胎。口径3.8~6.5、高1厘米。（图Ⅴ-17：13；彩版Ⅴ-24：3）

九 第2层出土遗物

主要为各类瓷片，有龙泉窑青瓷及景德镇仿哥釉瓷、白瓷、卵白釉瓷和青花瓷等，以青花瓷最多。器形主要为碗和盘。（图Ⅴ-18）

1.龙泉窑青瓷器

盘

标本T1②：7，底足残片。内底较平，圈足，足底斜削。内底心压印花卉纹。灰白胎，胎体厚重。青绿釉，釉厚近1毫米，乳浊失透，釉面光亮。足底满釉，局部缩釉，外底一圈无釉呈火石红。足径7.2、残高1.8厘米。（图Ⅴ-18：1；彩版Ⅴ-25：1）

标本T1②：8，底足残片。内外底均略有弧凸，圈足，足底圆削。内底隐约可见压印植物花卉纹，并以细浅单线凸弦纹为框。灰胎，胎质粗糙，胎体厚重。青绿釉，乳浊失透，满布冰裂纹。足底满釉，外底一圈无釉呈火石红。残高2厘米。（图Ⅴ-18：3；彩版Ⅴ-25：2）

瓶

标本T1②：6，口沿残片。喇叭口，紧贴口沿内侧下方有一周凹槽，口沿外侧下方刻多周凹弦纹。白胎，胎体厚重。青绿釉，略显透明，釉面光亮，釉内有密集的小气泡。残高2.9厘米。（图Ⅴ-18：2；彩版Ⅴ-25：3）

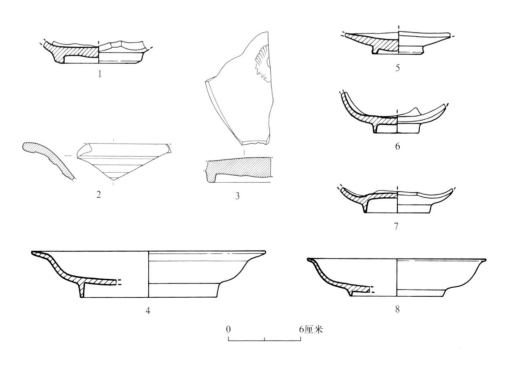

图Ⅴ-18 2008HZ第2层出土瓷盘、碗

1.龙泉窑青瓷盘T1②：7 2.龙泉窑青瓷瓶T1②：6 3.龙泉窑青瓷盘T1②：8 4.景德镇窑仿哥釉盘T1②：1 5.景德镇窑卵白釉瓷盘T1②：5 6.景德镇窑白瓷碗T1②：2 7.景德镇窑青花瓷碗T1②：3 8.景德镇窑青花瓷盘T1②：4

2.景德镇窑仿哥釉瓷器

盘

标本T1②：1，可复原。斜折沿，曲腹，内底大而平，圈足较高，足底窄小。白胎，胎质细腻，仿哥釉，釉面光亮。足底及足根内外侧无釉。复原口径19.5、足径11.4、高3.7厘米。（图Ⅴ–18：4；彩版Ⅴ–25：4）

3.景德镇窑卵白釉瓷器

盘

标本T1②：5，底足残片。下腹斜直，内底心微凹，小圈足微外敞，足底平削，外底略有弧凸。内底纹饰不清。白胎，胎体厚重。卵白釉，釉面略有光泽。足底与外底无釉。足径4.2、残高1.8厘米。（图Ⅴ–18：5；彩版Ⅴ–25：5）

4.景德镇窑白瓷器

碗

标本T1②：2，底足残片。下腹弧曲，内底较平，小圈足，足底窄小。白胎，胎质细腻。白釉，釉面光亮。足底无釉。足径3.7、残高3.3厘米。（图Ⅴ–18：6；彩版Ⅴ–25：6）

5.景德镇窑青花瓷器

碗

标本T1②：3，底足残片。下腹斜曲，内底弧凸，圈足，挖足过肩。青花纹样系先勾勒轮廓，再填彩晕染。内底饰海棠花叶纹，以圆形双线弦纹为框，外腹壁饰花卉纹，近底足处饰多周弦纹。外底心有"万福攸同"文字款，以圆形双线弦纹为框。白胎，胎质细腻。釉色白中泛青，釉下有密集小气泡。足底无釉。足径5.4、残高2厘米。（图Ⅴ–18：7；彩版Ⅴ–25：7）

盘

标本T1②：4，可复原。侈口，曲腹，大圈足微敛，足底窄小。外腹壁饰缠枝花纹，口沿内外侧下方、内底边缘以及外壁腹足之间均饰有弦纹。白胎，胎体轻薄，釉色白中泛青。釉面光亮，外底釉色略白。足底无釉。复原口径14.7、足径7.6、高3厘米。（图Ⅴ–18：8；彩版Ⅴ–25：8）

第四章　年代与性质

第一节　地层年代分析

第1层　探方中部和西部为现代中山中路及其基础层，探方东部为临街建筑层。

第2层　土层中包含较多各类瓷片，有青瓷、白瓷、卵白釉及青花瓷等，时代跨度较大，自元至近代的瓷片均有发现。由此看来，该层堆积的形成时间应不早于近代。其中探方中部和西部为道路基础填土，探方东部为临街建筑层，但两者土色基本相同，很难区分，唯土质略有不同，路基部分土质稍硬。

第3层　土层中包含少量各类瓷片，主要为越窑青瓷、龙泉窑青瓷、景德镇窑青白瓷和定窑白瓷等。其中，时代最早的为北宋时期，如景德镇窑青白瓷子口器盖T1③：6[①]；属南宋时期的有龙泉窑青瓷花口碗C型T1③：1[②]、景德镇窑青白瓷碗T1③：7[③]等；时代最晚的为元代，如龙泉窑青瓷高足杯T1③：3[④]、未定窑口青瓷碗T1③：4与T1③：5[⑤]等。该层的形成时间不会早于元代。

第4层　出土了少量瓷片，包括龙泉窑青瓷与遇林亭窑黑釉瓷，基本都是南宋时期的遗物。如龙泉窑青瓷莲瓣碗B型T1④：1，敞口，斜曲腹，外壁刻划双层莲瓣纹，瓣面宽平肥大，尖瓣，中脊微挺，其无论在造型还是在装饰上，都与流行于南宋中晚期的龙泉窑东区窑址三型Ⅰ式碗（以BY24T5④：12为代表）[⑥]基本相同。在四川遂宁金鱼村窖藏中也发现与

---

① 此类器物为盖碗之器盖，在两宋时期的景德镇窑、龙泉窑、南宋官窑等曾大量烧造。南宋时常装饰有莲瓣纹，如江西婺源南宋庆元六年（1200年）汪赓墓出土的盖碗。此件器盖胎色洁白，釉色纯正，不着纹饰，当为北宋景德镇窑产品。参见裴亚静《宋元景德镇窑系青白釉瓷器的分期》，《陈昌蔚纪念论文集（陶瓷）》，财团法人陈昌蔚文教基金会，2001年版。

② 参见龙泉大白岸金窑岗窑址一型Ⅷ式碗（BY25T1表：2），浙江省文物考古研究所《龙泉东区窑址发掘报告》，第204页，图一三〇：3，文物出版社，2005年版。相似的碗有浙江省博物馆藏云纹莲花碗，见朱伯谦主编《龙泉窑青瓷》，第127页，图92，（台北）艺术家出版社，1998年版。

③ 参见景德镇湖田窑南宋Ac型仰烧撇口碗（96B·T4③A：500），江西省文物考古研究所《景德镇湖田窑址（1988～1999年考古发掘报告）》，第76页，图六三：3，文物出版社，2007年版。

④ 参见龙泉窑源口窑区Ⅲ式高足杯（EY16二区采：5），浙江省文物考古研究所《龙泉东区窑址发掘报告》，第345页，图二五一：3，文物出版社，2005年版。

⑤ 这类产品在杭州发现较多，一般出于元代地层。从其胎釉特征及造型看，产地当在福建和浙南地区，时代为元代。参见曾凡《福建陶瓷考古概论》，福建省地图出版社，2001年版；栗建安《福建古窑址考古五十年》，《陈昌蔚纪念论文集（陶瓷）》，财团法人陈昌蔚文教基金会，2001年版。

⑥ 浙江省文物考古研究所《龙泉东区窑址发掘报告》，文物出版社，2005年版。

其相似的莲瓣碗①。而外底墨书"刘"字的青瓷碗T1④：2应为南宋末期龙泉窑产品②。黑釉束口盏T1④：3为福建武夷山遇林亭窑南宋时期产品③。此类盏在造型上与建窑黑釉束口盏非常接近，而就纪年材料来看，这种口沿作束口造型的建窑黑釉盏基本存在于南宋中晚期范围内④。因此，从包含物的年代来分析，该层堆积的形成时间不会早于南宋晚期。

第二节　遗迹年代与性质

各地层与六组遗迹之间的叠压、打破关系清晰，现对各组遗迹的年代与性质分析如下：

第一组遗迹：本组遗迹仅发现碎石道路L1及其路基，该遗迹为第2层叠压，其营建时间不会晚于近代。从其路基填土中出土的遗物看，主要为各类瓷片，时代较早的为南宋，如龙泉窑青瓷碗L1基：11⑤。另有明代特征的龙泉窑青瓷高足杯L1基：10⑥、清代景德镇窑青花器盖L1基：4等。根据文献记载，民国十七年（1928年），当时的杭州市政府考虑到汽车的出现，原有的石板道路已不再适应交通工具的进步，决定建设一条从江干至湖墅贯穿市区南北的汽车大道，取名江墅路，对原有道路进行整治，并改石板道路为碎石路面。受各种条件的限制，当时只完成凤山门至贯桥一段道路，本次发现的碎石道路L1即为其中的一段⑦。抗战胜利后，为纪念孙中山先生，该路更名为中山路。

第二组遗迹：包括石板道路遗迹L2和砖面遗迹Z1。该组遗迹东部为第2层叠压，西部为碎石道路遗迹L1叠压，其时代不会晚于L1。从其路基中出土的遗物分析，虽然有明代景德镇窑青花碗L2基：3、盘L2基：2⑧及明"万历通宝"铜钱L2基：5出土，但也有带"大清丙午年制"底款的景德镇窑青花杯L2基：4⑨发现，"大清丙午"当为康熙五年(1666年)。

---

① 中国国家博物馆、遂宁市博物馆、彭州市博物馆《宋韵——四川窖藏文物辑粹》，第27页，龙泉窑青釉莲瓣纹碗，中国社会科学出版社，2006年版。

② 参见龙泉山头窑一型Ⅲ式碗（BY15T9：20），浙江省文物考古研究所《龙泉东区窑址发掘报告》，第93页，图三一：2，文物出版社，2005年版。

③ 参见曾凡《福建陶瓷考古概论》，第114页，图三二：2、3，福建省地图出版社，2001年版；福建省博物馆《武夷山遇林亭窑考古发掘报告》，《福建文博》2002年2期。

④ 刘涛《宋辽金纪年瓷器》，文物出版社，2004年版。

⑤ 参见龙泉东区南宋一型Ⅶ、Ⅷ碗，浙江省文物考古研究所《龙泉东区窑址发掘报告》，文物出版社，2005年版。

⑥ 浙江龙泉安仁口入窑湾元代1号窑出土高足杯，器内纹饰与之相同，但足偏矮，时代略早。北京毛家湾明正德年间瓷器坑中有此类竹节状高足杯，文中称青釉高足碗（K1：1724），但该器足高8.5厘米，时代偏晚。故推测本文高足杯为明早期。见上海博物馆考古部《浙江龙泉安仁口古瓷窑址发掘报告》，《上海博物馆集刊》第三期，第113页，图五：11；北京市文物研究所、北京西城区文物管理所《北京毛家湾明代瓷器坑发掘简报》，《文物》2008年4期，第59页，图二六：1。

⑦ 浙江省政府建设厅《浙江省公路统计》，1933年版；干人俊《民国杭州市新志稿》，杭州市地方志编纂办公室《杭州地方志资料》第一、二辑，1987年11月。

⑧ 青花碗胎体较厚，挖足过肩，底足带火石红痕，有明空白期产品特征。青花盘胎质细腻、色泽明快。底足圆润不施釉，且粘有砂粒，露胎较多，具有明晚期产品特征。参见耿宝昌著《明清瓷器鉴定》，紫禁城出版社，1993年版。

⑨ 该器胎质细腻坚致，釉色青白，干支款亦为康熙早期常见。参见耿宝昌《明清瓷器鉴定》，紫禁城出版社，1993年版。同样的器物在广州大通寺也有发现，参见《广州大通寺遗址发掘简报》，《羊城考古发现与研究（一）》，第314页，文物出版社，2005年版。

因此，该组遗迹的形成时间应不早于清康熙时期，根据文献记载，该道路在清代称太平坊，民国沿用①。

第三组遗迹：包括石板道路遗迹L3及其排水沟G1、G2和房屋建筑遗迹F1。该组遗迹为石板道路遗迹L2和砖砌遗迹Z1所叠压。房屋建筑遗迹F1叠压于第3层上，其营建时间不会早于元代。根据石板道路L3路基填土中出土的遗物分析，时间最早的为北宋或更早的越窑青瓷碗L3基：1②，另有南宋时期的景德镇窑印花瓶③、金代定窑白瓷盘④等，时代最晚的为元代龙泉窑青瓷碗L3基：2⑤、景德镇窑青白瓷碗L3基：4⑥及杭州老虎洞窑青瓷盘L3基：7⑦等。因此，L3的形成时间也不会早于元代。

第四组遗迹：包括石板道路遗迹L4及其排水沟L4G1、L4G2和房屋建筑遗迹F2。该组遗迹被石板道路遗迹L3和第4层叠压，其营建时间当不晚于南宋晚期。由于路基填土较单纯，包含遗物较少。其中模印阳文"戈记"的长方砖在杭州卷烟厂大马厂巷工地南宋三省六部遗址中即有发现。龙泉窑青瓷莲瓣盘A型L4基：1胎质细腻，施粉青色厚釉，局部可见明显的二次施釉痕迹，足底露胎呈朱红色，具有典型的南宋特征⑧。龙泉窑二次施釉的出现约在12世纪末，1979年浙江省松阳县古市南宋庆元元年（1195年）墓出土的弦纹梅瓶是龙泉窑由一次釉发展成多次施釉的实物例证。而大量呈失透状厚釉出现的时间约在13世纪初的南宋中期以后，如1978年江西省清江县花果山宋开禧元年（1205年）墓出土青瓷长颈瓶釉层较厚，釉呈粉青失透状⑨。未定窑口青瓷斜腹盏L4基：2施灰青薄釉，与安徽省舒城县三里村宋墓出土北宋晚期矮圈足小碗相近⑩。至于未定窑口酱釉瓷盏L4基：3、4虽制作较粗，但其造型、沿面施青釉（青口）及装烧工艺等特征与福建部分窑口的宋代产品很接

---

① 《浙江省城图》（清光绪十八年），杭州市档案馆编《杭州古旧地图集》，第160页，图137，浙江古籍出版社，2006年版。

② 造型及莲瓣风格与浙江上虞百官镇出土的北宋越窑青釉刻花盖盉相近。参见曹锦炎主编《中国出土瓷器全集》9，浙江卷，图160，科学出版社，2008年版。

③ 釉色及装饰纹样与景德镇湖田窑南宋前期B型扁腹壶92新·T2②：255相似。参见江西省文物考古研究所《景德镇湖田窑址（1988~1999年考古发掘报告）》，彩版七七：2，文物出版社，2007年版。

④ 其纹饰风格与英国大维德中国艺术基金会藏大定二十四年（1184年）缠枝菊飞凤纹范模相同，参见刘涛《宋辽金纪年瓷器》，文物出版社，2004年版。与杭州钢铁厂南宋墓出土白瓷碗的纹样也相同，参见《浙江省杭州钢铁厂宋墓概况》，浙江省文物考古研究所《浙江省文物考古研究所学刊》（第七辑），杭州出版社，2005年版。

⑤ 该碗内壁刮出凹棱形的菊瓣纹，外底心略突，为龙泉窑元代产品的典型特征。参见朱伯谦主编《龙泉窑青瓷》，（台北）艺术家出版社，1998年版。

⑥ 该碗底残片胎体厚重，胎质较粗，外底心有小圆突，与元代景德镇窑青白瓷风格相同。参见江西省文物考古研究所《景德镇湖田窑址（1988~1999年考古发掘报告）》，文物出版社，2007年版；裴亚静《宋元景德镇窑系青白釉瓷器的分期》，《陈昌蔚纪念论文集（陶瓷）》，财团法人陈昌蔚文教基金会出版，2001年版。

⑦ 此类产品在老虎洞元代层有较多发现，为老虎洞元代产品中较精的一类，风格接近南宋官窑产品，但釉色偏灰，釉面光亮，釉下气泡密集，玻璃感强，圈足粗矮，挖足过肩，足底涂紫金水。

⑧ 参见四川遂宁金鱼村窖藏龙泉窑青釉莲瓣纹盘，中国国家博物馆、遂宁市博物馆、彭州市博物馆《宋韵——四川窖藏文物辑粹》，第28页，中国社会科学出版社，2006年版。四川简阳东溪园艺场南宋后期宋墓也有相似的莲瓣盘出土，参见朱伯谦主编《龙泉窑青瓷》，第169页，图140，（台北）艺术家出版社，1998年版。

⑨ 参见朱伯谦主编《龙泉窑青瓷》，第123页，图88，第140页，图107，（台北）艺术家出版社，1998年版。

⑩ 舒城县文物管理所《安徽舒城县三里村宋墓的清理》，《考古》2005年1期。

近，尤其与闽北松溪窑五代、北宋产品尤为接近[①]。因此，该组遗迹形成的时间应不会早于13世纪初的南宋中期。根据《咸淳临安志》卷首所附《京城图》所示，该组遗迹的石板道路遗迹L4及其排水沟L4G1、L4G2应为南宋御街的一部分，房屋建筑遗迹F2应是御街东侧的临街建筑。

第五组遗迹：包括砖砌道路遗迹L5及其排水沟L5G1和L5G2。该组遗迹为石板道路遗迹L4及其排水沟L4G1、L4G2所叠压，其营建时间不会晚于南宋中期。从路面铺设的香糕砖及路面分幅等情况看，也与历年来南宋临安城遗址发现的南宋时期道路相吻合[②]。因此，该遗迹应为L4之前南宋御街的一部分。

第六组遗迹：仅发现砖面遗迹Z2，被砖砌道路遗迹L5叠压。根据其路基解剖处出土的遗物看，时代均为北宋时期，有北宋晚期临汝窑青瓷碗（Z2∶4）[③]，北宋景德镇窑青白瓷碗Z2∶4[④]。因此其形成时间不会早于北宋晚期。根据文献记载，自五代起，杭州的行政中心即位于城南凤凰山一带，由于地理位置的特殊性，今中山路作为城市中轴线的地位，其实早在五代时就已经确立[⑤]。Z2很可能就是当时自南而北由州治通往城市北部的重要通道的一部分。

---

① 青口是指在口沿处刮釉再罩以青釉，常见于黑釉器。最早出现类似装饰的是洛阳北魏大市遗址出土的黑釉碗。其后陕西耀州窑、浙江临安天目窑等均有发现，但以福建最多见，在福建光泽、邵武、晋江等地的宋代窑址中均有烧造。南平茶阳等窑又在口沿处刮釉后再罩以白色透明釉，即所谓"白覆轮"或"白口"。参见曾凡《福建陶瓷考古概论》，福建省地图出版社，2001年版。栗建安《福建地区宋元时期外销瓷研究的若干问题》，郑培凯主编《十二至十五世纪中国外销瓷与海外贸易国际研讨会论文集》，中华书局（香港）有限公司，2005年版。
② 在南宋皇城范围内的浙江省军区后勤部仓库招待所内、杭州卷烟厂南宋三省六部遗址等地均有发现。
③ 冯先铭《河南省临汝县宋代汝窑遗址调查》，《文物》1964年8期。临汝窑受耀州窑影响，该盏与耀州窑北宋晚期Ea型I式盏接近，见陕西省考古研究所、耀州窑博物馆《宋代耀州窑址》，文物出版社，1998年版。
④ 该器与吉林省农安万金塔基出土的青白瓷碗相近，见刘振华《农安万金塔基出土文物》，《文物》1973年8期。器壁做成花瓣式是北宋中晚期景德镇窑碗、盘造型的特点之一，参见刘涛《宋辽金纪年瓷器》，文物出版社，2004年版。
⑤ 参见本报告第陆部分相关问题讨论。

陆　相关问题讨论

　　1988～2008年间四次考古发现的南宋御街遗迹，基本可以和通过文献、地图、地名考证所得出的南宋御街走向相互印证，南宋临安城的中轴线得以确认。受发掘面积及遗迹保存状况所限，目前对南宋御街的认识还仅仅是冰山一角。下文将综合四次发掘成果，结合文献记载，尝试对南宋御街的用材、结构、长度和宽度等问题做初步探讨。

第一章　南宋御街的用材演变

对南宋御街用材的认识是个循序渐进的过程。20世纪80年代初，根据《咸淳临安志》等文献的记载，学者们一致认为御街是由石板铺砌的。[1]1988年杭州卷烟厂发现砖砌御街后，考古工作者开始对文献记载产生怀疑。2004年严官巷发现相似结构的御街后，对文献的怀疑则被否定文献的准确性所取代。2008年中山中路御街的揭露，则犹如拨开云雾见太阳，御街由砖砌向石板铺筑的演变得以确认。这正是考古工作的魅力所在。

一　砖砌道路

根据目前的考古发掘，砖砌道路有卷烟厂L2、L3，严官巷L7，太庙巷L3和中山中路L5。关于砖砌御街的始筑年代，目前从考古的角度尚不能完全解决，只能通过叠压关系并结合文献记载略作讨论。

太庙巷L3位于太庙东围墙的东侧，其局部为东围墙所叠压，表明其砌筑的时间要早于南宋太庙。据文献记载，太庙始建于绍兴四年（1134年），初为正殿七楹十三室。绍兴七年（1137年），因高宗移跸建康而将太庙神牌迁往建康。临安太庙被改名为圣祖殿。年底高宗从建康迁回临安，圣祖殿复为太庙。绍兴十六年（1146年），数以千计的祭器制作完毕，太庙虽有七楹十三室，还是因殿室狭窄而不能将祭器全部陈列进去，监察御史巫伋请增建庙宇，于是又扩建"六楹"。每楹为一室，东西两楹为夹室。同时又增建廊庑、西神门、册室殿、祭器库等。至此，太庙初具规模。绍熙五年（1194年）在太庙诸室西建了四祖庙，奉祀僖祖、顺祖、翼祖和宣祖。绍定五年（1232年）又令太庙南墙外的民居拆搬他处，并将行在粮料院、白马神祠等机构迁出，依山开拓太庙。咸淳元年（1265年）添置理宗皇帝室，又建"二成六台，为祀官升下以奉神主出入之地"[2]。

从文献记载来看，南宋太庙虽经多次扩建，但主要围绕太庙内部殿宇的增建，其扩建的方向也主要在太庙的南面，即紫阳山向东伸出的山岭的北麓。其临街而立的东围墙位置应一

---

① 林正秋《南宋都城临安》，西泠印社出版，1986年版。

② 关于太庙的建造时间，文献略有差异。[宋]潜说友《咸淳临安志》卷三《行在所录》："太庙，在瑞石山之左，绍兴四年，诏守臣梁汝嘉造，用太常少卿江端友之请也。"道光庚寅钱唐振绮堂汪氏仿宋本重雕，江苏广陵古籍刻印社，1986年版。[元]脱脱等《宋史》卷一百六："绍兴五年司封郎中林待聘言'太庙神主宜在国都，今新邑未冀，当如古行师载主之义，迁之行阙以彰圣孝'，于是始建太庙于临安奉迎安置。"中华书局标点本，1977年版。

直未变，考量南宋绍兴初年一切从简的特殊情况，太庙巷L3的始建年代可上推至北宋时期，南宋沿用。

卷烟厂L3为L2所叠压，从L2残缺处可见其砖面呈不对称分幅现象，其中西幅砖面较宽，为4.45米，东幅砖面宽约1.9米。太庙巷L3虽仅揭露了西侧部分，但揭露最宽处已达3.5米，仍未见分幅现象，其结构有别于严官巷L7，但与卷烟厂L3非常接近，推测其为同一条道路。卷烟厂L3虽临近和宁门，但南宋初年行宫营建极为简省，因此，该段道路也应沿用北宋时的道路。

卷烟厂L2直接叠压于L3之上，应是重新铺砌的道路。严官巷L7经局部解剖，其下发现较厚的黄黏土基础，东侧以长方砖包砌，结构很像夯土台基，但考虑到解剖位置位于L7的最西侧包砖处，如果新铺筑的L7的位置略作移动，解剖处很可能无法探测到更早的道路遗迹。严官巷L7有分幅现象，两者之间用香糕砖分隔。卷烟厂L2的结构与其东幅砖面相同，但不见其西幅砖面。据发掘者回忆，卷烟厂L2外侧局部尚残留少量破坏严重的香糕砖，可见其路面也存在分幅，只是分幅部分砖面被严重破坏了而已。中山中路L5叠压于北宋晚期砖面Z2之上，也应是南宋新筑道路。

根据文献记载，自绍兴八年（1138年）高宗正式定都临安起，特别是绍兴十二年（1142年）宋金议和，南宋开始重建其政权。突出表现是常行仪仗及礼制建筑的不断新建，如绍兴十二年置玉辂，绍兴十三年（1143年）筑郊坛、建景灵宫等。[①]与此同时，围绕和宁门外的建设也在不断进行，如绍兴十八年（1148年），正式名皇宫北门为和宁门，绍兴二十七年（1157年），以和宁门外显宁寺为基础，扩建为中枢机构三省枢密院，自都亭驿桥（即六步桥）西至山麓方圆三四里范围，成为中央官署集中办公的场所。绍兴二十八年（1158年），又将和宁门外的登闻检院和登闻鼓院迁往丽正门外，[②]后成为晓示亭及百官集合待班之用的待班阁子等机构。[③]卷烟厂L2、严官巷L7和中山中路L5的修筑很可能就在这一时期，而且卷烟厂L2叠压于L3之上，但其走向并不完全一致，部分路段还叠压在与L3同时期的建筑之上，皆能说明南宋对原有道路进行了局部调整。

二　石板道路

杭州卷烟厂石板道路L1虽为元代地层所叠压，但从其地理位置和结构分析，其始筑年代当为南宋时期，后为元代所沿用。这在前文已有所阐述，不再赘言。

中山中路石板道路L4叠压于砖砌御街L5之上，惜破坏严重，具体结构已难以复原。从路基包含物分析，其修筑的时间应不会早于13世纪初。

严官巷L5为黄色黏土夯筑而成，并直接叠压于砖砌道路L7之上，应系重筑道路的基础。由于仅存路基部分，路面用材不详。但从被其叠压的L7来看，砖砌路面的保存情况较

---

① [宋]王应麟《玉海》卷十六《绍兴临安定都》，据光绪九年浙江书局刊本影印，广陵书社，2003年版。
② [宋]潜说友《咸淳临安志》卷八《省所》，道光庚寅钱唐振绮堂汪氏仿宋本重雕，江苏广陵古籍刻印社，1986年版。
③ [宋]潜说友《咸淳临安志》卷一《皇城图》，道光庚寅钱唐振绮堂汪氏仿宋本重雕，江苏广陵古籍刻印社，1986年版。

好，如果不是用材的改变或道路的拓宽，似乎没必要再重新修筑，其上部堆积层中也很少发现香糕砖，故推测其为石板道路的基础。从黄黏土分布的情况看，与L7砖面基本相同，但其西侧小部分为L4所叠压。L4为较纯净的粉沙土组成，与一般的建筑废弃堆积相比确有较大区别，似有意填筑而成。结合卷烟厂石板道路L1路面明显比L2加宽的特点，推测严官巷L4很可能也是石板道路的一部分。[①]

南宋御街和宁门至朝天门段在临安城布局中占有特殊的地位。由于御街西侧分布着三省六部等重要官署机构，又有南宋重要的礼制建筑——太庙，南宋许多重大的礼仪活动就在此举行。如元旦和冬至的大朝会，百官自和宁门入大内朝贺；遇"四孟"驾出和宁门沿御街趋景灵宫朝献；三年一次的南郊大礼，驾出和宁门至景灵宫奏告祖先，再回太庙宿斋，次日由太庙出发乘辂沿御街南行，经六步桥路口折东，至候潮门内向南，出嘉会门抵郊坛行礼，再坐辇回丽正门。[②]始建于绍兴年间的砖砌道路，随着时间的推移渐显"疲态"，如卷烟厂L2，其表面留下的磨损及火焚的痕迹，无不表明其经历的岁月之久。严官巷L7可能由于大礼时略经整治和"籍以黄沙"的保护，其保存情况较好，但时间愈久也难以承受车辂仪仗的反复碾压，南宋御街的改造成为必然。

关于南宋御街由砖砌改成石板的确切时间，文献并没有明确的记载，但不会晚于宁宗嘉定十六年（1223年）。《宋会要辑稿》方域一〇记载，"宁宗嘉定十六年十一月一日，臣僚言：……自都亭驿至丽正门系文武百僚趋朝前殿之路，皆是泥途，穷冬雨雪冰冻，春雨梅霖淖泞，委是难行。欲望圣慈申敕攸司，自候潮门内之南至丽正门，并用石版铺砌可通车马之路，所费无几。或曰大礼年分恐碍行辂，曾不知遂郊例是一路石版，临期悉行除拆，礼毕日仍旧铺砌，初非难事，亦可以壮帝王之居。"该建议为宁宗所接受。[③]文中提到的泥路，即为绍兴二十八年（1158年）杨存中在拓展东南外城时修筑的"御路"。[④]该路在候潮门内转西至六步桥路口与御街相连，是皇帝自太庙到南郊行礼的一段，如果此时御街仍为砖砌道路，仅泥路改用石板铺砌，何谈"郊例是一路石板"？说明南宋御街在这之前已由砖砌改成了石板路面。

《都城纪胜》曾提到"自大内和宁门外，新路南北，早间珠玉珍异及花果、时新、海鲜、野味、奇器，天下所无者悉集于此。以至朝天门、清河坊、中瓦前、灞头、官巷口、棚心、众安桥，食物店铺，人烟浩穰。"[⑤]此"新路"不可能是上文所提及的都亭驿至丽正门段，因为那里没有如此繁忙的商业景象，应指南宋新修的石板御街。之所以称为"新路"显然是与原来使用的"旧路"即砖砌道路相比较而言。该书成于理宗端平二年（1235年），距离"新路"的建成应不会太久，因此，石板路面的铺砌时间约在宁宗嘉定年间（1208～1224年）。

① 由于粉沙土颗粒较细，经地下水浸泡后在实际考古发掘中很难判断其是否经过夯筑。粉沙土在现在还广泛运用于道路的基础铺筑，常用于人行道的基础。
② 参见《梦梁录》、《武林旧事》等相关章节。
③ [清]徐松辑《宋会要辑稿》第一百九十一册《方域一〇之九》，中华书局影印本，1952年版。
④ [清]徐松辑《宋会要辑稿》第一百八十七册《方域二之二〇》，中华书局影印本，1952年版。
⑤ [宋]耐得翁《都城纪胜·市井》，上海古籍出版社，1993年版。

　　至度宗咸淳七年（1271年），安抚潜说友奉朝命对太庙北至景灵宫之间的御街进行修缮，共更换损坏的石板多达二万块。重新整治后的御街"衡纵为幅"、"跸道坦平"，御街功能得以彰显。[①]只可惜短短五年后的德祐二年（1276年）正月，元军兵临城下，南宋奉表称臣，御街的使命就此终结。至元末张士诚重筑杭州城垣时，南城墙内缩二里[②]，杭州卷烟厂石板道路L1所在已在杭州城外，其破碎的路面正是一代繁华御街最后结局的真实写照。

　　① [宋]潜说友《咸淳临安志》卷二十一，道光庚寅钱唐振绮堂汪氏仿宋本重雕，江苏广陵古籍刻印社，1986年版。
　　② [明]田汝成《西湖游览志》卷十三《南山分脉城内胜迹》，丁丙嘉惠堂本，浙江人民出版社，1980年版。

第二章　南宋御街的结构组成

据文献记载，北宋汴京御街在街中按不同功能划分为御道、御沟、走廊等。其中御道专供皇帝通行，连皇子也不能随便行走。御道两侧有砖石砌成的御沟，其间种植荷花，岸上载种桃、李、梨、杏。御沟外是供市民行走的走廊。走廊与御沟之间又排立两行黑漆杈子，禁止行人超越。走廊外曾允许设铺经商。①

关于南宋御街的结构组成，文献并没有清晰的记载。通常认为南宋御街仿北宋汴京御街，也由御道、御沟、走廊等不同功能的分道组成。②

1988年杭州卷烟厂首次发现南宋大型砖砌道路，并被确认为南宋御街后，当时考古界对南宋御街的结构组成有了新的认识，即南宋御街由主道和辅道组成。2004年严官巷北侧又发现了与卷烟厂类似结构的砖砌道路，这种认识渐成定式。③但通过对四次考古发掘资料的整理，我们发现尚有商榷之处。

（1）卷烟厂L3是该地发现的最早的砖砌道路，在其东西两侧，各有用香糕砖纵向侧砌的两幅砖面，砖面的南北两端又分别发现四座建筑F1～F4。关于两幅砖面及四座建筑的性质，当时认为砖面是南宋御街的辅道，四座建筑则是辅道上的廊房，其功能类似于北宋御街的御廊。

香糕砖是一种类似于杭州本地小吃——"香糕"的长方形条砖，其名不见文献记载，只是一种俗称，约定俗成，沿称于今。其长度一般不超过30厘米，宽度以8～10厘米为常见，厚约3.5～5厘米。香糕砖始于何时，目前尚不明了，但在临安城遗址却屡有发现，一般用于室外道路或室外地面的砌作。用于道路砌作时通常为顺着道路的方向横向错缝侧砌，一般小型道路为单幅砖面，大型道路则分幅。如浙江省军区后勤部仓库招待所（南宋皇城核心地带）、大马厂巷三省六部衙署遗址发现的砖砌道路，全部用规则的香糕砖横向错缝侧砌，另用相同规格的香糕砖纵向分割成几幅砖面。④香糕砖用作室外地面时常拼砌成各种几何花

---

① [宋]孟元老、邓之诚注《东京梦华录注》卷二《御街》："坊巷御街。自宣德楼一直南去，约宽二百步，两边乃御廊，旧许市人买卖于其间，自政和间官司禁止，各安立黑漆杈子，路心又安朱漆杈子两行。中心御道，不得人马行往。行人皆在廊下朱漆杈子外。杈子里有砖石瓮砌御沟水两道，宣和间尽植莲荷，近岸植桃、李、梨、杏，杂花相间。春夏之间，望之如绣。"中华书局，1982年版。

② 林正秋《南宋都城临安》第四章《都城建筑与交通》，第88页，西泠印社出版，1986年版。沈冬梅、范立舟著《浙江通史》第5卷（宋代卷）第五章《南宋政治中心迁入与两浙的发展》，第147页，浙江人民出版社，2005年版。

③ 张建庭主编《南宋御街》，第18页，浙江人民出版社，2006年版。

④ 马时雍主编《杭州的考古》，第183页，杭州出版社，2004年版。

纹，如恭圣仁烈皇后宅遗址的天井地面，即用香糕砖拼镶侧砌成人字形、回字形的花纹。[①]
卷烟厂L4、L5尽管其用材和砌法与L3基本相同，但其方向则刚好与其相反，显然不符合作
为道路应该具有的相对统一性，起码在砖道的方向上应该保持一致。从其两端发现的建筑遗
迹来看，四座建筑F1~F4正位于L3与东西向的L4、L5的十字相交处的四角上。尽管这四座
建筑破坏较为严重，但仍能发现部分墙体基础，其中一座建筑尚保留一块方形柱础石。无论
是所处位置，还是建筑本体，均说明他们是相对独立的四座建筑，与北宋汴京御廊有本质上
的差异，也与南宋御街"辅道"的功能相抵触。

从杭州卷烟厂所处的地理位置看，该地早在五代、北宋时就临近当时行政机构（子城、
州治）的北门——双门，附近官署、寺庙和民居众多。南宋时位于南宋皇城北门——和宁门
外。和宁门建于绍兴十八年（1148年），宰执百官每日常朝即由此门进出。和宁门外的御街
两侧各有坊巷分布，官署密布。[②]和宁门外，御街之东为登平坊，该坊因登平桥而得名。[③]
登平桥即后称的兴隆桥，今已为涵管。因南宋初年的宰相府在此，故又称相府巷。和宁门外
御街之西为孝仁坊，西通青平山。青平山东麓有青平山巷，该巷自南而北与大马厂巷相接。
对照《咸淳临安志》卷首《皇城图》，在御街东首的登平坊内，有客省四方馆、御前内辖司
等机构；御街西首的孝仁坊内则有南宋重要的行政机构——三省六部衙署，另有修内司等机
构。由于御街位于两个重要的坊巷之间，因此卷烟厂发现的L4、L5应正是其东西向道路的
一部分。

（2）严官巷考古发现的情况与卷烟厂相似。在其御街西侧也发现类似的砖面L6，该砖
面由三幅砖砌路面组成，均用香糕砖横向错缝侧砌。砖面南北两侧也发现了建筑遗迹，虽已
遭严重破坏，但其东西向的墙体仍清晰可辨。特别重要的是，在其西侧发现一条保存较好的
南宋早期砖砌道路JZ3L1，该道路呈东西向，直接砌筑于L6西部砖面之上。在叠压于砖面之
上的南宋晚期地层中，发现西侧的大型房屋建筑JZ1的室外排水暗沟直接砌筑于砖面上，并
打破部分砖面，如果该砖面是南宋御街的组成部分，这显然是不可想象的。严官巷在南宋时
位于孝仁坊和寿域坊之间，当时的玉牒所、宗正寺及南宋早期的车辂院等官署机构均设在附
近。[④]严官巷北侧发现的建筑遗址一般规模较大，营建也较为考究，明显具有官式建筑的特
点。因此，L6也应是东西向道路的组成部分。

（3）太庙巷L3和中山中路L4、L5的发现再次证明南宋御街并无主道与辅道之分。太庙
巷L3位于太庙东围墙外侧，其结构也为香糕砖横向错缝侧砌，并无所谓的辅道存在。在探沟
T8内，从已遭严重破坏的围墙缺口处暴露出部分砖面（L4），该砖面用香糕砖纵向错缝侧
砌，与卷烟厂和严官巷发现的位于御街两侧的砖面结构相近，不同的是该砖面为太庙东围墙

---

① 马时雍主编《杭州的考古》，第207页，杭州出版社，2004年版。
② [宋]潜说友《咸淳临安志》卷十九："右一厢，孝仁坊，和宁门外西；登平坊，和宁门外东。"道光庚寅钱唐
    振绮堂汪氏仿宋本重雕，江苏广陵古籍刻印社，1986年版。
③ [宋]吴自牧《梦粱录》卷七《大河桥道》："自和宁门外登平坊内曰登平桥。"知不足斋丛书本，浙江人民出
    版社，1984年版。
④ [宋]潜说友《咸淳临安志》："玉牒所、宗正寺在太庙南。……（绍兴）二十年，用检讨官王曒请，诏临安守
    臣宋贶度地于旧车辂院，创玉牒所及宗正寺。"道光庚寅钱唐振绮堂汪氏仿宋本重雕，江苏广陵古籍刻印社，
    1986年版。

所叠压，如果它是御街的辅道，太庙围墙怎么可能建在御街的辅道之上呢？显然，它也是L3西出的通道，只是在太庙建成后，这一通道被废弃了而已。中山中路L4、L5两侧均为南北向的排水沟，未见用香糕砖纵向砌作的所谓的辅道，这并非是一种巧合，因为该地在南宋时位于太平坊巷与市南坊巾子巷之间，本来就没有东西向的道路存在。

与北宋御街相比，南宋御街的结构组成相对简化，御街两侧不设走廊，仅在重要地点如和宁门外等处设立红漆权子，以警示行人。御街两侧的水沟也仅起排水的作用，窄小的沟面无法像北宋一样种植花卉。

南宋御街结构简化的原因，除了前文提到的南宋一直以临安作为行在所，城市的规划基本按照州城来处理外，还与自五代以来杭州繁荣的城市商业经济有关。自五代钱氏治国，保一方平安，杭州经济得以发展。至北宋时杭州已为"东南第一州"。宋室南渡更刺激了城市经济的繁荣。突出表现在作为城市的中轴线，南宋御街除了"乘舆所经"之外，由于城市经济的发展，其政治意义明显让位于经济因素，特别是御街沿线已成为临安城经济的中心。"自和宁门权子外至观桥下，无一家不买卖者。"[1]和宁门虽为皇城后门，但实际起着正门的作用。但红权子前，恰是临安早市最热闹的地方，成为宫中及附近官宦人家采购时鲜蔬果的重要场所。"和宁门外红权子，早市买卖，市井最盛。盖禁中诸阁分等位，宫娥早晚令黄院子收买食品下饭于此。凡饮食珍味，时新下饭，奇细蔬菜，品件不缺。遇有宣唤收买，即时供进。如府宅贵家，欲会宾朋数十位，品件不下一二十件，随索随应，指挥办集，片时俱备，不缺一味。"[2]因此，所谓的"辅道"实际上应是出入御街两侧坊巷的东西向道路的一部分，其中卷烟厂和严官巷临近御街处路面较宽，可能还建有标有坊名的"绰楔"（牌坊）[3]。

南宋御街的结构组成虽较北宋汴京御街简单，但无论是砖砌道路还是石板路面均有宽度不一的分幅，这是否昭示其路面也按不同功能作了简单的划分？从考古发现的情况看，卷烟厂和严官巷砖砌御街的路面都有不同的分幅现象，但这可能只是工程的需要，并不能作为御街功能划分的依据。因为在临安城遗址历年的考古发现中，但凡较宽的路面，都有不同程度的分幅现象。如浙江省军区后勤部仓库招待所和凤凰山小学发现的砖砌道路，8.2米宽的路面分割成大小不一的五幅路面。杭州卷烟厂三省六部遗址发现的砖砌道路也有类似的分幅现象。卷烟厂L1路面主体部分为石板平铺，在保存稍好的东侧有宽约2米余的路面系砖石混砌结构，由于历经修补，其原有结构已无从知晓。中山中路石板御街L4除了局部能看出其石板有横、纵两种铺法外，总体格局也难以明了。但无论是砖砌御街还是石板御街，其中间主体部位必定是皇帝车驾出行时的必经之路。文献记载理宗宝祐年间（1253~1258年）去龙翔宫祀感生帝时即"自御街当中取大路直入"[4]。

① [宋]吴自牧《梦粱录》卷十三《团行》，知不足斋丛书本，浙江人民出版社，1984年版。
② [宋]吴自牧《梦粱录》卷八《大内》，知不足斋丛书本，浙江人民出版社，1984年版。
③ [宋]潜说友《咸淳临安志》卷十六《府治图》，其州桥两侧就有"流福坊"、"近义坊"（应为近民坊）等牌坊。道光庚寅钱唐振绮堂汪氏仿宋本重雕，江苏广陵古籍刻印社，1986年版。《平江府图》上也有类似结构的建筑，参见《中国城市建设史》，中国建筑工业出版社，2004年版。
④ [元]刘一清《钱塘遗事》卷一《龙翔宫》，上海古籍出版社，1985年版。

需要指出的是，有许多学者认为南宋御街是皇帝的专用道，平时不许官员和庶民通行，以显示其至高无上的地位。其实，御街发展到南宋时，由于城市商业经济的发展，其作为皇权地位的象征已日渐淡化。除了朝廷举行重大活动时严禁约束外，其余时间，御街却是都城各色人等的重要活动场所[1]。甚至出现皇帝车驾、禁卫人员"与行路人混为一区"，争道、侵街等所谓悖礼的场景。[2]因此，所谓"经涂九轨"也只是潜说友对其修缮、整治后的御街的自誉，并不似"匠人营国"中所规定的"天子九轨"那样严格和规范[3]。

---

① [明]田汝成《西湖游览志余》卷十九《术技名家》："宋时临安城中大街，士夫必游之地，天下术士多聚焉，皆获厚利。"浙江人民出版社，1980年版。

② [明]杨士奇等《历代名臣奏议》卷一百二十《礼乐》，上海古籍出版社，1989年版。[清]徐松《宋会要辑稿》第一百九十一册《方域一〇之八》，中华书局影印本，1952年版。

③ 闻人俊《考工记译注》，上海古籍出版社，2008年版。

第三章 南宋御街的长度和宽度

迄今为止，与南宋御街有关的诸多问题中，共识最多的是关于御街的长度，今人均以《咸淳临安志》的相关记载为准，认为御街的长度为"一万三千五百尺有奇"[1]。

按一宋尺约合今0.31米计算，一万三千五百尺为4185米。依此计算，从万松岭路与凤凰山脚路相交处南侧起，经鼓楼、众安桥、贯桥至武林路口的距离约为5100余米。如果再延伸至斜桥，则御街的长度更长，达到5900余米。如从贯桥再向北，经天水桥折西至斜桥，则御街的长度为5800余米。为何文献记载与实际长度相差如此之多？

其实，一万三千五百尺并非南宋御街的总长，《咸淳临安志》明确说明这是太庙北至景灵宫前的长度，也是潜说友实施大规模修缮的一段御街的距离。"内六部桥路口至太庙北遇大礼别除治外，袤一万三千五百尺有奇，旧铺以石，衡纵为幅，三万五千三百有奇，易其缺坏者凡二万……"。

六部桥路口至太庙段御街，每次举行大礼前均由朝廷派官兵特别整治（包括六部桥路口至郊坛段），不在此次修缮范围内。六部桥路口至和宁门段则因临近皇宫，通常由三衙兵负责维护，不属临安府的权限范围。类似的情况如绍兴十三年（1143年），临安府奉朝命负责修缮城墙，钱湖门南至冲天观等处的城墙因邻近皇城，当时的知临安府卢知原"未敢擅使前去相视，诏令计会中军皇城司殿前司前去检计修缮"[2]。因此，咸淳七年潜说友对御街的修缮并不包括和宁门至太庙段。

如果以本文推断的御街走向为例，以上太庙北至景灵宫段御街折算为今天的距离约为4200米，与文献记载相吻合。因此，南宋御街的实际长度除了这一万三千五百尺外，还应加上和宁门至太庙北的距离，合今5100余米，折合成宋尺约为一万六千四百余尺。此即所谓"禁街十里香中，御辇万红影里"[3]的十里御街。

据《东京梦华录》可知，北宋御街宽约二百步（约合今300米）。南宋御街宽度未见史

① [宋]潜说友《咸淳临安志》卷二十一《疆域六·御街》，道光庚寅钱唐振绮堂汪氏仿宋本重雕，江苏广陵古籍刻印社，1986年版。
② [清]徐松《宋会要辑稿》第一百八十七册《方域二之二五》，中华书局影印本，1952年版。
③ [宋]吴自牧《梦粱录》卷六《孟冬行朝飨礼遇明禋岁行恭谢礼》，知不足斋丛书本，浙江人民出版社，1984年版。

书记载，有人认为南宋御街"宽近200步"①，也有人推测近一百米左右②。但从文献记载及考古发掘的情况来看，南宋御街的宽度比北宋御街要窄得多。

周辉《清波别志》卷三记载："辉幼见故老言，京师街衢阔辟，东西人家有至老不相往来者。迨出疆，目睹为信。且言每值驾出，甲马拥塞弛道，都人仅能于御盖下望一点赭袍。……不若今日近瞻，法驾不违于咫尺也。"③文章虽有夸张之处，但临安街巷的局促却是事实。

正如前文所言，南宋御街的前身是杭州在五代、北宋时期就已形成的城市主干道，其街面略宽于其他街巷，又因为两旁店铺林立，故称为"大街"。至南宋成为行在所以后，街巷局促的情况并没有得到根本性的改变。《梦粱录》记载当时临安城的情况是："户口繁夥，民居屋宇高森，接栋连檐，寸尺无空，巷陌壅塞，街道狭小，不堪其行，多为风烛之患。"④

当然，由于御街各段所处位置不同，其宽度应有所区别。

一 和宁门至朝天门段

和宁门至朝天门段御街由于位置特殊，其街面相对较宽，因而皇帝自景灵宫乘辇回太庙后，再坐玉辂自太庙至丽正门宿斋殿，但其宽度远不及百米。从严官巷L8到东面的中河（即盐桥运河）之间也不过数十米的距离，其间还有坊巷和官署等机构，御街的宽度可想而知。

迄今为止，通过考古发掘对南宋御街南段进行了三次揭露，但由于发掘场地的限制，关于御街的宽度尚难以得出令人满意的答案，现根据发掘资料略作讨论与推测。

1. 南宋初期砖砌道路

卷烟厂L3大部分砖面叠压在L2之下，且大部分砖面残缺，部分砖面似长期受压，导致扭曲变形，从T3东部砖面处测得宽度约为6.35米。

2. 南宋新筑砖砌御街

卷烟厂L2揭露长度26.65米，残宽3.85米。L2的结构与L3基本相同，但其宽度则明显变窄，并不符合常例。据《宋史》记载，南宋新造玉辂的车轴长十五尺三寸⑤，约合今4.74米。因此，3.85米并非L2的真正宽度。将其与严官巷北侧的L7比较，我们发现两者之间有不同之处。如卷烟厂L2的外侧包砖为香糕砖，严官巷L7的外侧包砖为规格较大的长方砖。但严官巷L7路面有分幅现象，中间以一列纵向侧砌的香糕砖作为分隔，该列香糕砖与卷烟厂L2外侧包砖相近。考虑到御街建筑规格的一致性，故推测卷烟厂L2揭露的御街遗迹，只是御街的中幅，其左右两侧也应有长方砖包砌的分幅砖面，该分幅砖面已遭后期破坏无存。由

① 沈冬梅、范立舟著《浙江通史》第5卷（宋代卷）第五章《南宋政治中心迁入与两浙的发展》，第147页，浙江人民出版社，2005年版。
② 林正秋《南宋都城临安》第四章《都城建筑与交通》，第88页，西泠印社出版，1986年版。
③ [宋]周辉《清波别志》卷三，中华书局标点本，1985年版。
④ [宋]吴自牧《梦粱录》卷十《防隅巡警》，知不足斋丛书本，浙江人民出版社，1984年版。
⑤ [元]脱脱等《宋史》卷一百四十九《志第一百二·舆服一》："玉辂之制，青色，饰以玉，通高十九尺，轮高六十三寸，辐径三十九寸，轴长十五尺三寸。"中华书局标点本，1977年版。

于严官巷御街遗迹受中山南路的限制，发掘探沟无法向东扩展，仅揭露御街西侧的局部，故我们尚不知御街路面究竟分幅几何。

从卷烟厂T4发现的情况看，L2延伸段其残留砖面的宽度已超过3.85米，由于该地离和宁门的位置很近，推测该处路面的宽度已加宽，文献记载和宁门与丽正门同为三个门洞，此处路面是否分成三道，因发掘面积太小，尚无法判断，但路面加宽则是肯定的。

3.南宋石板御街

卷烟厂L1揭露残宽11.25米，东侧尚保存有包边，但西侧包边未发现，从T1北部残存的石板看，其石板路面仍向探沟西壁外延伸，其宽度应超过11.25米。

文献曾提到高宗绍兴二十八年（1158年）杨存中在拓展临安东南外城时，共拓宽十三丈，以二丈作外城基，五丈作御路，两壁各三丈充民居。[1]按1尺为0.31米计，五丈约合今15.5米。由于此段御路在六步桥路口与南宋御街相接，同为大礼时车驾所经之路，御街宽度当不会小于15.5米。

二　朝天门至观桥段

2008年在中山中路112号门前发现的御街，其路面东西宽约11.6米。朝天门至观桥段为临安城商业繁华地段，两侧店铺林立，商贾云集。其路况应相差不大，宽度也大致相仿。

由于该段御街为临安城商业活动的中心区域，御街的拓展受到各方面制约。理宗时，因中瓦失火，朝廷曾考虑对御街进行拓宽，但遭到百姓和大臣的非议，"开拓天街、疏通火巷，意非不美，而细民欢言则曰，此为龙翔增筑设也"[2]。考古发现也表明，南宋御街虽然由砖砌改成了石板铺筑，但其宽度并未进行拓展。

南宋为元所亡后，御街的使命虽宣告终结，但该段街道仍为杭城重要的商业中心之一，元代诗人萨都剌描写当时清河坊周围热闹的市井景况是"一代繁华如昨日，御街灯火月纷纷。"[3]直到明清时期，该段街道的传统格局也没有太大的变化。由于杭州城区河道纵横，又得大运河、钱塘江之利，水运发达。反观杭城的街道因多石板铺筑，不利车辆通行。因此，尽管商业依然繁荣，但货物的运输吞吐仍依靠水运来解决，该段街道仍维持原状，并未进行大规模的扩建，仅对少数桥梁作了改造。如清雍正九年（1731年），浙江总督李卫建南粮仓于驻防城内，因运输的需要，对众安桥进行了增筑加高。[4]现今中山中路及中山北路的宽度仍在8～12米之间。

三　观桥至景灵宫段

观桥以西至景灵宫段御街，街道狭窄，民居密集，由于拓宽街面需拆迁民居[5]，故皇帝

① [清]徐松辑《宋会要辑稿》第一百八十七册《方域二之二〇》，中华书局影印本，1952年版。
② [明]杨士奇等《历代名臣奏议》卷三百十二《灾祥》，上海古籍出版社，1989年版。
③ [明]田汝成《西湖游览志》卷十二《南山城内胜迹》，丁丙嘉惠堂本，浙江人民出版社，1980年版。
④ [清]嵇曾筠等《浙江通志》卷三十三《关梁一》，上海古籍出版社，1991年版。
⑤ [宋]熊克《中兴小记》卷三十一："上曰：将来郊祀景灵宫，可权宜乘辇，此去十里，若乘辂则拆民居必多。"文渊阁四库全书影印本，上海古籍出版社，1987年版。

自太庙去景灵宫不乘玉辂，只能"权以辇代之"①。《梦粱录》多次提及皇帝由和宁门去景灵宫行孟飨礼时，坐的就是平头辇②。去景灵宫行奏告礼时则坐逍遥辇③。

　　从文献记载来看，临安城因人口众多，建筑密集，故经常发生火灾。由于当时"巷宽者不过一丈，狭者止五尺以下"。为了防止大火蔓延成灾，南宋政府除加强巡防等措施外，还在城内开辟"火巷"，即在城市开辟防火小区，留出防火间距和消防通道。绍兴三年(1133年)，高宗赵构就要求将狭小的街巷拆及三丈④。按一宋尺合今0.31米计算，约合今9米。光宗绍熙二年（1191年），临近重华宫的传法寺一带发生火灾，朝廷即下令该寺"比旧展退北一丈，经烧居民不许搭盖"⑤。该段御街北侧分布着礼部贡院、军器所、镇城仓、祥符寺等机构和寺庙，推测其宽度约在3～9米之间，与1995年凤起路拓宽前的宽度相当。

① ［宋］王应麟《玉海》卷七十九《绍兴玉辂五辂》："初备玉辂，礼官以行在御街狭，故自宫往庙不乘辂，权以辇代之。"清光绪九年浙江书局刊本，广陵书社，2003年版。
② ［宋］吴自牧《梦粱录》卷一《车驾诣景灵宫孟飨》，知不足斋丛书本，浙江人民出版社，1984年版。
③ ［宋］吴自牧《梦粱录》卷五《驾诣景灵宫仪仗》："快行、卫士各执莲炬，在槛下伺驾登逍遥辇。"知不足斋丛书本，浙江人民出版社，1984年版。
④ ［清］徐松《宋会要辑稿》第一百九十一册《方域一○之七》，中华书局影印本，1952年版。
⑤ ［清］徐松《宋会要辑稿》第一百九十一册《方域一○之八、九》，中华书局影印本，1952年版。

附表　出土遗物统计表

地点	地层	建筑构件	其他陶器	龙泉窑及未定窑口青瓷器	南宋官窑青瓷器	老虎洞窑青瓷器	越窑青瓷器	临汝窑青瓷器	耀州窑青瓷器	钧窑瓷器	仿哥釉瓷器	景德镇窑及未定窑口青白瓷器	定窑及未定窑口白瓷器	吉州窑仿定白瓷器	景德镇窑卵白釉瓷器	建窑及未定窑口黑釉瓷器	磁州窑白地黑花瓷器	钧台窑白地黑花瓷器	吉州窑白地黑花瓷器	青花瓷器	铜镜	铜钱	石权	石球	石砚	石白	合计
卷烟厂	②			79								43								546		2	2	2			674
	③	1	3	543		2	3		2		1	194	39			31						9					828
	④	3		232	4		29		2	9		159	11			4	2		1			4					458
太庙巷(T13)	②			93								15				16				98							222
	③		2	187			4					69	33			13	1	1									310
	④		1	46								7	5			5						2					66
严官巷	②	9	8	1205	7		36			16		269	231			25			1	597		191	4		2		2601
	③	48	33	1136	11		93			6		838	511		5	75	2				1					1	2759
	水池			197			4					112	21		2	1	2					2					341
	T1④	1		3	3							5															12
	T2④				1							1	2			1											5
	T4-6④	30	4	474	14		49					323	18			13											925
	T6⑤	10	3	177			18					19				21											248
中山中路	②	2		47						6	1	2	3							432							493
	L1路基	1	1	42								4	5		2					621							676
	L2路基			37						4		1	6							162		1					211
	L3路基			87		1	1			4		9	7	1													110
	③	2		7								6	3			1	1										20
	④		2	3																							5
	L4路基	1		12			1					1				3						3					21
	L5	2																									2
	Z2	3						1				1															5
合计		113	56	4607	40	3	238	1	4	45	2	2076	895	1	9	209	8	1	2	2456	1	214	6	2	2	1	10992

陶器　合计 169　瓷器　合计 10597　铜器　合计 215　石器　合计 11

附录　严官巷南宋遗址的保护与展示

（一）鱼和熊掌可以兼得——遗址的保护

2004年7月，在万松岭隧道建设范围内发现南宋御街的消息传遍了杭州的大小巷陌，南宋御街成为社会各界、新闻媒体和市民群众广泛关注的焦点。

伴随着南宋御街发现的惊喜，一个无法回避的现实难题摆在了杭州市委、市政府的面前：一边是政府投下巨资的万松岭隧道已基本完成，只待东接线铺设完工，重点工程即可顺利竣工，一边是重要文物南宋御街遗址需要保护和展示。隧道和御街孰先孰后，一时面临两难的抉择。

南宋御街保护所面临的正是一个长期以来普遍存在而又亟待解决的问题：在城市化进程快速发展的今天，当关乎民生的城市建设与深埋地下的古文化遗址"不期而遇"时，我们该做出怎样的选择？

面对承载着丰富历史信息和深厚文化底蕴的古代遗址，杭州市委、市政府表现出了高度的重视和强烈的历史责任感。为了找到道路建设和文物保护的最佳结合点，市委书记王国平、市长孙忠焕及其他主要领导，多次亲临隧道建设和考古工地现场实地考察，对南宋御街遗址的保存状况和重要价值做出了很高评价，对文物考古工作者的辛勤努力给予了充分肯定。在实地调查和广泛征求各方意见的基础上，市委、市政府作出了"隧道要通、御街也要保"、"一定要把遗迹保护下来，对公众展示"的明确承诺，并指示相关单位和部门务必协调处理好遗址保护展示、道路畅通和周边环境整治的关系，做到"鱼和熊掌"兼得。

当时，围绕南宋御街遗址的保护和展示主要有两种意见：一、改变东接线的走向，将道路分为南、北两条，分别从遗址的南、北两侧通过，绕过遗址区；二、减小路面的宽度，继续从遗址中间的严官巷通过。但两种意见显然都有缺陷，第一种意见虽然可保证南宋御街遗址的完整性，但严官巷一带地下文物遗迹众多，规划的南北两条道路，同样会"遭遇"尚埋在地下的文物遗迹。而且，南、北两条道路的建设均需拆除部分民居，既要增加投资，又不能保证隧道建设的顺利通车。第二种意见虽然对地下文物遗址的保护和展示影响不大，但减窄路面直接带来的结果是道路的通行能力受到限制，政府花巨资建设隧道工程的"初衷"将大打折扣。

为此，市委、市政府多次组织召开隧道建设与南宋遗址保护协调会，认真听取来自城市建设、文物考古等多方的意见。杭州市文物考古所也与建设单位紧急协调，详细了解道路工程特别是地下管道施工的有关情况，并配合杭州市勘测设计研究院测绘分院对文物遗迹的范围与黄海高程进行测定，为以后地下管道的埋设提供相关的依据。在权衡利弊、反复比较研究的基础上，杭州市文物考古所提出，隧道东接线可以地下遗迹相对单纯的严官巷作为主干道，在通过文物遗址时则采取小高架的形式，以规避地下文物遗迹。这个方案既可使隧道东接线基本保证足够的通行能力，同时将道路建设对地下文物遗迹的影响减少到最低限度。

2004年9月13日，经过多方论证和选择比较，杭州市最终决定采用文物部门的方案：东接线道路仍以现宽5米的严官巷为主，在通过文物遗址时，采取用20根1.2米直径的桩基把路面托起的方式，使其达到计划中的10米宽度。人行道与机动车道分开，绕道遗址的南北两侧。同时在道路两边建两个相互连通的展示厅，用来保护与展示遗址。（图一）

2005年春节前夕，万松岭隧道正式通车。与此同时，南宋遗址保护与展示的相关工作也正在紧锣密鼓地进行。

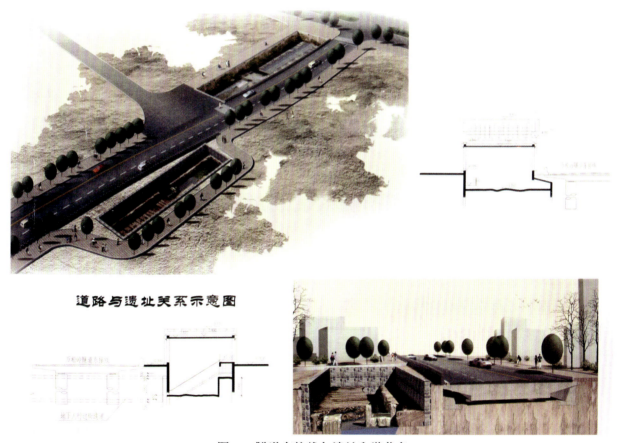

图一　隧道东接线与遗址和谐共存

（二）保护和展示方案的确定与开工建设

为将文物遗迹科学、合理、有效地展示给社会各界，对于南宋御街遗址保护与展示建筑的设计和建设，市委、市政府要求做到"专家叫好，百姓叫座"。为此，有关部门做了充分的准备工作。

杭州市园林文物局积极向有关单位咨询和学习文物保护与展示的经验和方法，先后与北京、河南、广东等文物保护工作起步较早、工作卓有成效的单位和部门联系，广泛听取他们在文物保护工作中所取得的成功经验和教训；并安排专人与其他部门一起，实地考察广州市在文物保护方面的先进方法，为今后高质量、高标准地保护严官巷文物遗迹作准备。为最大限度地满足保护与展示的科学性和合理性，杭州市文物考古所集中力量，抓紧时间对发掘资料进行整理，并广泛查阅有关文献资料，为遗址的保护与展示提供详实和准确的图片与文字资料。

同时，杭州市园林文物局就南宋御街遗址保护与展示建筑设计方案向社会进行公开招标，先后收到了来自中国建筑学会建筑史分会、浙江省古建筑设计研究院、华东勘测设计研究院、浙江树人大学园林建筑设计所、杭州市园林设计院等多家知名设计单位递交的方案。此后，杭州市园林文物局邀请到多位考古学、古建筑保护、建筑设计、工程技术方面的专家，召开了多次专题论证会。会上，专家们本着"公平、公正、客观"的原则以及对历史文化遗产高度负责的精神，就参选方案展开了认真细致的讨论，内容涉及遗迹的展示形式，展示建筑的高度、风格、用材及其与周边环境的谐调问题，以及如何解决展示建筑的通风、地下水问题等诸多方面，并提出了中肯的修改意见。

2005年4月8日到4月11日，在经过专家的多次论证与设计方的反复修改之后，三套初选出的南宋御街遗址保护性展示方案在南宋太庙遗址公园公开展示，广泛征集市民的意见和建议。现场群众反映十分热烈，共有2000多位市民根据自己对杭州这座城市的理解和感悟，对设计方案提出了各自想法、意见和建议。

同年7月27日，杭州市委、市政府再次召开严官巷南宋遗址展示厅及周边环境整治工作专题会议，听取了有关部门对展示厅工程的前期准备工作和周边环境整治等情况的汇报。在经过反复的集体讨论和审慎的研究后，市委、市政府决定：中标的华东勘察设计研究院设计的第二套方案应根据专家和市民提出的合理化建议进行进一步修改完善；展示厅将根据最终确定的方案进行施工建设，力争明年"五一"节前完成工程建设，尽早向市民展示。

2005年9月29日，见证杭州作为南宋都城百余年辉煌历史的严官巷南宋遗址保护性展示建筑正式破土动工。建成后的南宋遗址展示厅将分为南北两个区块，中间用横贯严官巷南北两侧的地下通道相连。届时参观者可从离考古层上方1米左右的游步道上往下观赏南宋遗址实物和相关的介绍说明等内容。本着"积极保护"、"最小干预"的原则，设计方案对具体施工提出了明确要求：展厅的建筑基础不允许落在遗址的考古坑内，上部结构落在万松岭隧道东接线悬挑的基础梁上。北侧展厅更为复杂，其南墙基础落在东接线旱桥的下方；北墙基础则落在考古坑边预设的挡土墙上。

（三）南宋遗址陈列馆的开放

2006年6月10日，备受社会各界关注的严官巷"南宋遗址陈列馆"正式落成并向社会免

费开放。（图二）

南宋遗址陈列馆建筑面积926平方米，由南、北两个展示厅组成，分别位于万松岭隧道东接线的两侧，中间以隧道相连通。展示厅是传统与现代建筑风格的有机结合体，其中的牌楼、浮雕等细节融入了南宋时期的建筑元素，其风格与附近的河坊街、鼓楼达到和谐统一；而以厚实的墙体承载起轻盈的单面坡形屋顶，则是现代建筑手法的灵活运用。（图三）

在陈列馆内，参观者可以看到御街、建筑基址、砖砌道路、石砌储水设施、围墙基础等遗迹（图四）。如果想近距离观察各类遗迹，参观者可通过深入遗址的游步道"走进"遗址（图五）。为方便国外参观者，馆内配备有英、日、韩三国语言的陈列内容介绍播放系统，使他们更真切地了解中国文化。

南宋遗址陈列馆的开放，不仅使参观者探寻杭州历史和人文信息的梦想成为现实，也使游人多了一处近距离欣赏南宋御街风采、体味昔日皇城繁华与喧闹的人文景观，更为杭州市地下考古遗址的保护与展示做了有益的探索和尝试。截至2007年10月，南宋遗址陈列馆已接待国内外参观者10万人次，取得了良好的社会效益，成为见证杭州历史、展示杭州

图二　南宋遗址陈列馆正门

图三　南宋遗址陈列馆外景

图四　南展示厅内景

图五　北展示厅内景

深厚文化底蕴的重要窗口和普及考古知识、提高民众文物保护意识的绝佳场所。

遗址的展示与开放受到了市民和游客的欢迎，但另一方面，考古遗址展示后，其后续保护也面临诸多困难。由于杭州地下水位较高，南宋遗址一般位于地下2.5米深处，为了让文物免受地下水的侵扰，陈列馆每天需安排多台水泵不间断抽水，每月的维护费用就高达数万。同时，长期抽水也会使地下水的水路更为畅通，形成"漏斗"效应，地下水会越来越多。另外，遗址周边的泥沙被抽走后，局部可能会产生轻微沉降。遗址中的文物尤其是砖砌的御街裸露在空气中，经年累月也很容易风化。因此，南宋遗址陈列馆除了继续保持和彰显其展示功能外，遗址的后续保护特别是保护技术和保护手段还需不断地探索和努力，为今后临安城遗址的保护和展示积累更多的经验。

南宋遗址陈列馆开放之日，正逢我国第一个"文化遗产日"，纷至接踵的参观者的到来，表明了社会各界对文化遗产的高度关注和渴求，也体现了民众与文化遗产之间紧密的情感联系。文化遗产是全社会的共同财富，文化遗产的保护既要尊重民众生存和经济发展的权利，也要尊重民众分享和参与文化遗产保护的权利。尽管存在困难，但严官巷南宋遗址的保护与展示仍是当前城市化进程中，寻求文物保护和现实民生问题平衡发展的成功实例。

后　记

　　一如南宋御街的绵长曲折，《南宋御街遗址》发掘报告的整理编写工作也走过了整整六年的艰辛历程。由于年轻的整理人员多未亲历御街现场发掘工作，因此，对发掘材料的不熟悉就成为整理工作的最大障碍。于我们而言，如何通过整理编写工作，更好地还原历史本真，这既是挑战，也是学习，更是提升。期间，随着报告整理思路与编排体例的不断调整，老材料重新得到利用，新发现被充实进来，本报告也数易其稿，从最初的单纯介绍严官巷南宋御街遗址考古发现，最终成为1988～2004年南宋御街考古工作阶段性成果汇编。

　　《南宋御街遗址》发掘报告由唐俊杰主编与审订。各章节的整理、撰写工作分工如下：

　　　　前言由唐俊杰负责；

　　　　第一部分概述由李蜀蕾、唐俊杰负责；

　　　　第二部分杭州卷烟厂由王庆成负责；

　　　　第三部分太庙巷由王征宇负责；

　　　　第四部分严官巷由李蜀蕾负责；

　　　　第五部分中山中路与第六部分相关问题讨论由唐俊杰负责。

　　此外，沈国良、寇小石、何国伟负责遗迹、器物绘图工作；梁宝华负责瓦当、钱币拓片工作；徐斌负责遗迹、器物拍摄工作；曾尚录、曾博、赵一杰、彭颂恩共同完成了器物修复工作。

　　本报告的整理编写得到国家文物局、浙江省文物局、杭州西湖风景名胜区管委会（杭州市园林文物局）的高度重视与大力支持。国家文物局为本报告的整理出版提供了专项补助资金保障，浙江省文化厅副厅长、浙江省文物局局长鲍贤伦与杭州西湖风景名胜区管委会书记（主任）、杭州市园林文物局局长刘颖一直对报告的整理编写工作深表关切。

　　本报告的整理编写还得到了众多专家、学者的倾力相助。南开大学文博学院教授刘毅、北京大学考古文博学院教授权奎山和秦大树、福建省博物馆研究员栗建安、浙江省文物考古研究所研究员沈岳明、杭州博物馆馆长吴晓力等，曾多次亲赴整理现场予以指导。中国社会科学院考古研究所研究员朱岩石、中国社会科学院文学所研究员扬之水也对整理工作给予了无私帮助。浙江大学文化遗产研究院李志荣老师对报告编写提出了中肯意见。杭州市文物保护管理所所长杜正贤为报告的相关拍摄工作提供了大力支持，杭州市文物考古所原所长姚桂芳也对杭州卷烟厂御街的相关整理工作给予了指导。

此外，南开大学考古学与博物馆学系教授刘毅带领其学生李敏行、陈扬、臧天杰、胡丽、方妍、宋文卿等参与了出土器物的初步整理。

中国社会科学院考古研究所丁晓雷翻译了英文提要，日文提要由日本早稻田大学大学院文学研究科久保田慎二翻译、中国社会科学院考古研究所朱岩石审校。

本报告的出版得到文物出版社的支持和帮助，责任编辑为报告的出版付出了辛勤劳动。

谨向上述单位和个人致以谢忱。

编 者

2012年12月

Report on Archaeological Excavation to the Site of Lin'an City

The Site of the Imperial Avenue of the Southern Song Dynasty

(Abstract)

The *Yüjie*御街 (Imperial Avenue) of the Southern Song Dynasty, also known as *Tianjie*天街 (Heaven Avenue) or *Dajie*大街 (Grand Avenue), was the central axis of Lin'an临安 (present-day Hangzhou) City, the capital of the Southern Song Dynasty. It was started from Hening Gate和宁门, the northern gate of the Imperial City, and ended at Jingling Palace景灵宫, going through the city from south to north in a full length of 13,500 *chi* (the length unit as in the Song Dynasty). Most of the streets in Southern Song Lin'an City were arranged in east-west orientation intersecting with the Imperial Avenue at right angle while some of them were in north-south direction parallel to it. During the Southern Song Dynasty, the Imperial Avenue, especially its southern section, was the main route for the important imperial ceremonies and tours, including the mass audiences at lunar New Year and Winter Solstice, the "*Si Meng*四孟 (lit. Four Prime Months, the ceremonies of offering sacrifices to the emperor's ancestors in the first month of every season, i.e. the first, fourth, seventh and tenth months of lunar calendar)" held by the emperor personally in Jingling Palace, and so on. The zone along the Imperial Avenue was also busy central commercial area with densely arranged shops and stores. It is suitable to say that the Imperial Avenue played significant roles in the political, economic and social lives of Southern Song Lin'an City.

Up to now, four localities of Imperial Avenue have been archaeologically discovered, three of which are on the west side of South Zhongshan Road中山南路 to the south of the Drum Tower, and one at Middle Zhongshan Road中山中路.

The first locality of Imperial Avenue was found in 1988 at Hangzhou Cigarette Factory, nearby the junction of Wan Song Ling Road万松岭路 and Foot of the Phoenix Mountain's Road凤凰山脚路. The excavation to this locality uncovered deposits of four periods -- modern times, Ming, Qing Dynasties to Minguo (Republic Era), Yuan and Southern Song Dynasties -- from top to bottom, and revealed the Southern Song Imperial Avenue built in three phases and running in north-south orientation and superimposed each other. The uncovered part of Imperial Avenue of the earliest phase (L3) was 27.25 meters long, 6.35 meters wide; the roadbed, which was 45-70 centimeters thick, was tamped with gravels and yellowish clay for five layers. On top of the roadbed, the avenue was paved with "Fragrant Rice Cake Brick (a kind of rectangular brick made in fine texture and baked in reducing flame, usually 28-30 centimeters in length, 8-10 centimeters in width and 4-4.5 centimeters in thickness)" in stretcher bond, the course of which was perpendicular to the avenue's orientation, and divided into lanes abreast each other. Dwelling and street remains were found on both sides of L3. L2, the Imperial Avenue of the middle phase, was built over L3, the uncovered part of which was 26.65 meters long and 3.85 meters wide. The roadbed of L2 built was five centimeters thick and built with tamped yellowish clay. The avenue surface, which was rather well preserved, was paved with bricks in stretcher bond, the course of which was perpendicular to the avenue's orientation; the two sides of the brick pavement were curbed with two courses of bricks, one of which were in stretcher position parallel to the avenue orientation and the other in soldier position. L1, the Imperial Avenue of the latest phase, was built over L2, the uncovered part of which was 20.75 meters long and 11.25 meters wide. The roadbed of L1 was 25-60 centimeters thick and tamped firm and hard with yellowish clay and gray gravels for four layers, over which purple sandstone slabs, which were 10-15 centimeters thick, were paved. The eastern edge of L1 was curbed with stone-brick mixed belt preserved poorly.

The second locality of Imperial Avenue was found in 1995 through 1998 at the Taimiao Yizhi Gongyuan 太庙遗址公园 (Imperial Ancestral Temple Ruins Park) section of South Zhongshan Road. The excavation to this locality cleared up deposits of four periods -- modern times, Ming, Qing to Minguo, Yuan and Southern Song -- from top to bottom, and uncovered the remains of the Southern Song Imperial Avenue (L3). This section of Imperial Avenue, the detected length of which was about 80 meters and the uncovered width was 3.5 meters, was to the west of South Zhongshan Road and running in north-south orientation. The avenue surface was paved with "Fragrant Rice Cake Brick" in stretcher bond, the course of which was perpendicular to the avenue's orientation; the western edge of the avenue was curbed with three courses of bricks, two of which were in stretcher position parallel to the avenue's orientation and one in soldier position. To the west of the Imperial Avenue was the site of Imperial Ancestral Temple, the eastern wall of which overlapped a part of the Imperial Avenue.

The third locality of Imperial Avenue was found in the end of 2003 through the summer 2004 at the junction of Yanguan Alley 严官巷 and South Zhongshan Road. The excavation to this locality was divided into four quarters -- the northeast, northwest, southwest and southeast quarters -- and cleared up deposits from modern times to the Southern Song Dynasty, underneath which two phases of the Southern Song Imperial Avenue were uncovered. Both of the two phases were parallel to the present-day South Zhongshan Road and the main part of Imperial Avenue was superimposed by the latter. The uncovered part of Imperial Avenue of the earlier phase (L7) was

9.3 meters long and 2.5 meters wide, and preserved in better condition; the surface was paved with "Fragrant Rice Cake Bricks" in stretcher bond, the course of which was perpendicular to the avenue's orientation, and separated into two lanes with a flat belt paved with three courses of "Fragrant Rice Cake Bricks", the courses on two sides of which were in stretcher position parallel to the avenue's orientation and the middle course, in soldier course perpendicular to the avenue's orientation. The western edge of the avenue was curbed with two courses of bricks, one of which were in stretcher position and the other in soldier position. The uncovered part of Imperial Avenue of the later phase (L6) was 9.1 meters long and 2.8 meters wide, and preserved poorly: only about 10 centimeters of the roadbed built with tightly tamped pure yellowish clay was left but the surface lost, the material and paving pattern of which could not be known to date. To the west of this section of Southern Song Imperial Avenue, some architectural remains of the Southern Song Dynasty were found, including streets, fencing walls, large-scale architectural foundations, and so on, which might have been related to the central government administrations of the Southern Song Dynasty. In addition, some architectural remains of the Yuan Dynasty, such as streets and alleys, processed ground, stone-built reservoir and drainage facilities, covered ditches and dwelling foundations, were also found in this excavation.

The fourth locality of Imperial Avenue was found at 112 Middle Zhongshan Road, the excavation to which revealed two phases of street remains and drainage ditches. The Imperial Avenue of the later phase was built with stone slabs and that of the earlier phase beneath was paved with "Fragrant Rice Cake Bricks" in stretcher bond perpendicular to the avenue's orientation. The street remains of both the phases were 11.6 meters wide. Dwelling remains were found on the east side of Imperial Avenue of the later phase.

The four discoveries of these remains not only enriched our knowledge to the Southern Song Imperial Avenue, made up the insufficient historic records, filled in the gap of material data and confirmed the tight relationship between the Southern Song Imperial Avenue and present-day Zhongshan Road, but also strongly promoted the development of archaeological fieldwork of the Southern Song Lin'an City. In view of the importance of the Imperial Avenue of the Southern Song Dynasty, Hangzhou municipal government has taken positive and effective protection measures to the excavated localities: the locality in Hangzhou Cigarette Factory has been backfilled in original situation; the locality at Taimiao Xiang 太庙巷 (the Imperial Ancestral Temple Alley) together with the site of the Imperial Ancestral Temple were backfilled in original situation and a historical park has been constructed over the remains; the locality at Yanguan Xiang and relevant remains has been protected in the original situation, a display hall has been completed for receiving public visitors. The newly discovered locality in 112 Middle Zhongshan Road is also planned to be displayed in a protective environment as a part of the Comprehensive Protection and Organic Renewal Project practiced to Zhongshan Road.

臨安城遺跡考古発掘報告書

南宋御街遺跡

　南宋御街は「天街」「大街」などとも呼ばれ、南は皇城の北門である和寧門から北は景霊宮の前まで続き、全長13500尺（宋尺）を測る。南宋都城である臨安の中軸線を縦に貫き、その他の街路の多くは御街を中心に東西へ延びる。また、いくらかの南北方向の街路は御街と平行する。御街は元旦、冬至の大朝会、「四孟」に景霊宮へ向かう時（駕出朝献景霊宮…）など、およそ重要な皇室の祭祀や巡遊行事に必ず通過する路であり、その南側部分は特に重要とされる。さらに、御街に沿った場所には繁華な商業区の中心があり、周囲には大小の商店が開かれた。つまり、御街は南宋臨安城の政治、経済、社会生活において重要な役割を果たしていたといえよう。

　現在まで、南宋御街の遺構は4か所で確認されている。そのうちの3か所は鼓楼以南の中山南路西側、残りの1か所は中山中路に位置する。

　最初に確認された南宋御街の遺構は、中山南路南段の西側にある杭州巻煙廠に位置する。南は万松嶺路と鳳凰山脚路に近く、1988年に発見された。発掘では近現代、明清から民国、元、南宋などの4時期にわたる地層の堆積が認められ、さらに南北方向に向かい上下3層の時間的前後関係をもつ南宋御街の遺構が検出された。その中で最も時間的に早いL3は、長さ27.25m、幅6.35m、基礎の厚さ45〜70cmを測り、砂石や黄色粘土などを5層に突き固めていた。路面は主に香糕塼（長方形で薄い餅状の塼）を長手面を上に向けずらしながら積み、東西に路面が分かれる。また、L3の東西両側では多くの街路と建築遺構が確認されている。年代がやや下るL2はL3の上に造られ、長さ26.65m、幅3.85m、基礎の厚さ5cmを測る。黄色粘土を突き固めて造られ、路面は香糕塼を長手面を上に向けずらしながら敷き詰める。路の両端はそれぞれ香糕塼の小口面と長手面を交互に並べることで縁取り、保存状況は比較的良好である。年代が最も晩いL1はL2の上に造られ、長さ20.75m、幅11.25m、基礎の厚さ25〜60cmを測る。黄色粘土と砂石を4層に突き固め、密度が高く固い。路面には紫砂岩質の石板を敷き、厚さは10〜15cmを測る。路の東端は塼と石をあわせた構造で縁取られ、保存状況はあまり良くない。

　第2次調査で確認された御街は、太廟遺跡公園と中山南路の境界付近に位置する。1995年から1998年にかけて調査された。発掘では近現代、明清から民国、元、南宋など、異なる4時期の層位が確認され、南宋の御街であるL3が明らかにされた。遺構は中山南路の西側に位置し、南北方向に延びる。調査により長さ約80m、最大幅3.5mという規模が確認された。路面は主に香糕塼を長手面を上にして置き、ずらしながら敷き詰めている。路の西側は縦二つ、横一つの順に長方塼を交互に並べることで縁取る。また、太廟巷御街の西側に接して南宋の太廟遺跡が発見され、その周壁東側は御街の一部の上にのっている。

第3次調査で発見された御街の遺構は、厳官巷と中山南路の交差する地点に位置する。2003年末から2004年の夏にかけて調査された。発掘は東北、西北、西南、東南の4つの区域に分けて行われ、南宋から近現代にかけての層位が確認された。南宋の御街は上下に重複し、時間的な前後関係をもって出土した。両時期ともに南北方向に延び、基本的に中山南路と平行するため、主要部分は中山南路の下に埋もれる。その中で年代が比較的早いL7は、長さ9.3m、幅2.5mが明らかにされ、保存状況は比較的良好である。路面は香糕塼を長手面を上にして置き、ずらしながら敷き詰めている。また東西に路面が分かれ、東西路面の間には香糕塼の長手面と小口面を交互に並べることで、仕切りをつくる。西端は長方塼の長手面と小口面を交互に敷くことで縁取る。年代がやや下るL6は長さ9.1m、幅2.8mが確認されたが、保存状況はあまり良くない。ただ単純な黄色粘土を突き固めた基礎が、厚さ10cmほど残るのみである。路面の材質やその敷き方などの情報も、得ることができない。また御街遺構の西側では、比較的多くの南宋期に属する建築遺構が確認されている。遺構には街路、周壁、大型建築の基礎などがあり、これらは南宋の中央官衙に関係する可能性がある。その他に街路、床面、石積みの貯排水施設、地下水路、住居などの元代の遺構が確認されている。

第4次調査では、中山中路112号で南宋の御街が発見された。上下2層から街路遺構および排水溝遺構が出土した。上層の街路には石板が敷かれ、下層では香糕塼を長手面を上にして置き、ずらしながら敷きつめていた。幅はおよそ11.6mを測る。石板を敷く街路の東側では、さらに建築遺構が確認されている。

南宋御街遺構の4度に渡る発見は、南宋御街への認識を深めただけでなく、文献記載の不足を補い、資料の空白を埋めるものとなった。さらに南宋御街と現在の中山路の密接な関係を明確にし、臨安城の考古発掘のさらなる進展に大きな後押しとなった。南宋御街の重要性を考え、杭州地方政府はすでに発見された南宋御街遺構に対して積極的かつ力強い保護措置を採っている。例えば、杭州巻煙廠で確認された御街では埋め戻すことで保護措置を採り、太廟巷御街と太廟遺跡では全体的な埋め戻しの後に遺跡公園とした。厳官巷御街およびその他の遺構でも埋め戻すことで保護措置を採り、あわせて遺跡展示室を建設して一般公開を行った。中山中路112号で発見された南宋御街も中山路とあわせて、総合的な保護プロジェクトを立ち上げ、一般に公開する予定である。

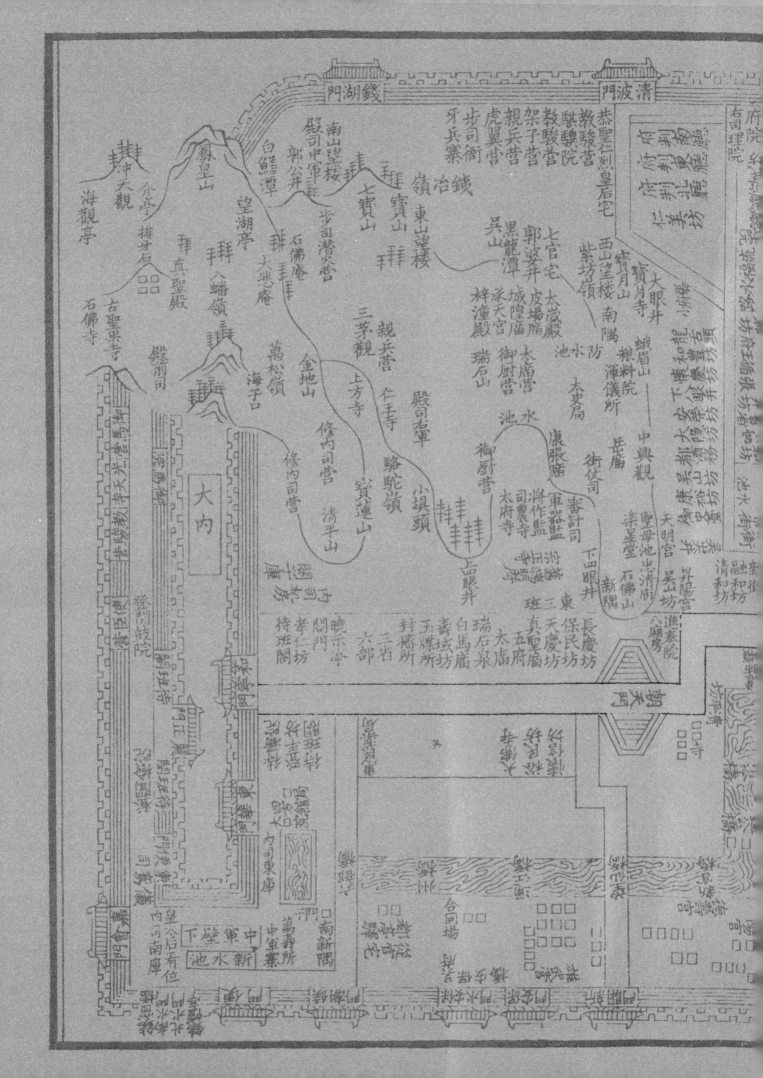

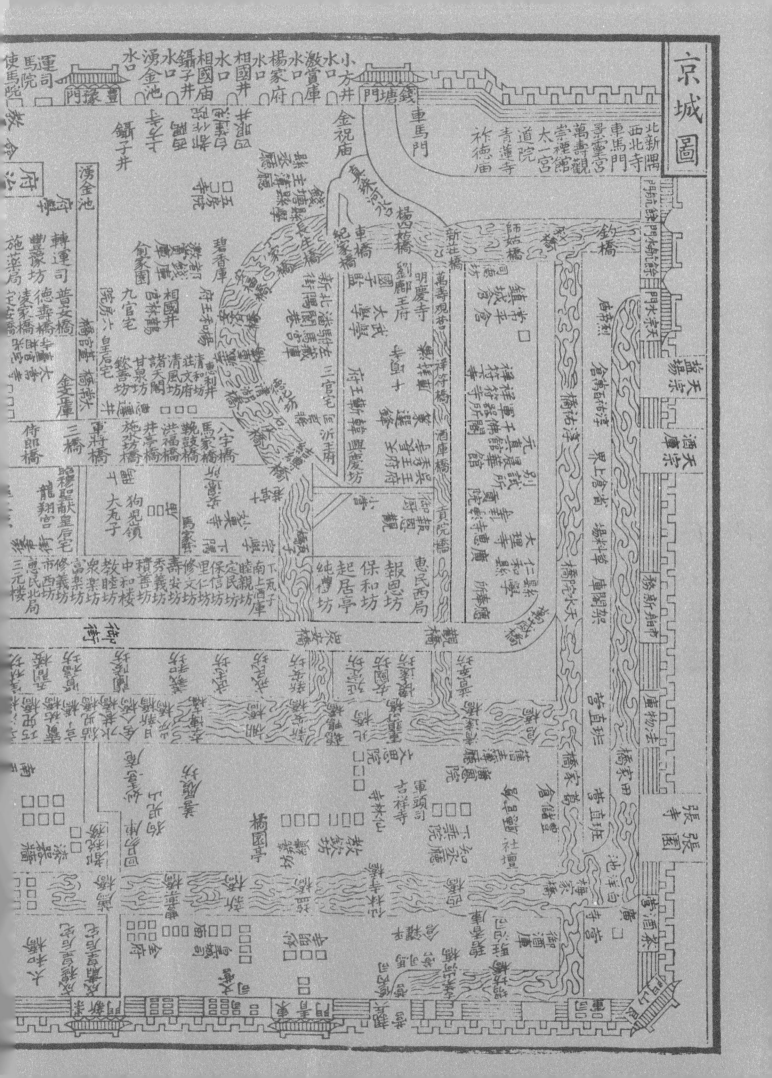

Report on Archaeological Excavation to the Site of Lin'an City

The Site of the Imperial Avenue of the Southern Song Dynasty

II

(With Abstracts in English and Japanese)

by

Hangzhou Municipal Institute of Cultural Relics and Archaeology

Cultural Relics Press

Beijing · 2013

彩 版 目 录

1.T1～T3及T1扩方内L2、L3、L4、L5（西-东）

2.T4内L2、L3（西-东）

彩版Ⅱ-1　1988HY砖砌道路遗迹全景

彩版Ⅱ-2　1988HY砖砌道路遗迹（北-南）

彩版Ⅱ—3　1988HY砖砌道路遗迹（北—南）

彩版 II-4 1988HY砖砌道路遗迹

1.L2、L3叠压关系（西—东）

2.L2、L3、L4局部（西—东）

3.L2、L3、L4、L5局部（西—东）

彩版 II-4 1988HY砖砌道路遗迹

1.南宋官窑青瓷残件T1④：15

3.龙泉窑青瓷鸟食罐T1④：35

2.龙泉窑青瓷莲瓣碗B型T1④：12

4.龙泉窑青瓷折沿盘T1④：16

彩版Ⅱ-5　1988HY第4层出土南宋官窑瓷器残件及龙泉窑青瓷碗、鸟食罐、盘

1.越窑青瓷盏T1④：8

3.定窑白瓷碟T1④：4

2.景德镇窑青白瓷炉残件T1④：6

4.景德镇窑青白瓷炉兽足T1④：14

彩版Ⅱ-6　1988HY第4层出土越窑青瓷盏、景德镇窑青白瓷炉及定窑白瓷碟

1.筒瓦T1③：143

2.牡丹纹瓦当T1③：34

3.罐T1③：121

4.灯T1③：84

彩版Ⅱ-7　1988HY第3层出土陶筒瓦、瓦当、罐、灯

1.敞口碗B型T2③：20

2.侈口碗B型T1③：8

彩版Ⅱ—8　1988HY第3层出土龙泉窑青瓷碗

1.侈口碗B型T1③：13

2.侈口碗C型T1③：11

3.唇口碗T2③：8

彩版Ⅱ-9　1988HY第3层出土龙泉窑青瓷碗

1.D型T2③：9　　　　　　　　　2.D型T2③：2

彩版Ⅱ—10　1988HY第3层出土龙泉窑青瓷花口碗

1.碗残件T1③：43

2.碗残件T1③：60

3.碗残件T1③：67

彩版Ⅱ-11　1988HY第3层出土龙泉窑青瓷碗

1.莲瓣盘A型T1③：4　　　　2.敞口盘A型T1③：2

彩版Ⅱ－12　1988HY第3层出土龙泉窑青瓷盘

彩版Ⅱ-13　1988HY第3层出土龙泉窑青瓷盘

1.敞口盘C型T2③：6

2.侈口盘A型T2③：22

彩版Ⅱ-13　1988HY第3层出土龙泉窑青瓷盘

1.侈口盘B型T1③：19   2.敞口洗T3③：58

彩版Ⅱ－14　1988HY第3层出土龙泉窑青瓷盘、洗

1.高足杯T2③：15

2.高足杯T2③：1

4.樽式炉T1③：106

3.樽式炉T1③：117

5.樽式炉T3③：43

彩版Ⅱ－15　1988HY第3层出土龙泉窑青瓷高足杯、炉

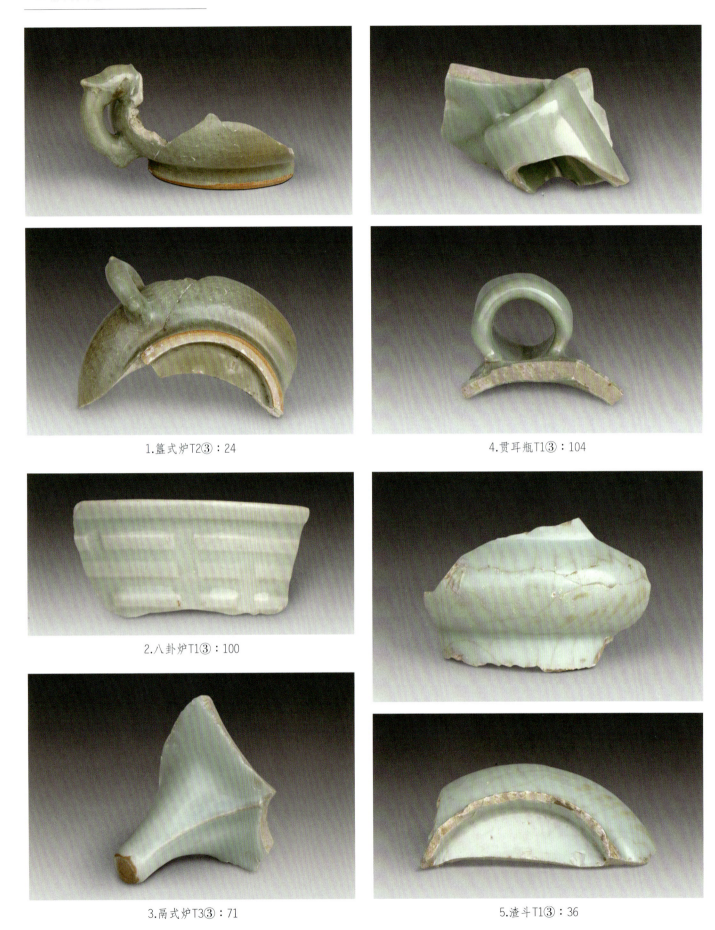

1.簋式炉T2③：24

4.贯耳瓶T1③：104

2.八卦炉T1③：100

3.鬲式炉T3③：71

5.渣斗T1③：36

彩版 Ⅱ－16　1988HY第3层出土龙泉窑青瓷炉、瓶、渣斗

1.老虎洞窑青瓷花口盏T3③：75

2.老虎洞窑青瓷洗T3③：65

3.越窑青瓷杯T3③：52

彩版Ⅱ-17　1988HY第3层出土老虎洞窑青瓷盏、洗及越窑青瓷杯

1.越窑青瓷碗T2③：44

3.耀州窑青瓷残片T3③：61

2.越窑青瓷盘T3③：55

4.铁店窑钧釉瓷碗T3③：22

彩版Ⅱ—18　1988HY第3层出土越窑、耀州窑及铁店窑瓷碗、盘等

1.敛口碗T1③∶5   2.敛口碗T2③∶19

彩版Ⅱ－19 　1988HY第3层出土未定窑口青瓷碗

3.A型T3③：8

1.A型T1③：6

2.A型T3③：3

4.A型T1③：28

彩版Ⅱ—20　1988HY第3层出土未定窑口青瓷敞口碗

1.A型T1③：31

2.B型T3③：29

3.C型T1③：23

4.C型T2③：11

彩版Ⅱ-21　1988HY第3层出土未定窑口青瓷敞口碗

1.敞口碗C型T2③：49

2.敞口碗C型T3③：2

3.侈口碗A型T1③：25

彩版Ⅱ-22　1988HY第3层出土未定窑口青瓷碗

1.A型T3③：4

2.A型T1③：26

3.B型T2③：23

彩版Ⅱ-23　1988HY第3层出土未定窑口青瓷侈口碗

2.侈口曲腹盘T1③：15

1.侈口斜腹盘T1③：14

3.斜腹盏T3③：5

彩版Ⅱ-24　1988HY第3层出土未定窑口青瓷盘、盏

1.斜腹盏T3③：9　　　　　　2.钵T1③：1

彩版Ⅱ-25　1988HY第3层出土未定窑口青瓷盏、钵

1.青白瓷碗T2③：25

2.卵白釉瓷曲腹盘T3③：10

彩版Ⅱ-26　1988HY第3层出土景德镇窑青白瓷碗及卵白釉瓷盘

彩版Ⅱ-27　1988HY第3层出土景德镇窑青白瓷曲腹盘

1.T3③：11　　　　2.T3③：37

彩版Ⅱ-27　1988HY第3层出土景德镇窑青白瓷曲腹盘

1.T3③：7

2.T3③：69

彩版Ⅱ-28　1988HY第3层出土景德镇窑青白瓷折腹盘

1.三足炉 T3③：36

2.灯 T1③：18

彩版Ⅱ－29　1988HY第3层出土景德镇窑青白瓷炉、灯

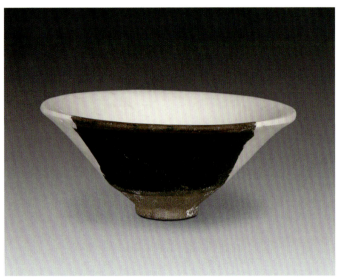

1.建窑黑釉瓷盏T1③：27

2.未定窑口黑釉瓷盏T1③：30

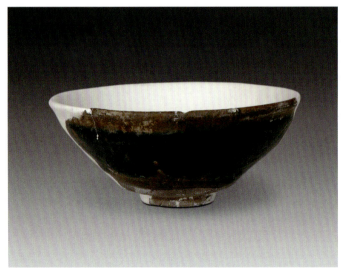

3.未定窑口黑釉瓷盏T1③：32

彩版Ⅱ-30　1988HY第3层出土建窑及未定窑口黑釉瓷盏

1.T2③：16

3.T2③：18

2.T2③：17

4.T3③：6

彩版Ⅱ—31　1988HY第3层出土未定窑口黑釉瓷盏

1.侈口碗B型T2②：51

2.侈口盘A型T1②：6

彩版Ⅱ-32　1988HY第2层出土龙泉窑青瓷碗、盘

2.龙泉窑青瓷高足杯T2②：46

1.龙泉窑青瓷侈口洗T1②：14

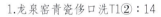

3.龙泉窑青瓷鬲式炉T1②：22

4.景德镇窑仿哥釉瓷炉T3②：21

彩版Ⅱ-33　1988HY第2层出土龙泉窑青瓷洗、炉、高足杯及景德镇窑仿哥釉瓷炉

1.敞口碗A型T2②：22

2.敞口斜腹盘T2②：14

彩版Ⅱ-34 1988ＨＹ第2层出土未定窑口青瓷碗、盘

1.未定窑口青瓷敞口斜腹盘T2②：30

2.景德镇窑青瓷杯T2②：15

3.未定窑口青瓷束口盏T2②：1

彩版Ⅱ－35　1988HY第2层出土未定窑口青瓷盘、盏及景德镇窑青瓷杯

3.T2②：23

1.T1②：13

4.T3②：7

2.T2②：31

5.T3②：9

彩版Ⅱ－36　1988ＨＹ第2层出土景德镇窑青花瓷碗

彩版Ⅱ-37　1988HY第2层出土景德镇窑青花瓷碗、盘

1.碗T3②：16

2.盘T3②：1

彩版Ⅱ-37　1988HY第2层出土景德镇窑青花瓷碗、盘

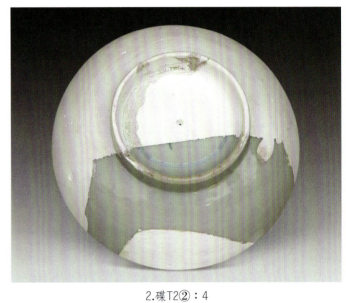

2.碟T2②：4

1.碟T1②：12

3.杯T3②：5

彩版Ⅱ—38　1988HY第2层出土景德镇窑青花瓷碟、杯

1.T8内砖砌道路遗迹L3（南—北）

2.T10扩内太庙东墙Q1向外凸出石砌结构叠压在L3上（南—北）

彩版Ⅲ—1　1995TM砖砌道路遗迹L3

彩版Ⅲ－2　1995TMT8内砖砌道路遗迹L3叠压在砖砌结构Z1下（东－西）

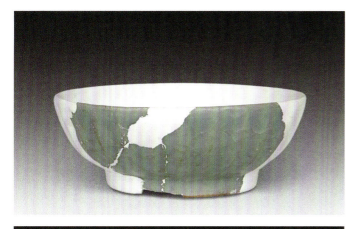

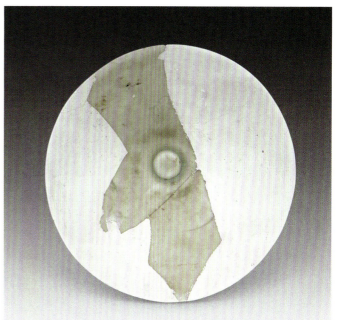

1.龙泉窑青瓷莲瓣盘A型T13④：4

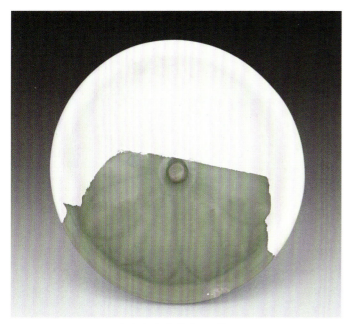

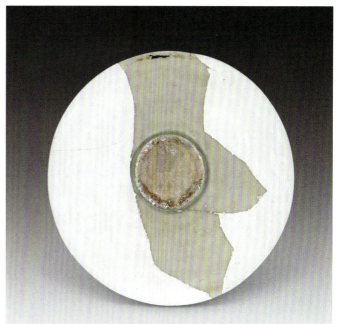

2.龙泉窑青瓷器盖T13④：2　　　　　　　3.景德镇窑青白瓷斗笠碗T13④：3

彩版Ⅲ－3　1997TMT13④出土龙泉窑青瓷盘、器盖及景德镇窑青白瓷碗

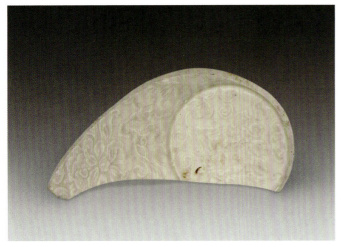

3.定窑白瓷洗T13④：1

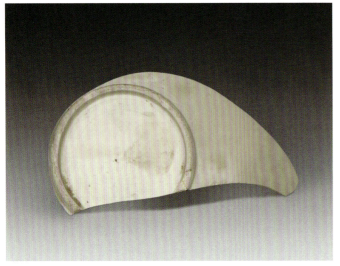

1.定窑白瓷碗T13④：6

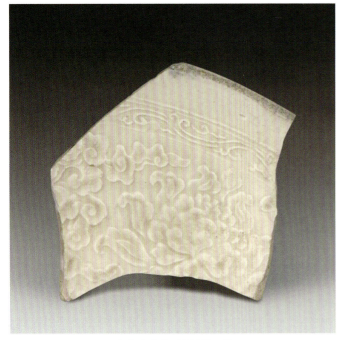

2.定窑白瓷碗T13④：7

4.未定窑口黑釉瓷束口盏T13④：5

彩版Ⅲ—4　1997TMT13④出土定窑白瓷碗、洗及未定窑口黑釉瓷盏

1.莲瓣碗T13③：26

2.敞口碗A型T13③：16

3.侈口碗B型T13③：15

彩版Ⅲ－5　1997TMT13③出土龙泉窑青瓷碗

1.侈口碗C型T13③：2   2.碗底残件T13③：25

彩版Ⅲ-6　1997TMT13③出土龙泉窑青瓷碗

1. 敞口盘D型T13③：1

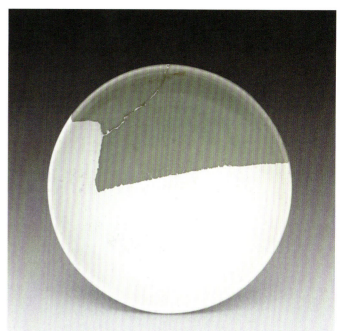

2. 盘底残件T13③：27

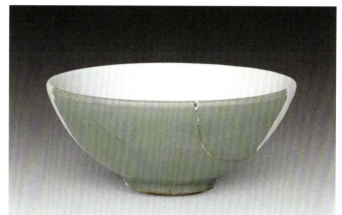

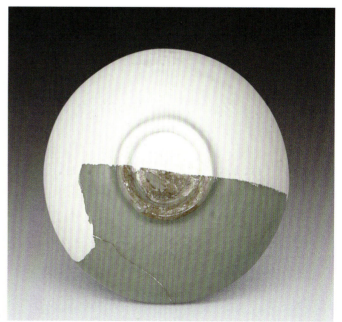

3. 盏T13③：4

彩版Ⅲ—7　1997TMT13③出土龙泉窑青瓷盘、盏

1.龙泉窑青瓷钵T13③：28

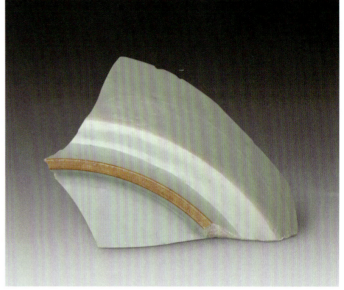

2.龙泉窑青瓷洗残件T13③：24

3.越窑青瓷瓜形残件T13③：20

彩版Ⅲ－8　1997TMT13③出土龙泉窑青瓷钵、洗及越窑青瓷瓜形残件

1.敞口碗D型T13③：11　　　　　　　2.侈口碗C型T13③：18

彩版Ⅲ-9　1997TMT13③出土未定窑口青瓷碗

1.碗残件T13③：5

2.折沿盘T13③：19

3.折沿盘T13③：17

彩版Ⅲ-10　1997TMT13③出土未定窑口青瓷碗、盘

1.侈口曲腹盘T13③：38　　　　　　　2.斜腹盏T13③：13

彩版Ⅲ-11　1997TMT13③出土未定窑口青瓷盘、盏

1.束口盏T13③：7

2.束口盏T13③：8

3.樽式炉T13③：21

彩版Ⅲ－12　1997TMT13③出土未定窑口青瓷盏、炉

2.平底碟T13③：42

1.平底碟T13③：14

3.灯残件T13③：10

彩版Ⅲ-13　1997TMT13③出土未定窑口青瓷碟、灯

1.碗T13③：32

2.粉盒盖T13③：22

彩版Ⅲ-14　1997TMT13③出土景德镇窑青白瓷碗、器盖

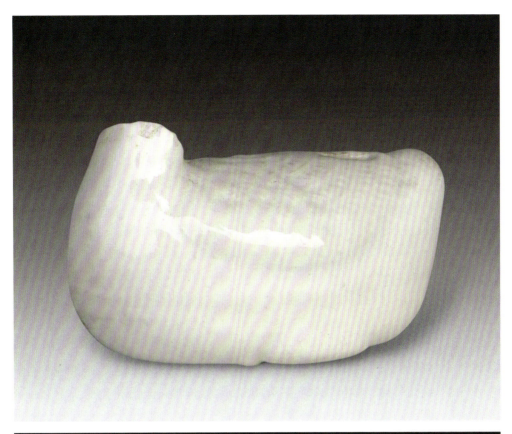

彩版Ⅲ—15　1997TMT13③出土景德镇窑青白瓷鸭形塑像T13③：36

1.定窑白瓷碗T13③：3

2.磁州窑白地黑花瓷器盖T13③：34

4.建窑黑釉瓷束口盏T13③：12

3.未定窑口白地黑花瓷碗T13③：35

5.未定窑口黑釉瓷束口盏T13③：37

彩版Ⅲ-16　1997TMT13③出土定窑、磁州窑、建窑及未定窑口瓷碗、器盖、盏

彩版Ⅲ-17　1997TMT13②出土陶器盖、珠及龙泉窑青瓷碗

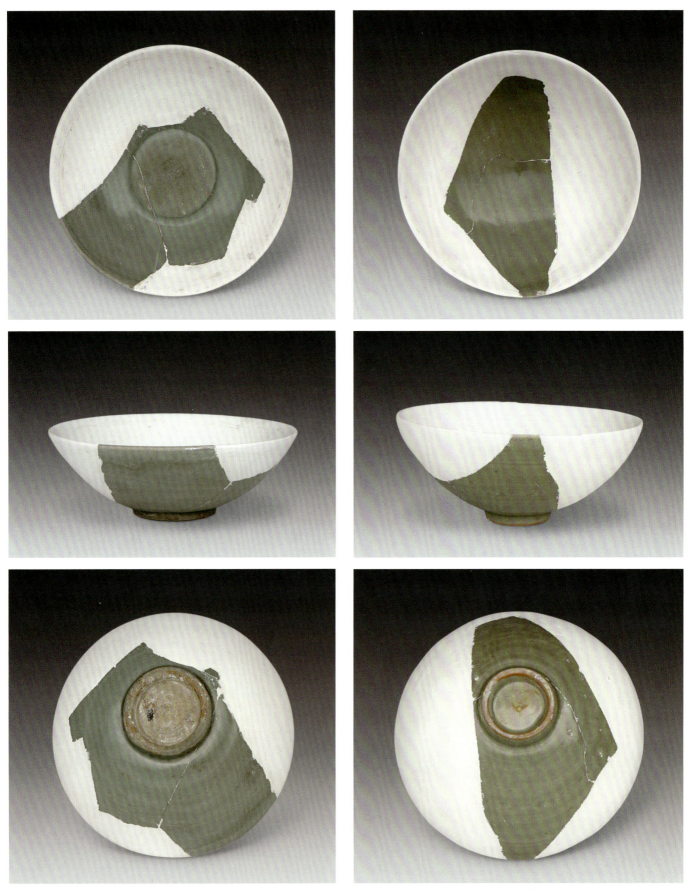

1.A型 T13②:2

2.C型 T13②:5

彩版Ⅲ—18　1997TMT13②出土龙泉窑青瓷敞口碗

1.侈口碗C型T13②：10

2.莲瓣盘B型T13②：4

彩版Ⅲ-19　1997TMT13②出土龙泉窑青瓷碗、盘

彩版Ⅲ-20 1997TMT13②出土龙泉窑青瓷敞口盘

1.D型T13②：44　　　　　　　　　　2.D型T13②：8

彩版Ⅲ-20　1997TMT13②出土龙泉窑青瓷敞口盘

彩版Ⅲ-21　1997TMT13②出土龙泉窑青瓷盘、洗

1.侈口盘B型T13②：24

2.侈口洗T13②：9

3.侈口盘C型T13②：6

1.樽式炉T13②：13

4.鸟食罐T13②：17

2.缠枝花炉T13②：15

5.罐T13②：30

3.缠枝花炉T13②：16

6.灯T13②：12

彩版Ⅲ-22　1997TMT13②出土龙泉窑青瓷炉、罐、灯

彩版Ⅲ—23　1997TMT13②出土未定窑口青瓷碗

1.敞口碗B型T13②：43

2.侈口碗A型T13②：41

3.侈口碗A型T13②：46

彩版Ⅲ—23　1997TMT13②出土未定窑口青瓷碗

1.C型T13②：33

2.C型T13②：50

彩版Ⅲ—24　1997TMT13②出土未定窑口青瓷侈口碗

2.碗 T13②：36

1.碗 T13②：11

3.侈口曲腹盘 T13②：48

彩版Ⅲ-25　1997TMT13②出土未定窑口青瓷碗、盘

1.T13②：3

2.T13②：37

彩版Ⅲ-26　1997TMT13②出土未定窑口青瓷敞口折腹盘

1.侈口曲腹盘T13②：34　　　　　　　　2.曲腹盏T13②：31

彩版Ⅲ—27　1997TMT13②出土未定窑口青瓷盘、盏

1.T13②：42

2.T13②：47

彩版Ⅲ－28　1997TMT13②出土未定窑口青瓷灯

1.器盖T13②：14

4.樽式炉T13②：35

2.盒T13②：40

3.钵T13②：32

5.不明残件T13②：39

彩版Ⅲ-29　1997TMT13②出土未定窑口青瓷器盖、盒、钵、炉、不明残件

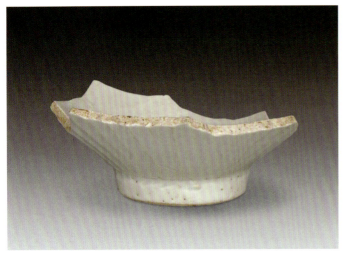
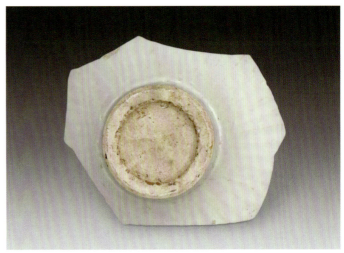

1.菊瓣碗T13②：25

2.斗笠碗T13②：19

3.碗T13②：20

彩版Ⅲ-30　1997TMT13②出土景德镇窑青白瓷碗

3.景德镇窑青白瓷杯T13②：21

1.景德镇窑青白瓷盘残件T13②：22

4.磁州窑白地黑花瓷残片T13②：26

2.景德镇窑青白瓷盏T13②：45

5.吉州窑白地黑花瓷残片T13②：18

彩版Ⅲ-31　1997TMT13②出土景德镇窑青白瓷盘、盏、杯及磁州窑与吉州窑瓷器残片

1.建窑黑釉瓷束口盏T13②：49

2.吉州窑黑釉瓷玳瑁盏T13②：27

3.未定窑口黑釉瓷束口盏T13②：29

4.未定窑口黑釉瓷束口盏T13②：28

彩版Ⅲ－32　1997TMT13②出土建窑、吉州窑及未定窑口黑釉瓷盏

彩版Ⅳ-1　2004年严官巷南宋御街遗址全景（西南-东北）

彩版Ⅳ-2　2004ＨＹ东北发掘区全景（西南-东北）

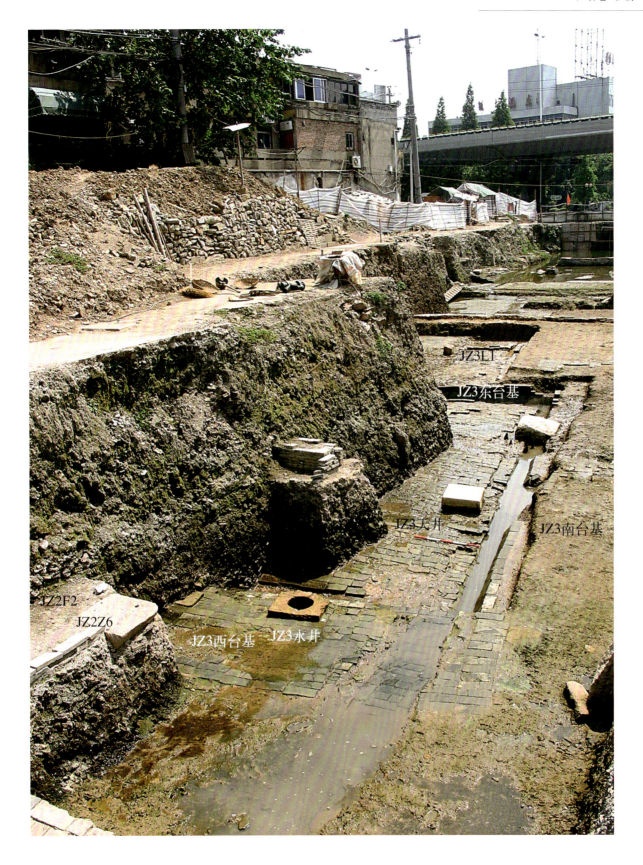

彩版Ⅳ-3　2004HY东北发掘区西部遗迹局部（西南-东北）

彩版Ⅳ—4　2004HYL7全景（北—南）

1.L6全景（南—北）

2.L6（东—西）

彩版Ⅳ－5　2004HYL6

1.L6（北—南）

2.Q1西段北壁面所见L4G1（右）与JZ1G6（左）的出水口（南—北）

彩版Ⅳ—6　2004HYL6与L4G1和JZ1G6出水口

1.JZ3东部全景（西—东）

2.JZ3L1东段东端，叠压L6（北—南）

彩版Ⅳ—7　2004HYJZ3东部全景与JZ3L1

1.JZ3L1西段东端（西—东）

2.JZ3L1西段西端路面（东—西）

3.JZ3门砧石（北—南）

彩版Ⅳ-8　2004HYJZ3L1西段及门砧石

彩版Ⅳ-9 2004HYJZ3L1西段与门砧石（东-西）

JZ1F3

JZ1G2

JZ3门砧石

JZ1G3

JZ3L1

JZ1F3

JZ1S4

1.JZ3天井（西南—东北）

2.JZ3天井与西台基（南—北）

彩版Ⅳ-10　2004HYJZ3天井与西台基

1.JZ3水井与JZ3G1（东—西）

2.JZ3G2北口（北—南）

彩版Ⅳ-11　2004HYJZ3水井与排水沟

1.JZ2全景（西南—东北）

2.JZ2天井与JZ2F1（西—东）

彩版IV-12 2004HYJZ2全景

1.JZ2砖砌须弥座（西南—东北）

2.JZ2砖砌须弥座细部（南—北）

3.JZ2F1台基北侧台壁（北—南）

彩版Ⅳ—13　2004HYJZ2砖砌须弥座与JZ2F1台基北侧台壁

1.JZ2F1（东—西）

2.JZ2F1与JZ2G1（东—西）

3.JZ2G2北出口（东北—西南）

彩版Ⅳ—14　2004HYJZ2F1与排水沟

1.JZ2过道与JZ2F2（西南—东北）

2.JZ2F2东南角柱槽（南—北）

3.JZ2F1柱础石（北—南）

彩版Ⅳ—15　2004HYJZ2过道、柱础石与柱槽

1.JZ1东半部遗迹（西—东）

2.JZ1L1上的火烧痕迹（南—北）

彩版Ⅳ—16 2004HYJZ1东部遗迹

1.JZ1L2与JZ1G5（东—西）

3.JZ1水井遗迹细部

2.JZ1井台与水井遗迹（南—北）

彩版Ⅳ—17　2004HYJZ1天井内道路与水井

1.JZ1门址与JZ1L1（南—北）

2.JZ1F4基址（南—北）

彩版Ⅳ-18　2004HYJZ1门址

1.JZ1F4基址西立面（西—东）

2.JZ1西天井与JZ1F1、JZ1F3（东北—西南）

彩版Ⅳ—19　2004HYJZ1F4与JZ1F1、JZ1F3

1.JZ1F2台基西侧台壁（西—东）

2.JZ1F2台基上残存的柱础石（东—西）

1.JZ1F3台基东侧台壁与JZ1S4（南—北）

3.JZ1F3台基下方的JZ1G2、JZ1G3（北—南）

4.JZ1F3台基南端的JZ1G4（东—西）

2.JZ1F2西侧的窨井（南—北）

5.JZ1G5紧贴JZ1L2南侧而建（北—南）

彩版Ⅳ—21　2004HYJZ1的排水设施

1.石板地面遗迹（北—南）

2.石板地面遗迹叠压在JZ1上（西—东）

彩版Ⅳ—22 2004HY石板地面遗迹

1.Q1东段细部（西—东）

2.Q1西段被晚期的G2东端所叠压（东—西）

3.Q1北侧沟壁及残存石板

1.Q1北侧残存的大型石板（北—南）

2.G1叠压JZ1西天井而建（西—东）

石板道路L3

JZ4台基

JZ4砖砌道路

1.西北发掘区南部遗迹（北—南）

JZ4砖砌道路

JZ4台基

砖墙

2.西北发掘区北部遗迹（南—北）

彩版Ⅳ—25　西北发掘区全景

1.东部遗迹（南—北）

砖铺地面

石板道路L3

砖墙

2.台基与砖砌道路（西—东）

东厢房　L3　砖砌道路　台基

3.砖墙西端残存柱础与石柱（西—东）

L3

彩版IV-27　西南发掘区全景（西南-东北）

1.L2与围墙遗迹（西—东）

2.围墙基础外侧的石墙下方的夯筑痕迹和鹅卵石（北—南）

彩版Ⅳ—28　2004HYL2与围墙外地面情形

1.围墙基础（北—南）

2.围墙东段（北—南）

彩版Ⅳ—29　2004HY围墙遗迹

彩版Ⅳ−30　2004HY围墙遗迹之砖砌墙体（西－东）

1.围墙遗迹之砖砌墙体外立面（北—南）

2.围墙遗迹内侧的夯土地面（东—西）

彩版Ⅳ-31　2004HY围墙遗迹之砖砌墙体外立面与其内侧夯土地面

彩版Ⅳ-32　2004HY石砌储排水设施全景（西北-东南）

彩版Ⅳ—33　2004ＨＹ石砌储排水设施之水池遗迹

1.水池遗迹（北—南）

2.水池底部的泉眼（东—西）

彩版Ⅳ—33　2004ＨＹ石砌储排水设施之水池遗迹

1.水池石壁（西北—东南）

2.水池二层台南壁发现的木桩（西北—东南）

彩版Ⅳ-34　2004HY石砌储排水设施之水池遗迹

彩版Ⅳ−35　2004HY石砌储排水设施之闸门遗迹（西—东）

1.东水渠遗迹(东北—西南)

2.东水渠北壁（南—北）

3.东水渠底部（东—西）

彩版Ⅳ—36　2004HY石砌储排水设施之东水渠遗迹

1.西水渠遗迹（西—东）

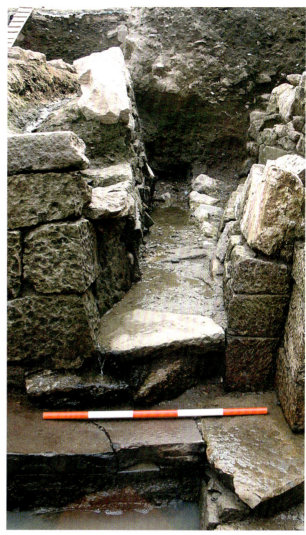

2.西水渠东口（东—西）

3.北水渠遗迹（南—北）

彩版Ⅳ—37　2004HY石砌储排水设施之西水渠、北水渠遗迹

彩版Ⅳ-38　2004HYL1全景（西—东）

1.重唇板瓦T6⑤：27

2.重唇板瓦T6⑤：29

3.筒瓦T6⑤：16

4.龙纹瓦当T6⑤：26

5.菊花纹瓦当T6⑤：28

彩版Ⅳ-39　2004HY第5层出土陶板瓦、筒瓦、瓦当

1.脊兽T6⑤：24

4.器盖T6⑤：17

2.迦陵频伽T6⑤：25

5.灯T6⑤：23

3.双垂鱼形瓦饰T6⑤：13

6.楼阁T6⑤：30

彩版Ⅳ-40　2004HY第5层出土陶脊饰及器盖、灯、陶塑楼阁

1.龙泉窑青瓷花口碗D型T6⑤：14　　　　　　2.未定窑口青瓷敛口碗T6⑤：2

彩版Ⅳ-41　2004HY第5层出土龙泉窑及未定窑口青瓷碗

1.A型 T6⑤：7

2.B型 T6⑤：6

3.B型 T6⑤：1

彩版Ⅳ-42　2004HY第5层出土未定窑口青瓷敞口碗

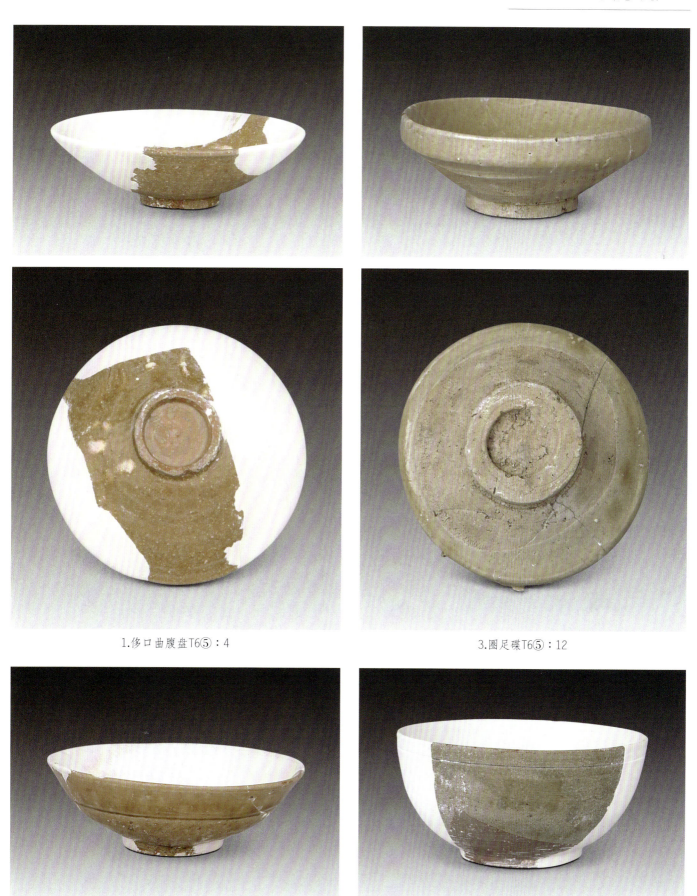

1.侈口曲腹盘T6⑤：4

3.圈足碟T6⑤：12

2.侈口曲腹盘T6⑤：5

4.钵T6⑤：19

彩版Ⅳ—43　2004HY第5层出土未定窑口青瓷盘、碟、钵

彩版Ⅳ-44　2004HY第5层出土建窑黑釉瓷盏

1.T6⑤：8

2.T6⑤：9

彩版Ⅳ—45　2004ＨＹ第5层出土未定窑口黑釉瓷盏、罐

2.罐T6⑤：18

1.盏T6⑤：10

3.盏T6⑤：11

彩版Ⅳ—45　2004ＨＹ第5层出土未定窑口黑釉瓷盏、罐

2.B型T1（水池）：4

3.B型T1（水池）：5

1.B型T1（水池）：1

4.B型T1（水池）：6

彩版Ⅳ-46　2004HYT1（水池）出土龙泉窑青瓷莲瓣碗

1.莲瓣碗B型T1（水池）：31

2.莲瓣碗B型T1（水池）：30

3.花口碗B型T1（水池）：9

彩版Ⅳ-47　2004HYT1（水池）出土龙泉窑青瓷碗

1.B型T1（水池）：32   2.C型T1（水池）：10

彩版Ⅳ－48　2004HYT1（水池）出土龙泉窑青瓷花口碗

1.莲瓣盘A型T1（水池）：7

4.敞口盘B型T1（水池）：16

2.莲瓣盘A型T1（水池）：8

3.莲瓣盘A型T1（水池）：14

5.侈口盘A型T1（水池）：11

彩版Ⅳ—49　2004HYT1（水池）出土龙泉窑青瓷盘

彩版Ⅳ-50　2004HYT1（水池）出土龙泉窑青瓷洗、细碾钵

1.折沿洗T1（水池）：15

2.细碾钵T1（水池）：12

彩版Ⅳ-50　2004HYT1（水池）出土龙泉窑青瓷洗、细碾钵

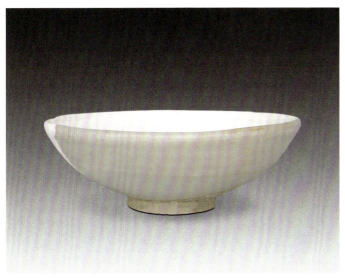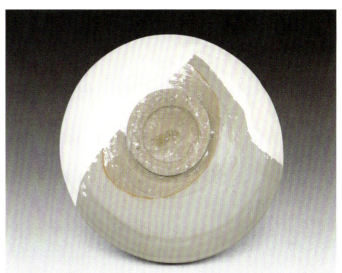

1.敛口碗T1（水池）：24

2.敞口碗B型T1（水池）：23

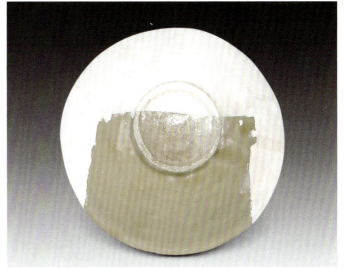

3.侈口碗A型T1（水池）：13

彩版Ⅳ—51　2004HYT1（水池）出土未定窑口青瓷碗

1.未定窑口青瓷樽式炉T1（水池）：2

2.景德镇窑青白瓷平底盘T1（水池）：17

3.景德镇窑青白瓷芒口碗T1（水池）：18

彩版Ⅳ-52 2004HYT1（水池）出土未定窑口青瓷炉及景德镇窑青白瓷盘、碗

1.碗T1（水池）：35

2.盘T1（水池）：19

彩版Ⅳ-53　2004HYT1（水池）出土景德镇窑卵白釉瓷碗、盘

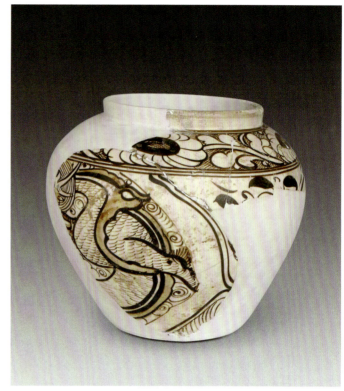

2.磁州窑白地黑花瓷罐T1（水池）：25

1.未定窑口黑釉瓷盏T1（水池）：33

3.磁州窑白地黑花瓷罐T1（水池）：26

彩版Ⅳ－54　2004HYT1（水池）出土未定窑口黑釉瓷盏及磁州窑白地黑花瓷罐

1.陶脊兽T1④：4

2.龙泉窑青瓷侈口碗A型T1④：6

3.龙泉窑青瓷钵T1④：1

彩版Ⅳ－55　2004HY西南发掘区第4层出土陶脊兽及龙泉窑青瓷碗、钵

1.景德镇窑青白瓷人物塑像T1④：3

2.越窑青瓷瓶T2④：5

彩版Ⅳ-56　2004HY西南及西北发掘区第4层出土景德镇窑青白瓷人物塑像及越窑青瓷瓶

1.未定窑口青白瓷瓶T2④：2　　　　　　　　　　2.定窑白瓷碗T2④：7

彩版Ⅳ-57　2004HY西北发掘区第4层出土未定窑口青白瓷瓶及定窑白瓷碗

1.定窑白瓷盘T2④：1　　　　　　　　　　2.未定窑口黑釉瓷碟T2④：3

彩版Ⅳ-58　2004HY西北发掘区第4层出土定窑白瓷盘及未定窑口黑釉瓷碟

1.香糕砖T4④：21（后）、T4④：23（中）、T4④：24（前）

4.重唇板瓦T4④：3

2.香糕砖T4④：26

5.筒瓦T4④：4

3.重唇板瓦T6④：8

6.筒瓦T4④：5

7.筒瓦T6④：7

彩版Ⅳ—59　2004HY东北发掘区第4层出土陶砖、板瓦、筒瓦

1.龙纹瓦当T6④：6

2.莲花纹瓦当T4④：113

3.牡丹纹瓦当T6④：9

4.菊花纹瓦当T4④：2

5.菊花纹瓦当T4④：60

6.菊花纹瓦当T4④：61

彩版Ⅳ-60　2004HY东北发掘区第4层出土陶瓦当

1.芙蓉纹瓦当T4④:1

3.陶器圈足T4④:20

2.迦陵频伽T6④:10

彩版Ⅳ-61　2004HY东北发掘区第4层出土陶瓦当、迦陵频伽及陶器圈足

1.碗T4④：27

2.碗T4④：29

3.洗T4④：28

4.洗T4④：40

彩版Ⅳ－62 2004HY东北发掘区第4层出土南宋官窑青瓷碗、洗

1.敞口碗B型T4④：9

2.侈口碗A型T4④：10

彩版Ⅳ-63　2004HY东北发掘区第4层出土龙泉窑青瓷碗

2.莲瓣盘A型T4④：11

1.花口碗D型T6④：3

3.莲瓣盘B型T4④：46

彩版Ⅳ-64　2004HY东北发掘区第4层出土龙泉窑青瓷碗、盘

2.器盖T4④：13

1.敞口盘A型T4④：6

3.瓶T4④：75

彩版Ⅳ-65　2004HY东北发掘区第4层出土龙泉窑青瓷盘、器盖、瓶

1.龙泉窑青瓷敞口盘A型T4④：7

2.未定窑口青瓷敛口碗T4④：66

3.未定窑口青瓷敞口碗B型T4④：8

彩版Ⅳ-66　2004HY东北发掘区第4层出土龙泉窑青瓷盘及未定窑口青瓷碗

1.侈口碗A型T4④：14

4.敞口曲腹盘T4④：15

2.侈口碗A型T4④：64

3.侈口碗A型T4④：65

5.敞口曲腹盘T4④：25

彩版Ⅳ－67　2004HY东北发掘区第4层出土未定窑口青瓷碗、盘

1.斜腹盏T4④：22　　　　　　　2.曲腹盏T4④：59

彩版Ⅳ-68　2004HY东北发掘区第4层出土未定窑口青瓷盏

1.折腹盏T4④：41

2.平底碟T4④：63

3.子口器盖T4④：12

彩版Ⅳ-69 2004HY东北发掘区第4层出土未定窑口青瓷盏、碟、器盖

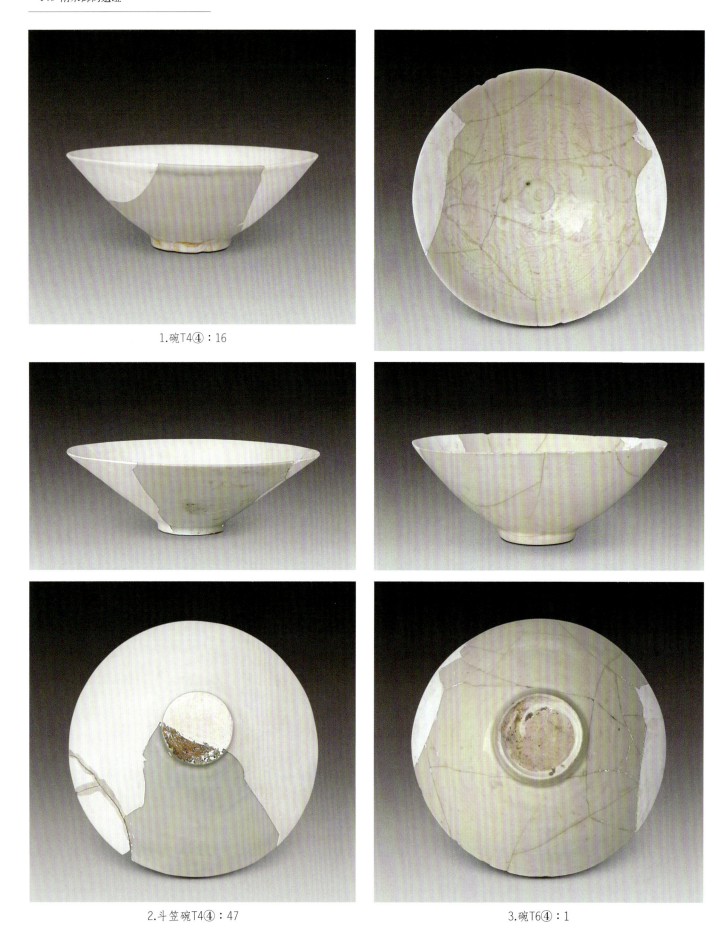

1.碗T4④：16

2.斗笠碗T4④：47

3.碗T6④：1

彩版Ⅳ-70　2004HY东北发掘区第4层出土景德镇窑青白瓷碗

1.平底盘T4④：18

2.盏T4④：43

彩版Ⅳ-71 2004HY东北发掘区第4层出土景德镇窑青白瓷盘、盏

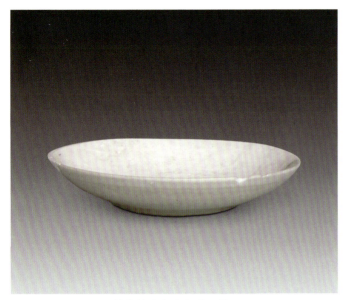

1.景德镇窑青白瓷碟T6④：2

3.未定窑口青白瓷碗T4④：35

2.景德镇窑青白瓷子口器盖T6④：5

4.未定窑口青白瓷器盖T4④：62

彩版Ⅳ-72　2004HY东北发掘区第4层出土景德镇窑及未定窑口青白瓷碟、器盖、碗

1.单唇板瓦T1③：75

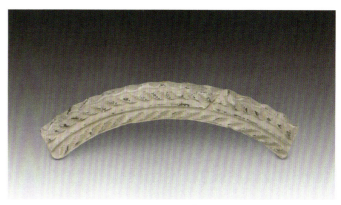

5.重唇板瓦T4③：36

2.单唇板瓦T1③：76

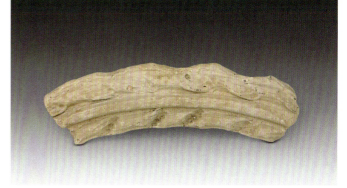

6.重唇板瓦T4③：135

3.单唇板瓦T4③：33

7.重唇板瓦T4③：136

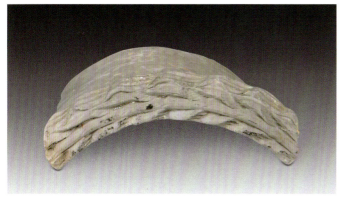

4.重唇板瓦T1③：77

8.重唇板瓦T4③：137

彩版Ⅳ-73　2004HY第3层出土陶板瓦

1.筒瓦T4③：26

4.筒瓦T4③：38

2.筒瓦T4③：31

5.龙纹瓦当T4③：13

3.筒瓦T4③：37

6.莲花纹瓦当T4③：12

彩版Ⅳ-74　2004HY第3层出土陶筒瓦、瓦当

1.T4③：5

2.T4③：6

3.T4③：7

4.T4③：17

5.T4③：8

彩版Ⅳ-75　2004HY第3层出土陶牡丹纹瓦当

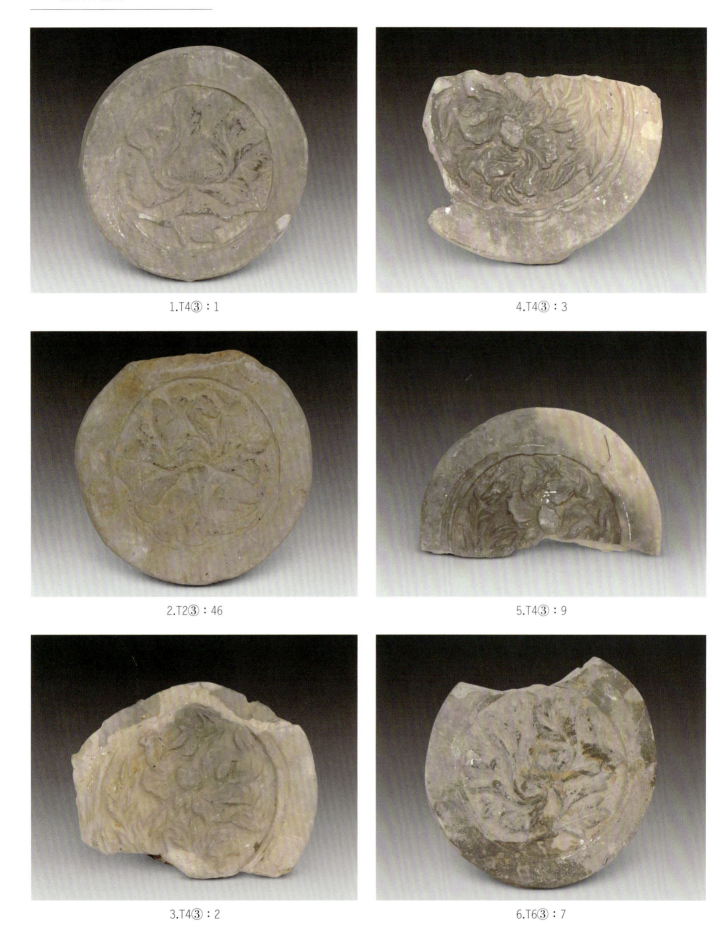

1.T4③：1

4.T4③：3

2.T2③：46

5.T4③：9

3.T4③：2

6.T6③：7

彩版Ⅳ-76　2004HY第3层出土陶牡丹纹瓦当

1.菊花纹瓦当T4③：11

2.脊兽T4③：140

3.脊兽T4③：141

4.脊兽T4③：142

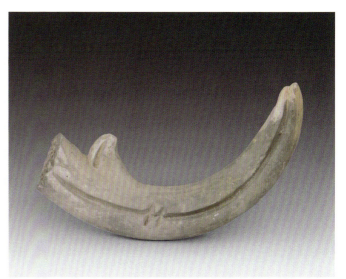

5.脊兽T4③：143

彩版Ⅳ-77　2004HY第3层出土陶瓦当、脊兽

1.迦陵频伽T4③：4

2.迦陵频伽T4③：39

3.狮形蹲兽T6③：9

4.器盖T4③：107

彩版Ⅳ-78　2004HY第3层出土陶迦陵频伽、蹲兽、器盖

1.器盖T4③：43

3.鼓腹罐T1③：80

2.灯T1③：79

4.灯T4③：42

彩版Ⅳ-79　2004HY第3层出土陶器盖、罐、灯

1.南宋官窑洗T1③：70

4.龙泉窑青瓷莲瓣碗A型T4③：55

2.南宋官窑洗T2③：51

3.南宋官窑折沿盆T2③：50

5.龙泉窑青瓷莲瓣碗A型T4③：138

彩版Ⅳ-80　2004HY第3层出土南宋官窑青瓷洗、盘及龙泉窑青瓷碗

2.B型T4③：50

1.A型T5③：2

3.B型T1③：17

彩版Ⅳ-81　2004HY第3层出土龙泉窑青瓷莲瓣碗

1.B型T4③：49

2.B型T1③：97

4.C型T1③：4

3.B型T4③：47

5.C型T1③：33

彩版Ⅳ-82　2004HY第3层出土龙泉窑青瓷莲瓣碗

1.B型T2③：21

2.B型T2③：44

彩版Ⅳ-83　2004HY第3层出土龙泉窑青瓷敞口碗

1.敞口碗B型T2③：42

3.侈口碗B型T2③：19

2.敞口碗B型T4③：59

4.侈口碗A型T1③：7

彩版Ⅳ-84　2004HY第3层出土龙泉窑青瓷碗

1.侈口碗C型T1③：26

3.花口碗A型T4③：57

2.花口碗A型T1③：21

4.花口碗D型T1③：118

彩版Ⅳ-85　2004HY第3层出土龙泉窑青瓷碗

1.花口碗C型T2③：22

2.唇口碗T2③：20

3.莲瓣盘A型T1③：5

4.莲瓣盘A型T1③：85

彩版Ⅳ-86　2004HY第3层出土龙泉窑青瓷碗、盘

3.敞口盘C型T2③：23

1.莲瓣盘B型T4③：51

2.莲瓣盘B型T4③：53

4.敞口盘C型T4③：56

彩版Ⅳ-87　2004HY第3层出土龙泉窑青瓷盘

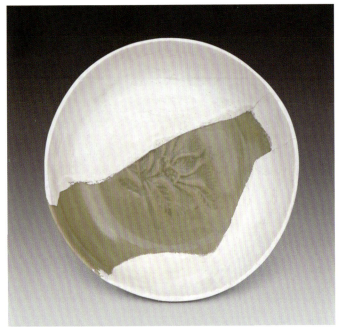

2.敞口盘D型T1③:24

3.侈口盘C型T5③:1

1.敞口盘D型T1③:9

4.折沿盘T2③:28

彩版Ⅳ-88　2004HY第3层出土龙泉窑青瓷盘

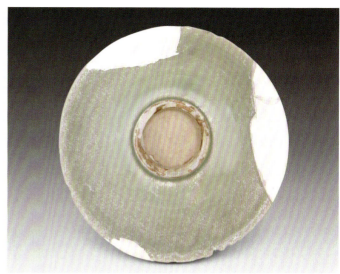

1.侈口盘A型T1③：16

2.盏T1③：12

3.盏T1③：36

彩版Ⅳ-89　2004HY第3层出土龙泉窑青瓷盘、盏

1.莲瓣洗T4③：52

3.敞口洗T4③：62

2.莲瓣洗T4③：60

4.敞口洗T1③：30

彩版Ⅳ-90　2004HY第3层出土龙泉窑青瓷洗

1.侈口洗T1③：19

3.蔗段洗T2③：30

2.侈口洗T1③：81

4.侈口洗T4③：116

彩版Ⅳ—91　2004HY第3层出土龙泉窑青瓷洗

1.T1③：20

2.T2③：29

3.T1③：98

4.T1③：86

彩版Ⅳ−92 2004HY第3层出土龙泉窑青瓷折沿洗

1.T1③：10

2.T1③：110

3.T1③：15

彩版Ⅳ-93　2004HY第3层出土龙泉窑青瓷杯

1.龙泉窑青瓷罐T1③：82

4.越窑青瓷盏T2③：38

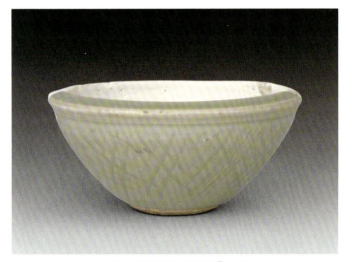

2.龙泉窑青瓷细碾钵T2③：24

5.越窑青瓷器盖T4③：106

3.龙泉窑青瓷鼎式炉T4③：74

6.越窑青瓷炉T1③：74

彩版Ⅳ—94　2004HY第3层出土龙泉窑青瓷罐、细碾钵、炉及越窑青瓷盏、器盖、炉

1.敛口碗T1③：3

3.敞口碗A型T1③：119

4.敞口碗A型T1③：62

2.敛口碗T4③：48

5.敞口碗A型T4③：109

彩版Ⅳ—95　2004HY第3层出土未定窑口青瓷碗

1.B型T1③：1

2.B型T1③：83

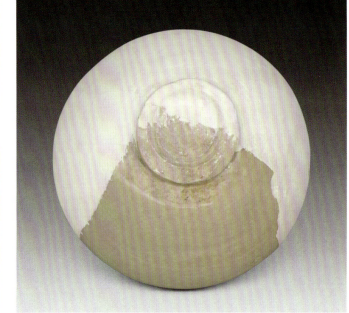

3.B型T1③：53

4.C型T4③：54

5.C型T4③：133

彩版Ⅳ－96　2004HY第3层出土未定窑口青瓷敞口碗

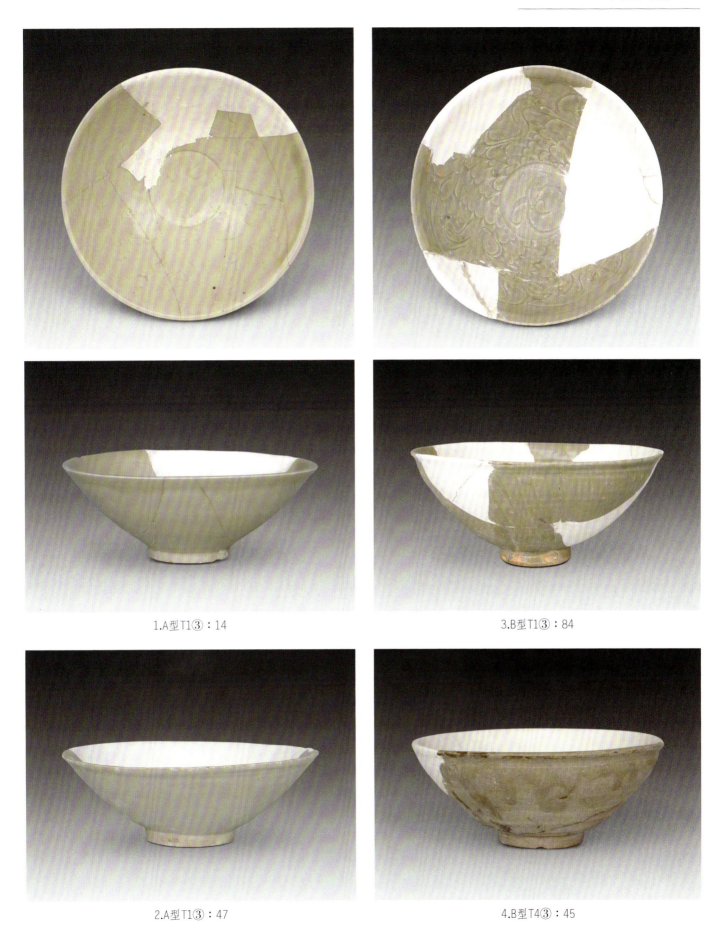

1.A型T1③：14

3.B型T1③：84

2.A型T1③：47

4.B型T4③：45

彩版Ⅳ-97　2004HY第3层出土未定窑口青瓷侈口碗

1.折沿盘T1③：29

3.侈口曲腹盘T1③：32

2.折沿盘T2③：27

4.侈口曲腹盘T1③：23

彩版Ⅳ-98　2004HY第3层出土未定窑口青瓷盘

1.侈口曲腹盘T2③：26

3.侈口斜腹盘T4③：68

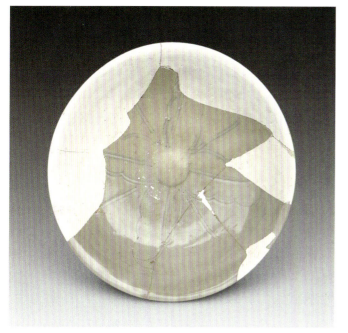

4.敞口曲腹盘T1③：27

5.敞口曲腹盘T2③：25

2.侈口曲腹盘T1③：45

6.敞口曲腹盘T6③：1

彩版Ⅳ-99　2004HY第3层出土未定窑口青瓷盘

1.斜腹盏T4③：132

2.平底碟T1③：35

3.平底碟T1③：114

4.平底碟T6③：8

5.圈足碟T4③：61

6.圈足碟T4③：131

7.杯T3③：8

彩版Ⅳ-100　2004HY第3层出土未定窑口青瓷器盏、碟、杯

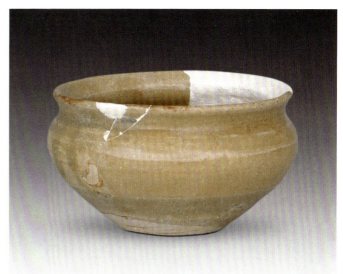

1.钵T6③：5

4.罐T4③：76

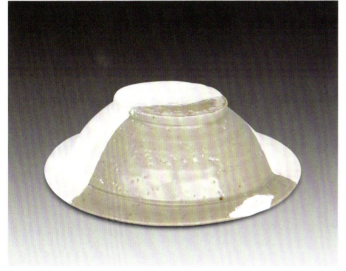

2.器盖T3③：2

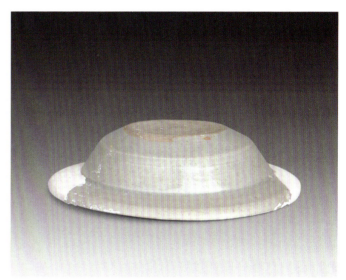

5.器盖T4③：90

3.器盖T4③：79

6.鸟食罐T2③：40

彩版Ⅳ-101　2004HY第3层出土未定窑口青瓷钵、器盖、罐、鸟食罐

1.碗T1③：87

2.平底盘T2③：10

3.平底盘T4③：88

4.平底盘T4③：89

彩版Ⅳ-102　2004HY第3层出土景德镇窑青白瓷碗、盘

1.曲腹盘T4③：87

2.折腹盘T1③：95

3.碟T2③：11

4.盒T2③：4

5.盒T4③：84

6.母口器盖T2③：8

彩版Ⅳ-103　2004HY第3层出土景德镇窑青白瓷盘、碟、盒、器盖

3.子口器盖T2③：34

4.子口器盖T3③：3

1.母口器盖T2③：17

5.鸟食罐T2③：37

2.母口器盖T2③：32

6.八卦炉T2③：2

彩版Ⅳ-104　2004HY第3层出土景德镇窑青白瓷器盖、鸟食罐、炉

1.折腹盘T4③：134

5.盒T2③：35

2.碟T4③：91

6.母口器盖T2③：9

3.盒T2③：5

7.子口器盖T3③：4

4.盒T2③：36

8.碟形器盖T2③：1

彩版Ⅳ-105　2004HY第3层出土未定窑口青白瓷盘、碟、盒、器盖

1.母口器盖T2③：6

2.母口器盖T2③：7

5.杯T2③：3

3.母口器盖T2③：12

4.母口器盖T4③：83

6.杯T4③：101

7.罐T4③：92

彩版Ⅳ-106　2004HY第3层出土未定窑口青白瓷器盖、杯、罐

2.碗T1③：61

3.碗T5③：5

1.碗T1③：60

4.盘T2③：13

彩版Ⅳ－107　2004HY第3层出土定窑白瓷碗、盘

1.盘T4③：139

2.盘T2③：14

3.盘T2③：15

4.盘T4③：99

5.洗T2③：16

6.瓶T3③：7

彩版Ⅳ－108　2004HY第3层出土定窑白瓷盘、洗、瓶

2.碗T4③：77

1.碗T1③：48

3.盘T4③：78

彩版Ⅳ−109　2004HY第3层出土景德镇窑卵白釉瓷碗、盘

彩版Ⅳ-110　2004HY第3层出土景德镇窑卵白釉瓷碗、碟

1.碗T4③：86

2.碟T4③：98

彩版Ⅳ-110　2004HY第3层出土景德镇窑卵白釉瓷碗、碟

彩版IV-111 2004HY第3层出土建窑黑釉瓷盏

1.T1③：67

2.T4③：129

彩版IV-111 2004HY第3层出土建窑黑釉瓷盏

1.碗T1③：117

2.盏T1③：120

3.盏T1③：121

4.盏T1③：66

彩版Ⅳ－112　2004HY第3层出土未定窑口黑釉瓷碗、盏

1.T1③：122

2.T2③：48

4.T4③：102

3.T4③：10

5.T4③：103

彩版Ⅳ—113　2004HY第3层出土未定窑口黑釉瓷盏

2.黑釉瓷罐T1③：71

1.黑釉瓷盏T5③：6

3.铜镜T2③：47

彩版Ⅳ—114　2004HY第3层出土未定窑口黑釉瓷盏、罐与铜镜

1.筒瓦T4②：80

2.脊兽T4②：5

3.器盖T1②：49

4.人物塑像T3②：22

彩版Ⅳ—115　2004HY第2层出土陶筒瓦、脊兽、器盖、人物塑像

1.T4②：76

2.T4②：77

3.T4②：78

4.T1②：46

5.T1②：47

6.T1②：48

彩版Ⅳ-116　2004HY第2层出土牡丹纹瓦当

2.花盆T2②：21

3.器盖T4②：75

1.洗T4②：74

4.炉T1②：56

彩版Ⅳ-117　2004HY第2层出土南宋官窑青瓷洗、花盆、器盖、炉

1.B型T1②：24

4.B型T4②：30

2.B型T1②：25

5.B型T4②：42

3.B型T2②：4

6.C型T4②：36

彩版Ⅳ−118　2004HY第2层出土龙泉窑青瓷莲瓣碗

1.莲瓣碗D型T1②：26

2.侈口碗B型T1②：57

3.侈口碗C型T1②：61

彩版Ⅳ－119　2004HY第2层出土龙泉窑青瓷碗

1.侈口碗C型T4②：25

2.敞口碗B型T2②：3

3.侈口碗C型T4②：32

彩版Ⅳ—120　2004HY第2层出土龙泉窑青瓷碗

1.敞口碗B型T2②：5

2.花口碗A型T3②：11

3.花口碗C型T2②：7

彩版Ⅳ-121　2004HY第2层出土龙泉窑青瓷碗

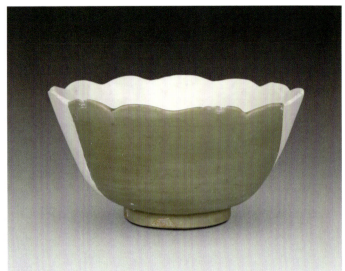

1.花口碗C型T1②：23

2.唇口碗T4②：22

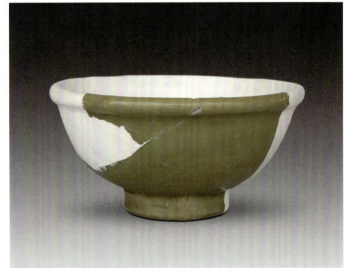

3.唇口碗T4②：24

彩版Ⅳ-122　2004HY第2层出土龙泉窑青瓷碗

彩版Ⅳ－123　2004HY第2层出土龙泉窑青瓷盘

1.莲瓣盘A型T3②：14

2.莲瓣盘A型T4②：34

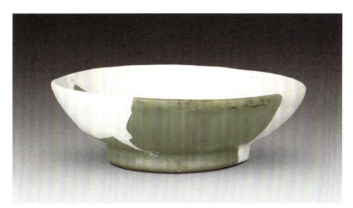

3.莲瓣盘A型T4②：38

4.莲瓣盘C型T1②：59

5.敞口盘C型T4②：29

彩版Ⅳ－123　2004HY第2层出土龙泉窑青瓷盘

1.C型T4②：79

2.D型T4②：39

3.D型T1②：9

彩版Ⅳ-124　2004HY第2层出土龙泉窑青瓷敞口盘

1.D型T1②：29

2.D型T4②：49

彩版Ⅳ—125　2004HY第2层出土龙泉窑青瓷敞口盘

1.A型T1②：28

2.A型T2②：8

彩版Ⅳ-126　2004HY第2层出土龙泉窑青瓷侈口盘

1.A型T2②：9

2.B型T1②：21

3.B型T1②：54

4.C型T4②：47

5.C型T4②：40

彩版Ⅳ-127　2004HY第2层出土龙泉窑青瓷侈口盘

1.折沿盘T4②：44

2.盏T3②：10

3.侈口洗T1②：30

4.侈口洗T4②：48

5.敞口洗T3②：12

彩版Ⅳ—128　2004HY第2层出土龙泉窑青瓷盘、盏、洗

1.蔗段洗T1②：58

2.蔗段洗T2②：11

3.蔗段洗T2②：12

4.器盖T1②：60

5.器盖T1②：40

6.器盖T4②：58

彩版Ⅳ－129　2004HY第2层出土龙泉窑青瓷洗、器盖

1.龙泉窑樽式炉T4②：57

4.未定窑口敛口碗T1②：22

2.龙泉窑渣斗T4②：35

5.未定窑口敞口碗A型T1②：44

3.越窑狮形塑像T1②：55

6.未定窑口敞口碗A型T1②：45

彩版Ⅳ－130　2004HY第2层出土龙泉窑、越窑、未定窑口青瓷炉、渣斗、瓷塑、碗

1.敞口碗B型T1②：38

5.侈口碗A型T1②：36

2.敞口碗B型T4②：68

6.侈口碗A型T1②：37

3.敞口碗B型T5②：1

4.敞口碗C型T3②：26

7.侈口碗C型T4②：50

彩版Ⅳ—131　2004HY第2层出土未定窑口青瓷碗

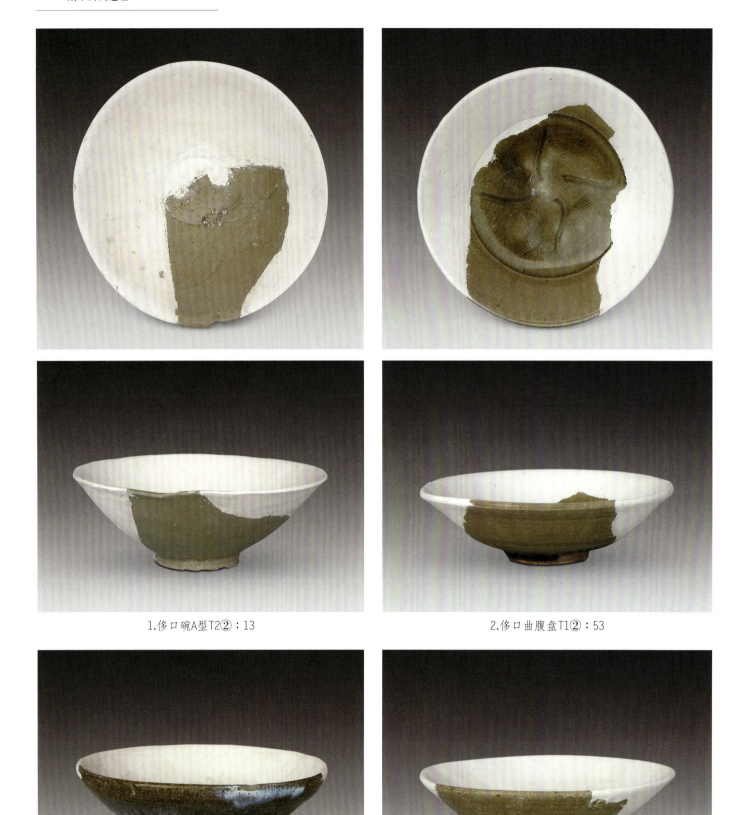

1.侈口碗A型T2②：13

2.侈口曲腹盘T1②：53

3.敞口曲腹盘T1②：43

4.敞口曲腹盘T2②：10

彩版Ⅳ-132　2004HY第2层出土未定窑口青瓷碗、盘

1.敞口曲腹盘T4②：54

4.曲腹盏T4②：73

2.敞口曲腹盘T4②：53

5.平底碟T4②：69

3.斜腹盏T5②：2

6.折沿盆T1②：42

彩版Ⅳ—133　2004HY第2层出土未定窑口青瓷盘、盏、碟、盆

4.盒T2②：17

1.平底盘T4②：60

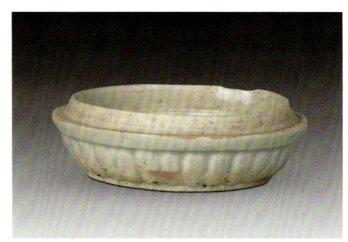

5.盒T2②：19

2.折沿盘T1②：34

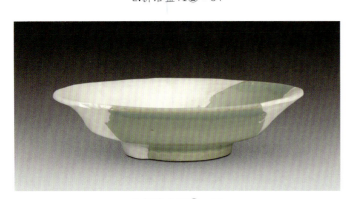

3.折腹盘T3②：17

6.狮形塑像T4②：61

彩版Ⅳ-134　2004HY第2层出土景德镇窑青白瓷盘、盒、狮形塑像

1.未定窑口青白瓷盒T2②：18

2.未定窑口青白瓷子口器盖T2②：20

3.定窑白瓷碗T1②：31

4.定窑白瓷碗T4②：70

彩版Ⅳ－135　2004HY第2层出土未定窑口青白瓷盒、器盖及定窑白瓷碗

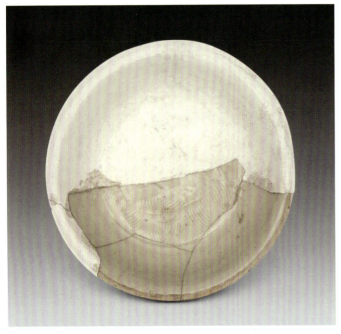

2.定窑白瓷盘T3②：19

3.定窑白瓷盘T3②：16

1.定窑白瓷盘T3②：15

4.霍州窑白瓷折腹盘T4②：62

彩版Ⅳ-136　2004HY第2层出土定窑及霍州窑白瓷盘

2.T5②：3

1.T4②：72

3.T2②：14

彩版Ⅳ－137　2004HY第2层出土建窑黑釉瓷盏

1.T1②：14

2.T1②：15

3.T1②：17

4.T1②：18

5.T1②：65

彩版Ⅳ－138　2004HY第2层出土未定窑口黑釉瓷盏

1.卵白釉瓷盘T2②：15

2.白瓷折腹盘T1②：35

3.白瓷曲腹盘T3②：18

彩版Ⅳ-139　2004HY第2层出土景德镇窑卵白釉瓷及白瓷盘

1.T2②：16   2.T4②：64

彩版Ⅳ-140　2004HY第2层出土景德镇窑白瓷曲腹盘

彩版Ⅳ-141　2004HY第2层出土景德镇窑及德化窑白瓷杯

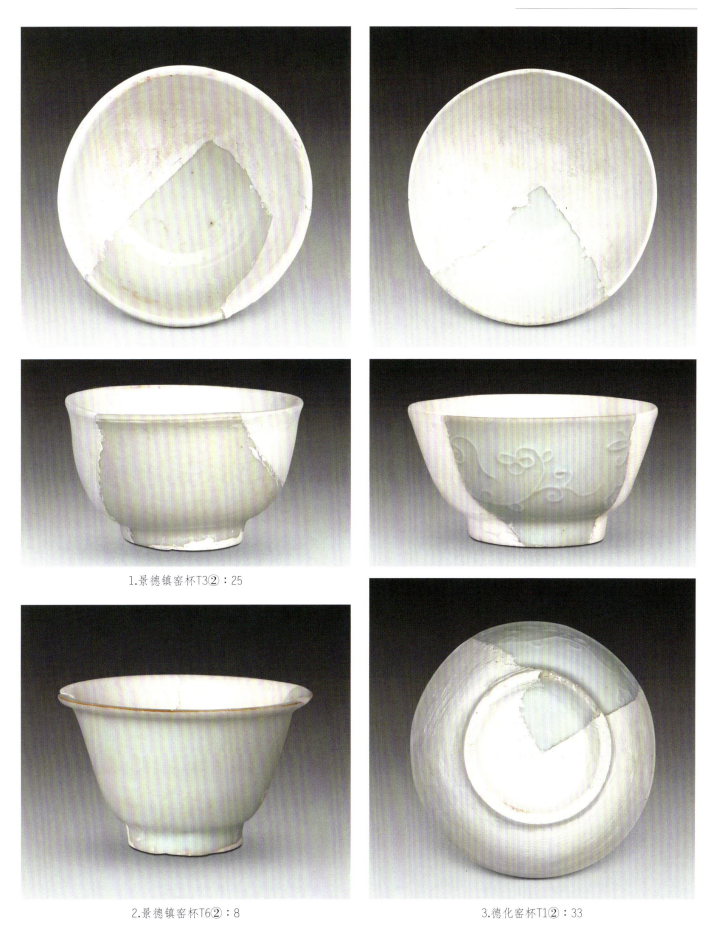

1.景德镇窑杯T3②：25

2.景德镇窑杯T6②：8

3.德化窑杯T1②：33

1.T1②：2

2.T4②：17

彩版Ⅳ－142　2004HY第2层出土青花瓷碗

1.T1②：6

2.T1②：68

彩版Ⅳ-143　2004HY第2层出土青花瓷盘

1.杯T1②：12

2.器盖T4②：21

彩版Ⅳ-144　2004HY第2层出土青花瓷杯、器盖

彩版 Ⅴ－1　2008HZ发掘现场局部（西南－东北）

1.砖面Z2与道路L5、L4、L3、L1（南—北）

2.砖面Z2（西—东）

彩版Ⅴ—2　2008HZ砖面与道路遗迹叠压关系

1.道路L5、L4、L3、L1的叠压关系（西北-东南）

2.砖砌道路L5（北-南）

3.L5路面分幅（北-南）

彩版Ⅴ-3　2008HZ道路遗迹叠压关系与砖砌道路L5

1.L5东侧排水沟L5G1（南-北）

2.L5西侧排水沟L5G2（北-南）

3.L5G1东壁结构（西-东）

彩版Ⅴ-4　2008HZL5两侧排水沟

1.石板道路L4被石板道路L3叠压（北—南）

2.石板道路L4叠压砖砌道路L5（西—东）

3.L4路基

彩版Ⅴ—5　2008HZL4上下叠压关系及其路基

石
条

L3

Z2

L5

L4

1.石板道路L4局部（北－南）

L4G1

L4

L5

2.L4东侧排水沟L4G1局部（北－南）

彩版Ⅴ－6　2008HZL4及其东侧排水沟

1.L4G1与L5G1西壁叠压关系（东-西）

2.L4G1与L5G1东壁叠压关系（西-东）

3.L4G1上部石板封盖（南-北）

彩版Ⅴ-7　2008HZL4东侧排水沟与L5东侧排水沟叠压关系

1.L4西侧排水沟L4G2叠压L5G2东壁（西—东）

2.L4G2局部（北—南）

彩版 V−8　2008HZL4西侧排水沟与L5西侧排水沟叠压关系

1.F2全景（南-北）

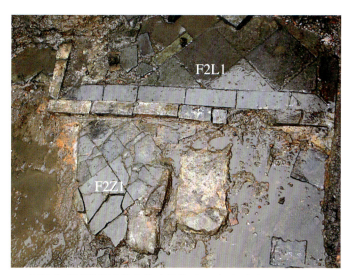

2.F2砖面F2Z1叠压着下层建筑柱础石（西-东）

3.F2排水暗沟F2G1（东-西）

彩版Ⅴ-11 2008HZL3局部

1.L3局部之一（东-西）

2.L3局部之二（西-东）

彩版Ⅴ-11 2008HZL3局部

1.L3路基内排水暗沟L3G2（东－西）

2.L3东侧排水沟L3G1（西北－东南）

3.L3G1底部铺砖（北－南）

4.L3G1西壁结构（东南－西北）

1.房屋建筑遗迹F1（北—南）

3.F1排水暗沟F1G1沟壁（北—南）

2.F1排水暗沟F1G1（西—东）

彩版Ⅴ—13　2008HZF1及其排水暗沟

1.石板道路L2局部（北-南）

2.L2局部（东-西）

3.砖面遗迹Z1（南-北）

彩版Ⅴ-15　2008HZL1局部（北—南）

彩版Ⅴ-15　2008HZL1局部（北—南）

1.长条砖Z2：1

2.长条砖Z2：2

3.长条砖Z2：3

4.临汝窑青瓷碗Z2：4

5.景德镇窑青白瓷碗Z2：5

6.香糕砖L5：1

7.香糕砖L5：2

彩版Ⅴ—16　2008HZZ2所用长条砖及出土瓷碗和L5所用香糕砖

1.长方砖L4基：5

3.未定窑口青瓷斜腹盏L4基：2

4.未定窑口酱釉瓷盏L4基：3

2.龙泉窑青瓷莲瓣盘A型L4基：1

5.未定窑口酱釉瓷盏L4基：4

彩版Ⅴ－17　2008HZL4路基出土长方砖及瓷盘、盏

1.龙泉窑青瓷莲瓣碗B型T1④：1

4.陶建筑构件T1③：10

2.龙泉窑青瓷碗残片T1④：2

5.陶建筑构件T1③：11

3.遇林亭窑黑釉瓷束口盏T1④：3

6.龙泉窑青瓷花口碗C型T1③：1

彩版 Ⅴ－18　2008HZ第4层出土瓷碗、盏和第3层出土陶建筑构件、青瓷碗

1.龙泉窑青瓷高足杯T1③：3

4.景德镇窑青白瓷碗T1③：7

2.未定窑口青瓷碗T1③：4

5.景德镇窑青白瓷子口器盖T1③：6

3.未定窑口青瓷碗T1③：5

6.吉州窑仿定白瓷碗T1③：8

彩版Ⅴ-19　2008HZ第3层出土瓷杯、碗、器盖

1.越窑青瓷碗L3基：1

4.景德镇窑青白瓷碗L3基：4

2.龙泉窑青瓷碗L3基：2

5.景德镇窑青白瓷印花瓶L3基：5

3.老虎洞窑青瓷盘L3基：7

6.定窑白瓷盘L3基：6

彩版Ⅴ－20　2008HZL3路基出土瓷碗、盘、瓶

1.未定窑口白瓷盒L2基：1

3.景德镇窑青花瓷盘L2基：2

2.景德镇窑青花瓷碗L2基：3

4.景德镇窑青花瓷杯L2基：4

彩版Ⅴ－21　2008HZL2路基出土未定窑口白瓷盒及景德镇窑青花瓷碗、盘、杯

1.陶瓦顶帽L1基：13　　　　　　2.陶八卦转盘L1基：7

3.龙泉窑青瓷碗L1基：8　　　　　　4.龙泉窑青瓷碗L1基：11

彩版Ⅴ－22　2008HZL1路基出土陶瓦顶帽、八卦转盘及龙泉窑青瓷碗

1.龙泉窑青瓷夹层碗L1基：12

4.龙泉窑青瓷瓿L1基：3

2.龙泉窑青瓷敞口盘D型L1基：9

5.景德镇窑白瓷杯L1基：1

3.龙泉窑青瓷高足杯L1基：10

6.景德镇窑白瓷碟L1基：2

彩版Ⅴ-23　2008HZL1路基出土瓷碗、盘、杯、瓿、碟

彩版Ⅴ-24　2008HZL1路基出土景德镇窑青花瓷碗、碟、器盖

1.碗L1基：5

2.碟L1基：6

3.器盖L1基：4

彩版Ⅴ-24　2008HZL1路基出土景德镇窑青花瓷碗、碟、器盖

1.龙泉窑青瓷盘T1②：7

5.景德镇窑卵白釉盘T1②：5

2.龙泉窑青瓷盘T1②：8

6.景德镇窑白瓷碗T1②：2

3.龙泉窑青瓷瓶T1②：6

7.景德镇窑青花瓷碗T1②：3

4.景德镇窑仿哥釉盘T1②：1

8.景德镇窑青花瓷盘T1②：4

彩版Ⅴ－25　2008HZ第2层出土瓷盘、瓶、碗

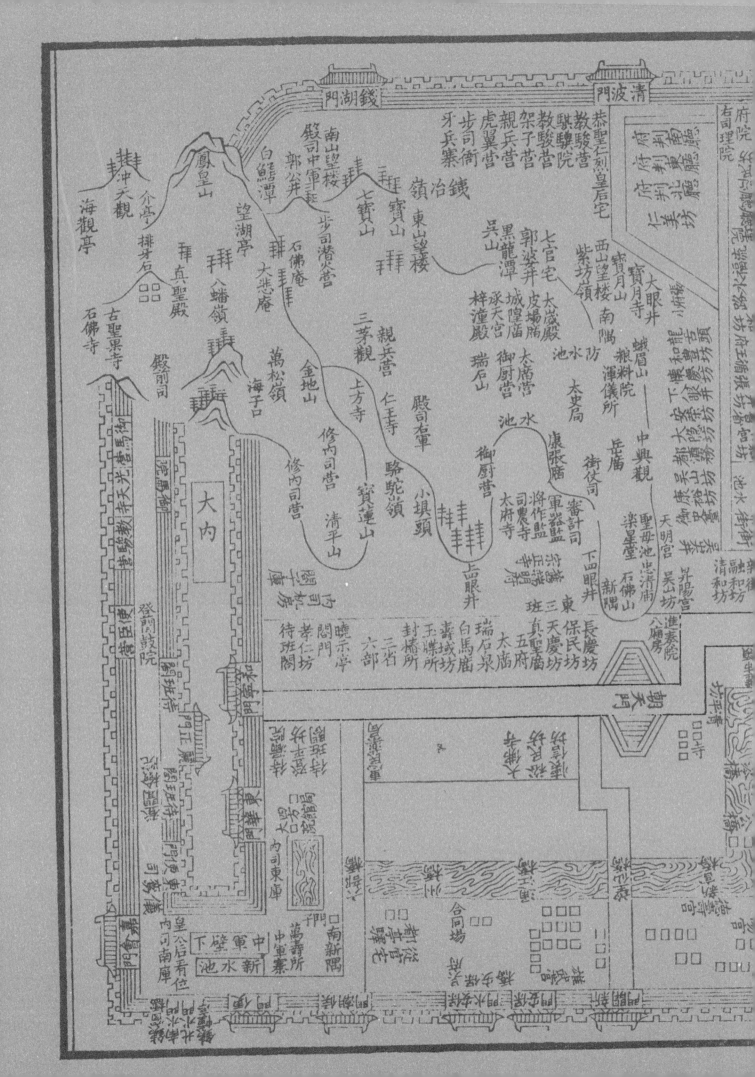